AF317297

L'EXPOSITION
DE
PARIS 1900

L'EXPOSITION

DE PARIS (1900)

PREMIÈRE PARTIE

PARIS. — IMPRIMERIE GÉNÉRALE LAHURE

Encyclopédie du Siècle

L'EXPOSITION DE PARIS (1900)

PUBLIÉE

AVEC LA COLLABORATION D'ÉCRIVAINS SPÉCIAUX
ET DES MEILLEURS ARTISTES

PREMIÈRE PARTIE

PARIS

Librairie illustrée, Montgredien et Cᵢᵉ, *Éditeurs*

8, Rue Saint-Joseph, 8

A NOS LECTEURS

Quinze mois à peine nous séparent encore de l'ouverture officielle de l'Exposition. L'activité fébrile qui se déploie dans tous les milieux artistiques et travailleurs chargés d'édifier les constructions qui couvriront les divers emplacements, va chaque jour grandissant ; quiconque n'a pas pénétré au sein des chantiers ne peut se faire une idée des transformations à vue qui s'opèrent partout. Ce qui n'était que projet hier devient définitif aujourd'hui et demain sera réalisé.

Notre publication précédée par deux succès considérables de librairie : **L'Exposition de Paris de 1878** et **L'Exposition de Paris de 1889**, donne, dans sa première partie, toutes les études préliminaires, les premiers concours, en un mot, tout ce qui a constitué la genèse même de la plus imposante manifestation d'art, de travail et de paix que l'humanité aura jamais produite.

Dans les parties qui vont suivre, **L'EXPOSITION DE PARIS DE 1900** continuera de donner à ses lecteurs toutes les explications relatives à la **marche des travaux**, elle décrira et reproduira successivement par la gravure les **différents palais officiels**, les **Grandes attractions de 1900**, les **Entreprises privées** aussi nombreuses que brillantes, les **Expositions des Nations étrangères et leurs palais**.

Soucieux de produire une œuvre complète, qui restera plus tard l'historique de l'Exposition, notre publication s'étendra en détail sur les **Matériaux** qui entreront dans la construction de toutes ces merveilles de l'art et de la décoration. Les **Pierres**, la **Métallurgie**, l'**Ornementation**, etc., etc., constitueront autant de chapitres intéressants.

Enfin **Paris, la Ville unique**, capable d'enfanter l'incomparable merveille de 1900, ne sera pas oubliée. **Paris**, par sa grandeur, par son éclat, par ses curiosités, par ses attractions, éblouit et fascine le visiteur. Les **Transformations actuelles** que notre capitale subit, en vue même de la réception de tous les hôtes qui viendront l'an prochain, présentent un intérêt pour tous. Et puis les **Nouveaux Musées**, les **Nouveaux Trésors d'Art**, tout ce qui s'est édifié depuis dix ans, doit être connu, visité, par ceux qui viendront en foule admirer l'Exposition.

Il y a encore les attractions séduisantes des environs de notre cité. Le **musée Condé**, ouvert depuis quelques mois seulement, curieux par les merveilles qu'il renferme, digne d'une visite par le pittoresque et la beauté du paysage qui l'encadre, etc., etc.

Pour donner à ce programme si nettement défini tout l'éclat d'une exécution irréprochable, nous nous sommes assurés le concours des hommes les plus autorisés, des noms les plus distingués parmi ceux qui illustrent les Lettres et les Arts parmi lesquels nous citerons :

Messieurs **BADIN** ✳, Administrateur de la Manufacture de Beauvais ; **BAUMGART** ✳, Administrateur de la Manufacture de Sèvres ; Émile **BERR** ;

Henri **BOUCHOT**, Conservateur du Musée des Estampes à la Bibliothèque nationale : Georges **CAIN** ✳, Directeur du Musée Carnavalet ;

Henri **CHARDON** ✳, Secrétaire-général de l'Exposition de 1900 ; Jules **CLARETIE** ✳ C., de l'Académie française ;

Émile **DIEUDONNÉ**, Ingénieur-électricien, vulgarisateur scientifique ; Frédéric **DILLAYE**, membre des comités d'admission de l'Exposition ;

F. **FAIDEAU**, Professeur à l'École J.-B. Say ; Camille **FLAMMARION** ✳ ; W. de **FONVIELLE**, membre des Comités d'admission à l'Exposition ; **FRANTZ-JOURDAIN** ✳, Architecte ;

Paul **GINISTY** ✳, Directeur du Théâtre national de l'Odéon ; **GRAND-CARTERET**, membre des Comités d'admission de l'Exposition ;

GUIFFREY ✳ O., Administrateur de la Manufacture des Gobelins ; Henry **HAVARD** ✳ O., Inspecteur général des Beaux-Arts ;

De **LAPPARENT** ✳, Membre de l'Académie des sciences ; **LARROUMET** ✳ O., Secrétaire perpétuel de l'Académie des Beaux-Arts ;

Colonel **LAUSSEDAT** ✳ C., de l'Institut, Directeur du Conservatoire des Arts-et-Métiers ; **LE VAYER**, Conservateur de la Bibliothèque Carnavalet ;

E. **MAINDRON** ✳ O., Attaché au Secrétariat de l'Institut ; A. **MÉZIÈRES** ✳, de l'Académie française ; Roger **MARX** ✳, Inspecteur général des Musées ;

Georges **MONVAL**, Bibliothécaire-archiviste de la Comédie-Française ; G. **MOYNET**, membre des Comités d'admission de l'Exposition ;

E. **MUNTZ**, ✳ O., de l'Institut, Conservateur de l'École des Beaux-Arts ; **NUITTER** ✳, Archiviste de l'Opéra ; H. de **PARVILLE** ✳ O., Directeur de *La Nature* ;

Docteur J. **RENGADE**, vulgarisateur scientifique ; Albert **ROBIDA** ; Lieutenant-colonel **ROUSSET** ✳, Professeur à l'École supérieure de guerre ;

Francisque **SARCEY** ; Gabriel **SYVETON**, Professeur au lycée de Reims ;

J. **TROUSSET**, Auteur du *Nouveau Dictionnaire Encyclopédique* ; C. de **VARIGNY** ✳, ancien ministre plénipotentiaire ; H. de **VARIGNY**, publiciste scientifique, etc., etc.

L'illustration aussi abondante que soignée, faite d'après les documents officiels, est composée de gravures sur bois, de dessins à la plume et au crayon, ou procédés de photogravure. Elle reproduit les phases successives de la transformation des divers chantiers, elle donne et donnera les détails et les vues d'ensemble de tous les palais, de toutes les expositions remarquables, les portraits des personnalités marquantes, les fêtes de nuit, les grandes réceptions ; en un mot elle sera l'album vivant de la physionomie générale de l'Exposition universelle depuis le jour où les travaux ont réellement commencé, soit 1896, jusqu'au jour même de la fermeture, octobre 1900. Cet élément d'intérêt, ce commentaire attrayant des textes que doit être l'illustration d'un livre, a été confiée à des artistes de premier rang dont voici quelques noms :

Messieurs **BRUN**, Charles et Victor **CLERICE**, Fr. **COURBOIN**, **DAMBLANS**, **DOSSO**, **FRAIPONT** ✳, **HOFFBAUER**, Ch. **KREUTZBERGER**, **LECLÈRE**, **LEMAITRE**, Luigi **LOIR** ✳, A. **ROBIDA**, **TOUSSAINT**, Ed. **ZIER**, etc., etc.

L'EXPOSITION DE PARIS DE 1900 sera complète en SIX PARTIES, renfermant environ 2,000 *gravures dans le texte*, 120 *grandes planches hors texte* et mesurant 0ᵐ56 ✕ 0ᵐ38, tirées en couleurs, dont environ 40 en 8 et 10 couleurs.

TROIS GRANDS PANORAMAS tirés très artistiquement et donnant :

1° **Vue de la nouvelle Avenue des Champs-Élysées aux Invalides** (*Nouveaux Palais, Pont Alexandre III, Esplanade des Invalides* ;

2° **Vue complète des Palais du Trocadéro et du Champ de Mars** ;

3° **Vue des Bords de la Seine** (*Exposition des Nations étrangères, Vieux Paris, Entreprises privées*).

La division en trois parties de l'ensemble de l'Exposition permet seule d'en donner un panorama détaillé. Chacune de ces trois planches, dessinées d'après les documents officiels par M. HOFFBAUER et gravées sur bois par NAVELLIER-MARIE, mesure 1ᵐ12 de longueur sur 0ᵐ38 de hauteur.

MODE DE PUBLICATION

Un **Numéro** par semaine à   **50 cent.**

Un **Fascicule** toutes les quatre semaines, composé de 4 numéros :   **2 francs.**

Une **Partie** tous les 4 mois environ, réunissant 20 numéros sous une splendide couverture tirée en 15 couleurs :   **10 francs.**

La deuxième partie sera mise en vente vers fin juin 1899.

L'ouvrage complet coûtera 60 francs.

6 PARTIES A 10 FRANCS

On peut souscrire de suite à l'ouvrage complet : Chez tous les libraires de France et de l'Étranger ou chez les Éditeurs MONTGREDIEN et-Cᵉ, 8, rue Saint-Joseph, à Paris.

Le paiement des parties successives s'effectuera au fur et à mesure de la livraison des parties à 10 fr., qui aura lieu : en juin 1899, octobre 1899, février 1900, juin 1900, octobre 1900.

AVIS IMPORTANT

Les souscripteurs qui remettront de suite à leur libraire ordinaire le bulletin d'abonnement ci-dessous accompagné du Bon Nᵒ 1, ou qui l'enverront directement aux éditeurs : MONTGREDIEN et Cⁱᵉ, 8, rue Saint-Joseph, à Paris, recevront, aussitôt prête (premier semestre 1899), la MÉDAILLE COMMÉMORATIVE DU SIÈCLE, offerte gratuitement à tous les acheteurs.

Tout bulletin d'abonnement envoyé sans le BON Nᵒ 1 serait considéré comme nul.

Les personnes qui achèteront les parties lors de leur apparition, sans SOUSCRIPTION PAR AVANCE, *recevront la médaille à la fin de la publication (octobre 1900) et sur la présentation, soit à leur libraire, soit aux éditeurs MONTGREDIEN et Cⁱᵉ, 8, rue Saint-Joseph, à Paris, de chacun des bons (comme ci-dessous) qui seront insérés dans les six parties.*

BULLETIN D'ABONNEMENT

Je soussigné, déclare m'abonner à L'EXPOSITION DE PARIS DE 1900 *qui me sera livrée lors de l'apparition de chacune des parties au prix de DIX FRANCS que je paierai à leur réception.*

La MÉDAILLE COMMÉMORATIVE me sera délivrée aussitôt prête.

_______________________, le _________ 1

Nom et Prénoms______________ Qualité______________

Rue______________ à ______________

Département______________ Bureau de poste______________

Remplir et signer le bulletin ci-dessus et l'envoyer accompagné du BON Nᵒ 1, ci-contre soit à son libraire, soit aux éditeurs : MONTGREDIEN et Cⁱᵉ, 8, rue Saint-Joseph, Paris.

Signature lisible :

L'EXPOSITION DE PARIS DE 1900

SOUVENIR COMMÉMORATIF

Médaille du Siècle

BON Nᵒ 1

PREMIÈRE PARTIE

VOIR AU VERSO LA DESCRIPTION DE LA MÉDAILLE DU SIÈCLE, OFFERTE GRACIEUSEMENT A TOUS LES LECTEURS

39145. — Imprimerie LAHURE, rue de Fleurus, 9, à Paris.

SOUVENIR COMMÉMORATIF

offert gratuitement à tous les Lecteurs de l'EXPOSITION DE PARIS 1900

Les Éditeurs de « *l'Exposition de Paris de 1900* » désireux d'offrir un souvenir impérissable à tous ceux qui s'intéressent à cette fête incomparable du progrès, font exécuter spécialement pour tous les acheteurs de la publication, une splendide médaille de grand module gravée par un des premiers médaillistes français, *M. Georges Lemaire*, récompensé aux Salons et chevalier de la Légion d'honneur.

Cette médaille, actuellement en cours d'exécution, et, dont nous donnons la reproduction ci-contre, représente à sa face une femme aux formes superbes, drapée élégamment et personnifiant l'Univers, regardant se lever, dans une aurore éblouissante, le Siècle qui commence. A ses pieds les attributs des arts.

Au revers se trouvent réunis les attributs évoquant les grands travaux, les découvertes, les progrès et les tentatives du siècle qui s'achève. C'est l'industrie, ce sont les merveilles de l'électricité et du téléphone, c'est la chimie si féconde en applications, c'est la géographie si riche en explorations, la marine si puissante dans sa force, la photographie si développée et dont les rayons X forment la dernière merveille encore incomplètement appliquée; enfin le problème troublant de la direction des ballons.

D'une valeur artistique incontestable, cette médaille qui n'existe pas dans le commerce et qui demeurera exclusivement la propriété des Éditeurs de « *l'Exposition de Paris de 1900* » est en bronze. Elle mesure un diamètre de 0,054 et dans une partie de son revers est ménagé un cartouche destiné à recevoir les nom et prénoms du titulaire.

L'exécution de la gravure, la frappe confiée à *l'Administration des Monnaies* (Administration de l'Etat) demanderont encore quelques mois. C'est donc dans le courant du premier semestre de cette année que nous serons en mesure d'expédier ce souvenir à tous les abonnés qui se seront fait inscrire d'ici là, soit chez le libraire de leur localité, soit directement chez les Éditeurs **Montgredien et Cⁱᵉ, Librairie Illustrée, 8, rue Saint-Joseph, à Paris.**

Renfermée dans un riche écrin, elle sera envoyée par **Poste recommandée**, suivant l'ordre des inscriptions d'abonnement.

Il est bien entendu que cette *MÉDAILLE COMMÉMORATIVE*

EST OFFERTE GRATUITEMENT A TOUS LES ACHETEURS, sans distinction,

de « *l'Exposition de Paris de 1900* »

Nous nous chargerons volontiers de la gravure des nom, prénoms et résidence, pour les souscripteurs qui le désireront. Mais cette gravure se payant à raison de 10 centimes la lettre, ils devront nous adresser autant de fois 10 centimes qu'il y aura de lettres dans l'inscription demandée.

Montgredien et Cⁱᵉ, éditeurs.
8, rue Saint Joseph, Paris

L'EXPOSITION DE PARIS
DE 1900

Le Programme de l'Exposition
de 1900

Afin de demeurer, autant que possible, fidèle aux traditions françaises, nous avons pris comme point de départ de la classification nouvelle la classification de 1889, et nous l'avons remaniée en tenant compte des critiques légitimes dont elle avait été l'objet, ainsi que des enseignements fournis par les expositions étrangères.

Un grand nombre de savants, d'ingénieurs, d'artistes, d'industriels et de commerçants ont bien voulu donner leur concours à cette œuvre de revision. Les présidents ou rapporteurs des jurys de groupe et des jurys de classe de 1889 y ont spécialement participé. Il n'est pas un détail qui n'ait été discuté avec celui que ses antécédents et ses connaissances théoriques ou pratiques mettaient le mieux en situation de nous éclairer.

M. Roujon, directeur des beaux-arts, M. Tisserand, conseiller d'État, directeur de l'agriculture, et M. Dislère, conseiller d'État, délégué des colonies et des pays de protectorat, nous ont apporté leur active collaboration pour les parties qui se rattachaient à leurs services respectifs.

En tête, se placent l'éducation et l'enseignement : c'est par là que l'homme entre dans la vie : c'est aussi la source de tous les progrès.

Aussitôt après viennent les œuvres d'art, œuvres de génie auxquelles doit être conservé leur rang d'honneur.

Des motifs du même ordre doivent faire attribuer la troisième place aux instruments et procédés généraux des lettres, des sciences et des arts. Ensuite arrivent les grands facteurs de la production contemporaine, les agents les plus puissants de l'essor industriel, à la fin du XIXe siècle : matériel et procédés généraux de la mécanique ; électricité ; génie civil et moyens de transport.

Exp. I.

Puis on passe au travail et aux produits superficiels ou souterrains de la terre : agriculture ; horticulture ; forêts, chasse, pêche, cueillettes ; aliments ; mines et métallurgie.

Plus loin, se présentent : la décoration et le mobilier des édifices publics et des habitations ; les fils, tissus et vêtements ; l'industrie chimique ; les industries diverses.

L'économie sociale, à laquelle ont été réservés des développements dignes de son rôle actuel, devait venir naturellement à la suite des diverses branches de la production artistique, agricole ou industrielle ; elle en est le résultat en même temps que la philosophie. D'accord avec deux hommes éminents, M. Léon Say et M. le docteur Brouardel, nous y avons joint l'hygiène, qui sauvegarde la santé humaine, et l'assistance publique, qui vient au secours des déshérités de la fortune.

Un groupe nouveau a été réservé à l'œuvre morale et matérielle de la colonisation. Sa création est amplement justifiée par le besoin d'expansion coloniale qu'éprouvent tous les peuples civilisés.

Enfin la série se clôt par le groupe des armées de terre et de mer, dont la glorieuse mission consiste à garantir la sécurité et à défendre les biens acquis par les travaux de la paix.

Partout, le matériel et les procédés se trouvent en contact avec les produits. Des mesures seront prises d'ailleurs pour que les machines et appareils fonctionnent autant que possible sous les yeux du public, de manière à initier les visiteurs aux différentes fabrications. Le public assistera aux transformations successives de la matière première jusqu'à l'achèvement de l'objet fabriqué. Il y aura là une leçon de choses éminemment instructive et attrayante.

A l'exposition contemporaine sera jointe une exposition rétrospective centennale. Cette exposition, au lieu d'être concentrée comme en 1889, et de n'attirer ainsi que les érudits ou les chercheurs, sera répartie entre les groupes et les classes ; la visite s'en imposera dès lors à la masse du public.

Chaque groupe et, autant que possible, chaque classe aura pour vestibule une sorte de petit musée où quelques repères, convenablement choisis, marqueront les principaux progrès réalisés depuis 1800.

Il est permis de compter particulièrement sur le succès de l'Exposition centennale des beaux-arts et des arts décoratifs. Nous nous

M. Alfred Picard, *Commissaire général de l'Exposition de 1900.*

1

efforcerons d'y créer une série de salons où seront groupés les chefs-d'œuvre de la peinture, de la gravure, de la sculpture, de l'architecture, de l'ameublement, de la céramique, de la verrerie, de l'orfèvrerie, etc., aux diverses époques caractéristiques du siècle.

Exceptionnellement, pour l'art militaire par exemple, l'exposition rétrospective pourra remonter à une date plus éloignée que le commencement du siècle.

Des expositions spéciales (exposition historique de l'art ancien, exposition anthropologique et ethnographique, etc.), des concours (concours de machines agricoles, concours d'animaux vivants, etc.), des auditions musicales et des congrès seront organisés en 1900. Nous n'avons point à les mentionner dans la classification générale.

La même observation s'applique à quelques autres manifestations par lesquelles nous voulons augmenter l'éclat de la future Exposition, mais qui exigent encore des études approfondies et dont le programme n'est point arrêté. Telles sont les grandes lignes de la classification proposée pour 1900.

ALFRED PICARD.

Né à Strasbourg, le 21 décembre 1844, M. Alfred Picard entra à l'École polytechnique en 1862 ; en 1864, il passait par l'École des ponts et chaussées. Après deux missions en Orient et au canal de Suez, il était chargé, comme ingénieur, du canal de la Sarre et de celui des salines de Dieuze, avec résidence à Metz, où il se trouvait lors de la guerre de 1870. M. Alfred Picard prit part aux travaux de la défense et put s'échapper lors de la reddition pour se rendre à l'armée de la Loire.

En 1872, d'importants travaux de génie militaire à Verdun, valurent à M. A. Picard la croix de chevalier de la Légion d'honneur. De 1872 à 1879, il exerça le contrôle de l'exploitation des chemins de fer de l'Est, et exécuta les études du canal de Dombasle à Saint-Dié. L'alimentation en eau des troupes cantonnées dans les forts sur la frontière, offrait des difficultés particulières. M. Picard fut appelé à prêter son concours à l'administration militaire : ce qui lui fournit l'occasion de construire] divers ouvrages remarquables, tels que le réservoir de Pasoy, les machines élévatoires de Valcourt, de Pierre-la-Treiche et de Vacoir ; il exécuta également un pont biais à 45° au Val des Kœurs, et un souterrain, à têtes biaises. On pourrait citer aussi deux opérations hardies : la reprise en sous-œuvre d'un pont sur la Meurthe, et le relèvement, d'un seul bloc, d'une arche en maçonnerie. En 1880, M. A. Picard, appelé à l'administration centrale, fut successivement directeur du cabinet et du personnel, puis directeur des routes, de la navigation et des mines, directeur général des ponts et chaussées, etc.

De 1881, date son entrée au conseil d'État, dont M. A. Picard préside actuellement la section des travaux publics, de l'agriculture et du commerce. M. Picard a été nommé, en 1889, rapporteur de l'Exposition universelle, et son Rapport (10 volumes) est un véritable monument.

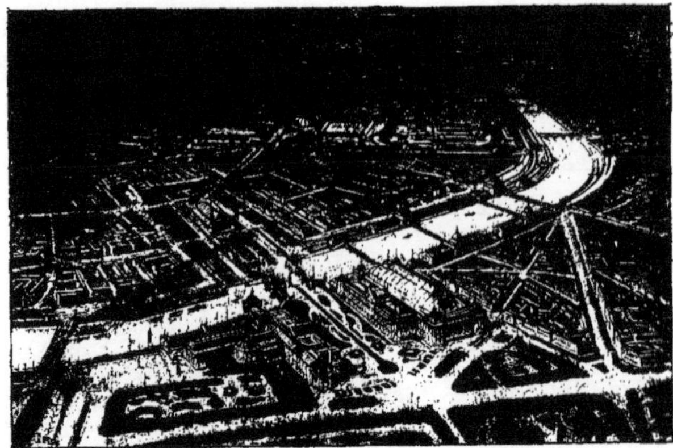

PREMIERS CONCOURS; PREMIERS PROJETS. — *Projet de M. Hénard (1re prime).*

Officier de la Légion d'honneur en 1881, commandeur en 1885, M. A. Picard est grand officier depuis 1889.

En outre du rapport cité plus haut, M. Picard a publié les ouvrages suivants : *L'alimentation en eau du canal de la Marne au Rhin et du canal de l'Est* (1 volume de texte et un atlas) ; *Les chemins de fer français* (6 volumes); *Traité des chemins de fer* (4 volumes) ; *Traité des eaux* (5 volumes) ; *Monographie de l'Exposition de 1889* (commencée par M. Alphand : 2 volumes et un atlas). Il a de plus dirigé la publication des rapports du jury de cette exposition.

EXPOSITION DE 1900

Premiers Concours — Projets Primés

« A l'heure même où l'Exposition de 1889 fermait ses portes en pleine apothéose, exposants et visiteurs se donnaient instinctivement rendez-vous à Paris pour 1900. Encore sous l'impression du spectacle imposant dont ils venaient d'être les acteurs ou les témoins, ils se demandaient déjà par quelles merveilles le génie de la France et de ses hôtes pourrait, sinon faire oublier l'éclat des grandes assises du centenaire, du moins inaugurer dignement le xxe siècle et marquer ainsi la nouvelle étape franchie dans la marche en avant de la civilisation contemporaine. »

Les lignes citées ci-dessus forment le début du premier acte officiel ayant trait à l'Exposition projetée de 1900 : le rapport de M. Jules Roche, ministre du commerce et de l'industrie, adressé au président de la République, le regretté Sadi Carnot. Ce rapport contient la phrase que l'on cite souvent depuis : « L'Exposition de 1900 constituera la synthèse, déterminera la philosophie du xixe siècle.» C'est de cette phrase que nous nous sommes inspirés en entreprenant cette publication : la synthèse du xixe siècle, c'est-à-dire le résumé du travail humain pendant cette période, nous l'établirons par le texte et par l'image ; la philosophie, c'est-à-dire la caractéristique du progrès obtenu, se dégagera amplement et clairement du tableau mouvementé, varié, encyclopédique que nous voulons faire passer sous les yeux de nos lecteurs.

Le rapport de M. Jules Roche avait pour but de soumettre à l'approbation du président de la République le décret instituant l'Exposition de 1900 ; il fut signé le 13 juillet 1892, un peu moins de trois ans après la fermeture de l'Exposition de 1889. Instruit par l'expérience des solennités précédentes, le gouvernement entendait que les travaux fussent entrepris assez longtemps à l'avance, pour éviter les retards et les périodes de presse qui jusqu'à ce jour ont signalé l'ouverture des diverses expositions universelles.

Le décret portant organisation des services de l'Exposition de 1900 fut signé, le 9 septembre 1893, par M. Carnot, sur le rapport de M. Terrier, ministre du commerce, de l'industrie et des colonies.

L'article 1er est ainsi conçu : « Les services de l'Exposition universelle de 1900 sont placés sous l'autorité du ministre du commerce, de l'industrie et des colonies et dirigés par un commissaire général. Les attributions réservées au ministre comprennent les rapports avec les Chambres, l'approbation des projets d'ensemble, les mesures d'ordre général, la délégation des crédits au commissaire général, l'approbation des comptes, la nomination des directeurs et chefs de service. Le commissaire général est nommé par décret. Il a la haute direction de tous les services et nomme les agents autres que directeurs et chefs de service. »

L'article 2 instituait la commission consultative, dite commission supérieure de l'Exposition.

M. Alfred Picard, nommé commissaire général par décret du 18 novembre 1893, présentait, le 30 juillet 1894, son rapport sur le règlement général, qu'approuvait un décret du 4 août 1894, revêtu des signatures de MM. Casimir-Perier, président de la République ; G. Leygues, ministre de l'instruction publique et des beaux-arts ; Lourties, ministre du commerce, de l'industrie, des postes et télégraphes. A cette même date, M. Alfred Picard portait à la connaissance de la commission supérieure de l'Exposition, qui l'approuvait, son rapport sur la classification générale.

PREMIERS CONCOURS ; PREMIERS PROJETS. — *Projet de M. Girault (1re prime).*

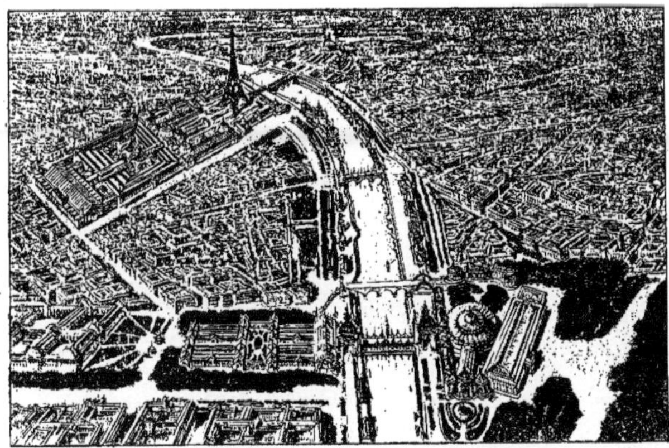

PREMIERS CONCOURS; PREMIERS PROJETS. — *Projet de M. Paulin (1ʳᵉ prime).*

Plus tard, des lois sont intervenues (13 juin 1896), pour approuver les conventions passées entre le ministre compétent et la ville de Paris, au sujet de la participation financière de la ville, et d'autre part, les conventions faites avec divers établissements financiers pour l'émission des bons de vingt francs destinés à couvrir l'excédent des frais d'édification dépassant la somme de vingt millions, part contributive de l'État, et la subvention de la ville de Paris, évaluée à un cinquième des dépenses, sans que cette subvention puisse dépasser vingt millions. Nous reviendrons plus en détail sur cette importante question.

Une loi précédente, le 27 juillet 1894, avait ouvert un crédit pour les études de l'Exposition; M. Lourties, ministre du commerce, institua, par arrêté du 9 août 1894, un premier concours sur les dispositions générales des bâtiments, jardins et agencements divers de l'Exposition. Les étrangers étaient exclus de ce concours, qui fixait le périmètre des terrains affectés, comprenant le Champ-de-Mars, le Trocadéro et ses abords, le quai d'Orsay, l'esplanade des Invalides, le quai de la Conférence, le Cours-la-Reine, le Palais de l'Industrie et les terrains avoisinants ce palais, entre son axe longitudinal prolongé, l'avenue d'Antin et le Cours-la-Reine. Les jonctions nécessaires devaient être assurées entre les deux rives de la Seine et notamment par un large pont en face de l'hôtel des Invalides.

L'article 6 spécifiait que : « Toute liberté est laissée aux concurrents en ce qui concerne les monuments actuels, situés dans le périmètre de l'Exposition. Ils pourront proposer la conservation, la modification, ou la démolition de tout ou partie de ces monuments, y compris la Tour de 300 mètres. Par exception, le palais du Trocadéro devra être intégralement maintenu. »

Les concurrents devaient fournir, en outre des plans, coupes et élévations techniques, une vue en perspective ou à vol d'oiseau, montrant d'une façon plus accessible à l'examen du public l'ensemble de leurs projets. Un délai de quatre mois était accordé pour l'exécution. Trois primes de 6000 fr., quatre de 4000 fr.; cinq de 2000 fr.; six de 1000 fr., étaient allouées pour récompenser les projets primés.

L'exposition du concours fut inaugurée le 18 décembre par la visite du président de la République. Environ 600 concurrents s'étaient fait inscrire. Mais, au dernier moment, 108 seulement déposèrent leurs plans. Ce chiffre était encore assez considérable pour rendre fort ardues les opérations du jury. Ce jury avait été ainsi établi par l'arrêté cité plus haut : le ministre du commerce; le commissaire général; le directeur général de l'exploitation; le directeur adjoint; le directeur de la voirie, parcs et jardins de l'Exposition; le directeur des services d'architecture de l'Exposition; le directeur des finances; le secrétaire général; le directeur des beaux-arts; le directeur des bâtiments civils; le directeur de l'agriculture; 10 membres nommés par le ministre du commerce; 10 membres élus par les concurrents, c'est-à-dire 31 membres au total.

M. Guadet, nommé rapporteur, soumit son travail au jury, qui l'adopta dans la séance du 5 janvier 1895; trois primes de 6000 fr. furent attribuées à MM. Girault, Hénard, Paulin; quatre primes de 4000 fr. à MM. Cassien (Bernard) et Cousin, Gautier, Larche et Nachon, Raulin; cinq primes de 2000 fr. à MM. Blavette, Esquié, Sortais, Toudoire et Pradelle, Tronchet et Rey; six primes de 1000 fr. à MM. Bonnier, Hermant, Louvet et Varcollier, Masson-Détourbet, Mewès, Thomas et de Tavernier.

M. Guadet, dans son rapport, disait : « Il est opportun de faire connaître un fait remarquable et très rare dans les jugements de concours; le jury, votant par scrutin de liste à la majorité absolue, les trois premières primes ont été allouées d'emblée par un seul scrutin; les deuxièmes primes, à l'exception d'un seul ballottage; les troisièmes primes de même; enfin, les dix dernières primes n'ont motivé qu'un seul tour de scrutin. Il n'y a donc eu en tout que six votes pour dix-huit primes réparties en quatre catégories, fait d'autant plus remarquable que le concours était très nombreux et très brillant. »

Nous donnons la reproduction des projets ayant obtenu les premiers prix; on pourra, dans la suite, les comparer avec ceux qui représenteront l'Exposition telle qu'elle sera et constater qu'il subsiste bien peu de choses des divers ensembles imaginés par les concurrents.

M. Guadet relatait, à cet égard, dans quel esprit le jury avait prononcé : « Le jury a pensé qu'aucun projet ne devait être considéré comme un projet d'exécution définitive..., c'est une conviction *a priori*. Il est impossible qu'un seul architecte, quel qu'il soit, puisse être l'auteur et le constructeur de tout ce qui devra s'exécuter dans cet immense ensemble. » Le concours n'a été, selon l'expression générale, qu'un « concours d'idées ».

Plusieurs des concurrents, usant de la faculté laissée par le programme, avaient supprimé le Palais des Champs-Élysées, en le remplaçant par un ou deux édifices analogues, placés en bordure d'une large voie, se prolongeant par un pont monumental, débouchant dans l'axe de l'esplanade des Invalides. Le projet de M. Hénard, l'une des premières primes, accusait très franchement ce parti, que l'on retrouvait, avec plus ou moins de netteté, chez MM. Mewès, Louvet et Varcollier, Esquié, Sortais, Bonnier.

« Incontestablement, dit M. Guadet, cette idée, qu'on n'aurait peut-être pas osé concevoir sans l'impression puissante qu'elle a causée, grâce au concours, dont elle est véritablement issue, cette idée séduit par une beauté artistique qui ne se peut nier. »

Ce fut, en effet, le point de départ de cette suppression qui causa un certain émoi, si l'on se souvient, et à laquelle on est habitué aujourd'hui qu'il y a fait accompli. Le Palais des Champs-Élysées trouva de nombreux défenseurs, mais, après de fastidieuses polémiques, la démolition fut décidée et donna lieu à un second concours, dans lequel nous retrouverons la plupart des vainqueurs de la première lutte.

Le rapport établissait en outre que sur les 18 projets primés : 12 conservaient la Tour de 300 mètres; 14 la Galerie des Machines; 3 le Palais des Arts; 10 le Palais des Champs-Élysées.

Nous joindrons quelques indications plus spéciales sur les projets primés, pour expliquer nos gravures : M. Girault conservait la Galerie des Machines, la Tour Eiffel et le Palais de l'Industrie; il groupait dans le Palais de l'Industrie et dans les annexes à construire, l'éducation et l'enseignement, les œuvres d'art et les procédés des arts; sur l'esplanade des Invalides, il disposait la mécanique et l'électricité; au Champ-de-Mars, le génie civil, les moyens de transport et l'agriculture, dans la Galerie des Machines. Six grands

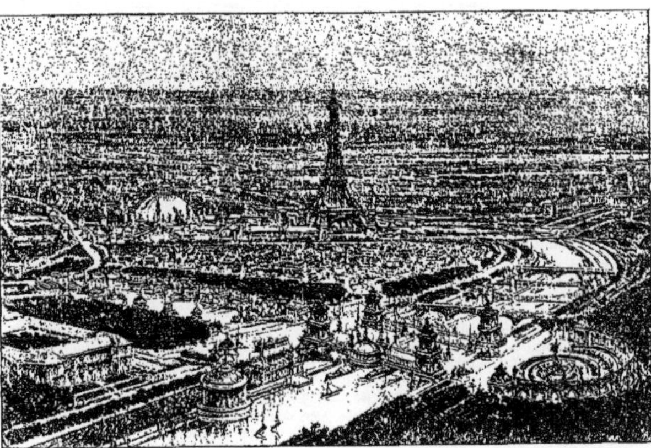

PREMIERS CONCOURS; PREMIERS PROJETS. — *Projet de MM. B. Cassien et G. Cousin (2ᵉ prime).*

palais à construire abritaient : aliments — mines, métallurgie — décoration et mobilier — fils, tissus, vêtements — industries chimiques — divers ; autour de la Tour Eiffel : l'horticulture ; en bordure sur les quais — forêts, chasse, pêche, etc. L'auteur insistait surtout sur la décoration des quais, des ponts qu'il voulait animer par une vaste fête, formant un cadre pittoresque à des illuminations féeriques.

M. Hénard, comme nous l'avons déjà dit, supprimait le Palais de l'Industrie, en le reconstruisant à droite de la nouvelle avenue. A gauche, il plaçait le Palais des Lettres. Au fond, devant les Invalides, le Palais de l'Électricité. Au Champ-de-Mars, il conserve les palais des Machines, des Beaux-Arts et des Arts Libéraux, la Tour Eiffel, avec des modifications importantes ; par exemple, il établissait, au centre de la Galerie des Machines, une salle des fêtes immense recouverte d'une coupole de 100 mètres de diamètre. Il remplaçait la partie haute de la Tour Eiffel par un beffroi plus décoratif.

M. Paulin considérait la Seine comme l'artère principale de l'Exposition ; il transformait les rives en jardins au moyen de remblais, et modifiait le Palais des Champs-Élysées, plaçait l'agriculture et l'horticulture sur l'Esplanade. Au Champ-de-Mars, il conservait la Tour et la Galerie des Machines ; au Trocadéro, il installait l'exposition coloniale, construisait au quai de Billy une ville flottante, chinoise et japonaise, etc.

MM. Cassien (Bernard) et Cousin construisaient un Palais de Diamant, destiné à l'électricité ; c'était le clou de leur projet. Ce Palais de Diamant était monté en claveaux de verre, et devait scintiller au soleil comme un écrin de pierres précieuses.

M. Gautier offrait le Palais du Siècle, immense pagode construite au Champ-de-Mars, formant la récapitulation et l'apothéose du siècle ; sur le quai d'Orsay, il édifiait le Palais du Feu, construit en verre et en céramique.

MM. Larche et Nachon remplaçaient la Tour Eiffel par un monument commémoratif aux siècles écoulés, avec château d'eau, statues, qu'ils nommaient le « Monument des Vingt Siècles ». Enfin, M. Raulin avait composé son projet en supposant que la Seine et ses rives décorées formeraient la plus grande attraction de l'Exposition. De tous ces projets, comme de ceux qui furent primés en troisième et quatrième ligne, il ne subsistera rien à l'exécution définitive. Cependant le concours a été fécond, car il a fourni des indications utiles, des aperçus originaux. Il a versé dans l'œuvre commune le produit d'imaginations riches et variées ; à cet égard, il justifie pleinement son titre de « concours d'idées ».

G. MOYNET.

Historique
DES
EXPOSITIONS UNIVERSELLES

Il y a exactement cent ans, le 4 septembre 1798 (8 fructidor an VI), paraissait au *Moniteur universel*, la note suivante : « La fête de la fondation de la République, fixée au 1er vendémiaire an VII, sera précédée, pendant les cinq jours complémentaires de l'an IV, d'une exposition publique des produits de l'industrie nationale. Cette exposition aura lieu au Champ-de-Mars. On aura préparé à cet effet, à la suite de l'amphithéâtre du milieu du Champ-de-Mars, une enceinte carrée, décorée de portiques

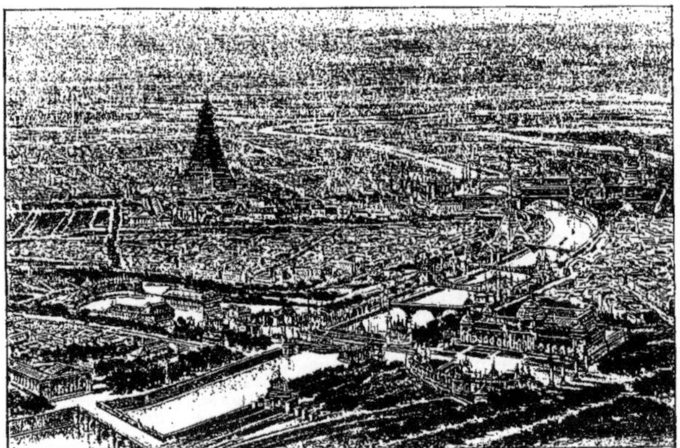

PREMIERS CONCOURS ; PREMIERS PROJETS. — *Projet de M. Ch. Gautier (2e prime).*

sous lesquels seront déposés les objets les plus précieux de nos fabriques et manufactures. »

Paraissant à un siècle de distance, notre revue a donc l'heureuse fortune de glorifier un grand anniversaire : celui de la première exposition industrielle. Dues à l'initiative française, les expositions se sont multipliées d'une façon incroyable au cours du XIXe siècle, et ont pris une importance qu'on était loin de prévoir à leur début.

C'est la France, on ne saurait trop le répéter, qui a eu l'honneur de donner aux autres nations l'exemple des expositions industrielles, et la note

PREMIERS CONCOURS ; PREMIERS PROJETS. — *Projet de MM. Larche et Nachon (2e prime).*

que nous reproduisions au début de cet article est la première annonce officielle d'une exposition. Son auteur, François de Neufchâteau, ministre de l'intérieur, de l'instruction publique et des beaux-arts, n'avait, pour s'inspirer, que les précédents fournis par le « Salon » des peintres, créé en 1648, et par une exhibition industrielle peu importante, installée à Prague en 1791.

Ouverte, avec deux jours de retard — sans doute pour montrer l'exemple aux expositions de l'avenir — la première exposition industrielle (*Exposition de l'an VI*) s'ouvrit le 19 septembre 1798.

Perdue au milieu de l'immense Champ-de-Mars, elle formait un rectangle comprenant 58 portiques en bois, dessinés par François Chalgrin, le futur architecte de l'Arc de Triomphe de l'Étoile.

110 exposants avaient répondu à l'appel du ministre novateur. Il n'y avait pas de jury d'admission, mais un jury de récompense.

Le cinquième jour complémentaire, le jury, dans dans lequel entraient des hommes comme Darcet et Chaptal, vint remplir la « mission auguste » qui lui avait été confiée ; il fit sa visite à 10 heures du matin et rédigea son rapport séance tenante. Douze médailles d'or furent accordées aux industriels suivants : Bréguet (échappement libre et à force constante), Lenoir (instruments de précision), Didot et Herhan (éditions de Virgile et de La Fontaine), Clouet (fers et aciers), Dihl et Guérhard (tableaux en porcelaine, avec couleurs inaltérables par la chaleur), Désarnod (cheminées), Conté (crayons), Grémont et Barré (toiles peintes), Potter (faïences blanches), Payn fils (bonneterie), Delarue (tôles), Julien (coton).

Treilhard, président du Directoire exécutif, présida la distribution des récompenses et prononça le discours officiel, qui fut suivi de l'énumération des actes de courage et de la lecture des dix brevets d'invention pris pendant l'année qui venait de s'écouler.

Fier des résultats obtenus, François de Neufchâteau, dès le 24 vendémiaire an VII, les fit connaître aux autorités locales de toute la France, par une circulaire dans laquelle se reflète sa préoccupation principale : celle de la lutte entre la production française et la production anglaise. « Cette première exposition, y est-il dit, conçue et exécutée à la hâte, incomplètement organisée, est réellement une première campagne, une campagne désastreuse pour l'industrie anglaise et glorieuse pour la République... Dans les expositions ultérieures, on donnera, en cas d'égalité de mérite des fabricants, une préférence marquée aux genres d'industrie qui rivaliseront avec les branches les plus fécondes de l'industrie anglaise... »

Malgré l'enthousiasme de François de Neufchâ-

HISTORIQUE DES EXPOSITIONS UNIVERSELLES. — 1. *Exposition de l'an VI (1798) au Champ-de-Mars.* — 2. *Exposition de l'an IX (1801) dans la cour du Louvre.* — 3 *Exposition de 1806, sur l'esplanade des Invalides.* — 4. *Exposition de 1834, sur la place de la Concorde* — 5. *Exposition de 1844, aux Champs-Élysées (carré Marigny).*

teau, les résultats de cette première exposition nous semblent aujourd'hui bien minimes, et les illuminations et le concert journalier dans lequel on jouait les plus beaux airs du répertoire de l'époque, ne parvenaient pas à attirer la foule devant les portiques des exposants.

Les expositions devaient être annuelles, mais pour de nombreuses raisons, la seconde n'eut lieu que trois ans plus tard, sous le Consulat, après les victoires de Bonaparte, qui donnèrent la paix à la France. A cette époque François de Neufchâteau n'était plus ministre.

Par un arrêté du 13 ventôse an IX, et sur le rapport de Chaptal, ministre de l'intérieur, les consuls décidèrent qu'il y aurait chaque année à Paris, une exposition publique des produits de l'industrie française pendant les cinq jours complémentaires, et que cette exposition ferait partie de la fête destinée à célébrer l'anniversaire de la République. Un jury départemental de 5 membres était institué pour l'examen préalable des produits envoyés; un jury de récompense comprenait 15 membres désignés par le ministre; parmi lesquels Berthollet, Guyton-Morveau, Montgolfier, de Prony, Perrier, Costaz; tous d'une compétence indiscutable.

On abandonna le Champ-de-Mars pour la cour du Louvre, plus centrale. Des portiques à colonnes s'élevant jusqu'à la première corniche, furent adossés aux façades du palais, pour recevoir les produits exposés. 220 exposants, appartenant à 38 départements, furent admis; ils appartenaient tous à l'industrie. Les peintres et sculpteurs, sollicités de prendre part à ces concours qu'ils recherchent aujourd'hui avidement, s'y refusèrent.

L'exposition, en progrès marqué sur la précédente, fut très intéressante dans son ensemble.

L'*Exposition de l'an IX* dura du 19 au 24 septembre 1801. Les consuls la visitèrent officiellement le cinquième jour complémentaire, et reçurent les membres du jury le 2 vendémiaire. Le rapporteur Costaz prononça un discours dans lequel il signala la supériorité de la France pour la typographie, la céramique, la tapisserie, l'ameublement.

77 médailles, dont 19 d'or, furent décernées, ainsi que 33 mentions honorables.

La troisième exposition (*Exposition de l'an XI*) eut lieu dans la cour du Louvre, du 18 au 24 septembre 1802. Le jury était le même ou à peu près. 540 exposants, appartenant à 73 départements, y prirent part; 151 médailles, dont 38 d'or, récompensèrent les plus beaux produits; 100 mentions honorables furent accordées.

Malgré le succès croissant de ces exhibitions, on commençait à comprendre qu'il fallait les espacer davantage pour les rendre plus intéressantes et permettre aux productions vraiment nouvelles d'apparaître. A cette raison vint se joindre la guerre qui suivit la rupture de la paix d'Amiens, de telle sorte que le décret réglementant la quatrième exposition parut seulement le 15 février 1806. Un crédit de 60 000 francs lui était affecté.

Napoléon 1er était alors à l'apogée de sa puissance, son prestige était immense. L'*Exposition de 1806* s'en ressentit: elle fut des plus brillantes. Installée sous des portiques, place des Invalides, elle s'ouvrit le 25 septembre et se prolongea jusqu'au 19 octobre, durant en tout 24 jours.

1 422 exposants, de 104 départements, y prirent part. Un jury de 22 membres, avec Monge pour président et Costaz pour rapporteur, se partagea en quatre sections (arts mécaniques, arts chimiques, beaux-arts, tissus); il décerna 610 récompenses: dont 54 médailles d'or, 177 d'argent, 379 mentions honorables ou citations. Le célèbre Oberkampf, avec ses toiles peintes et ses étoffes indiennes, fut au premier rang des lauréats; Napoléon le décora de sa main.

Le rapport de Costaz signale d'importantes améliorations dans le travail du coton et le corroyage; il note la perfection de notre horlogerie et de notre industrie céramique, les progrès énormes des industries chimiques.

Napoléon avait fixé à trois ans l'intervalle des expositions. Les circonstances en décidèrent autrement, et après une série d'événements qui bouleversèrent l'Europe, la cinquième exposition s'ouvrit en 1819. Une ordonnance de Louis XVIII, rendue le 13 janvier 1819, sur le rapport du duc Decazes, organisait une exposition pour le 25 août, et indiquait une périodicité de quatre ans pour les expositions suivantes. Un jury d'examen de 7 fabricants était choisi par chaque préfet. Le jury de récompense comprenait 19 membres, avec le duc de la Rochefoucault, pair de France, comme président et Costaz pour rapporteur.

Installée dans une des vastes salles du palais du Louvre, cette exposition eut un grand succès. 1 662 industriels et manufacturiers y prirent part; 869 récompenses furent accordées. Citons parmi les médailles d'or: Canson (papier), Dolfus-Mieg et Cie (châles imprimés), Érard (instruments de musique), Fortin (instruments de précision), Jacquard (métier à tisser), manufacture de Saint-Gobain (glaces), etc. L'exposition ferma ses portes le 30 septembre, après une durée de 35 jours.

Celle de 1823, qui dura 50 jours, du 25 août au 13 octobre, compta 1 642 exposants. Elle occupa le rez-de-chaussée de la colonnade du Louvre et le premier étage du palais.

La septième exposition eut lieu sous le règne de Charles X. Elle se tint au Louvre, dura 62 jours à partir du 1er août, compta 1 695 exposants, et fut peu brillante comme sa devancière.

Les événements politiques obligèrent Louis-Philippe à retarder la date de la huitième exposition. Elle fut fixée au 1er mai 1834.

On éleva, sur la place de la Concorde, quatre pavillons de 76 mètres de longueur et 47 mètres de largeur; à chaque extrémité, ils étaient pourvus d'un vestibule et comprenaient deux galeries longitudinales de 13 mètres de largeur, séparées par une grande cour. L'exposition dura 60 jours, 2 447 industriels y prirent part.

Le jury, composé de 27 membres, avec le baron Thénard comme président, se partagea en huit sections, et 1 785 récompenses furent accordées. Citons parmi les titulaires des médailles d'or, au nombre de 71: Chevalier (instruments de physique), Guimet (bleu d'outre-mer), Compagnie des forges et fonderies d'Alais (fer).

La neuvième exposition universelle française s'ouvrit le 1er mai 1839, dans le *Carré des fêtes*, aux Champs-Élysées, dans une grande galerie de 185 mètres parallèle à l'avenue. Cinq galeries de 60 mètres de long sur 26 de large, dressées perpendiculairement à la première, complétaient l'ensemble. Cette exhibition très importante dura 60 jours, 3 381 exposants y prirent part. Thénard était encore président du jury, qui comprenait 44 savants et industriels et décerna 2 305 récompenses, dont 102 médailles d'or.

L'Exposition de 1844, dixième de la série et dernière de la monarchie de Juillet, s'ouvrit à la même date que la précédente, eut la même durée et se tint sur le même emplacement; mais ses bâtiments, plus importants, formaient un vaste rectangle de près de 200 mètres. 3 060 exposants concoururent; le jury comprenant 53 membres, avec le baron Thénard comme président, décerna 3253 récompenses, dont 128 médailles d'or. Parmi les lauréats nous signalerons: Balard (sulfate de soude), Cavaillé - Coll (orgues), Froment-Meurice (joaillerie, bijouterie), Lepaute (phares), Schwilgué (horlogerie), celui-là même qui restaura la fameuse horloge astronomique de Strasbourg, arrêtée depuis 1790 et qu'il remit en mouvement.

Le rapport général signalait le danger dans lequel l'abandon de nos laines à carde indigènes pour les laines allemandes mettait notre agriculture; il notait la prépondérance de nos filatures de laine; le progrès des industries suivantes: soies et soieries, fils et tissus de coton, de lin et de chanvre, impression sur tissus, dentelles, tulles et broderie; métallurgie; machines à vapeur et machines-outils; engrais et cristaux.

(*A suivre.*)　　　　F. FAIDEAU.

LA VIE ET LES MŒURS A TRAVERS LE SIÈCLE.
La lecture des journaux dans le jardin des Tuileries (1820), d'après Merlet.

LA VIE ET LES MŒURS
A travers le Siècle (1800-1820)

C'est dans une rouge aurore traversée de fulgurants éclairs, dans le fracas des batailles, après les plus tragiques secousses, que le XIXe siècle est né et qu'il a grandi.

Durant ces quinze premières années, dans l'univers civilisé, tout entier embrasé, cent mille canonnades tracèrent des sillons sanglants à travers les masses profondes ruées avec acharnement les unes sur les autres. Sur le sein meurtri de la vieille Europe, reine du monde, mère des arts et de l'industrie, nourricière de la pensée, les peuples préludaient ainsi par l'égorgement à une ère de travail, de science intensive, audacieuse, débridée pour ainsi dire, à une ère de découvertes extraordinaires dans tous les champs ouverts à l'activité humaine.

La destruction opérait donc et préparait les voies à ce siècle destiné à tout changer de l'outillage à lui légué par les prédécesseurs et à radicalement tout transformer de ce qui existait avant lui. La vie est dure en ces années d'épopée impériale, quand la conscription, cauchemar des mères, prend l'une après l'autre chaque génération pour la précipiter à son tour et à son rang dans la fournaise. La paix vient enfin, on respire autre chose que la poudre et le salpêtre, les épis poussent sur les charniers des batailles, les peuples laissent le fusil et reprennent l'outil si longtemps délaissé. « En ce temps-là, malheur aux pères ! » a écrit Joseph de Maistre. Les enfants partaient et ne revenaient jamais. Quand nous parlons d'épopée, pensons-nous à ces sacrifices ininterrompus, à l'immensité des douleurs sans nombre ? Sur la chair sanglante des peuples, César appliquait les bulletins de victoire comme compresse, mais la gloire servait-elle suffisamment de chloroforme à ces douleurs ?

Comment a-t-on vécu en ces longues et terribles années ? Sang et larmes, guerres et misères, famines et tristesses, certes on a la sensation confuse de tout cela quand on se reporte aux récits des grand'mères qui ont bercé notre enfance. Cela, c'est l'histoire vécue et soufferte, mais l'histoire officielle passe légèrement sur ces choses et ne veut retenir que triomphes, pompes et gloires.

Les gros événements de la chronique ce sont les passages des régiments en marche, ou leurs retours victorieux sous les arcs de triomphe, ce sont les fêtes de la cour impériale, les splendeurs du couronnement de César, les fêtes du baptême du roi de Rome, qui veulent faire revivre les pompes royales d'antan et mettent, rien que pour les préparatifs, pendant des mois, Paris sens dessus dessous, bouleversant les industries et les modes, jetant toute la société hors d'elle-même, depuis les gens de la cour jusqu'aux petits bourgeois, heureux d'une parenté avec un fonctionnaire quelconque pour obtenir de voir d'un peu moins loin César ou Joséphine. Le populaire a sa part dans les réjouissances de la rue avec accompagnement de victuailles, et le faubourg Saint-Germain, tout en boudant, voit bon nombre des siens parmi les nouveaux dignitaires de la nouvelle cour, dirigeant la foule suffisamment bien née des chambellans ou des pages.

Au son des cloches sonnant à toute volée les cortèges militaires galopent entre les Tuileries et Notre-Dame pour ces cérémonies ou pour les Te Deum si souvent répétés. Les bals et les fêtes se succèdent dans le monde officiel. Napoléon veut que son peuple s'amuse ou du moins que le bruit des violons distraie un peu les oreilles de l'incessant roulement du canon aux frontières.

Par ordre on danse le plus souvent possible chez ses ministres et ses préfets, même quand l'heure fatale des revers a sonné.

La Grande Armée agonise et meurt sous les neiges moscovites, les jeunes régiments levés en hâte fondent de bataille gagnée en bataille perdue, en l'année sinistre de 1813, mais les orchestres des salons officiels jouent imperturbablement *walses* et *redowas* ; les dames font de glorieux effets de *schalls* et d'écharpes. Peu d'uniformes militaires, les officiers sont tous là-bas fort occupés, mais en revanche beaucoup d'habits brodés, uniformes civils ou habits bourgeois à la française sur lesquels bat l'épée pacifique imposée comme complément de toilette habillée. La danse c'est le beau Trénitz, roi des salons depuis le Directoire ; la musique c'est Elleviou ou bien Garat qui attendrit tous les cœurs avec la romance d'une fadeur délicieuse.

Parcourez les vieux souvenirs, feuilletez les vieilles images, à la surface et en apparence le pays semble joyeux et sans soucis, on se laisse vivre, on cherche le plaisir ; Paris, en dehors des fêtes militaires, a l'air de ne s'occuper que de divertissements. C'est le temps des sociétés dansantes, le temps brillant du *Caveau*.

La gastronomie a ses prêtres et ses poètes : Grimod de la Reynière est l'arbitre souverain de la cuisine et de la table. Un certain nombre de restaurateurs sont illustres, alors se fondent les réputations européennes du *Rocher de Cancale*, du *Veau qui tette*, du *Bœuf à la Mode* et de bien d'autres. Là, on mange merveilleusement, savamment, une cuisine régénérée devenue un art délicat, sous les conseils et la surveillance du *Jury dégustateur*, composé des plus illustres parmi les célébrités gourmandes. Les restaurants grands et petits s'étaient multipliés depuis la Révolution pour des causes diverses, et, à côté des maisons fameuses, l'on trouvait une foule de restaurateurs plus modestes, aux prix plus accessibles, mais non moins soigneux de la bonne renommée relative de leur cuisine.

Inutile de dire qu'au commencement du siècle un repas chez un bon restaurateur ne se chiffrait pas sur la carte aussi haut que maintenant. Les prix ont changé, les heures aussi, on dînait à 2 heures ; à force de retarder, le dîner d'aujourd'hui va devenir le souper d'autrefois. La vogue des cafés commence ; peu nombreux d'abord, ayant des clientèles spéciales, de politiques, de militaires ou de petits bourgeois célibataires, ils vont devenir légion, ils vont pulluler, tout envahir sur les boulevards et, sur certains points, conquérir pour clientèle la société entière.

De même pour la classe populaire, le marchand de vins, le liquoriste, successeurs du cabaretier de l'ancien régime au vin naïf et sincère, envahiront les quartiers ouvriers pour y répandre l'empoisonnement des alcools inconnus aux siècles passés.

Donc sous l'Empire, même dans les plus mauvais jours, Berchoux et Grimod célèbrent les plaisirs de la table, les joyeux chansonniers du Caveau font entendre leurs flonflons ; on chante, on danse, on rit, on s'amuse, les bals masqués de l'Opéra sont ressuscités avec le siècle, les jardins Tivoli et Monceaux continuent, avec la même vogue que sous le Directoire, à donner leurs grandes fêtes accompagnées de séances de prestidigitation, de carrousels, de feux d'artifices machinés comme des pièces de théâtre et compliqués d'ascensions aérostatiques. Les entrepreneurs de l'Élysée, de Tivoli, du Wauxhall, attirent la foule par les mêmes attractions, Frascati a ses salons de fêtes très fréquentés et les maisons de jeu du Palais-Royal regorgent d'un monde fort mêlé, à côté des fameuses Galeries de bois, hantées par la cohue des courtisanes.

L'effroyable drame militaire marche, cela est de toute évidence, vers son terrible dénouement, les pires catastrophes sont à prévoir à bref délai et rien ne change en apparence ; sans doute les pères et les mères pleuraient en silence, mais le monde officiel dansé. La chanson, seule, essaie une protestation timide et détournée, Béranger chante le bon roi d'Yvetot qui dormait fort bien sans gloire. Et cette protestation parut fort audacieuse en ce doux temps. Mais c'est fini : la victoire, lassée, déserte définitivement. C'est l'heure des désastres suprêmes.

Chose étrange : en 1814, au moment des derniers soubresauts de l'Empire à l'agonie, quand on va se battre sous Paris, le carnaval ne perd pas ses droits et les convois de malheureux blessés se croisent sur les boulevards avec les voitures chargées de masques ; le pauvre conscrit écharpé, l'enfant jeté au-devant des Prussiens ou des Cosaques avec un fusil dont il n'a même pas eu le temps d'apprendre le maniement, le vieux gro-

gnard échappé à vingt-cinq ans de combats, ramené jusqu'au gîte et tombé sur le sol français en faisant désespérément face à l'ennemi, ces malheureux, couchés sur la paille sanglante, voient défiler, à côté de leurs charrettes, arlequins et pierrots s'amusant au carnaval des boulevards avant le bal de la soirée!

Cela nous semble incroyable maintenant, il ne paraît pas que l'on s'en soit étonné ou indigné alors. Sans doute, la vieille légèreté française, ce legs des siècles qui n'ont pas été si noirs et si durs qu'on le dit, n'était pas tout à fait morte alors. Elle a trépassé définitivement depuis. Tout a bien changé, et le XIXᵉ siècle, qui a vu ou apporté dans la vie de telles modifications matérielles, n'aura pas été témoin de transformations morales moindres, dont la cause principale est sans doute l'âpreté croissante de la lutte pour la vie.

Mais la tempête a pris fin, un immense soupir de soulagement dut passer sur le monde. La vie, plus normale et plus douce, se reprend et se reconstitue dans la paix. Que de ruines à réparer, de traces effrayantes de ce cyclone de vingt-cinq années à effacer. C'est un renouveau général. Partout fêtes et cérémonies, quoique les temps soient difficiles encore. Renouveau de ferveur religieuse : en province, en toutes occasions, ce sont théories de jeunes filles en robes blanches, aux cérémonies, missions, prédications, plantations de croix... C'est une réapparition des vieilles coutumes, et aussi des *vieux costumes d'autrefois*, comme pour rattacher le fil des siècles rompu violemment.

La province est édifiante, Paris l'est un peu moins. Le Palais-Royal a un redoublement de vogue au moment où les officiers des armées alliées s'y précipitent attirés par sa mauvaise réputation universelle. Ailleurs, un succès nouveau se dessine, s'ajoutant aux attractions anciennes des jardins publics, des Tivoli et autres : ce sont les montagnes russes, importation moscovite.

Une autre chose est née dans cette période du commencement du siècle, très modeste, presque ridicule. C'est une machine en bois à deux roues, bien lourde, bien grossière, sur laquelle on se campe à califourchon et qu'on fait marcher à bons coups de pieds frappés sur le sol. Cela s'appelle la « Draisienne », du nom de son inventeur. Nous la retrouverons plus tard.

A. ROBIDA.

OUVERTURE DES CHANTIERS

Les premiers coups de pioche, inaugurant le travail gigantesque que représente l'édification de la future Exposition, ont été donnés, en réalité, en septembre 1896,

TRAVAUX DE L'EXPOSITION. — *Ouverture du premier chantier.*

alors qu'on disposait les préparatifs nécessaires à la pose de la première pierre du pont Alexandre III. A ce moment, les pierres formant murs de quai et parapets furent déposées des deux côtés de la Seine, pour l'installation des pylônes en décoration, et pour l'établissement des escaliers descendant jusqu'au niveau du fleuve. Deux cents arbres environ furent déplantés afin de laisser place aux tribunes. Ces arbres ne furent pas remis en place, car l'emplacement qu'ils occupaient forme le prolongement de l'avenue qui sépare les deux palais des Champs-Elysées, et qui aboutit au pont.

Dans les derniers jours de novembre, de la même année, s'ouvrit le premier chantier, celui que représente notre gravure. On aperçoit le mur de quai éventré

pour pratiquer le tunnel d'accès qui de la Seine permet aux lignes ferrées et aux vagonnets d'arriver jusque dans les chantiers de construction. Ce tunnel qui passe sous le Cours-la-Reine, en laissant toute liberté à la circulation, a facilité tout d'abord l'enlèvement des déblais considérables provenant des fouilles, et celui des matériaux qui n'ont pu être réemployés quand on a démoli l'ancien Palais de l'Industrie. Cette voie a dégagé, en outre, les promenades avoisinantes, qui, sans cette précaution, eussent été encombrées par les lourds véhicules employés aux transports de tout genre.

Le tunnel qui est établi au-dessous du futur pont Alexandre III se dirige obliquement à l'axe du Cours-la-Reine. Il part d'une estacade qui a été construite sur le fleuve, pour servir de quai aux bateaux de transport. L'estacade a été montée en même temps que le tunnel était creusé. Le 1ᵉʳ décembre 1896, une équipe de 61 terrassiers avait déjà déblayé le terrain, en amorçant le tunnel jusqu'au niveau de la ligne des tramways. En même temps, les charpentiers battaient les pieux de l'estacade; ce travail avait dû être interrompu, par suite d'une crue subite de la Seine, mais il reprit dès les premiers jours du mois. Le 7 décembre, le chantier élargi, permettait le travail simultané d'une équipe de 150 ouvriers; les maçons s'étaient mis à l'œuvre, et les murs du bas port étaient fondés sur toute la portion de la berge non occupée par le chantier du tunnel ; les massifs, ainsi que la tête de maçonnerie du tunnel, étaient achevés presque en même temps.

Une nouvelle crue, qui se produisait vers le milieu de décembre, vint encore arrêter les travailleurs ; néanmoins les entrepreneurs ne désespéraient pas de terminer leur œuvre avant le 1ᵉʳ janvier. La saison, assez pluvieuse, en disposa autrement, et l'estacade dut être abandonnée provisoirement, pendant qu'on poussait activement l'avancée du tunnel. La circulation sur le Cours-la-Reine fut interrompue pendant quelques jours seulement, et, dès le 3 janvier, une largeur de voie suffisante au passage des piétons et des véhicules était livrée au public, le tunnel ayant franchi cette partie de la promenade; le 10 janvier, le raccord entre la Seine et les Champs-Elysées était établi, il ne restait plus qu'à parachever l'estacade, ce qui fut accompli quelques jours après. Le quai de la Conférence avait repris son aspect habituel; le Cours-la-Reine était, sans obstacle, livré à la circulation journalière.

Tandis que ces travaux se poursuivaient, on avait achevé de clôturer les chantiers, et l'on se disposait à adjuger la démolition du Palais de l'Industrie, qui fut fixée au 28 janvier 1897, sur une mise à prix de 60 000 francs.

L'établissement des clôtures avait constitué d'ailleurs un travail d'une certaine importance, d'autant que par un souci très justifié de l'esthétique d'une promenade aussi fréquentée que celle des Champs-Elysées, les barricades en sapin brut, sur lesquelles l'industrie a vite placardé des réclames aux couleurs hurlantes, avaient été rejetées. Des palissades jointives furent donc disposées, avec revêtement de pilastres reliés par des frises et surmontés de motifs découpés, le tout figuré en lattes de treillage ornementé et peintes en vert échampi de tons discrets. Ces treillages rappelaient les élégantes décorations disposées le long de la rue de la Paix et de la rue Saint-Simon lors de la visite faite à Paris par l'Empereur de Russie.

PAUL JORDE.

EXPOSITION DE 1900

Premiers Concours — Projets non Primés

Lorsqu'on fait appel aux efforts artistiques d'une collectivité aussi nombreuse que celle dont les membres touchent, de près ou de loin, à l'architecture, lorsqu'il s'agit, surtout, d'un concours important comme celui de l'Exposition de 1900, on surexcite, par la grandeur du but à atteindre, une quantité de cerveaux, déjà chimériques par eux-mêmes, qu'une fièvre ambitieuse affole davantage et pousse à l'extravagance. Le concours de 1896 fournit un exemple à joindre à ceux que l'on connaît de ce phénomène.

Six cents concurrents s'étaient fait inscrire, mais cent huit seulement apportèrent devant le jury leurs idées figurées de façon perceptible par le lavis et l'aquarelle. Sur ce premier nombre, on peut classer les concurrents en trois catégories : d'abord ceux qui se montrèrent trop sages, trop pratiques et trop terre à terre. Le jury semble avoir dédaigné, à juste titre, ces gens calmes et raisonnables. Dans le second lot, nous placerons les œuvres d'une édification possible, empreintes d'une imagination contenue et d'une originalité apaisée. C'est parmi les plus intéressants des projets ainsi caractérisés que furent choisis les lauréats.

Dans le troisième groupe, il faut loger les emballés, qui ont lâché la bride à la folle du logis ; ceux qui ont jonglé avec les millions, qui ont oublié les limites restreintes de l'espace disponible, qui ont voulu des galeries plus vastes, plus stupéfiantes que la Galerie des Machines, des tours plus hautes que la Tour Eiffel ; ceux qui ont tracé des naumachies immenses, qui ont lancé du sommet de monuments babyloniens des cascades lumineuses de cent mètres de haut ; ceux, en un mot, qui ont allié l'abracadabrant au titanesque.

Et ce n'est rien ce que nous avons vu dans ce concours : cent huit concurrents seulement ont affronté la lutte ; parmi les quatre cent quatre-vingt-douze abstentionistes, primitivement inscrits, qui complétaient le chiffre de six cents inscrits, florissaient certainement les imaginations les plus supercoquentieuses, les mieux débridées, et l'on en aurait vu de belles, si ceux-là avaient pu donner une forme à leurs fantasmagories.

Il ne faut pas médire de ces visionnaires. Tandis que les gens superficiels se moquent de leurs extravagances, certains esprits avisés regardent, corrigent, émondent, et la trouvaille du toqué mise au point par un esprit sagace, fait la réputation de ce dernier, au détriment du toqué, bien entendu : c'est l'histoire habituelle.

Dans l'édification d'une Exposition universelle, un bon grain de folie n'est pas à dédaigner ; la sagesse et le calme conviennent aux monuments perdurables, mais puisqu'il s'agit de formes éphémères, écloses au printemps et mortes à l'automne, que la fantaisie enfourche l'hippogriffe et qu'elle s'élance librement dans les nuages. Si les palais des fées, ceux qui hantent l'imagination des poètes, pouvaient prendre une forme tangible et se plier aux nécessités impérieuses de la pesanteur et de la stabilité, ils constitueraient le décor parfait et désirable pour un *fair world*.

Il est donc curieux de plonger dans la masse des projets que rejetèrent les suffrages du jury et d'esquisser, d'un trait rapide, ceux qui se moquè-

Exp. I. :

rent du possible et de l'impossible ; ceux qui cherchèrent du nouveau « n'en fût-il plus au monde ». Parmi ces concurrents malheureux, certains ont pensé que la Tour de 300 mètres a fait son temps, qu'elle est connue, archiconnue ; qu'il n'est pas un sauvage, et le plus renforcé des sauvages, qui ne puisse énumérer, à un degré près, le nombre des

LES PROJETS NON PRIMÉS.
Transformation de la Tour Eiffel, d'après le projet de M. L. Tropey-Bailly.

marches à gravir, depuis le sol jusqu'au paratonnerre. On se lasse des meilleures choses ; Paris, la France et l'Univers sont blasés sur ce point. D'au-

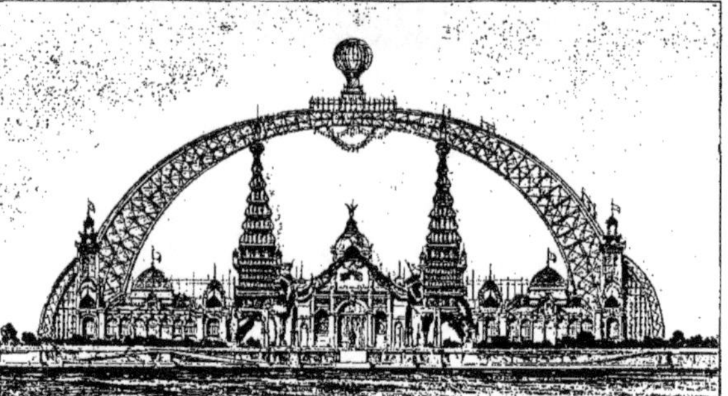

LES PROJETS NON PRIMÉS. — *Les constructions à élever sur l'emplacement du Champ-de-Mars, d'après le projet de M. A. Leclerc.*

tre part, la silhouette de cette Tour n'est pas d'une élégance incontestable. Il est peut-être permis, puisque des considérations financières s'opposent à ce qu'on envoie cette Tour à la ferraille, de l'adorner, tout au moins, de remplacer la courbe indigente qui la dessine du haut en bas, par des agréments plus pittoresques.

A ce titre, il faut reconnaître que plusieurs projets, dont les croquis sont figurés ci-contre, innovaient agréablement dans l'espèce. La Tour de 300 mètres est intangible, paraît-il ; tout au

plus, doit-on se contenter de la peindre à neuf, en bleu clair, au lieu du ton rouge brique dont elle fut revêtue à l'origine. Il y avait mieux à faire : voyez plutôt la façade de M. Tropey-Bailly.

M. Tropey-Bailly transformait la fameuse Tour en un édifice de cent étages ; il l'agrémentait de pyramides, de campaniles, le tout surmonté d'oriflammes immenses claquant au vent. Des émaux, des faïences, des parties métalliques dorées jetaient sur l'ensemble des notes gaies et colorées : c'était une nouvelle jeunesse pour le monument.

Parmi les diverses attractions, jointes à celle-ci et semées dans le projet complet, nous relevons : un bassin gigantesque couvrant la majeure partie du Champ-de-Mars, entourant, à son centre, un palais destiné à abriter l'Exposition de la ville de Paris, affectant la forme symbolique de la nef que la cité porte dans ses armes. M. Tropey-Bailly avait imaginé, de plus, une grue pivotante, de grande dimension, dont les bras eussent porté de larges wagons pour transporter les amateurs d'une rive à l'autre de la Seine. C'est là un procédé assez original de passage d'eau, qui n'a pas encore été utilisé, autant que nous le pouvons affirmer.

Avec le projet de M. A. Leclerc, nous excursionnons dans un fantastique savoureux. Plus de Tour Eiffel : voilà qui est radical. En son lieu et place, une pièce d'eau d'où émerge un arc de triomphe de 190 mètres de large, formé de deux éléphants, de tailles peu communes, dressant et joignant leurs trompes à une altitude de 75 mètres. Chacun de ces pachydermes porte sur son dos une tour de plus de 100 mètres d'élévation, divisée en douze étages. Éléphants et tours abritent en leurs flancs des salles de restaurateurs, de cafés, de brasseries, accessibles par le moyen de huit ascenseurs disposés au large dans les jambes des éléphants colosses.

M. Leclerc creusait dans le Champ-de-Mars un second bassin de 450 mètres de long sur 80 de large, sur lequel on eût installé un cuirassé moderne avec ses canons et ses tourelles. Au-dessus du bassin, s'allongeait une passerelle de 400 mètres de portée, formant boulevard aérien, ouvert aux piétons et sillonné par un chemin de fer électrique qui eût accédé à une gare centrale. Une salle de 1200 mètres de superficie s'élevant à plus de 200 mètres de hauteur, s'offrait, au sommet de l'arc, aux promeneurs qui de là eussent admiré le panorama de Paris et de ses environs. Derrière, au fond, s'ouvrait la véritable entrée de l'Exposition, composée du Portique du Centenaire de 80 mètres de largeur, avec trois coupoles, en mosaïque sur fond d'or, le tout couronné par un dôme à jour, en forme de ciborium, abritant l'Apothéose de la République !....

MM. F. Boutron et X. Schoellkopf (voir la fig 1 de notre grande planche) creusaient également un vaste bassin. Cette idée d'un bassin de grande dimension a hanté la cervelle de nombreux concurrents. On conçoit que le jury ait été peu sensible à ce genre de beauté. L'exécution est coûteuse, et comme l'espace total est restreint, on ne voit pas le besoin pressant d'inutiliser la majeure partie en y logeant de l'eau dormante, bientôt croupie et mal odorante. Le projet en question défonçait, non pas le Champ-de-Mars, mais le Trocadéro pour y installer des Arènes nautiques, où quatre-vingt mille spectateurs eussent trouvé place. Le *Palais des Nations* formait le point capital du projet. La nef de ce palais n'était autre que la Galerie des Machines déplacée et remontée plus près de la Seine. Cette galerie était rendue méconnaissable par une éclosion de dômes, de toutes tailles, de toutes formes et de toute nature.

Si les concurrents ont creusé de nombreux bassins (sur le papier), ils ont arrondi, au-dessus de leurs édifices, des dômes innombrables; la floraison de ces calottes curvilignes a même valu à ce genre d'architecture, l'appellation plus pittoresque que bienveillante de «l'École de l'œuf à la coque».

Avec M. Berteau (fig. 2), nous passons à un autre genre d'exercice. Tout, chez lui, est à la suspension : sa construction s'inspire des ponts suspendus. Qu'on imagine une série de mâts verticaux, portant des câbles à l'infini, auxquels sont accrochées toitures et parois. L'ensemble serait-il résistant? l'auteur affirme du moins que son système est économique et qu'il réduit au minimum la place attribuée aux points d'appui. C'est le type de l'architecture peu encombrante. M. Berteau offrait de couvrir le Champ-de-Mars, tout entier, selon ce principe.

MM. Milinaire frères (fig. 3) proposaient de dresser un Palais Universel démontable, composé d'étages bâtis en retraite, comme les palais babyloniens. Ce vaste monument serait percé d'ascenseurs multiples, sillonné de voies ferrées, agrémenté de terrasses, de jardins, de cafés en plein air, et tous ces attraits pouvaient être réalisés, suivant devis sérieux, au prix de la somme minime de 37.750.000 francs pour ce seul palais.

M. Sébillot, préoccupé de la crainte que la superficie disponible fût insuffisante, édifiait son Exposition en hauteur (fig. 4) ; il superposait les planchers autant que le besoin l'exigerait. Par pitié pour les visiteurs, obligés à d'interminables ascensions, il remplaçait les escaliers par des pentes douces. Le projet offrait, en outre, plusieurs fantaisies inattendues. D'abord, une tour métallique, la Tour de l'Astronomie, un tube de 120 mètres de haut, formant un télescope inusité, car la terrasse supérieure eût été constituée par une lentille, ou plutôt un prisme lenticulaire, rapprochant la lune à 10 kilomètres de notre regard. M. Sébillot conservait la Tour Eiffel, mais pour l'humilier, il creusait non loin un puits de 3000 mètres de profondeur, qu'il livrait aux expositions de l'industrie minière.

M. Constant Bernard (fig. 5) conservait également la Tour en question ; seulement il étoffait sa base de constructions sur le modèle des maisons gigantesques de New-York et de Chicago. C'était le Colossal-Hôtel, immense caravansérail où cinq mille chambres et appartements eussent été à la disposition des voyageurs attirés par l'Exposition de 1900. L'honorable corporation des hôteliers parisiens aurait médiocrement goûté cette combinaison.

M. Durville (fig. 6) campait, près de la place de la Concorde, sur la Seine, un cintre gigantesque, en bois doré, de 100 mètres de haut, qui, la nuit, eût étincelé de feux électriques. On ne saisit pas l'utilité de ce cintre ; il est à remarquer, d'ailleurs, que les arcs de triomphe et les obélisques, par exemple, ne sont pas d'une utilisation plus immédiate.

M. Bossis (fig. 7) avait pris à partie la Tour Eiffel. Il la dérasait jusqu'au deuxième étage, l'accostait de deux énormes demi-coupoles, et la transformait ainsi en Palais de l'Électricité, assez grand pour contenir cent mille personnes.

Nos dernières figures montrent également des transformations proposées de la Tour de 300 mètres ; celle de M. L. Pille (fig. 8) est des plus élégantes. La figure 9 (MM. Marcel et Gallotti) est une reconstruction totale du chef-d'œuvre de M. Eiffel : reconstruction peu banale. La carcasse est métallique, sertissant des verrières colorées. La statue elle-même (100 mètres de hauteur) est construite sur le même principe. Le monument entier est une lanterne, de dimensions géantes, qui, la nuit, brillerait de feux intérieurs. Du haut de la première plate-forme, des cascades lumineuses ajouteraient encore à l'éclat de ce feu d'artifice.

Quant au projet de M. Guillemonat (fig. 10), notre dessin en montre, sans qu'il soit besoin de texte à l'appui, l'extraordinaire fantaisie.

G. MOYNET.

LA VIE ET LES MŒURS
A travers le siècle (1820-1840) (1)

On avait donc la paix après tant d'années de sanglants bouleversements, l'Europe épuisée et haletante pansait ses blessures. Elles étaient pro-

LA VIE ET LES MŒURS PENDANT LE SIÈCLE. — *Réception chez une convalescente (1840), d'après Eugène Lami.*

fondes et devaient rester douloureuses pendant longtemps. Il y avait eu aussi sous les terribles secousses, tant de choses abattues, de gens déracinés !

Les institutions, on essayait de les remettre debout et de cacher les lézardes par les replâtrages ; les gens que la tourmente avaient emportés et roulés si durement, ceux de droite et de gauche, essayaient de reprendre pied. Les survivants des armées, rejetés dans la vie civile, tâchaient de se faire à de nouvelles carrières ; les épaves du siècle précédent, parties pour quelques mois en 90 ou 92, cherchaient leurs anciens foyers, et très tristement, après un si long exil, ne reconnaissaient plus rien de ce qu'elles avaient connu jadis, se sentaient plus complètement étrangères à tout, gens et idées, que si, pendant leur absence, trois siècles eussent passé.

Quels chocs silencieux et douloureux il dut y avoir dans les petites villes, quand se heurtaient tout à coup ces revenants si différents, émigrés ruinés attendant leur part du milliard d'indemnité, ex-officiers non moins râpés, vivotant de leur demi-solde, et ceux que le bouleversement avait servis, les nouveaux enrichis, acquéreurs de biens nationaux, possesseurs de châteaux et de terres, anciens terroristes ralliés devenus fonctionnaires de l'Empereur...

Lorsque au bout de quelques années tout se fut un peu tassé, quand on eut bien respiré, premier besoin après la grande lassitude, sous le rayon de soleil de la paix, la société, malgré le calme apparent, demeura profondément troublée et divisée.

Quel fossé entre les idées et les espérances des uns et des autres, libéraux ou ultras, amis de la Charte ou chevaliers du Lys, et quelles luttes par tous les moyens : les conspirations, les intrigues, la Presse qui avait fait ses preuves pendant la Révolution, étouffée sous l'Empire et reparue ardente, bec et ongles repoussant, malgré toutes les lois restrictives, la tribune, le parlementarisme moderne établissant le régime de la discussion, combien modéré et doctrinaire, gourmé et bourgeois d'abord.

En cette deuxième vingtaine du siècle se façonne le type du *vieux de la vieille* dont nous pourrons plus tard voir les derniers échantillons, les robustes vieillards, singulièrement trempés d'ailleurs, pour avoir résisté aux terribles misères de la vie militaire dans la grande période, le grognard de l'ex-garde, type populaire entre tous, dessiné, chanté, célébré de toutes les façons. Sous la Restauration il est l'allié naturel du libéral, du bourgeois voltairien. Plus tard, après 1830, quand il a vu le retour des cendres de l'Empereur, son âme a connu le suprême triomphe et les âmes surtout le monde, les âmes les plus foncièrement pacifiques, sont montées à son diapason... Puis raréfié par les ans accumulés, il est le mélancolique débris, le vieux de la vieille, qui, le 5 mai, s'en va porter son hommage annuel à l'homme de bronze de la colonne.

En pendant à ces vieux héros, plaçons, s'il vous plaît, un autre type caractérisant bien l'époque, le Garde national. C'est un triomphateur aussi, cet illustre Joseph Prudhomme dont le fusil est destiné à défendre les institutions que le peuple s'est données et au besoin à les combattre. Sous le bonnet à poil du grenadier ou sous le grand shako du voltigeur, le garde national aime à donner des leçons au pouvoir.

Il s'est époumonné sous Charles X à crier : Vive la Charte ! Il a non pas fait, mais approuvé les trois Glorieuses.

Les buffleteries éblouissantes, l'âme épanouie, du chocolat dans sa giberne, embrassé par sa femme glorieuse, sur le seuil de sa boutique, qu'il sera beau quand il s'en ira les premiers mai pour la Saint-Philippe se faire passer en revue par le roi-citoyen, ou même, s'il est officier, pousser un soir de fête jusqu'aux grands salons des Tuileries, où le roi lui donnera une poignée de main ! Ne rions pas, il saura aux émeutes marcher avec la troupe sur les barricades tragiques dans les petites ruelles sinistres, à l'attaque du Cloître-Saint-Merry. En ce temps, son arme en était encore à défendre les institutions.

On a chanté pendant les mauvais jours, on chante encore bien davantage. Les sociétés chantantes pullulent, les unes avec des rites bizarres, sociétés de beuverie, les autres plus simplement gaies et sans façons ; d'ailleurs le peuple d'alors, à la ville comme aux champs, est plus facile à la gaîté naïve. Mon Dieu, on n'en demandait pas tant qu'aujourd'hui pour s'amuser et l'on ne cherchait pas à couper la gaîté en quatre, sous prétexte qu'elle était un peu grosse. Grosse gaîté de bonne santé revenue. Point trop de préoccupations, une vie plus simple et par conséquent plus facile. Les bouliquiers, dans les rues, s'assemblent le soir, la journée faite, pour causer, rire, chanter même, pendant que les jeunes gens jouent au volant, et cela, point seulement dans les petites villes, mais à Paris aussi. Nous imaginons difficilement ces habitudes par ce temps d'avenues de l'Opéra percées dans les moindres sous-préfectures.

Donc on chantait, Béranger était Dieu. Chansonnier d'opposition jusqu'en 1830, opposant le Dieu des bonnes gens à celui des jésuites, ridiculisant ministres et députés ventrus.

Quels dîné ! quels dînés !
Les ministres ont donnés ...

Ce pauvre Béranger, si simple, si franc, si gai, que dirait-il de nos chansons décadentes, macabres, ordurières ou malsaines !

A côté de Béranger il y a des chansonniers de moindre envergure, mais d'une franche gaîté, dont les chansons à la *Goguette*, où chacun chante la sienne, s'accompagnent à pleine voix et verres levés au refrain. Et c'est aussi la belle époque de la romance sentimentale moins fade et troubadouresque que sous l'Empire. Combien les refrains de Loïsa Puget, ou Bérat avec *Ma Normandie* font-ils battre de cœurs !

La littérature qui a une telle répercussion sur les mœurs, est en pleine ébullition : c'est la bataille des romantiques et des classiques. Les belles luttes, la belle ardeur et surtout les belles œuvres, honneur de notre XIXᵉ siècle, qui naissent pendant cette grande période, œuvres soulevantes, enlevantes, bouleversant les cœurs, agrandissant les âmes ! La vaillante cohorte romantique conduit toute la jeunesse à la lutte contre le classicisme essoufflé. Aux grandes soirées des pièces de com-

même dans les lointaines campagnes, avec la simplicité et les bonnes vieilles mœurs d'autrefois, il y avait un essai de costume tenté par les Saint-Simoniens qui rêvaient pour le XIXᵉ siècle de profondes réformes dans tous les domaines, philosophiques, religieux, sociaux, et qui, en ce temps de romantisme, dans leur phalanstère de Ménilmontant, avaient arboré un costume d'allure moyen âge.

Ils voulaient du changement : en voici avec une petite invention au triomphe de laquelle quelques anciens Saint-Simoniens ne sont pas restés étrangers. Voici les chemins de fer, le règne de la vapeur : c'est le commencement d'une ère.

C'en est fait des vieux moyens de communication, le monde est ouvert : jusqu'ici on restait confiné généralement au pays où l'on était né ; on y vivait toujours face à face avec les mêmes figures, côte à côte avec les mêmes gens ; on suivait sa voie, le plus souvent celle qu'avaient suivie les pères dans les mêmes maisons ; on prenait pour ainsi dire le livre de la vie à la page laissée par

versant la France en berline pour se rendre en Italie, quelques artistes circulant sac au dos, et c'est tout. Les masses profondes de la population restaient stagnantes, on mourait sans avoir vu une autre cité que la ville natale ou le chef-lieu au plus, si par hasard on y avait été appelé pour une affaire. Et la Cour des Messageries à Paris, d'où partaient les diligences, passait pour un endroit extraordinairement animé, en raison de son mouvement de cinq ou six cents voyageurs par jour.

Mais les postillons et conducteurs jouissent de leurs derniers beaux jours, voici que les premiers wagons se mettent en route.   A. ROBIDA.

L'emplacement de l'Exposition de 1900

Bien avant qu'il s'agît même d'inaugurer les dispositions préparatoires des travaux de l'Exposition de 1900, avant même que les pouvoirs publics se fussent occupés des premières mesures à prendre, des propositions.

LA VIE ET LES MŒURS PENDANT LE SIÈCLE. — *Combat de la rue Saint-Antoine, le 28 juillet 1830, d'après Charlet.*

bat tous les jeunes artistes et littérateurs, chevelures en crinières de lion à la Théophile Gautier, ou tombantes à la Célestin Nanteuil, barbes en pointes, audacieux gilets en pourpoints, manteaux sur l'épaule, accourent avec un enthousiasme frénétique comme à la fameuse première de *Hernani*, et sous le tonnerre des bravos entremêlés d'apostrophes truculentes à l'adresse des rétrogrades et tartigrades, étouffent les dernières protestations classiques, tandis que les dandys des loges commencent à s'enflammer de même et que sourient aussi les belles dames du balcon, figures de Déveria à manches à gigot et hautes coiffures de grand style.

Le romantisme triomphe définitivement dans la littérature et le grand art : il a embelli la vie, mais, hélas ! il n'a guère pu modifier le cadre dans lequel la vie évolue. On peut changer les idées, transformer les gens avec une rapidité relative, mais pour l'habitat, la coquille, c'est beaucoup plus lent, cela ne s'improvise pas. Aussi l'influence du romantisme sur l'art décoratif, c'est-à-dire le retour aux traditions et aux styles nationaux, est-elle peu sensible, à part quelques tentatives de bonne volonté. Il y faudra le temps, l'étude, c'est l'affaire du siècle prochain.

Alors que les derniers costumes s'en allaient

les aïeux et on poursuivait. Peu d'imprévu ou de mouvement, à part les commotions politiques, atténuées le plus souvent par les distances et que les grands bras du télégraphe apprenaient au chef-lieu, qui vous en renvoyait la nouvelle huit jours après dans la Gazette.

La diligence passe soit tous les jours, soit une fois, deux fois par semaine ; aller à six lieues est un voyage. Les petites gens voyagent à pied quand il le faut, et alors abattent des étapes qui semblent formidables aux jambes d'aujourd'hui ; le jeune ouvrier, dans certains corps d'état, fait son tour de France en cinq ou six années.

Il y a même des batailles sur les routes entre compagnons de *Devoirs* opposés : c'est forcé, le point d'honneur l'exige. Les commis voyageurs circulent à cheval dans les provinces ; les rouliers conduisent d'immenses chariots, des marchandises d'un bout de la France à l'autre ; sur les fleuves, de véritables flottes de batellerie en font autant, halées par des escadrons de chevaux et hissant la voile aussi ; on rencontre en plein centre des sauniers des marais salants de la Loire avec des convois de mules chargées de sel ou des Bretons charriant des légumes du Finistère. Quant au touriste, au voyageur pour le plaisir de voyager, il n'existe pas. Quelques mylords anglais tra-

des projets de tous genres se produisirent en employant toutes les voies de la publicité. Ces projets et ces propositions étaient unanimes sur un point à savoir qu'on devait transporter l'Exposition de 1900 en un autre emplacement que celui du Champ-de-Mars augmenté de ses annexes. Les arguments ne manquaient pas et les promoteurs ne restaient pas à court de raisons plus ou moins valables. Les uns et les autres offraient des espaces admirables, des terrains illimités, et leur enthousiasme était d'autant plus ardent qu'il s'appuyait, pour la plupart, sur un pivot de premier ordre, celui de l'intérêt personnel. Naturellement, ces campagnes de presse, ces brochures répandues à satiété n'avaient d'autre but que de mener à bien une spéculation, dont les intéressés se promettaient monts et merveilles. Le fait n'avait rien que de légitime, si les intérêts généraux avaient été d'accord avec les intérêts particuliers. Il s'en fallait de beaucoup, paraît-il, et l'emplacement du Champ-de-Mars fut maintenu envers et contre tous, en vertu de considérations mûrement réfléchies, que nous trouvons énumérées dans un remarquable article de M. Henri Chardon, secrétaire général de l'Exposition universelle de 1900 (*Revue de Paris*), et dont nous donnons ci-dessous un fragment :

Après avoir décrété l'Exposition, bien avant de songer à la constitution des services, le gouvernement nomma une commission préparatoire, qui avait pour mission d'étudier les moyens propres à réaliser la future Exposition. L'objet principal des travaux de cette commission était la détermination de l'emplacement. La question fut tournée et retournée en tous sens, pendant près d'une année. De très nombreuses propositions avaient été soumises à la commission. Les emplacements désignés pouvaient se répartir en trois groupes : emplacements dans Paris, hors Paris, dans et hors Paris. Ces derniers furent éliminés en masse, la commission ayant reconnu, après examen, que l'unité des Expositions était un principe absolu auquel on ne pouvait déroger sous peine de courir à un échec certain. Quant aux emplacements extérieurs, ils furent tous repoussés par le conseil municipal de Paris et le conseil général de la Seine. — Le plus beau cadre du monde n'a pas d'intérêt quand il est vide, disaient les représentants de ces assemblées. Avec un emplacement extérieur vous aurez un petit nombre d'exposants et un petit nombre de visiteurs ; les frais de tout ordre seront plus considérables et l'intérêt bien moindre. Votre Exposition sera ratée. — Cette argumentation était irréfutable : il fallut donc revenir aux emplacements intérieurs, et, comme il n'est pas facile de trouver à Paris une surface homogène d'une centaine d'hectares environ, fatalement on était ramené à l'emplacement de 1889.

Deux objections furent alors présentées contre cet emplacement : il était insuffisant et il était usé. Il fallait tenir compte en effet de l'accroissement probable du nombre des exposants et du prolongement du chemin de fer des Moulineaux qui rendait indisponible une partie du quai d'Orsay et de l'esplanade des Invalides. D'autre part, trois Expositions avaient eu lieu déjà au même endroit ; le nombre des formules pour un même emplacement n'est pas indéfini, et il était douteux qu'on pût trouver une formule plus heureuse qu'en 1889. Ces deux arguments furent examinés avec beaucoup de soin. Le premier, notamment, était défendu par l'honorable M. Berger, dont la haute compétence était indiscutable, et qui cherchait à établir, par des calculs mathématiques, la nécessité d'un emplacement de cent vingt-cinq hectares, au moins, tandis qu'en admettant même l'emprise de la rive droite, l'emplacement proposé réunirait au plus cent huit hectares. Cet argument ne parut pas exercer une très grande influence sur la commission. Elle répondit, par l'organe de son rapporteur, M. Alfred Picard, qui n'était pas encore commissaire général : La beauté importe plus que l'immensité, et l'Exposition de 1900 devant être avant tout une Exposition de sélection, il n'est pas nécessaire de prévoir des surfaces couvertes démesurées. Le second argument toucha beaucoup plus la commission. Ajouter aux emplacements de 1889, le Palais de

Le pont Alexandre III. — *Le caisson de la rive droite.*

l'Industrie et le Cours-la-Reine, c'était permettre de renouveler complètement l'aspect décoratif de l'Exposition, et donner à la Seine un rôle prépondérant dans l'ensemble artistique qu'on voulait créer.

L'extension à la rive droite fut donc votée à l'unanimité par la commission préparatoire dans la séance du 13 novembre 1893.

Quelques mois après, le Parlement ouvrait un crédit de cent mille francs pour les dépenses d'un concours ayant pour base l'emplacement choisi par la commission préparatoire : le vote des crédits consentis sur le vu de cet emplacement semblait par conséquent impliquer la ratification de la décision de la commission. Les concurrents avaient la faculté de raser toutes les constructions existant dans le périmètre de l'emplacement, sauf le Trocadéro. C'était non pas un concours d'exécution, mais un concours destiné à suggérer des idées heureuses aux organisateurs de l'Exposition pour la disposition générale des parcs, bâtiments et jardins. Le concours s'ouvrit au mois d'août 1894 ; le nombre des concurrents fut de cent huit. L'effort de la plupart avait porté sur les rives de la Seine et les abords du Cours-la-Reine. Quelques-uns avaient tenté des arrangements plus ou moins heureux du Palais de l'Industrie.

Une vingtaine, environ, profitant hardiment des facultés données par le programme, avaient prévu l'ouverture d'une nouvelle avenue créée dans l'axe de l'esplanade des Invalides et aboutissant aux Champs-Élysées. Cette solution entraînait la démolition du Palais de l'Industrie et plusieurs proposaient de le remplacer par deux palais situés en face l'un de l'autre en bordure de la nouvelle avenue...   HENRI CHARDON.

LE PONT ALEXANDRE III

La communication établie entre les deux rives de la Seine, par le pont de la Concorde, était jugée depuis longtemps insuffisante. Lorsque la Compagnie de l'Ouest eut obtenu l'autorisation de construire la gare des Invalides, ce fut une cause de plus à ajouter à celles qui commandaient l'établissement d'une nouvelle jonction entre la rive droite et la rive gauche, à proximité de la gare à créer. L'Administration avait décidé qu'une traversée serait établie à la hauteur de la rue de Constantine, qui longe le côté gauche de l'esplanade pour le spectateur tournant le dos à la Seine ; cependant, le type à adopter pour cette traversée n'avait pas été décidé. Toujours est-il que la Compagnie de l'Ouest et le Service de la navigation devaient pourvoir aux frais de cette communication. Les crédits affectés à cette opération ont été reportés sur le pont Alexandre III.

La cérémonie de la pose de la première pierre de ce nouveau pont jeté sur la Seine s'est accompli avec une solennité inusitée. Les pouvoirs publics ont profité de la présence à Paris de l'empereur de Russie Nicolas II pour y présider. Cette pierre scellée dans de pareilles circonstances, devint pour la nation française le symbole de l'alliance définitive entre l'empire de Russie et la République française s'établissant sur une base granitique.

Ainsi donc la journée du 7 octobre 1896 fixe une date mémorable.

Le pont Alexandre III est appelé à relier, par la seule portée d'une arche de 107^m,50 d'ouverture, les deux rives de la Seine dans l'axe de l'esplanade des Invalides, en prolongement d'une nouvelle avenue aboutissant aux Champs-Élysées. A cet endroit, il traverse le fleuve un peu en biais. La distance entre la clef de l'arche et le niveau moyen des eaux est de 8^m,08 ; au moment des hautes eaux encore navigables, elle n'est plus que de 6^m,38. Pour ne pas détruire la perspective de l'esplanade des Invalides il a fallu baisser le tablier du pont le plus possible, mais ce faisant, on s'exposait à nuire aux intérêts de la batellerie en restreignant le passage en dessous. Ces deux ordres de difficultés contradictoires ont été vaincus par l'emploi du métal qui a permis de réduire l'épaisseur de l'axe et d'obtenir le plus grand surbaissement de tous les ponts construits en France. La

Le pont Alexandre III.
Truelle et marteau ayant figuré dans la cérémonie de la pose de la première pierre.

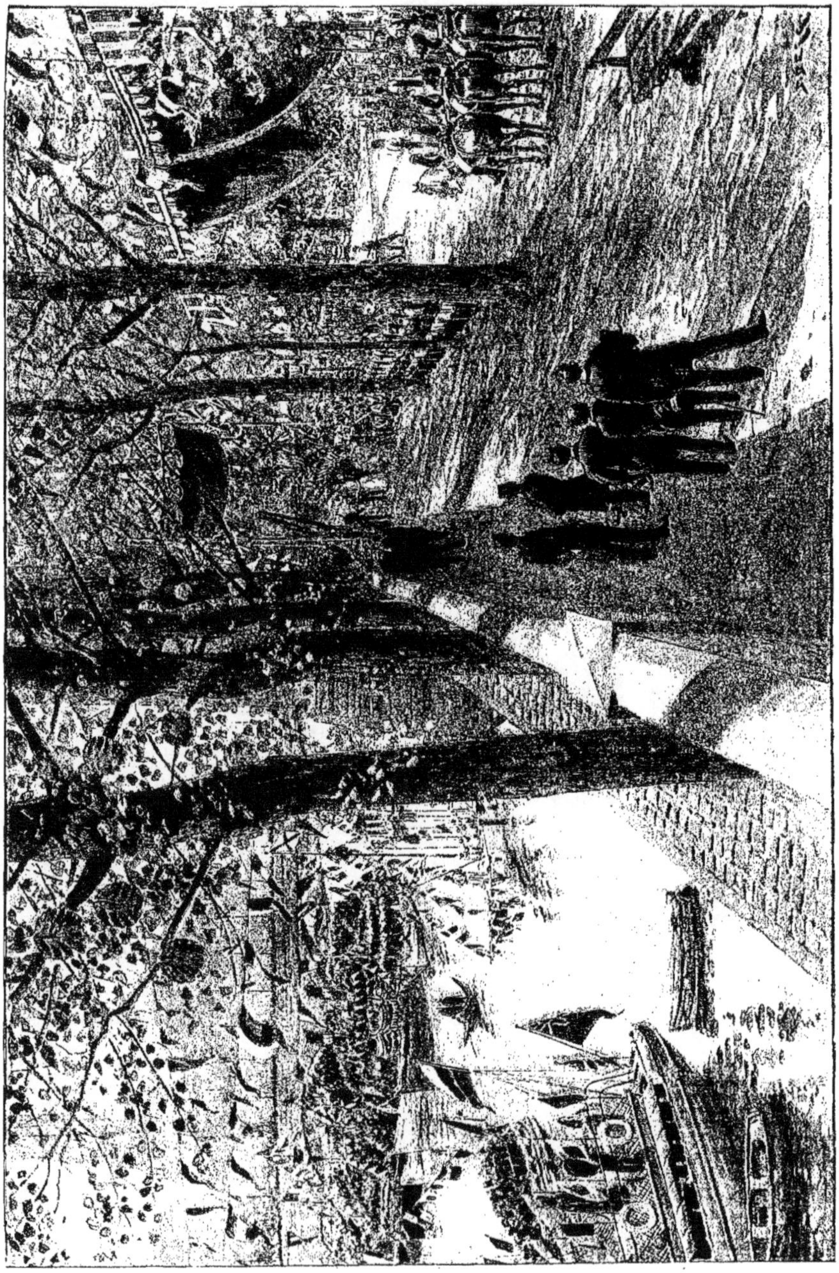

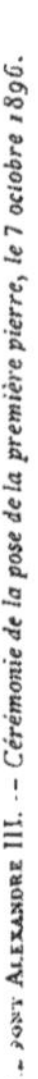

Le Pont Alexandre III. — *Cérémonie de la pose de la première pierre, le 7 octobre 1896.*

conséquence de la diminution de la flèche pour une telle portée est d'exercer un effort de poussée plus considérable sur les culées. On a été ainsi amené à donner à ces fondations une grande base d'appui afin que le poids de ces massifs de maçonnerie fût suffisant pour s'opposer au glissement occasionné par les poussées latérales. Comme l'axe du pont forme avec celui de la voie navigable un angle un peu inférieur à un angle droit, il en est résulté que les culées et les caissons de fondation affectent la forme d'un parallélogramme d'une superficie de 1474 mètres carrés chacun. Ces massifs consistent en maçonneries de moellons de roche emprisonnés dans du ciment Portland : le parement du côté de la rivière se termine, au sommet, par des assises de pierre de

Cloche pour l'expulsion des déblais.

taille granitique qui constituent les sommiers d'appui des axes. Le bon sol a été trouvé à 9 mètres environ au-dessous du niveau de l'eau, ce sont les couches de sable de la cuvette du bassin de Paris.

Tout ce travail de fondation a été établi sous l'eau par application du caisson à air comprimé. Ce procédé de construction a été employé pour la première fois en Europe dans les travaux du pont du chemin de fer qui relie Strasbourg à Kehl. Il consiste essentiellement à placer sur l'emplacement même que doit occuper l'ouvrage, un caisson en tôle de fer ouvert par en bas et dont les bords inférieurs sont tranchants, de manière à mieux pénétrer dans le sol sur lequel ils reposent.

Chaque caisson se compose de deux parties : le caisson proprement dit et les hausses, fixes ou mobiles qui, comme leur nom l'indique, servent à l'ensurmonter pour permettre l'achèvement des maçonneries.

Le caisson consiste en un énorme cadre en tôle épaisse, d'une grande rigidité, ayant 3m,680 de hauteur, armé sur son bord inférieur d'un couteau formé par une cornière. Un plafond métallique situé à la cote de 1m,90 au-dessus de la base d'appui, divise le caisson en deux compartiments distincts dont l'un, celui du dessous, est désigné sous l'appellation de chambre de travail. Ce plafond est constitué par un poutrage fort solide, attendu qu'il doit non seulement procurer une grande rigidité à la chambre de travail, mais encore supporter le poids de la maçonnerie exécutée à l'air libre avant que la chambre de travail ait pu atteindre son niveau définitif et qu'elle puisse être remplie de béton. L'assemblage des parois intérieures et extérieures forme autour du compartiment un prisme triangulaire vide qui est comblé, à l'air libre, par du béton coulé, dont le poids, ajouté à celui du caisson, concourt à un certain enfoncement du couteau, au début de l'opé-

ration. Le bétonnage interne a aussi pour objet d'obvier au danger de toute rentrée d'air brusque en cas de déchirure de l'enveloppe extérieure par sa rencontre avec une roche dure.

Quatre cloisons transversales divisent la chambre de travail en cinq compartiments et servent aussi de points d'appui intermédiaire sur le sol. Ces compartiments ont entre eux des intercommunications. Ils communiquent aussi avec l'extérieur par dix ouvertures pratiquées dans le plafond qui reçoivent des cheminées contenant, pendant l'exécution, des échelles de circulation des ouvriers, les ustensiles d'évacuation des déblais et de descente du béton. Elles sont couronnées par une chambre ou sas à air dont nous allons expliquer le rôle.

L'air est comprimé à la pression de 4 à 5 atmosphères, il est pris sur la distribution générale de la Compagnie parisienne de l'air comprimé.

Terminons ce qui est relatif à a constitution du caisson.

Les hausses destinées à former bateau au-dessus des caissons s'élèvent à 1m,20 au-dessus du plan de retenue d'eau du barrage de Suresnes. Elles sont fixes sur la face longitudinale située du côté du quai et sur les deux faces latérales. La cote de fonçage pour la culée de rive droite est de 18m,50, celle du caisson de la culée de rive gauche de 19m,50. Le montage des caissons s'effectue sur une plate-forme de déblais et remblais bien arasée, sur laquelle on a disposé des calages en bois. Progressivement et simultanément, le terrain est dégagé autour des calages pour que le poids de la construction suffise à faire descendre le caisson jusqu'à ce que les couteaux s'appuient, entre les calages, sur le sol nivelé auparavant ; puis, enfin, ceux-ci ont été successivement enlevés.

Dix cheminées ont été réparties en deux rangées de cinq chacune correspondant deux par deux à chacun des cinq compartiments de la chambre de travail. Le diamètre des cheminées est de 1m,10. Les sas à air donnant accès dans les cheminées sont situés à environ 15 mètres au-dessus du caisson proprement dit. Le plafond de la chambre de travail supporte le massif de maçonnerie exécuté à l'air libre avant que le niveau auquel doit s'enfoncer le caisson ait été atteint.

Le sas à air est une chambre destinée à l'entrée et à la sortie des ouvriers, par l'intermédiaire de la cheminée, et aussi à l'évacuation des déblais. Elle est close par une porte extérieure fermant hermétiquement ; une autre porte semblable ferme l'ouverture de la cheminée sur le plancher même du sas. Ces dispositions sont prises pour permettre l'accès de la chambre de travail où l'air se trouve comprimé à une pression qui empêche l'eau d'y pénétrer, bien qu'elle soit ouverte par le bas et plonge dans le lit du fleuve. Les ouvriers arrivent d'abord dans la chambre supérieure, referment la

porte, puis on y admet l'air comprimé jusqu'à ce que l'équilibre de pression soit obtenu sur les deux faces de la cheminée, l'une de celles-ci recevant la pression qui règne dans la chambre de travail. La porte de communication peut alors s'ouvrir, les ouvriers qui remontent passent dans le sas tandis que les nouveaux arrivants descendent. On ferme l'ouverture de la cheminée derrière eux et, par une manœuvre de robinet, on opère la décompression dans la chambre d'accès. Lorsque l'air, dans cette dernière, est revenu à la pression atmosphérique, la porte qui donne issue à l'extérieur peut être ouverte. Toutes ces manœuvres s'effectuent lentement et avec précaution, pour que l'organisme humain qui est soumis à ces variations de pression n'en souffre pas.

L'expulsion des déblais s'accomplit de la même manière. A cet effet, les cloches à air sont munies de deux tubes à double porte pour la vidange.

Lorsque le caisson est parvenu à la profondeur voulue, sur une base solide, la chambre de travail et la cheminée ont été remplies de béton, constituant ainsi des piliers de raccordement de la maçonnerie supérieure avec le sol. Naturellement, le caisson est sacrifié et reste captif dans les maçonneries.

Les auteurs du projet du pont Alexandre III sont MM. Résal et Alby, ingénieurs des ponts et chaussées ; la décoration de l'ouvrage a été étudiée par MM. Cassien-Bernard et Cousin, architectes du service de l'Exposition ; les fondations du pont

LE PONT ALEXANDRE III. — *Cloche pour la sortie des ouvriers.*

ont été adjugées à MM. Letellier et Boutriquien ; l'étude et la construction des caissons ont été confiées à MM. Daydé et Pillé qui avaient déjà exécuté les ponts de Tolbiac et Mirabeau.

ÉMILE DIEUDONNÉ.

C'est en vertu d'un décret en date du 5 octobre 1896, que le pont Alexandre III a reçu ce nom. La première pierre, posée le 7 octobre, provient des carrières de Vire ; c'est un bloc de granit bleu, à grain fin, et son poids est d'une tonne, environ. La cérémonie de la pose d'une première pierre comporte divers outils, copiés plus ou moins fidèlement d'après les outils similaires dont se servent les gens de métier, mais pour cet usage, les objets sont fabriqués en matières précieuses et avec une ornementation qui en font des objets d'art.

Ceux-ci, qui ont été offerts à l'empereur de Russie, se composent d'une truelle et d'un marteau. Ils ont été exécutés par M. Falize, orfèvre parisien. La truelle, en or fin, pèse 750 grammes ; elle est formée de trois parties : la plane, c'est-à-dire la lame quadrangulaire, la tige et le manche. La plane a 12 cent. 1/2 de long, 10 de largeur à la grande base, et 6 à l'autre. Le manche est en forme d'urne épanchant ses flots qui constituent la tige recourbée, unissant le manche à la plane. Sur la panse de l'urne sont gravées les armes de la ville de Paris, c'est-à-dire le vaisseau symbolique avec son chef de fleurs de lys. Au-dessous du vaisseau s'enroule une branche d'olivier qui surmonte le mot : *Sequana*, modelé en saillie.

Cette truelle ressemble fort à celle dont on se servit lors de la fête d'inauguration des travaux d'achèvement des Tuileries, et dont l'original, en argent, est conservé au musée Carnavalet. Sur la plane est gravée une inscription commémorative, que nous ne transcrirons pas ici, car elle est très lisible dans la graque nous en donnons (page 12).

Pour le ou les marteaux, car il en fut fabriqué deux, les manches sont en ivoire choisi, ils ont 31 centimètres de longueur. Les marteaux sont en acier poli, et les plats portent d'un côté le mot *Pax* et sur l'autre *Robur*, figurés en lettres antiques d'or incrustées. Les marteaux se rattachent aux manches par des plaques en or ciselé, portant sur une face les lettres *RF* accostées, émergeant d'une branche de chêne, sur l'autre, pour l'un des marteaux, l'initiale *N*, reposant sur une branche d'olivier. Le second marteau, entièrement semblable, ne diffère du premier que par l'initiale *F*, remplaçant la lettre *N*. Ce second marteau était destiné au président de la République, M. F. Faure.

Un procès-verbal de l'opération a été rédigé et signé par les souverains russes et le président de la République. Le porte-plume qui servit à appliquer les signatures, en or également, affecte la forme d'un roseau, semblable à ceux qui, loin de nos quais de pierre, surgissent sur les bords du fleuve. Ce roseau, formé de trois nœuds, patiné en or vert, s'enroule dans une feuille qui porte les dates 1896-1900, que sépare une mignonne fourmi, emblème du travail.

Le procès-verbal, rédigé en double, a été enfermé dans un coffret, contenant des monnaies russes et des monnaies françaises, au millésime de 1896, et le tout a été scellé dans une cavité ménagée à l'intérieur du bloc de granit.

Le coffret est en noyer, doublé d'acier, avec ferrures et appliques du même métal. Dans combien de temps, et par quelles mains, ce coffret qui dort actuellement sous d'épaisses assises, sera-t-il ouvert? C'est un problème à confondre la pensée.

Quant à l'acte spécial du scellement que représentent cette truelle et ce marteau, on sait que les pierres de taille sont posées à bain de mortier, qui sert de liant et forme joint. Le mortier est composé de chaux et de sable fin, on l'étale régulièrement, et la pierre est posée sur ce lit. Au niveau, le poseur vérifie si la pierre est bien d'aplomb, si elle porte perpendiculairement; dans le cas où elle lève, il assure l'assiette en frappant à coups de marteau jusqu'à ce que l'horizontalité soit absolue. Pour compléter le travail, le mortier est bourré jusqu'à refus dans les joints verticaux avec un instrument spécial, qu'on nomme un sabre, mais ce dernier instrument, comme on le comprend, ne figure pas dans les poses de première pierre.

La pierre consacrée par nos hôtes impériaux n'a reçu sa place définitive que dans les premiers jours de juillet 1898. Cette place, néanmoins, correspond à peu près à l'endroit où le simulacre de scellement a été opéré.

Le pont Mirabeau, qui a servi de type pour la construction du pont Alexandre III, est situé à Paris, comme on le sait. Il réunit le quartier de Javel avec celui d'Auteuil. Cet ouvrage se compose de trois travées en acier. La travée centrale a 100 mètres d'ouverture; les deux travées de rives ont chacune 36 mètres. M. Resal, ingénieur en chef, a eu recours à l'emploi des fermes équilibrées, système de construction qu'on applique dans les ponts tournants, et qui a servi pour les fermes du Palais des Machines, au Champ-de-Mars.

P. J.

Historique

DES

EXPOSITIONS UNIVERSELLES

(SUITE) (1)

Le 1er juin 1849, le gouvernement de la seconde République ouvrit la onzième Exposition universelle nationale. Elle se tint, comme les précédentes, dans le *grand carré des jeux* aux Champs-Élysées, sous des bâtiments formant un vaste rectangle avec un jardin central. La surface couverte était supérieure à 22 000 mètres carrés, malgré le faible crédit de 600 000 francs voté par l'Assemblée législative.

Il y eut 4 532 exposants, auxquels un jury de 69 membres, présidé par le baron Charles Dupin, accorda 3 466 récompenses; de plus, le prince-président distribua 51 croix de la Légion d'honneur.

Deux innovations intéressantes méritent d'être

HISTORIQUE DES EXPOSITIONS UNIVERSELLES. — *Vue à vol d'oiseau de l'Exposition de 1849 aux Champs-Élysées.*

signalées : d'abord la première participation de notre colonie africaine, l'Algérie; ensuite, la grande part faite pour la première fois à l'agriculture. Des galeries spéciales lui furent affectées; les machines agricoles, les engrais furent abondamment représentés.

Avec l'année 1849, cesse la série des *Expositions universelles nationales françaises*; quel que fût le succès des expositions nationales, on commençait à trouver leur cadre trop étroit; les chemins de fer contribuaient à raccourcir les distances, les communications et les échanges entre les différents peuples devenaient plus actifs; l'heure des Expositions universelles internationales avait sonné.

Nous avons vu que la première Exposition de Paris, en 1798, avait eu non seulement pour but de passer en revue nos productions, mais encore de stimuler nos industriels dans la lutte contre l'Angleterre. Chez les autres nations, il existait des dispositions tout aussi peu bienveillantes. Ce-

(1) Voir page 4.

pendant la France, avec son caractère généreux, fut la première à oublier le passé. C'est dans notre pays qu'on songea, pour la première fois, à des expositions périodiques ouvertes aux industriels de toutes les nations de l'univers.

Dès 1833, en effet, Boucher de Perthes, président de la Société d'émulation d'Abbeville, disait dans un discours souvent cité : « Pourquoi donc ces expositions sont-elles encore restreintes? Pourquoi donc ne sont-elles pas faites sur une échelle vraiment large et libérale? Pourquoi craignons-nous d'ouvrir nos salles d'exposition aux manufacturiers que nous appelons étrangers, aux Belges, aux Anglais, aux Suisses, aux Allemands? Qu'elle serait belle, qu'elle serait riche une Exposition européenne! Quelle mine d'instruction elle offrirait pour tous! »

Boucher de Perthes fut un précurseur. L'idée qu'il développait n'était pas mûre encore. Il y eut bien à Mayence en 1842, à Berlin en 1844, des expositions réunissant les produits de tout les États allemands, mais ce n'étaient pas encore des expositions vraiment internationales, puisque, seuls, les membres d'une même famille y participaient.

Lorsque Tourret, ministre du commerce, s'occupa de préparer l'Exposition de 1849 à Paris, il songea à y convier tout les peuples du monde; il fut forcé de reculer devant les protestations craintives des chambres de commerce.

L'Angleterre allait reprendre cette conception essentiellement française. Aucun pays, d'ailleurs, il faut bien le dire, n'était placé dans une situation plus avantageuse pour réussir. L'importance de son industrie, de sa marine, de son commerce; l'extension rapide prise chez elle par les chemins de fer et la navigation à vapeur, le régime libéral dont elle jouissait et l'habileté de ses ministres, étaient autant d'éléments de succès.

Birmingham, en 1849, invita les nations étrangères à prendre part à son exposition, mais ses avances ne furent pas bien accueillies. Pour la réussite d'une telle entreprise, il fallait l'attrait d'une capitale. Londres eut l'honneur, en 1851, d'inaugurer avec succès la première *Exposition universelle internationale*. C'est là une date mémorable dans l'histoire de la civilisation.

L'initiative de l'Exposition internationale fut prise par la *Société royale des arts, manufactures et commerce*, qui avait antérieurement institué des expositions annuelles pour les produits britanniques. Elle provoqua la formation d'une compagnie qui, à l'aide d'un capital de garantie, obtint de la Banque d'Angleterre tous les fonds nécessaires, à un taux des plus modiques. La sanction officielle fut donnée par une ordonnance royale du 3 janvier 1850, qui nommait une Commission d'organisation sous la présidence du prince Albert. Les invitations aux puissances furent ensuite lancées par voie diplomatique : la France, la Belgique, les États du Zollverein, l'Autriche, la Russie, les États-Unis, la Suisse, l'Espagne, les États sardes, la Sicile, la Toscane, le Portugal, le Danemark, la

Suède, la Norvège, la Turquie, la Hollande et la Grèce y firent un accueil favorable.

Les produits exposés furent répartis en 30 classes, groupées elles-mêmes en 6 sections (produits bruts; machines; produits manufacturés; ouvrages en métaux, verrerie et céramique; ouvrages divers; beaux-arts). Quelques lacunes regrettables sont à signaler. L'enseignement ne figurait dans aucune section; l'agriculture n'était représentée que par ses machines et instruments, la peinture était exclue de la section des beaux-arts, sous prétexte que les sujets dont elle s'occupe sont complètement étrangers à l'industrie: c'était une victoire perdue pour nos artistes.

L'Exposition fut installée à Hyde-Park, dans un magnifique palais désigné sous le nom de *Palais de Cristal*, parce que son toit était entièrement vitré ainsi que ses parois latérales à partir du premier étage. Conçu par Paxton, il fut exécuté par Fox et Henderson.

La surface totale de l'Exposition était de 87 000 mètres carrés, la surface couverte de 73 150 mètres, celle des planchers de 95 000 mètres.

La section française fut très bien organisée dès l'origine, avec une *Commission centrale* présidée par le baron Charles Dupin, et un Commissaire général à Londres, qui fut Salandrouze de Lamornaix. L'opinion publique française, d'abord très froide, s'échauffa seulement vers la fin de l'exposition. 100 000 pieds carrés étaient réservés à la France, plus 50 000 pieds carrés sur les murs, pour les papiers, toiles peintes, stores, vitraux, etc.

Ouverte le 1er mai 1851, l'Exposition ferma ses portes le 11 octobre, après avoir duré 144 jours. Il y eut 17 000 exposants, dont 9 730 anglais, 1 760 français, 1 360 pour le Zollverein, 750 autrichiens, 560 pour les États-Unis, 510 pour la Belgique. Paris, a lui seul, avait fourni plus de la moitié du contingent français.

Le jury mixte international comprenait 314 membres, dont la moitié étaient anglais; 34 étaient français. Sur 5 187 récompenses, l'Angleterre en avait 2 089, la France, 1 051, avec 57 grandes médailles, soit le tiers des récompenses de cette catégorie. C'était un grand succès pour notre industrie.

Le ministre du commerce français avait eu 650 000 francs à sa disposition pour organiser notre section. Sur cette somme, 50 000 francs furent prélevés pour l'envoi d'ouvriers et de contremaîtres

à l'Exposition de Londres. La Commission française publia une série de rapports formant 13 volumes. Très intéressants, mais un peu tardifs, le premier volume parut en 1854, le dernier en 1873.

L'Exposition de Londres fut visitée par 6 039 195 personnes, soit une moyenne de 41 952 entrées journalières; le maximum des entrées fut de 110 000 dans une seule journée. Le montant total

Intérieur des galeries du Palais de Cristal à Hyde-Park (Londres, 1851).

des frais avait été de 7 300 000 francs, les recettes atteignirent 12 720 000 francs, laissant à la Compagnie un bénéfice de plus de 5 millions.

En 1853, eut lieu, à New-York, la deuxième Exposition internationale; elle fut peu importante et nous nous bornons à citer les principaux chiffres qui la concernent. Occupant une surface totale de 2 hectares et demi, elle compta 4 100 exposants, dura 150 jours, reçut 1 250 000 visiteurs, soit une moyenne quotidienne de 8 334 et coûta 3 200 000 fr.

En 1855, s'ouvrit à Paris la première Exposition internationale organisée par la France. Le succès en fut considérable. Nous la décrirons dans un prochain article, réservant la fin de celui-ci à

l'Exposition internationale de Londres de 1862.

Comme son aînée de 1851, elle fut organisée par la *Société des arts*. Elle devait d'abord avoir lieu en 1861, mais elle fut retardée à cause de la guerre d'Italie. Une fois créée l'association de garantie, une charte royale du 14 février donna l'autorisation nécessaire.

Cette fois, la peinture était comprise dans la section des beaux-arts, et même toute liberté était laissée à chaque pays pour déterminer le choix de ses envois artistiques.

Un grand palais fut construit, à titre définitif, dans le parc de Kensington. Il se composait d'un corps principal et de deux annexes. Le corps principal avait la forme d'un rectangle de 350 mètres de long sur 175 de large; il comprenait une nef de 26 mètres de large sur 30m,50 de haut, deux transepts de mêmes dimensions, des galeries et six cours vitrées. Deux dômes de 64 mètres de haut s'élevaient à la rencontre de la nef et des transepts. Construit en brique et en fonte, ce palais laissait beaucoup à désirer au point de vue architectural.

La surface totale de l'Exposition comprenait 10 hectares, avec sa surface couverte de 123 400 mètres carrés. Les travaux, commencés le 11 mars 1861, furent achevés le 12 février 1862; l'Exposition s'ouvrit le 1er mai et fut close le 1er novembre.

28 500 exposants y prirent part, dont 8 150 anglais, 5 520 français.

La Commission anglaise avait d'abord songé à ne pas accorder de récompenses, mais elle revint sur cette idée et le jury international, composé de 567 membres, dont 296 anglais et 271 étrangers, décerna 12 305 médailles et mentions honorables.

Les exposants français, dont les produits occupaient une superficie de 14 680 mètres carrés, obtinrent 1 611 médailles et 1 047 mentions.

La section française était d'ailleurs fort bien organisée. Un décret du 14 mai 1861, de Napoléon III, avait institué une commission dont le prince Napoléon fut le président. Michel Chevalier, notre commissaire en Angleterre, publia six volumes de rapports.

L'Exposition fut visitée par 6 211 103 personnes, soit une moyenne de 36 316 entrées quotidiennes. Les recettes furent de 10 450 000 francs, laissant un bénéfice très minime de quelques milliers de francs.

(A suivre.)   F. FAIDEAU.

HISTORIQUE DES EXPOSITIONS UNIVERSELLES. — *Façade du Palais de Kensington (Londres, 1862).*

PREMIERS CONCOURS. — (PROJETS NON PRIMÉS.)

1. Projet de MM. E. Bouvron et X. Schœllkopf (N° 41 du concours). — 2. Projet de M. E. Bérteau (N° 104). — 3. Projet de MM. Millénaire frères (N° 38). — 4. Projet de M. A. Sébilla (N° 18). — 5. Projet de M. C. Bénard (N° 85). — 6. Projet de M. A. Durville (N° 41). — 7. Projet de M. P. Borris (N° 84). — 8. Projet de M. L. Pille (N° 74). — 9. Projet de MM. A. Marcel et P. Gallauti (N° 105). — 10. Projet de M. Guillemonat (N° 64).

PREMIERS CONCOURS

Les Palais des Champs-Élysées

Lors du concours pour les projets de l'ensemble de l'Exposition de 1900, certains concurrents, usant d'un droit accordé par le programme, avaient pris l'initiative de démolir, sur le papier, le Palais de l'Industrie. Sur l'emplacement, ils perçaient une avenue prolongeant l'Esplanade des Invalides et débouchant sur les Champs-Élysées; ils bordaient cette avenue de deux palais en façade, l'un de grandes dimensions, l'autre plus petit; cette différence étant d'ailleurs commandée par la nature des lieux. Ils ouvraient une large vue sur l'Esplanade des Invalides; l'avenue ainsi créée se terminait dans l'axe du porche gigantesque de l'asile ouvert par Louis XIV aux vieux débris des armées nationales. Cette percée montrait dans toute sa valeur, l'élégant dôme aux arêtes et aux trophées dorés qui surmonte l'église et qui

dernier monument, auquel jamais personne n'avait attribué la moindre valeur artistique, rencontra des défenseurs nombreux et convaincus. D'abord, les peintres et les sculpteurs s'effarèrent à l'idée de se voir sans asile pendant deux ou trois ans. Il faut noter que ces artistes, jadis habitués d'un unique Salon, divisés aujourd'hui par un schisme, forment deux groupes, et que la Société dissidente expose, ou plutôt exposait dans le Palais des Arts Libéraux du Champ-de-Mars. Or, le Palais des Arts Libéraux, à ce moment, était également voué à la pioche du démolisseur; le fait s'est accompli depuis, de telle sorte que ces frères ennemis étaient condamnés au même sort, c'est-à-dire, qu'ils se voyaient sans toit pour abriter leurs toiles, leurs marbres et leurs bronzes.

les âmes charitables qui espéraient que ce voisinage réveillerait plus vive, la vieille lutte latente, au grand profit de la malignité publique.

En même temps que les peintres et les sculpteurs poussaient des cris retentissants, d'autres personnalités, sans causes bien précises, réclamaient non moins fort, et condamnaient à l'avance l'avenue à percer et la fameuse perspective dont on se réclamait pour justifier une mesure tout à la fois radicale et onéreuse. Ils prétendaient que le bon effet escompté par les promoteurs du projet n'était qu'une illusion servie en trompe-l'œil par le mensonge des vues à vol d'oiseau, et que la déclivité du terrain masquerait près de la moitié de la façade; ils ajoutaient, somme toute, qu'il en résulterait un déplorable effet artistique, et qu'il était inutile de jeter des millions à pleines mains pour aboutir à un fiasco lamentable.

Du moment qu'il s'agissait d'une question de niveau, c'était aux instruments de mensuration à dénouer le conflit, et les journaux quotidiens qui entretenaient le public des diverses péripéties de la polémique, durent servir à leurs lecteurs de co-

PREMIERS CONCOURS : LES PALAIS DES CHAMPS-ÉLYSÉES. — *Façade principale du Grand Palais; projet de M. Louvet (1re Prime).*

PREMIERS CONCOURS : LES PALAIS DES CHAMPS-ÉLYSÉES. — *Façade principale du Grand Palais; projet de MM. Deglane et Binet (2e Prime).*

abrite le tombeau où dort le César des premières années du siècle, l'empereur Napoléon.

Du coin de la nouvelle avenue, le promeneur, d'un seul coup d'œil, apercevrait à la fois l'arc triomphal dédié au conquérant longtemps victorieux, et l'asile suprême où le corps de l'exilé vaincu repose à tout jamais.

L'idée était séduisante; sa fortune fut rapide et le Commissariat général de l'Exposition se montra accueillant. Il fut vite décidé que l'Exposition de 1900 serait dotée ce nouvel attrait; il ne restait plus qu'à obtenir du Parlement l'autorisation de jeter en bas le Palais de l'Industrie. Soudain, ce

Cette dure extrémité donna lieu à des récriminations interminables dont le récit vaudrait d'être narré tout au long. Les artistes des Champs-Élysées et ceux du Champ-de-Mars envisagèrent les emplacements possibles et impossibles, tout en maudissant les ingénieurs et les architectes, qui troublaient leur tranquillité : ils n'arrivaient pas à découvrir l'asile hospitalier où ils pourraient appeler le public, quand le ministre de l'Instruction publique les rassura, et logea les deux Sociétés en un espace vaste et aéré, c'est-à-dire dans la Galerie des Machines du Champ-de-Mars, où ces rivales ont vécu en bonne intelligence, ce qui n'a pas peu surpris

pieux relevés, panachés de mesures d'angles et de cotes d'altitude. Il fut enfin décidé qu'on abaisserait à la dernière limite compatible avec le libre passage de la navigation, le tablier du pont Alexandre III, et que cela fait, les spectateurs ne perdraient pas un centimètre en hauteur de la façade des Invalides.

Ce monument, qu'on dédaignait, peut-être à tort, n'avait jamais été à si belle fête; il a recueilli pendant ces quelques semaines un arriéré d'éloges et de compliments qu'il ne reverra pas de sitôt.

Les éminents critiques qui découvrirent la valeur architecturale des Invalides, jetèrent des larmes

nombreuses sur le sort du Palais de l'Industrie ; ainsi qu'il est d'usage au lit des moribonds, on s'attachait à amplifier les qualités de celui dont la mort était prochaine.

Certains esprits imaginatifs lui trouvaient une élégance de bon goût dans sa simplicité. C'était d'ailleurs tout ce qu'on pouvait louer en la défunte bâtisse, et cette simplicité — d'autres diraient cette pauvreté — en faisait une masse assez maussade dans le cadre riant des Champs-Elysées. Cette façade sans ressaut, plate et nue, toujours plongée dans l'ombre par suite de son orientation, eût été attristante sans les massifs d'arbres et les parterres qui la masquaient en partie.

A la Chambre, le Gouvernement eut à lutter contre des oppositions décidées ; la commission chargée d'étudier le projet de loi condamnait cette percée, sous le prétexte que, « le voulût-on, on ne pourrait élever des chefs-d'œuvre à la place du Palais de l'Industrie, le temps matériel manquerait pour cela ». M. Trélat, député-architecte, abondait dans le même sens ; lui non plus n'avait aucune confiance dans la valeur esthétique de constructions rapidement menées. « On va remplacer le Palais de l'Industrie par deux autres palais ; on avait un palais, on en aura deux. Mais, quel qu'en soit le nombre, jamais un édifice permanent de beauté durable ne peut sortir des études hâtives et hybrides faites en vue de l'œuvre éphémère d'une Exposition. »

Quant à l'avenue à percer, M. A. Picard, Commissaire général, rétablit le fait que la percée existait avant la construction du Palais de l'Industrie. M. Léon Bourgeois, président du Conseil, pour terminer la discussion qui portait sur le principe même de l'existence de l'Exposition, déclara que le Gouvernement n'accepterait pas la responsabilité qui lui serait faite par un refus de la Chambre. Le vote fut donc acquis sur le principe même, et la Chambre autorisa la démolition du Palais de l'Industrie.

Après accord avec la commission nommée par le Sénat, M. Arthur Picard présenta à la sous-commission spéciale un projet de programme pour un concours en vue de la construction de deux palais destinés à remplacer le Palais de l'Industrie actuel, en conformité avec les votes émis tant par le Conseil municipal de Paris que par la Chambre des députés.

La sous-commission, dans sa séance du 13 avril 1896, approuva un programme définitif, dont voici les principales dispositions :

Le concours était réservé aux seuls architectes français. Les concurrents étaient libres de ne développer que le projet de l'un ou de l'autre palais, mais ils devaient, dans tous les cas, produire le plan d'ensemble des deux constructions, avec les jardins, plantations, massifs de verdure, parterres, pièces d'eau et motifs divers concourant à l'effet décoratif de cette partie de l'Exposition.

Il était rappelé que, les constructions subsisteraient après l'Exposition. Comme affectation, on prévoyait que :

1° Le Grand Palais recevrait, pendant l'Exposition, l'exposition contemporaine et l'exposition centennale des œuvres d'art, ainsi que l'enseignement spécial artistique. La surface disponible devait être, au minimum, de 40 000 mètres carrés, tant au rez-de-chaussée qu'à l'étage. Après 1900, ce palais pourrait servir aux concours agricoles et hippiques, expositions, fêtes et concours divers, et être affecté aux Salons annuels.

2° Le Petit Palais recevrait, pendant l'année 1900, l'exposition rétrospective de l'art français, et sa superficie minima devait être de 7 000 mètres carrés, tant au rez-de-chaussée qu'à l'étage.

Les primes allouées se répartissaient ainsi :

Grand Palais : 1re prime, 15 000 francs ; 2e 12 000 fr. ; 3e 8 000 francs ; 4e 6 000 francs ; 5e 4 000 francs.

Pour le Petit Palais : 1re prime, 5 000 francs ; 2e 4 000 francs ; 3e 3 000 francs ; 4e 2 000 francs ; 5e 1 000 francs.

Les projets primés deviendraient la propriété de l'Administration, qui aurait la faculté d'y puiser les éléments à sa convenance.

(*A suivre.*) G. Moynet.

Historique

DES

EXPOSITIONS UNIVERSELLES

(*suite*) (1)

Comprise entre les deux grandes manifestations industrielles de Londres (1851-1862), l'*Exposition universelle internationale de Paris* de 1855 fut un succès sans précédent.

Une commission de 38 membres, avec le prince Napoléon comme président, fut chargée de préparer l'Exposition, puis, un plus tard, on y adjoignit un commissariat général qui eut à sa tête le général Morin, puis M. Le Play.

Les produits industriels furent répartis en 27 classes comprises dans 7 groupes (Extraction ou production des matières brutes. — Forces mécaniques. — Emplois des agents chimiques et physiques et industries se rattachant aux sciences et à l'enseignement. — Industries se rattachant aux professions savantes. — Produits minéraux.

HISTORIQUE DES EXPOSITIONS UNIVERSELLES. — *Exposition de 1855 ; entrée des Beaux-Arts.*

— Tissus. — Ameublement, décoration, modes, dessin industriel, imprimerie, musique).

Les œuvres d'art étaient réparties en 3 groupes.

Un décret du 27 mars 1852 avait décidé la construction, dans le grand carré des Champs-Élysées, d'un édifice destiné aux expositions nationales et aux cérémonies publiques, aux fêtes civiles et militaires. Le *Palais de l'Industrie* était donc en voie d'exécution quand parut le décret instituant l'Exposition universelle de 1855. Sa surface étant insuffisante, on lui adjoignit une galerie de 27 mètres de large avec un étage, le long de la Seine (rive droite), entre les ponts de la Concorde et de l'Alma et une rotonde de panorama qui existait en arrière du Palais de l'Industrie. Une galerie de communication reliait le palais à la galerie du quai à travers la rotonde et un grand jardin recevait les objets qu'un séjour au grand air ne pouvait détériorer. Une idée malheureuse fut de bâtir un *Palais des Beaux-Arts* au pied du Trocadéro, entre l'avenue de Matignon et la rue Marbeuf, séparant ainsi par un assez long trajet les deux grandes divisions de l'Exposition.

Au total, la surface de l'Exposition était de 168 000 mètres carrés dont 152 000 pour l'industrie et l'agriculture. La surface couverte avait 136 000 mètres carrés. L'inauguration n'eut lieu que le 15 mai et pour la forme seulement, car rien n'était prêt. Les machines agricoles ne furent visibles qu'à partir du 5 juin ; la rotonde n'ouvrit ses portes que le 27

(1) Voir pages 4, 15.

du même mois, la galerie de jonction, le 30 ; aussi la clôture qui devait avoir lieu le 30 septembre fut-elle repoussée au 15 novembre. Les exposants furent au nombre de 23 954, dont 11 986 pour la France et ses colonies. Parmi les nations étrangères, l'Angleterre venait en première ligne avec 1589 exposants industriels et 857 artistes, puis la Prusse (1319 pour l'industrie ; 932 artistes), l'Autriche (1298), la Belgique (687), les Indes anglaises (599), l'Espagne (569), le Portugal (443), etc., etc.

Le jury agricole et industriel comprenait 333 membres, groupés par nationalités proportionnellement au nombre des exposants. Le jury artistique était formé de 60 membres et la section d'économie domestique avait un jury spécial de 17 membres.

Les récompenses étaient de 5 ordres, depuis la grande médaille d'honneur jusqu'à la mention honorable. 10 504 dont 112 grandes médailles furent la part des exposants industriels ; 469 celle des artistes. L'empereur y ajouta 144 nominations dans la Légion d'honneur, dont 125 croix de chevalier. Le nombre des entrées atteignit 5 160 000 avec un maximum de 121 000 en une seule journée. Les billets coûtaient 1 franc, sauf le vendredi (2 francs) et le dimanche (0 fr. 20). Les entrées du dimanche formèrent plus de la moitié du nombre total. Les dépenses engagées par l'État avaient été de 11 500 000 francs, les recettes ne fournirent que 3 200 000 francs.

Les rapports du jury mixte international mirent en évidence quelques faits essentiels. Dans la section *Arts des mines et métallurgie* il y avait lieu de signaler tout spécialement l'œuvre géologique magistrale de deux savants français, Dufrenoy et Elie de Beaumont ; l'augmentation constante du poids et de la levée des marteaux-pilons ; les perfectionnements apportés à la lampe de Davy, à l'utilisation du gaz des hauts-fourneaux et de la chaleur perdue des fours à coke.

Les travaux de reboisement de Chambrelent dans les Landes, l'amélioration de la Sologne sous la direction du marquis de Vibraye, étaient signalés comme des œuvres de premier ordre. Les méthodes de pisciculture de Coste et Millet, les procédés de conservation des bois du Dr Boucherie constituaient des faits scientifiques d'un grand intérêt. Cuba venait en première ligne pour les tabacs, l'Angleterre pour les engrais artificiels, les amendements, les machines agricoles, la France pour l'horlogerie, l'Autriche pour les allumettes.

L'illustre Chevreul obtenait une grande médaille d'or à cause de l'industrie stéarique par lui créée. La France tenait encore un bon rang pour la fabrication de l'acier par puddlage, mais déjà la maison Krupp était remarquée pour ses canons en acier fondu.

La filature mécanique du lin, découverte par notre compatriote Philippe de Girard, avait pris un énorme accroissement en Angleterre, et la France ne venait qu'au second rang, suivie de près par la Belgique et l'Allemagne et il en était de même pour le tissage du coton. Pour l'industrie des laines, le tissage du lin, les tissus mélangés, les soieries et rubans, la France venait en première ligne, ainsi que pour l'ameublement, l'industrie des savons, les applications de la galvanoplastie, la verrerie, et la fabrication de la porcelaine.

En 1862 eut lieu l'Exposition universelle de Londres dont nous avons déjà parlé. Les exposants français demandèrent peu après aux pouvoirs publics une nouvelle convocation internationale à Paris pour 1867. Un décret du 22 juin 1863 leur donna satisfaction.

On songea d'abord à utiliser de nouveau le Palais de l'Industrie, mais on voulut faire une manifestation grandiose et imposante : on choisit le Champ-de-Mars qui fournissait une surface disponible de 45 hectares.

Pour les constructions gigantesques auxquelles on songeait, il fallait beaucoup d'argent; l'État ne pouvait seul faire face aux dépenses. On s'arrêta à la combinaison suivante : L'État conserverait la direction de l'Exposition à laquelle il fournirait une subvention de 6 millions ; la ville de Paris s'engagerait pour la même somme ; 8 millions feraient l'objet d'un emprunt garanti par les produits de l'Exposition et par une association de souscripteurs.

En cas de bénéfices, les souscripteurs s'en partageraient un tiers; la Ville de Paris et l'État les deux autres. La souscription atteignit plus de 10 millions.

Tous les objets exposés étaient placés dans 95 classes formant dix groupes :

1. Œuvres d'art postérieures au 1er janvier 1855 et n'ayant pas figuré à l'Exposition universelle de 1855. — 2. Matériel et application des arts libéraux. — 3. Meubles et autres objets destinés à l'habitation. — 4. Vêtements, tissus et autres objets portés par la personne. — 5. Produits bruts et ouvrés des industries extractives. — 6. Instruments et procédés des arts usuels. — 7. Aliments frais et conservés à divers états de préparation. — 8. Produits vivants et spécimens d'établissements de l'agriculture. — 9. Id° pour l'horticulture. — 10. Objets spécialement exposés en vue d'améliorer les conditions physiques et morales de la population.

Sans faire l'objet d'un groupe à part, l'enseignement était représenté dans différentes classes. La création d'un groupe pour l'horticulture était une innovation qui fut très approuvée.

Les exposants n'avaient à supporter aucun droit de location, mais tous les frais d'installation étaient à leur charge.

Un grand palais fut élevé au Champ-de-Mars. Il avait la forme de deux demi-cercles de 490 mètres de rayon, reliés par un rectangle de 380 mètres de long sur 110 de large. Quatre portes monumentales y donnaient accès ; la première en face du Trocadéro, la deuxième tournée vers l'École militaire, les deux autres en face des rues Desaix et Saint-Dominique.

L'espace était divisé en *zones concentriques* affectées aux groupes de produits similaires de tous pays et en *secteurs rayonnants* dont chacun était consacré à une nation, de telle sorte qu'en allant du milieu à la périphérie par l'un des secteurs on passait successivement en revue *tous les produits d'un même pays*; en suivant, au contraire, une galerie concentrique on pouvait voir et étudier *une même industrie dans tous les pays*. Cette disposition originale et pratique fut l'un des grands attraits de l'Exposition de 1867.

La berge de la Seine avait été aménagée pour les machines hydrauliques, engins de sauvetage et la navigation de plaisance. L'île de Billancourt formait une annexe de 30 hectares pour l'agriculture. Le développement superficiel de l'Exposition dépassait 687 000 mètres carrés dont 166 000 pour le Palais.

L'Exposition s'ouvrit à la date fixée, le 1er avril, et dura jusqu'au 3 novembre. Elle compta 52 000 exposants, chiffre sensiblement supérieur au double de celui qui avait été atteint en 1855. Les principales nations se plaçaient dans l'ordre suivant pour le nombre de leurs envois : France (15 969 exposants, plus 558 pour les beaux-arts), Angleterre (6077), Turquie (4946), Italie (4140), Espagne (2648), Allemagne du Nord (2489), Autriche (2044), Belgique (1918), Portugal (1883), Russie (1414), etc. Un jury mixte international de 627 membres, dont 318 français, décerna 19256 récompenses dont 9863 à nos nationaux.

Il y eut 11 millions d'entrées payantes, non compris les cartes d'abonnement qui étaient de 100 francs pour la durée de l'Exposition. Le maximum des entrées pour un même jour fut de 184 000. La dépense totale avait atteint 23 440 000 francs, les recettes furent de 11 millions, laissant un boni de 2 816 800 francs, grâce aux subventions de l'État et de la ville de Paris.

Un grand nombre de délégués ouvriers et d'instituteurs vinrent à Paris gratuitement pour huit jours, beaucoup envoyèrent des rapports.

57 souverains et princes du sang visitèrent l'Exposition de 1867 qui fut un succès immense. On était pourtant au lendemain de Sadowa et de sombres nuages s'accumulaient déjà sur notre horizon politique; l'orage ne devait pas tarder à éclater.

Le rapport du jury international, avec une remarquable introduction de Michel Chevalier, insiste sur les perfectionnements de la grande industrie. Il loue les travaux de l'Imprimerie impériale et la beauté de nos livres de luxe, note l'introduction du papier de paille en France, du papier d'alfa en Angleterre, du papier de pâte de bois en Allemagne.

L'éclairage électrique des phares était définitivement acquis; tous les appareils électriques étaient en grands progrès (télégraphe imprimeur de

HISTORIQUE DES EXPOSITIONS UNIVERSELLES. — *Exposition de 1855; entrée principale.*

Hughes, télégraphe Caselli, etc.). Les maladies des vers à soie avaient porté un coup très rude aux industriels de Lyon et de Saint-Étienne. La France tenait le premier rang pour les châles et l'ameublement de luxe, mais, malgré ses grands efforts, la Suisse la supplantait pour l'horlogerie.

Le sucre de betterave remplaçait peu à peu le sucre de canne. Les vins étaient en production croissante ; la France tenait la tête tant au point de vue de la qualité que de la quantité, puis venaient l'Italie, l'Espagne et l'Autriche. Pasteur obtenait un grand prix pour sa méthode de chauffage des vins.

Les matières colorantes dérivées de la houille, à peine nées, se montraient déjà envahissantes et menaçaient quelques-unes de nos cultures qu'elles devaient bientôt faire disparaître complètement.

En 1871, l'Angleterre inaugura un système d'expositions qui devaient être annuelles. et comporter deux éléments ; l'un *fixe*, comprenant les beaux-arts et les inventions scientifiques récentes, l'autre *variable* comprenant chaque année un certain nombre d'industries désignées et embrassant leurs matières premières, leur outillage, leurs procédés, leurs produits. On comptait aussi en cinq années passer en revue toutes les branches de l'activité humaine. Il n'y avait pas de récompenses.

La première exposition de cette série comprenait comme élément variable, la céramique, les laines, l'enseignement et l'horticulture. Malgré la guerre étrangère et la guerre civile, la France y participa et y fut représentée par 1151 numéros. Viollet-le-Duc, du Sommerard, de Luynes, Focillon et Gruyer organisèrent la section française. Celle de 1872, qui comprenait le coton, la bijouterie, la musique, la papeterie, la librairie et l'imprimerie, réunit 843 produits français.

La troisième, en 1873, coïncidait avec l'Exposition universelle de Vienne dont nous parlerons dans le prochain numéro. La France n'y prit pas part, tandis qu'elle occupait une place distinguée parmi les nations qui avaient accepté de figurer dans la solennité industrielle de Vienne.

En 1874 eut lieu la dernière exposition de Londres qui comprenait les dentelles, le génie civil, le chauffage, les cuirs, la reliure et les vins étrangers. Nos nationaux envoyèrent 972 numéros. Cette exposition eut si peu de succès que la cinquième, qui devait terminer la série, n'eut pas lieu.

(*A suivre.*)   F. FAIDEAU.

L'INDUSTRIE DE LA HOUILLE

Le XIXᵉ siècle, parmi les nombreuses épithètes dont on l'a qualifié avec plus ou moins de raison, conservera certainement le nom de *siècle de la houille*.

En effet, bien que l'usage timide et restreint de ce « pain de l'industrie » ait commencé dès le

L'INDUSTRIE DE LA HOUILLE. — *Un vieux piqueur.*

moyen âge, ainsi qu'en témoignent un grand nombre de documents historiques — son exploitation sur une grande échelle ne date que d'une époque tout à fait moderne. En ce qui concerne plus particulièrement la France, la mise en valeur de nos principales houillères remonte, pour Anzin, à 1734 ; pour Saint-Georges, à 1737 ; pour Litry, à 1749 ; pour Carmaux, à 1759 ; pour Vouvaut, à 1789 ; pour Alais, à 1809, etc.

Il faut dire que l'industrie s'était contentée jusqu'alors du charbon de bois, qui suffisait à ses besoins peu développés, et que d'autre part, le chauffage domestique, surtout dans les villes, se heurtait à des préjugés et même à des dispositions légales contre l'emploi de la houille. C'est ainsi qu'à la requête du parlement et du prévôt de la ville, la Faculté de Paris eut, le 15 juillet 1520, une délibération sur les dangers de l'usage, dans la capitale, du charbon de terre importé de Newcastle. Même en Angleterre, sous le règne d'Élisabeth, un député des communes demanda une loi pour interdire l'emploi de la houille à Londres *au moins durant la session du parlement.*

Mais, à la fin du siècle dernier, il y avait déjà eu un grand progrès, et l'illustre Franklin, durant son voyage en France, dans une lettre à Ingenhousz, citée par celui-ci dans ses *Expériences de Physique*, recommandait aux habitants de Paris l'usage de la houille déjà commun en Angleterre. Il le considérait comme une nécessité, facile à prévoir, que la diminution des forêts ferait bientôt sentir.

« La consommation d'une grande capitale, disait-il, est une chose tellement considérable qu'il faudrait des forêts immenses pour y suffire ; et comme alors, le bois vient de fort loin, il en résulte que son prix est fort élevé. Le bois deviendra extrêmement rare en France, si l'usage du charbon de terre ne s'introduit point dans ce pays comme il s'est introduit en Angleterre. Paris fait des dépenses énormes en consommation de bois qui vont toujours en augmentant, parce que ses habitants ont encore ce préjugé à vaincre. »

Telle était encore la situation au début de ce siècle.

Soudain, un essor sans égal est donné aux exploitations houillères.

Que s'est-il passé ? Tout simplement, l'adoption sur le continent des procédés métallurgiques anglais. La modification profonde qu'ils apportent dans la fabrication du fer, en substituant la houille au charbon de bois, est la principale cause du développement subit, imprimé aux mines de charbon.

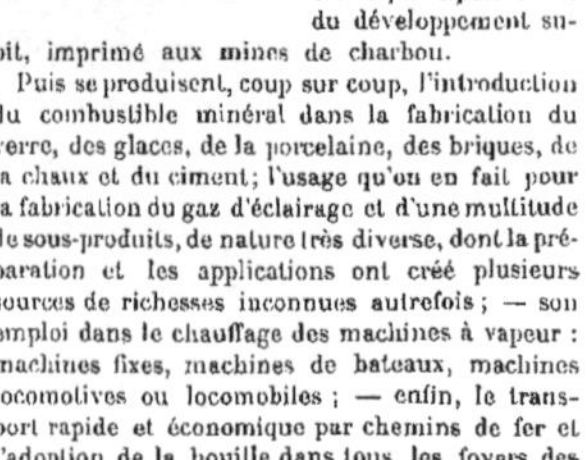

Puis se produisent, coup sur coup, l'introduction du combustible minéral dans la fabrication du verre, des glaces, de la porcelaine, des briques, de la chaux et du ciment ; l'usage qu'on en fait pour la fabrication du gaz d'éclairage et d'une multitude de sous-produits, de nature très diverse, dont la préparation et les applications ont créé plusieurs sources de richesses inconnues autrefois ; — son emploi dans le chauffage des machines à vapeur : machines fixes, machines de bateaux, machines locomotives ou locomobiles ; — enfin, le transport rapide et économique par chemins de fer et l'adoption de la houille dans tous les foyers des

usines et jusque dans les foyers domestiques.
Tout cet ensemble de circonstances agissant *presque simultanément*, a concouru à donner à l'exploitation des houillères une impulsion de plus en plus intense. Le chiffre de l'extraction a été sans cesse croissant, et l'on ne sait où il s'arrêtera dans tous les pays industriels.

Malgré cette ascension continue, le chiffre de notre production houillère n'a jamais égalé celui de notre consommation, dont la marche est encore plus rapide. Nous sommes obligés d'emprunter annuellement à l'étranger une quantité de houille égale à la moitié de notre production ou au tiers de notre consommation totale. Ce sont la Belgique, la Grande-Bretagne et les provinces rhénanes qui suppléent à notre déficit, la première, pour les trois cinquièmes, les deux autres chacune à peu près pour un cinquième.

et celui de Valenciennes, puis celui d'Alais, du Creuzot, Blanzy et Épinac, celui de Montluçon et Commentry, et celui d'Aubin, enfin les bassins d'Aix, de Ronchamp, du Maine et de la Basse-Loire. Une soixantaine d'autres bassins, véritables lambeaux houillers, disséminés un peu partout à la surface de notre territoire, n'apportent qu'un contingent d'un million de tonnes dans notre production nationale.

Le bassin houiller belge, moitié moindre que la superficie houillère de la France, présente une longueur de 170 kilomètres. Il traverse la Belgique, de l'ouest-sud-ouest à l'est-nord-est, en passant par Quiévrain, Mons, Charleroi, Namur et Liège.

Voici une revue rétrospective de la production annuelle de l'industrie houillère en Belgique, depuis 1831 jusqu'à nos jours :

près égale à celle de la France, mais sa production est trois fois plus considérable que la nôtre.

Quant aux bassins houillers des Iles Britanniques, ils occupent une surface de 33 000 kilomètres carrés, et leur production égale huit fois celle de la France.

Le bassin de Newcastle est le plus important pour son étendue ; il occupe une superficie de 130 kilom. carrés, environ ; sa production est double de celle de la France. On cite ensuite, par ordre d'importance, les bassins de Cumberland, d'Yorkshire, de Derbyshire, de Nottinghamshire, de Warwickshire, etc. Ces différentes régions sont situées en Angleterre proprement dite, mais les mines d'Écosse et celles d'Irlande présentent un chiffre de production qui n'est pas négligeable.

Le chiffre total, pour les trois royaumes, qui était de 10 millions de tonnes en 1800, montait à 170 millions en 1888. Il est actuellement de 185 millions.

L'INDUSTRIE DE LA HOUILLE. — *Recherche des victimes d'une explosion de grisou.*

En ce qui concerne particulièrement la France, des états statistiques ont été soigneusement dressés depuis 1815, c'est-à-dire depuis l'époque où la grande industrie s'est établie chez nous. Or, voici quels ont été, à diverses époques, en les comparant à ceux de l'année 1779, les chiffres d'extraction annuelle de la houille, en tonnes de mille kilogrammes :

1779.	250 000 tonnes.
1815.	930 000 —
1830.	1 800 000 —
1843.	3 700 000 —
1859.	7 500 000 —
1876.	17 000 000 —
1888.	22 602 000 —
Extraction actuelle...	25 500 000 —

Jetons un rapide coup d'œil sur les quatre importants pays houillers, pour les comparer entre eux.

La superficie houillère de la France est de 5 581 kilomètres carrés.

Sous le rapport du chiffre de production, se présentent en première ligne le bassin de la Loire

1831-1840.	2 916 552 tonnes.
1841-1850.	4 813 288 —
1851-1860.	8 085 216 —
1861-1870.	11 780 626 —
1871-1880.	15 033 215 —
1881-1890.	18 325 038 —
1891-1897.	20 457 604 —

On voit que la production belge, supérieure à celle de la France jusque vers 1870, a été dépassée depuis, et reste actuellement inférieure à la nôtre d'environ 5 500 000 tonnes.

Les gisements belges présentent cette particularité que leur déhouillement rapide oblige à y descendre continuellement la profondeur moyenne des travaux, qui se trouve actuellement au-dessous de 500 mètres. Quelques exploitations travaillent même beaucoup plus bas : la Belgique aura eu le mérite d'installer, la première, des chantiers à 940 mètres de profondeur (houillère du Poirier), et de foncer un puits de 1080 mètres (puits de Dampremy, à Charleroi).

La superficie houillère de l'Allemagne est à peu

La Grande-Bretagne fournit non seulement à la consommation considérable de ses industriels, mais encore elle exporte, et de nombreux pays sont ses tributaires.

Les Iles Britanniques, la Belgique, la France et l'Allemagne ont été les quatre premiers pays producteurs de houille, et par conséquent les créateurs des premiers procédés de l'extraction houillère.

Au début, l'industrie se contentait de gratter avec beaucoup de dépenses et de danger la houille qui se trouvait au voisinage de la surface, et évitait, par crainte des frais d'extraction et de l'invasion des eaux, de se risquer dans les grandes profondeurs.

Mais l'épuisement des couches d'affleurement obligea bientôt les mineurs à rechercher les couches profondes et à imaginer à mesure les procédés d'extraction nécessités par les conditions nouvelles dans lesquelles ils opéraient.

On se préoccupa de plus en plus de la sécurité des ouvriers, jusqu'alors assez négligée. Ainsi, ce qu'on appelle les *Vieux-Travaux*, à Commentry, sont les excavations les plus imprudentes et les plus hasardées que l'on puisse imaginer. On a pratiqué, dans le massif de houille, des vides énormes, qui atteignent parfois huit à dix mètres de hauteur, et dont le plafond n'est soutenu que par de rares et maigres piliers qui n'ont souvent pas un mètre d'épaisseur. On ne conçoit pas que des malheureux ouvriers aient pu risquer leur vie dans des souterrains si bien préparés pour les éboulements. En effet, au-dessus de ces galeries, le sol de la campagne est plein de crevasses et d'effondrements, provenant de la rupture des voûtes qui se sont affaissées.

Les prescriptions des lois concoururent à modifier cette situation des mines. Toutefois, les premiers travaux d'exploitation étaient extrêmement simples. On arrivait sur la houille par un puits; puis on découpait le massif par de longues galeries, en soutenant les parois par des boisages. On roulait la houille dans des vagonnets sur rails, mus à bras d'homme ou traînés par un cheval jusqu'au bas du puits; là des machines à molettes, mues par des chevaux ou par la vapeur, la haussaient à la surface où on la déposait en monceaux. A mesure que l'on descendait plus profondément, il fallut perfectionner le cuvelage des puits, les procédés d'extraction, les machines d'épuisement destinées à lutter contre l'invasion des eaux, les moyens de prévenir les explosions de grisou, soit en modifiant les lampes, soit en provoquant dans les mines une ventilation énergique. Il serait trop long de rappeler ici tous ces progrès : mentionnons seulement la lampe de Davy, qui date du commencement du siècle et qui, perfectionnée depuis, a certainement sauvé des milliers d'existences. Des enquêtes successives faites en Angleterre en 1834, 1852, 1853 et 1854, ainsi que des rapports à l'Académie des sciences de Paris en 1856, et à l'Exposition universelle de 1878 ont mis hors de doute la coïncidence qui existe entre les dépressions atmosphériques et les fuites de grisou, et ont fait adopter aux mines une ventilation d'autant plus énergique que la pression barométrique est plus basse, afin de chasser à l'extérieur au fur et à mesure qu'il se forme, le dangereux agent d'explosion, cause de tant de désastres qui sont dans la mémoire de tous et qui constituent le triste martyrologe de l'histoire du travail. On a récemment inventé des appareils d'avertissement, qui théoriquement pendant les expériences de laboratoire ont donné les meilleurs résultats que la pratique malheureusement n'a pas toujours confirmés.

Lorsque les circonstances sont défavorables, à l'abatage de la houille par les *piqueurs*, au moyen du pic de fer, qui leur donne leur nom, on substitue l'abatage au moyen de mines, soit de poudre, soit de dynamite, ce qui permet d'accélérer considérablement le travail.   Paul Combes.

La Physique et les Physiciens

La création des méthodes de la physique moderne remonte à la fin du xvie siècle. La révolution scientifique accomplie par les préceptes de Bacon, les découvertes de Galilée et les écrits de Descartes embrasse une période bien tranchée ayant son commencement dans les dernières années du xvie siècle et se terminant à la mort de Galilée vers le milieu du siècle suivant. C'est seulement alors que le triomphe de la philosophie nouvelle est définitivement établi et que la science, fondée sur une base inébranlable, peut marcher dans les voies des découvertes. Les vagues et confuses notions de la physique du moyen âge cédaient la place à une science positive. La découverte du baromètre par Torricelli et Pascal

L'Industrie de la houille. — *Remorquage des wagonnets dans la mine.*

marqua les premiers pas de la physique naissante. La machine à feu proposée par Denis Papin, en 1690, n'est que la conséquence et l'application des faits mis en lumière par suite de l'invention du baromètre. En général, la création des différentes machines et instruments fut toujours le résultat et l'application des découvertes théoriques successivement réalisées dans la science.

En ce qui concerne plus particulièrement la science de l'électricité, elle apparaît dans les dernières années du xvie siècle. Un médecin de Colchester, Guillaume Gilbert, publia un livre vraiment admirable sur les phénomènes magnétiques. A l'époque où il commença ses expériences sur l'ambre jaune, on ne connaissait de ce corps que sa propriété d'attirer les corps légers, après avoir été frotté. Il manquait à Gilbert un appareil à l'aide duquel il pût procéder à des investigations précises. Otto de Guericke, l'illustre bourgmestre de Magdebourg qui avait déjà construit la première machine pneumatique, dota la science électrique de sa première machine. Au simple tube de verre que l'on frottait avec une étoffe de laine et qui servait à Gilbert dans ses expériences, Otto de Guericke substitua un globe de soufre. Peu après, vers 1709,

un physicien anglais remplaça ce globe de soufre par un cylindre en verre, auquel il imprimait mécaniquement un mouvement de rotation pendant qu'on le frottait avec la main. En 1729, Gray et Wehler découvrirent la propagation de l'électricité le long des conducteurs. Les machines qui étaient utilisées dans les expériences des physiciens étaient des cylindres ou des globes de verre mis en mouvement par des transmissions mécaniques. Mais elles donnèrent lieu à de fréquents accidents, rupture de l'appareil avec éclats de verre projetés à distance, qui lui firent préférer les machines à plateau de verre. La première fut construite en Angleterre par Ramsden.

Mais l'année 1746 approchait et, grâce à la découverte de la *bouteille de Leyde*, des horizons tout nouveaux devaient s'ouvrir devant la science électrique. Voici comment Musschenbroch, physicien de Leyde, fut conduit à la découverte de cette bouteille, type primitif des condensateurs modernes qui jouent un si grand rôle dans les phénomènes d'électricité. Considérant que les corps électrisés, quand ils sont exposés librement à l'air, y perdent promptement leur état électrique, par suite de la conductibilité de l'air, il pensa que si un corps électrisé était entouré de tous côtés par des corps non conducteurs, il pourrait recevoir une plus grande quantité d'électricité et la conserver plus longtemps. Le verre étant le corps non conducteur, et l'eau le corps électrique le plus convenable pour cet effet, l'expérimentateur et ses amis essayèrent d'électriser de l'eau contenue dans un vase de verre. Quand on la jugea suffisamment électrisée, on se disposa à retirer le vase de verre qui communiquait avec le conducteur de la machine électrique. Mais au moment où l'un des opérateurs, tenant d'une main le vase de verre, vint à approcher l'autre main du conducteur, afin de le séparer de la machine, il se sentit aussitôt frappé d'un coup terrible. Dans une lettre célèbre datée du mois d'avril 1746, le physicien de Leyde a donné les détails de cette expérience célèbre dans une lettre qu'il adresse à Réaumur. Il en résulta ce qui se produit toujours. Le danger de l'expérience attisait les imaginations. Le nombre de personnes empressées de recevoir la commotion de la bouteille de Leyde augmenta tous les jours. L'abbé Nollet eut l'idée de faire ressentir le choc à un grand nombre *d'individus à la fois, en constituant une chaîne de deux cent quarante soldats d'une compagnie des gardes françaises*, qui se tenaient par la main. L'instantanéité de la commotion sur des personnes reliées par un fil de fer long de près d'une lieue, par conséquent l'étonnante vitesse de propagation de l'électricité, était le phénomène qui avait frappé le plus vivement les esprits.

Le hasard amena l'illustre Franklin à s'occuper pour la première fois, au cours de l'année 1747, des phénomènes électriques. Il faut considérer séparément la théorie générale qu'il a proposée pour l'explication des phénomènes électriques, et les faits nouveaux qu'il observa, devenus dans la suite une source abondante de découvertes et d'applications. Avant lui, les physiciens avaient admis l'existence de deux espèces de fluide : l'*électricité vitrée* ou *positive* et l'*électricité résineuse* ou *négative*. Selon Dufay, l'électricité existe dans tous les corps à l'état neutre ou naturel, et cette électricité naturelle est formée par la neutralisation réciproque des deux électricités, positive et négative, qui se trouvent dans tous les corps. Par le frottement ou la chaleur, on en détermine la désunion. Le physicien américain crut pouvoir expliquer les mêmes phénomènes par une hypothèse mieux en harmonie avec la simplicité du moyen que la nature met en jeu. Il supposa qu'il existe dans tous les corps un fluide très délié, homogène dans son essence, dont les molécules se repoussent mutuellement et ayant lui-même de l'attraction pour la matière. Tous les corps de la nature plongés, à l'origine, dans ce fluide, s'en sont chargés selon leur degré d'attraction et de capacité pour cet agent physique, jusqu'à ce que ce fluide soit mis en équilibre avec lui-même dans tous les corps de la nature. Mais dès que le frottement est venu déterminer dans un corps la rupture de l'équilibre naturel, les attractions pour le fluide électrique du corps frottant et du corps frotté perdent leur rapport primitif d'égalité. Franklin dit de celui qui renferme de l'électricité en excès qu'il est électrisé *positivement* ; si l'électricité s'y montre en défaut, il est électrisé *négativement*.

La théorie du fluide unique proposée par Franklin n'a pas été adoptée par les physiciens de notre époque, parce qu'on a pensé que l'hypothèse des deux fluides simplifiait l'exposé des phénomènes et présentait plus de facilité que celle de Franklin pour le travail dogmatique et pour l'enseignement et, aussi, parce que le physicien Ocpinus, l'ayant soumise au calcul, crut que cette hypothèse n'était pas confirmée par l'analyse mathématique. Un jeune physicien français,

LA PHYSIQUE ET LES PHYSICIENS.
Machine électrique de Ramsden.

M. Bigeon, enlevé prématurément aux sciences physiques, est parvenu, par l'application de l'analyse mathématique, et en même temps par l'expérience, à renverser les objections d'Ocpinus. Il a commencé par établir le principe suivant : *il n'existe qu'un seul fluide électrique dont l'égale distribution dans tous les corps constitue l'état naturel, et l'inégale distribution, l'état électrique des corps.* Ce principe posé, Bigeon démontre par le calcul que deux corps électrisés et suspendus librement dans

l'air, se repousseront quand leurs tensions électriques seront toutes deux supérieures ou inférieures à celles de l'atmosphère environnante, et s'attireront quand l'une de ces deux tensions sera plus forte et l'autre plus faible que celle du milieu ambiant.

Quoi qu'il en soit, Franklin rendit compte, au moyen de sa théorie, des phénomènes de la bouteille de Leyde. Il montra que les surfaces, interne

LA PHYSIQUE ET LES PHYSICIENS.
Machine électrique d'Armstrong.

et externe, de cette bouteille se trouvent à un état électrique opposé, à l'aide de plusieurs expériences très ingénieuses, très élégantes, qui ont été conservées jusqu'à nos jours, sans modification : de l'araignée électrique, du carillon électrique et, en collaboration avec Kinnersley, du tube étincelant, du carreau magique, du thermomètre de Kinnersley, du perce-carte, du perce-verre, etc. Ce savant s'est surtout illustré par ses expériences sur l'électricité atmosphérique et par l'invention du paratonnerre.

Les machines électriques dont nous avons parlé sont toutes basées sur le développement de l'électricité par le frottement du soufre ou du verre. Les plus puissantes sont à plateau. Celle du Conservatoire des arts et métiers a un plateau de 1ᵐ,85 de diamètre qui donne d'énormes étincelles. La plus grande appartient à l'*institution polytechnique* de Londres, son plateau a un diamètre de 2ᵐ,27. Sa rotation est produite par une machine à vapeur.

En 1840, un mécanicien anglais était occupé à réparer une chaudière d'une machine à vapeur où il s'était déclaré une fuite. D'un mouvement involontaire, il plongea une de ses mains dans le jet de vapeur pendant que de l'autre main il touchait le levier de la soupape de sûreté. Aussitôt il éprouva une secousse, et il vit jaillir des étincelles au bout de ses doigts qui touchaient le levier. Il se trouvait sur un massif de briques chaudes, peu conducteur, qui jouait le rôle de corps isolant, et sans nul doute, il établissait la communication entre la chaudière, électrisée négativement, et la vapeur qui prenait, en s'échappant, une électricité positive. Après cette expérience toute fortuite, et en s'appuyant sur ses résultats, Armstrong construisit la machine qui porte son nom. L'Institution polytechnique de Londres en possède une dont la chaudière a deux mètres de longueur et qui porte quarante-six jets. Elle fournit environ quarante-six fois plus d'électricité que la grande machine à plateau du même établissement et ses étincelles ont une longueur de 60 centimètres. Toutes ces machines ont cédé devant des appareils dont on obtient des effets beaucoup plus considérables, connus sous la désignation générique de

machines d'influence. La première a été imaginée en 1865 par M. Holtz, de Berlin. Sans avoir connaissance des expériences de ce dernier, M. Töpler, de Riga, en combina une qui présente avec la première des grandes analogies. La machine de Whimshurt est de construction plus récente. Ces nouvelles machines fournissent, avec très peu d'efforts, une quantité extraordinaire d'électricité de tension et on s'en sert à la production d'une multitude de phénomènes physiques. On se sert surtout de machines électro-statiques en médecine pour produire des effets physiologiques. Le passage de l'étincelle électrique peut déterminer des compositions et des décompositions chimiques. Un exemple de réaction chimique est montré dans le pistolet de Volta.

Abstraction faite de toute hypothèse, l'étude de l'électricité se partage en deux grandes divisions comprenant : l'une les phénomènes que présente l'électricité statique ; l'autre ceux que présente l'électricité dynamique ou en mouvement. A l'état statique, l'électricité s'accumule à la surface des corps et s'y maintient en équilibre à un état de tension qui se manifeste par des attractions et des étincelles. A l'état dynamique, l'électricité résulte principalement d'actions magnétiques ou chimiques et elle traverse les corps sous forme de courants.

C'est à Galvani, professeur d'anatomie à Bologne, qu'est due l'expérience fondamentale qui a fait découvrir l'électricité dynamique. Vers 1786, il fit une série de curieuses et importantes observations sur les mouvements convulsifs produits par des décharges électriques sur les pattes d'une grenouille.

(*A suivre.*)   ÉMILE DIEUDONNÉ.

LA VIE ET LES MŒURS
A travers le siècle (1840-1860) (1).

La grande trituration des peuples et des races par le nouvel agent de locomotion ne commence, en réalité, que vers le milieu du siècle. La création des lignes à travers la France demandait du temps ; vers 1840, on n'allait pas encore plus loin que Saint-Germain et Versailles, et dix ans après, les lignes de l'Ouest touchaient à peine Chartres et Dieppe.

Le Nord et l'Est allaient un peu plus vite, mais

LA PHYSIQUE ET LES PHYSICIENS.
Machine électrique de Holtz.

la ligne de Paris à Lyon ne possédait qu'un premier tronçon entre Dijon et Mâcon.

Tout le reste se fait peu à peu et les bouleversements que la locomotive doit apporter dans les mœurs et les habitudes sont d'abord peu sensibles. Cela va s'accentuer à la fin de la période ; en réalité, un siècle sépare 1800 de 1840.

Paris a vu fleurir et se développer deux nouvelles passions, les courses et le canotage, deux sports dont les adeptes se recrutent dans des milieux différents. Pour les courses, c'est plaisir aris-

(1) Voir pages 6, 10.

tocratique, sport de jeune fashionable, de dandy, de lion, qui s'intéresse au cheval parce que c'est mode élégante et pour les paris, les courses remplaçant les maisons de jeux fermées. Le canotage, nouveau plaisir des dimanches parisiens, est de genre moins relevé; c'est pour les jeunes gens sans façons, amis du grand air, du mouvement, du bruit et de la gaieté. Il y a des artistes parmi les canotiers et beaucoup d'employés. Asnières d'un côté, Bercy de l'autre, sont ports d'attache des flottilles parisiennes. Les canotiers de ce temps-là portent vareuses de laine, larges pantalons dans les bottes et chapeaux cirés comme des matelots d'opéra-comique. Et cette flottille bon enfant crie et fait tapage plus qu'elle ne rame; les forts rowing-men, les équipes sérieuses à l'impeccable coup d'aviron, coupant la Seine dans les fines embarcations aux noms anglais, ne sont pas encore nées; elles paraîtront peu à peu, en même temps que s'organiseront les grandes régates.

Il y avait eu des courses de chevaux à Paris depuis la Restauration, mais elles n'ont pris d'importance réelle que sous le règne de Louis-Philippe, surtout à partir de la fondation du Jockey-Club

dans un tumulte de cris, de quolibets, d'attrapades où triomphait lord Seymour, *milord l'Arsouille*.

Mais tout changea après 48; le carnaval tomba, le bal de l'Opéra devint une simple bousculade d'habits noirs que n'égayaient pas les déhanchements des Clodoches, laids fantoches, d'un comique lugubre, et qu'essayaient vainement de galvaniser les cuivres de Musard dans le galop infernal.

Pour les théâtres c'est une belle époque. Paris après la Révolution comptait une foule de petits spectacles licencieux, le nombre des salles fut réduit à une douzaine par l'Empire.

Une bonne partie de ces théâtres s'aligne de la Porte Saint-Martin au boulevard du Temple et de la Porte Saint-Martin au café Turc : c'est le *boulevard du Crime*, où le soir tous ces théâtres donnent une vie bien particulière. Théâtres de drame, théâtres gais, théâtres de pièces militaires se touchent. De bonne heure dans l'après-midi, les queues se forment, le succès de l'un rejaillit sur l'autre, quand on ne trouve pas de place ici on se rabat à côté sur le voisin; on venait pour pleurer, on s'en va rire. Le théâtre n'est pas un plaisir cher alors, et les plats sont copieux, puisque l'on a généralement huit

baïonnettes intelligentes de mauvaise humeur combattaient les institutions qu'elles s'étaient déjà chargées plusieurs fois de défendre; en Juin, de mauvaise humeur pour leur mauvaise humeur de Février, elles marchaient à côté de la ligne contre les barricades. Puis l'Empire fait, la garde nationale redevient une institution pacifique sans autre fonction que de monter la garde devant des guérites tranquilles à l'Hôtel de Ville, jusqu'aux jours troublés où elle deviendra tout à coup force confuse et bouillonnante, armée régulière de l'émeute immense.

Le vieux Paris s'en va, la grande ville perd ses traits caractéristiques d'autrefois et prend sa physionomie moderne. Ainsi feront à son imitation, les cités importantes des départements, et après les cités importantes, les petites; modernisation à outrance, recherches de luxe, de surface en même temps qu'expansion de l'industrialisme, transformations énormes. A Paris, les grandes percées font d'immenses abatages à travers la ville, des quartiers entiers tombent, comme la Cité disparue entièrement sauf le petit groupe du cloître Notre-Dame, des cloaques impurs disparaissent, mais,

LA VIE ET LES MŒURS PENDANT LE SIÈCLE. — *Un grand bal dans la salle des Maréchaux, aux Tuileries, en 1858 (d'après un document de l'époque).*

en 1833. Courses au Champ-de-Mars, puis à Chantilly où elles deviennent le rendez-vous de toutes les élégances, de toutes les notabilités de la fashion. On tenta d'acclimater alors les courses au clocher, à la Croix-de-Berny, mais en raison des accidents, il fallut un peu en rabattre de l'anglomanie sportive. De cette première époque des courses, il reste comme souvenir de jolies aquarelles d'Eugène Lami où sont fixées les élégances d'alors, la grâce distinguée des femmes, la belle allure des lions, enfin l'aspect aristocratique de ces réunions qui n'avaient rien des cohues d'aujourd'hui. Les installations des courses étaient peu fastueuses, d'une simplicité campagnarde même, telle par exemple, la tribune montée sur roues du Jockey à Chantilly.

Les bals de l'Opéra tiennent une grande place dans les carnavals parisiens, Musard règne, Gavarni a inventé le débardeur et une foule de travestissements forts jolis, et toujours dans la note distinguée. C'est qu'en ces temps préhistoriques, on n'était pas obligé de payer des figurants, pour endosser des costumes et danser au bal de l'Opéra. On se déguisait et on dansait pour son compte, énorme différence; quand il fallut recruter des danseurs soldés, la décadence du carnaval commençait. Le grand Chicard et ses acolytes représentaient pour de bon la folie carnavalesque. Et les bals d'artistes, les bals des théâtres divers, et les défilés de masques sur les boulevards, et enfin le matin du mercredi des Cendres, la fameuse descente de la Courtille, tous les masques qui n'étaient pas tout à fait morts de fatigue, descendant dans tous les véhicules possibles le faubourg du Temple,

ou dix actes par soirée. Le populaire, quand il avait vu dans les places supérieures, les noirs mélodrames de Bouchardy ou les drames romantiques de Dumas, d'Hugo, les féeries de Martainville, pouvait s'offrir pour quelques sous les Délassements-Comiques, les Funambules, le théâtre Debureau ou le petit Lazary, le dernier de tous, où dans le début on faisait la parade sur le boulevard pour appeler le public.

Bruyant et joyeux public partout; dans la salle on interpellait les acteurs; des galeries supérieures, les réflexions saugrenues pleuvaient comme les peaux d'oranges, et chaque entr'acte donnait au boulevard une animation extraordinaire.

Une curiosité s'en va, dernier débris des vieilles législations : c'est l'emprisonnement pour dettes; on fera toujours des dettes, mais plus de recors à craindre, plus de prison de Clichy bientôt. Le recors, un type qui disparaît, romanciers et vaudevillistes peuvent en faire leur deuil et aussi du jeune homme endetté se promenant la nuit, guetté par le recors, et rentrant chez lui avant le soleil levé, moment légal de l'entrée en chasse des agents du terrible créancier, assez souvent l'usurier classique qui fournit au lieu d'argent des voitures de pavés ou des crocodiles empaillés qu'un acolyte reprend à forte perte.

Clichy fait penser à l'Hôtel des Haricots, autre prison peu sérieuse, destinée à châtier les infractions à la discipline de la garde nationale. Voici les derniers beaux jours de la garde nationale. Elle joue un grand rôle au commencement de l'incendie de 48 qui met toute l'Europe en feu; en février, les

aussi, bien des édifices ou des coins historiques regrettables. Les anciens types de marchés d'autrefois, les halles, la rotonde du Temple disparaissent, le pittoresque s'en va de partout.

Et juste au moment où le pittoresque est chassé de nos villes, de nos rues trop alignées, de nos monuments ratissés, de nos bâtisses rectilignes, casernes à soldats ou casernes à locataires, voilà qu'on s'efforce de le faire entrer dans les intérieurs. Voici que se répand le goût des antiquités, des objets d'art anciens, de tous les vestiges des siècles passés, meubles, tapisseries, armes, sculptures, peintures. Ils étaient quelques amateurs d'abord, pour faire la chasse aux antiquités méprisées, moisissant dans les greniers ou pourrissant chez les marchands de bric-à-brac. C'est le temps des merveilleux coffres de la Renaissance jetés dans les écuries, des superbes crédences sculptées, traitées à coups de pied, trouvées horribles et embarrassantes, des belles boiseries xviii° siècle mises au bois de chauffage; de la chasse aux bibelots, jamais alors on ne revient bredouille, il n'y a qu'à se baisser, et ce n'est point ruineux; les gens de goût, dépourvus de rentes, peuvent se laisser aller au plaisir de rapporter en leur modeste logis de véritables richesses d'art, des meubles magnifiques tombés d'on ne sait quels palais chez le revendeur, qui les méprise et n'est pas devenu encore aussi fort archéologue qu'habile truqueur.

C'est le temps du mobilier bourgeois en acajou, traité sans art, même pour les palais. Ah! les meubles 1840 ou 1830!

A. ROBIDA.

Historique des Expositions Universelles. — L'EXPOSITION DE PARIS 1867.

PREMIERS CONCOURS

Les Palais des Champs-Élysées
(SUITE) (1)

Le plan annexé au programme du concours figurait les limites des emprises de terrain autorisées. Ces limites étaient tracées, disait le document officiel, « pour répondre aux données du projet d'ensemble de l'Exposition et pour ménager la conservation en place des beaux arbres existant dans la région ».

Ce dernier souci répondait à la campagne active menée par la presse parisienne contre les coupes opérées par la Cⁱᵉ de l'Ouest lors de la construction de la gare des Invalides. En dépit des promesses faites de respecter les beaux ormes de l'Esplanade, ceux-ci ont été saccagés à plaisir. Le programme officiel cité plus haut témoigne des

port à l'autre. Toujours est-il que ces limitations augmentaient la difficulté de la tâche des concurrents, à qui d'ailleurs un temps fort court était accordé pour la confection de leurs projets, puisque ceux-ci devaient être remis le 4 juillet à l'Administration, dessins et devis. Pour la dépense, un chiffre de 16 millions était prévu pour le Grand Palais, et de 4 millions pour le Petit. Le coût du Palais de l'Industrie condamné s'était élevé à 13 millions.

imposé, sa forme bizarre à plaisir en faisaient un casse-tête chinois qui se compliquait d'axes obliques les uns sur les autres, dont les points de suture devaient être masqués au petit bonheur. D'autre part, les salles d'exposition exigent impérieusement un éclairage brillant et partout égal ; on n'obtient cet éclairage qu'en ouvrant de larges jours dans la toiture et en diffusant la lumière crue par des stores blancs. Quant aux baies percées dans les murs, elles occupent inutilement un

PREMIERS CONCOURS : LES PALAIS DES CHAMPS-ELYSÉES. — *Façade principale du Grand Palais : projet de M. Thomas (3ᵉ prime).*

Les inscriptions pour le concours avaient été nombreuses, mais, au jour fixé, un nombre relativement réduit des inscrits se présenta ; cinquante-neuf concurrents affrontaient la lutte ; encore la plupart de ceux-ci s'étaient consacrés au Grand Palais seul, dédaignant le Petit, pour cette excellente raison que l'effort imaginatif et le travail matériel étant à peu près égaux pour l'un ou l'autre travail, les primes allouées, par contre, étaient singulièrement différentes.

vaste espace des murailles, et laissent entre elles des trumeaux plus ou moins larges parfaitement obscurs ; l'éclairage latéral doit donc être repoussé de parti pris en semblable occurrence. Les architectes, pour les palais à construire, étaient donc condamnés à monter sur les façades de leurs bâtiments, de hauts murs pleins, qu'ils meublaient soit par des fausses baies, expédient misérable, soit par des portiques, décoration connue et peu appréciée dans nos climats. S'ils adoptaient le

PREMIERS CONCOURS : LES PALAIS DES CHAMPS-ELYSÉES. — *Façade principale du Grand Palais : projet de M. Girault (4ᵉ prime).*

meilleurs sentiments, mais il ne faut pas trop compter sur la lettre de ces bonnes paroles. La nécessité des faits ne permet pas un respect aussi touchant, et, quant aux arbres épargnés, ceux qui n'auront pas été transplantés au loin feront piètre mine après un séjour de deux ans dans des chantiers en activité.

Il semblerait plutôt que les polygones assez bizarres d'aspect imposés aux concurrents devaient leurs formes extraordinaires à la difficulté de raccorder l'axe de l'avenue projetée et celui des Champs-Élysées, qui sont obliques l'un par rap-

Le public fut admis à visiter les projets exposés ; il ne sortit pas une impression bien nette du sentiment général. On s'accorda à juger que les concurrents n'avaient ménagé ni les dômes, ni les colonnades. Sur les cinquante-neuf projets exposés, une quinzaine seulement se montraient insuffisants ou inachevés : une dizaine se recommandaient par des qualités remarquables. La dominante du concours était l'esprit classique. Les amateurs du nouveau n'avaient qu'à chercher ailleurs un style xxᵉ siècle.

Nous avons dit plus haut que la configuration des terrains et la destination des édifices augmentaient la difficulté du travail ; l'irrégularité du périmètre

parti des murs à fenêtres, c'est-à-dire les jours verticaux, ils fournissaient aux objets exposés des conditions de lumière inférieures à celles du Palais de l'Industrie. Tout cela est pour prouver que l'architecture n'est pas un métier commode et qu'un monument réussi ne se voit pas tous les jours. Un jury avait été nommé pour juger ce concours, jury dans lequel les concurrents étaient représentés selon l'habitude. Un rapporteur fut désigné, M. Pascal, architecte éminent, ancien prix de Rome. Nous ne disposons pas de l'espace nécessaire pour citer tout au long, ici, le rapport qui explique et motive les décisions du jury ; nous nous bornerons à analyser les points principaux.

Tout d'abord, M. Pascal jetait quelques fleurs sur le Palais de l'Industrie, dont on avait décidé le trépas, et de qui on ouvrait la succession. Il rappelait que la construction de ce monument avait jadis inspiré des lamentations aux intérêts lésés par son édification, car le recommencement des choses est une règle inéluctable. Le carré Marigny, que venait encombrer le Palais de 1855, servait aux évolutions militaires, et les badauds aimaient à assister à la petite guerre,

arts ; l'importance qu'ils avaient donnée à l'étage de soubassement ; les destinations possibles de cet étage ; puis, il analysait les différents modes de communication entre les étages. Ensuite venaient les considérations spéciales sur les sentiments qui avaient guidé le jury dans ses appréciations en ce qui touche la décoration des façades et des intérieurs : « Tout ce qui avait un caractère provisoire, décoratif à l'excès, tout ce qui rappelait trop la fête internationale, l'improvisation hâtive et amu-

pour l'exécution. Plus loin, le rapporteur cite avec éloge ces « ordonnances magistrales qui ont porté certains concurrents à décorer leurs façades de colonnades rappelant celles de la Concorde et du Louvre ».

« On sentait, ajoute M. Pascal, comme un courant instinctif qui portait une partie du jury à désirer en voir une fois de plus une application, au risque d'une répétition, de ces beaux exemples. »

Après une première classification des concur-

comme on disait en ces temps-là. L'oraison funèbre, pour élogieuse qu'elle fût, ne constatait pas moins, au détriment de la bâtisse condamnée, « la similitude monotone de ses points d'appui, et l'indigence de ses formes architecturales ». Et c'est ainsi que le miel de l'oraison funèbre s'aiguisait d'une pointe de vinaigre.

Le rapporteur rendait hommage au zèle et au courage des lutteurs, qui, malgré le peu de temps accordé à leur travail, s'étaient présentés en nombre aussi respectable ; il saluait parmi eux certaines notoriétés de l'art qui avaient affronté les chances du concours, sans se laisser arrêter par la crainte d'un insuccès « en se mesurant avec des adversaires ardents et jeunes ».

Tout d'abord, il attirait l'attention de qui de droit sur un détail du programme qui, en exagérant la largeur de l'avenue projetée, réduisait les monuments à des façades sans épaisseur. Il rappelait que la forme bizarre et tourmentée du périmètre imposé était due « aux restrictions inquiètes et légitimes du conseil municipal, pour ne pas laisser abattre des arbres, au soin qu'avait la direction de l'Exposition de n'empiéter que le moins possible par ses masses de pierre sur les espaces ombreux qui font le charme de notre belle promenade des Champs-Élysées ».

Le premier effet du manque de profondeur avait été d'obliger les concurrents à reléguer, pour la plupart, les escaliers dans le fond des bâtiments. Le rapporteur soulignait, avec justice, l'incommodité qui résulterait d'une semblable disposition, car le premier sentiment du visiteur qui pénètre dans un monument de ce genre, est de chercher l'escalier qui lui permet de se rendre directement aux étages d'exposition. Il appuyait ensuite sur l'heureux effet de perspective qui résultait d'un parti adopté par de nombreux concurrents, et qui consiste dans la disposition en L renversé du grand hall. Le visiteur, dès les premiers pas, a la sensation d'un vaste espace, tandis que ses regards, au Palais de l'Industrie, étaient arrêtés court, puisqu'il pénétrait dans une nef parallèle à la façade, sans prolongement dans l'axe. M. Pascal insistait pour que ce parti fût réalisé dans le projet définitif. On peut dire, en passant, que ce vœu très artistique a été exaucé et que la disposition en L renversé est celle que le public sera appelé à juger dans le nouveau Palais. Pour plus de clarté, il faut dire que la barre inférieure figure un vaste hall analogue à celui que tous connaissent, et sur lequel vient se greffer, dans l'axe, un second hall, qui forme point de vue. La rencontre de ces deux vaisseaux, qui rappelle assez bien celui d'une nef d'église avec les transepts, sera recouverte en coupole plate.

Le rapporteur étudiait ensuite les différentes façons dont les concurrents avaient compris et disposé l'importante annexe de la salle de concert, qui vient compléter ce monument élevé à tous les

sante, mais dont les résultats sont rapidement démodés, était signalé avec défaveur pendant vos séances. »

Ces paroles du rapporteur sont à noter, car elles synthétisent l'état d'esprit du jury, et la formule d'art qu'il a entendu couronner et recommander

LA PHYSIQUE ET LES PHYSICIENS.
La statue de Volta, à Côme.

rents, le jury passa aux votes. M. Louvet fut désigné pour la première prime (21 voix) ; MM. Deglane et Binet, pour la seconde (22 voix) ; la troisième prime fut assurée à M. Thomas (22 voix) ; M. Girault eut la quatrième (21 voix) ; et M. Tropey-Bailly la cinquième (28 voix).

Il ne s'agit ici que du Grand Palais, nous parlerons plus loin du Petit. Il faut encore retenir qu'à l'unanimité des votants, au nombre de 40, il fut déclaré qu'aucun des projets pour le Grand Palais n'était — tel quel — susceptible d'exécution et que l'administration devrait en diriger la refonte pour l'œuvre définitive.

« C'est son plan qui a valu à M. Louvet de prendre la première place, non sans une lutte serrée, avec des artistes plus séduisants ou plus puissants. »

Ce plan est la disposition en L renversé des nefs dont nous avons parlé plus haut. Quant aux façades, le rapporteur s'exprimait ainsi : « Ses façades d'une bonne tenue, bien réglées, manquent de puissance ; le décor du rez-de-chaussée en est pauvre dans les ailes, et les portes d'entrée, matériellement insuffisantes, devraient être entièrement remaniées pour acquérir l'ampleur et l'effet qu'on doit attendre de pareils accès : un des plus beaux motifs à traiter dans une telle œuvre. »

« Des qualités du même ordre ont mérité la seconde prime à MM. Deglane et Binet. C'est encore à la belle disposition de leur plan qu'ils le doivent, à une disposition d'une grande analogie avec la précédente. » Et plus loin, voici l'appréciation des façades : « Le charme des façades de MM. Deglane et Binet a été particulièrement remarqué : l'hémicycle d'entrée était exquis de modelé, bien que les hautes colonnes s'y pressassent un peu... Il serait difficile d'expliquer pourquoi la réunion de ces morceaux charmants d'architecture donnait pourtant l'impression d'un petit motif à grande échelle. Peut-être faut-il l'attribuer à l'exagération de hauteur, défaut qui, pour beaucoup de concurrents, empêchait de se rendre compte du développement des 240 mètres de longueur de cette énorme façade. Le gros dôme, d'un fort joli goût d'arrangement, était condamné pour cette raison. »

M. Thomas, titulaire de la troisième prime, était l'architecte chargé de l'entretien du Palais de l'Industrie. Personne ne connaissait mieux que lui les services divers qu'un édifice de ce genre est appelé à rendre. C'est une connaissance spéciale à laquelle le rapport rendait hommage ; il s'exprimait ainsi sur les façades de ce projet : « En outre de la grande unité dans le plan, l'appréciation favorable du jury se portait sur l'unité des façades, avec les rentrées des mêmes motifs, les formes circulaires dégageant habilement les angles et ces deux grandes colonnades un peu étroites, derrière lesquelles s'étendaient des compositions peintes. Le motif milieu voudrait une autre étude ; il monte trop haut entre ses deux pylônes, qui encadrent, à la base, une avancée courbe percée de portes. »

M. Girault venait en quatrième ligne seulement, mais non sans avoir serré de près la première place grâce à : « des voix fidèles qui voulaient récompenser l'artiste brillant dont les compositions de plan et de façade avaient exercé leur séduction dès les premières réunions du jury ».

« Il faut savoir s'en affranchir, dit le rapporteur, pour trouver les imperfections, et les présenter comme une ombre au tableau triomphant de cet exécutant prestigieux, de cet architecte plein de ressources, de ce lutteur toujours prêt. »

Ces précautions oratoires une fois établies, M. Pascal consacre à ce projet une critique plus étendue que celles qu'il a faites des autres concurrents. Il dit que les grandes arcatures de la façade, hors d'échelle avec le reste, vomiraient des torrents d'air froid jusque dans la grande nef ; il établit que les portiques du rez-de-chaussée seraient difficilement utilisables, etc. Il reconnaît toutefois qu'il a fallu les yeux d'un architecte et le devoir de conscience d'un rapporteur pour signaler les imperfections d'un art raffiné, « moderne », délicat, qui éclate partout en élégances et en distinction ».

La cinquième prime de M. Tropey-Bailly est caractérisée par ces quelques lignes, toujours empruntées au même rapport : « M. Tropey-Bailly a réussi par des qualités toutes différentes (celles de M. Girault plus haut énumérées) ; elles sont de netteté, de simplicité, sans préoccupation d'échapper à quelque banalité d'expression... Dans sa façade, les trois grandes et nobles entrées à arcades du milieu sont classiquement associées aux colonnades latérales. » Enfin, l'ensemble des différentes façades donne : « une impression d'uniformité grandiose, non exempte de redondance, qui a laissé son empreinte à tant d'œuvres des siècles passés ».

G. Moynet.

La Physique et les Physiciens

(suite) (1)

Les expériences de Galvani le conduisirent à la découverte qu'il n'était pas nécessaire d'employer une machine électrique pour engendrer ces effets, mais qu'une excitation convulsive similaire était obtenue dans les membres inférieurs de l'animal, lorsque, après avoir écorché la grenouille encore vivante, deux conducteurs métalliques de nature différente, le fer et le cuivre, par exemple, étaient placés en contact avec un nerf et un muscle respectivement et ensuite réunis eux-mêmes l'un à l'autre. Galvani s'imagina que cette action était due à l'électricité engendrée par les pattes mêmes de la grenouille. Il admit que cette électricité, qu'il désigne sous le nom de *fluide vital*, passait des nerfs aux muscles par l'arc métallique et était alors la cause de la contraction. Sous le nom d'*électricité animale* un grand nombre de savants physiologistes adoptèrent la théorie de Galvani. Un des plus ardents contradicteurs fut Volta, professeur à l'Université de Pavie, qui prouva que l'électricité n'avait pas sa source dans les muscles ou les nerfs, mais provenait du contact de deux métaux différents. Quand ceux-ci sont mis en contact dans l'air, l'un devient positif et l'autre négatif, bien que les charges soient très faibles. Il prouva, cependant, leur réalité par deux méthodes distinctes.

La seconde preuve était moins directe, mais aussi moins convaincante ; elle consistait à montrer

qu'un certain nombre de contacts de métaux dissemblables étant arrangés de façon à ajouter leurs effets électriques, ceux-ci grandissent en puissance proportionnellement au nombre des contacts. Il construisit l'appareil connu sous le nom de pile voltaïque, composé d'une suite de disques empilés les

Humphry Davy.

uns sur les autres dans l'ordre suivant : un disque de cuivre, un disque de zinc, une rondelle de drap mouillée d'eau acidulée ; puis encore un disque de cuivre, un disque de zinc, une rondelle de drap et ainsi de suite toujours dans le même ordre. Une colonne semblable formée d'un nombre suffisant de paires de disques produira assez d'électricité pour donner un choc perceptible, si les rondelles supérieures et inférieures sont touchées simultanément avec les doigts humides. Lorsqu'une paire unique de métaux sont mis en contact, l'un se charge d'électricité positive, l'autre d'électricité négative ; en d'autres termes, il existe entre eux une certaine différence de potentiel électrique,

mais si on les superpose en série, la différence de potentiel entre le premier zinc et le dernier cuivre est augmentée en raison directe du nombre de paires d'éléments et toutes les petites différences de potentiel successives s'ajoutent. Des expériences de Volta et de Galvani naquit entre eux une lutte mémorable, car Galvani avait fait une dernière expérience dans laquelle il était impossible d'admettre un effet de contact, puisqu'il ne rapprochait que des substances homogènes. Il avait placé sur un disque de verre une cuisse de grenouille munie de son nerf lombaire, et à côté une seconde cuisse disposée de la même manière ; ayant posé le nerf de la seconde sur celui de la première, en sorte qu'au point de contact il n'y eut que de la substance nerveuse, il fit toucher les deux cuisses et obtint une forte contraction. Galvani était donc parvenu à démontrer l'existence de l'électricité animale, mise en évidence de nos jours par Matteucci, sous le nom de *courant propre* de la grenouille.

C'est à l'aurore de notre siècle, en 1800, que Volta découvrit la pile, appareil propre à fournir un flux continu d'électricité que l'on appelle courant électrique. La statue de Volta s'élève sur une des places publiques de Côme. Après cette découverte l'enthousiasme des savants se porta vers l'électricité. Humphry Davy se jeta avec ardeur dans cette voie. Il mit en lumière le fait de la décomposition de l'eau par l'électricité et il prouva que tous les composés chimiques, quels qu'ils soient, peuvent, tout aussi bien que l'eau, se réduire en leurs éléments. En 1807, il fit cette mémorable découverte que la potasse et la soude, aussi bien que la chaux et la baryte, ne sont que des oxydes d'un métal prodigieusement avide d'oxygène. Il isola le métal de ces alcalis et de ces terres. La découverte des radicaux métalliques, le sodium, le potassium, le baryum, le calcium, n'était pas seulement remarquable en elle-même, elle ouvrait une voie toute nouvelle à la physique et à la chimie, en permettant de pénétrer la constitution d'une série de corps analogues à la soude, à la potasse, à la baryte, à la chaux. Peu d'années après, la silice et l'alumine étaient décomposées.

Quatorze ans après l'invention de Volta, il exécuta une expérience des plus célèbres. Il prit deux charbons de bois rouges qu'il éteignit dans le mercure, les tailla en pointe, et, les ayant fixés aux rhéophores d'une pile, il les mit en contact. Les pointes s'échauffèrent jusqu'au rouge ; alors il les écarta et il vit se produire entre elles une flamme légèrement convexe qu'il nomma *arc électrique* ; elle avait un éclat comparable à celui du soleil et une température si élevée que le platine y fondait comme de la cire. On pouvait produire cet arc dans le vide comme dans l'air, l'agrandir jusqu'à 10 centimètres en reculant les conducteurs, après quoi il s'éteignait et ne pouvait être rallumé qu'en remettant les charbons en contact. Cette magnifique expérience exigeait une pile énorme ; aussi Davy n'eut-il pas la pensée d'en faire le principe d'un éclairage nouveau : cette idée ne pouvait se réaliser qu'après de nombreux progrès dans l'art de produire l'électricité.

(A suivre.)

Émile Dieudonné.

LA PHYSIQUE ET LES PHYSICIENS.
L'expérience de l'œuf électrique de Davy, dans un cours public de Paris, en 1830.

(1) Voir p. 22.

Historique
DES
EXPOSITIONS UNIVERSELLES
(SUITE) (1)

Au milieu de la série des expositions partielles de Londres (1871 à 1874) eut lieu l'Exposition universelle de Vienne de 1873 (du 1ᵉʳ mai au 1ᵉʳ novembre), qui fut un grand succès. Placée sous le haut patronage de l'empereur d'Autriche, avec le baron de Schwarz-Senborn comme directeur général, elle fut construite dans le parc du Prater ; ses galeries, parallèles au Danube, s'élevaient près de la ville, au milieu d'arbres séculaires.

Le Palais de l'Industrie comprenait un long transept et des galeries perpendiculaires laissant du Sommerard, fut brillante, malgré les entraves douanières et les droits exorbitants que durent acquitter nos 1 377 exposants. Un jury de 250 membres, dont 15 Français, accorda à nos nationaux 633 récompenses.

Saignante encore de ses désastres, la France voulut poursuivre quand même la série triomphale de ses Expositions universelles. Des décrets des 4 et 13 avril 1876 organisèrent celle de 1878. M. Krantz, commissaire général, avait à peine deux ans pour mener à bien cette gigantesque entreprise établie sur l'emplacement du Champ-de-Mars, avec adjonction du Trocadéro et du quai d'Orsay jusqu'à l'esplanade des Invalides.

Les produits étaient répartis en 9 groupes comprenant 90 classes en grande partie calquées sur celles de 1867. Comme éléments nouveaux, on cependant pour les Beaux-Arts, mais à la condition expresse que ses artistes ne seraient pas récompensés.

52 835 exposants prirent part à cette grande manifestation, dont 25 872 pour la France seulement (Espagne, 4 584 ; Autriche-Hongrie, 3 983 ; Grande-Bretagne et ses colonies, 3 184 ; Italie, 2 408 ; Portugal, 2 142 ; etc.). 800 jurés, dont 400 Français, décernèrent 29 810 récompenses. Le ticket d'entrée coûtait 1 franc ; il y eut 16 100 000 visiteurs, dont 210 000 en une seule journée ; la recette fut de 12 640 000 francs. L'État avait dépensé 55 400 000 francs, dont 23 millions pour le Palais du Champ-de-Mars et 14 pour le Palais du Trocadéro et ses annexes. La surface totale de l'Exposition était de 40 hectares dont 17 couverts.

Cette Exposition donna lieu à un rapport admi-

Historique des Expositions universelles. — *Exposition de Paris en 1878 : La grande façade vue de l'autre côté du lac.*

entre elles de larges espaces où s'élevaient des pavillons de toutes les formes et de tous les styles. Le centre du transept était une immense rotonde de 104 mètres de diamètre, couronnée par une coupole monumentale dont le lanterneau s'élevait à 86 mètres. La surface totale de l'enceinte était de 113 hectares, dont 24 étaient couverts ; les dépenses s'élevèrent à 58 millions de francs.

Plus de 42 000 exposants y prirent part (Autriche-Hongrie, 12 000 ; Allemagne, 8 000 ; France, 4 000 ; Grande-Bretagne, 1 828, etc.). 25 552 récompenses furent distribuées ; la France en obtint 2 975. La section française, dont l'installation avait coûté un million et demi, fut très remarquée. Le nombre des visiteurs fut de 7 250 000, dont 39 000 en une seule journée.

En 1876, en l'honneur du centième anniversaire de l'indépendance des États-Unis, s'ouvrit à Philadelphie une Exposition universelle, organisée par une entreprise privée avec une subvention de 7 millions et demi fournie par l'État.

La section française, organisée par Ozenne et adjoignit à la section industrielle et aux Beaux-Arts, une *Exposition historique de l'art ancien* qui fut une réunion sans pareille de splendeurs artistiques.

Le palais principal, élevé au Champ-de-Mars, fut un rectangle de 706 mètres de longueur perpendiculairement à la Seine et de 350 mètres de large. Il était disposé de telle façon qu'en le parcourant en longueur on visitait toutes les classes d'un même groupe, en largeur, tous les groupes d'un même pays.

Le bâtiment des Beaux-Arts était relié au Palais principal par la fameuse *rue des Nations* dont les façades caractérisaient l'architecture de chaque peuple. De l'autre côté de la Seine, fut élevé, à titre définitif, le gigantesque palais du Trocadéro, œuvre de MM. Davioud et Bourdais.

Le 1ᵉʳ mai, le maréchal de Mac-Mahon, président de la République, inaugura solennellement l'Exposition, qui ne s'ouvrit en réalité que 20 jours plus tard ; aussi la fermeture, qui devait avoir lieu le 31 octobre, fut reportée au 10 novembre.

Sur 36 gouvernements officiellement invités, celui de Berlin, seul, déclina l'invitation. Il accepta nistratif de M. Krantz et à un rapport général de Jules Simon, qui est un véritable chef-d'œuvre ; il y eut 72 rapports des jurys de classes, et le compte rendu des congrès forme 35 volumes.

Les faits suivants y sont relevés : Au sujet des arts décoratifs, il y a lieu de noter l'absence d'originalité dans la conception ; la France tient le premier rang pour la carrosserie, la joaillerie, même pour l'orfèvrerie, malgré les productions étonnantes et les nouveaux alliages de Tiffany, de New-York ; la soie a repris un certain essor ; grande diminution de notre tissage du lin, fortune croissante des faïences d'art ; la photographie devient une auxiliaire importante des sciences ; invention de la trempe du verre, du téléphone, du microphone, du phonographe ; progrès étonnants des appareils électriques ; appareils pour la liquéfaction des gaz ; extension croissante des matières colorantes artificielles et en particulier de l'alizarine.

Quelques expositions importantes eurent lieu de 1878 à 1889. Signalons d'abord l'exposition de Sydney (17 septembre 1879 au 20 avril 1880). La surface couverte fut de 6 hectares ; 9 345 industriels

(1) Voir p. 18.

HISTORIQUE DES EXPOSITIONS UNIVERSELLES. — *Exposition de Paris en 1889 : 1° Vue générale des bâtiments, prise de la rive droite de la Seine. 2° Le dôme central et la fontaine de Coutan.*

exposèrent, et il y eut 1117500 entrées. Celle de Melbourne (18-0) fut plus importante, la France y participa officiellement. L'Exposition d'Amsterdam (1883), d'initiative privée, avec subvention gouvernementale. réunit 6574 exposants, dont

L'INDUSTRIE DE LA HOUILLE.
Extraction des berlines de la cage du puits.

1 800 pour la France, qui y remporta une victoire méritée. A Anvers, en 1885, une société particulière organisa une Exposition universelle qui réunit 14472 exposants, dont 4381 Français. Il y eut 15370000 entrées, dont 70000 visiteurs pour le jour le plus chargé. Celle de Barcelone (1888) couvrait 45 hectares sur les terrains de l'ancienne citadelle ; elle réunit 12900 exposants de 25 nations différentes, dont 8600 pour l'Espagne et 1900 pour la France. Sur 3000 récompences distribuées aux sections étrangères, la France en obtenait 1900. La dépense fut de 11 millions ; il y eut 1227000 entrées.

L'exposition de Bruxelles de 1888 n'avait aucune attache gouvernementale ; la France n'y prit pas part officiellement ; 1188 industriels français y exposèrent leurs produits et obtinrent 662 récompenses.

En France, l'Exposition de 1878 avait à peine fermé ses portes que la presse et l'opinion publique mirent en avant la date de 1889 pour fêter dans une Exposition nouvelle, qu'on désirait grandiose, le centenaire de la Révolution. Dès 1884, le décret d'organisation parut. La commission d'études, qui déposa son rapport l'année suivante, fixa comme emplacement, le Champ-de-Mars, le Trocadéro, le quai d'Orsay, l'esplanade des Invalides et le Palais de l'Industrie, soit une surface de 95 hectares.

En quatre ans, un labeur immense fut réalisé. La maison Eiffel érigeait dans l'axe du Champ-de-Mars, non loin de la Seine, la tour gigantesque de 300 mètres qui existe encore aujourd'hui. Deux palais polychromes, dus à M. Formigé, s'élevaient à gauche de la Tour (Palais des Beaux-Arts) et à droite (Palais des Arts libéraux). Séparés par un beau jardin anglais, ces palais merveilleusement ornés étaient surmontés en leur milieu d'une coupole de 50 mètres de hauteur et de 33 mètres de diamètre. Ils se raccordaient à deux galeries de 30 mètres de large, parallèles à la Seine, la galerie Rapp (sculpture) et la galerie Desaix.

Le Palais des Industries diverses était surmonté du Dôme central, haut de 65 mètres et surmonté de la statue colossale de la France distribuant des palmes.

Parallèlement à l'École militaire, s'élevait une des merveilles de l'Exposition, la Galerie des Machines, œuvre de M. Dutert, épanouissement de l'art du fer dans la construction. Cette immense nef, longue de 420 mètres et large de 115, a 45 mètres de haut. Des fermes ogivales en fer, d'une légèreté incroyable, franchissent d'un bond toute la nef.

Pour en finir avec le Champ-de-Mars, il faut signaler, sur les berges de la Seine, le panorama de la Compagnie transatlantique, le matériel de navigation et de sauvetage, les pompes; sur le quai,

l'histoire de l'Habitation par Charles Garnier, et dans le parc, les pavillons si gracieux des Républiques sud-américaines et des rares nations représentées officiellement. Non loin de la gare du Champ-de-Mars, la fameuse rue du Caire, avec ses ânes, ses Arabes et la foule bigarrée qui s'y pressait; enfin les *fontaines lumineuses* faisant face au Dôme central.

Le Trocadéro était une région paisible, avec de frais ombrages, des jardins splendides, le pavillon des Forêts et celui des Travaux publics.

Le Champ-de-Mars était relié à l'esplanade des Invalides par un petit chemin de fer Decauville de 3 kilomètres de longueur qui fut un des attraits de la fête.

En face du dôme des Invalides se dressaient les pavillons de la Guerre, de l'Hygiène et de l'Assistance publique ; mais l'exposition Coloniale surtout obtint un vif succès.

Le 6 mai, le président Carnot inaugura solennellement l'Exposition du centenaire de la Révolution, date inoubliable à laquelle se manifesta au monde entier le relèvement complet de la nation française. Les frais s'élevèrent à 50 millions, couverts en partie par une émission de 1200000 bons de 25 francs donnant droit à 25 tickets d'entrée et participant à des tirages à lots. Cette ingénieuse combinaison avait été imaginée par M. Christophle, gouverneur du Crédit foncier. L'ensemble des entrées payantes atteignit près de 26 millions, dont 387 000 le 13 octobre. L'État réalisa un bénéfice net de 10 millions, sans compter les édifices conservés.

Il y eut 55 486 exposants, dont 30122 français et 25364 étrangers.

Un rapport général fut fait par M. Alfred Picard. C'est un ouvrage remarquable à tous les points de vues.

(*A suivre.*)   F. FAIDEAU.

L'INDUSTRIE DE LA HOUILLE [1]

Vers le milieu de ce siècle, en voyant l'extraction et la consommation de la houille doubler à peu près tous les quinze ans, industriels et économistes jetèrent un cri d'alarme.

Si la consommation continuait à augmenter dans les mêmes proportions ne verrait-on pas bientôt les mines s'épuiser, et le flambeau de la civilisation s'éteindre faute de son principal combustible?

On calculait que la consommation annuelle était de 300 millions de tonnes, et en évaluant les réserves de houille alors connues à 29 milliards de tonnes, on prévoyait qu'avant cent ans le dernier morceau de charbon aurait été brûlé.

L'émotion fut vive, et l'on fit à ce sujet une enquête des plus sérieuses, qui fut aussi des plus rassurantes.

En premier lieu, des découvertes continues de gisements houillers montrèrent que les réserves de combustible étaient pratiquement inépuisables. En second lieu, on s'avisa que l'exploitation, telle qu'elle était comprise, donnait une forte proportion de déchets que de meilleures

(1) Voir p. 20.

méthodes permettraient d'utiliser. Enfin, en y réfléchissant bien, on s'aperçut que la production industrielle ne pouvait croître indéfiniment, mais proportionnellement à la population et au luxe de la population.

Les événements ont confirmé ces vues.

La production houillère a cessé de doubler tous les quinze ans, et elle ne s'accroît plus que d'une façon modérée et régulière, avec parfois des retours en arrière.

C'est ainsi qu'en 1870 et en 1880, l'extraction dépassa de beaucoup la consommation, ce qui produisit un tel avilissement des prix que l'exploitation n'était plus rémunératrice.

Il fallait, ou fermer la mine, ou acquérir des moyens de lutter avec avantage en perfectionnant l'exploitation, et c'est à ces circonstances que nous devons les merveilleux progrès réalisés au cours de la seconde moitié du xixe siècle, dans la machinerie de l'industrie houillère.

Nous allons faire une revue rapide de ces divers ordres de faits, qui sont d'une si grande importance pour l'industrie moderne de la houille.

Nous avons dit que les craintes exprimées au sujet de l'épuisement des houillères ont fait accomplir de nombreux progrès d'ordre technique ayant pour objet l'exploitation et l'utilisation aussi complètes et aussi économiques que possible du combustible minéral.

La plupart des progrès obtenus dans cet ordre d'idées tendent vers un but unique : faciliter le travail de l'ouvrier pour accroître ainsi à la fois sa production et son bien être, et abaisser de la sorte le prix de revient ; ils peuvent se résumer en deux mots : *Production intensive.*

Les exploitants ne se sont pas bornés à améliorer la situation et le bien-être de l'ouvrier au dehors de la mine, soit par les augmentations de salaire qui lui ont été accordées, soit par les institutions patronales qu'ils ont fondées à son profit; ils ont encore voulu rendre son travail moins rude et moins pénible que par le passé, et, à ce point de vue, des progrès considérables, qui constituent une véritable révolution dans l'art des mines, ont été accomplis.

S'il l'ouvrier mineur d'autrefois visitait nos exploitations contemporaines, quels changements et quelles transformations il constaterait, dont bénéficient aujourd'hui ses successeurs? Il lui fallait

L'INDUSTRIE DE LA HOUILLE. — *Le conducteur de la machine.*

L'INDUSTRIE DE LA HOUILLE.
Plans inclinés pour le chargement des wagons.

jadis gagner son poste de travail, soit en marchant courbé dans de basses et tortueuses galeries, soit en parcourant d'interminables et dangereuses échelles ; il se livrait ensuite à son pénible labeur, au sein d'une atmosphère impure, incomplètement ventilée, exposé à tous les dangers que pouvait faire naître l'irruption brusque du grisou dans son chantier.

Depuis lors, que de métamorphoses ont été réalisés !

Tout le va-et-vient qui s'accomplit dans le puits d'extraction est sous la direction et le contrôle du directeur de la machine.

Celle-ci actionne, d'un mouvement alternatif vertical, dans deux compartiments contigus du puits d'extraction, deux cages de fer attachées à des câbles. Elles cheminent régulièrement et sans secousse dans des glissières et sont munies d'arrêts et de parachutes pour parer à tout accident.

L'ouvrier pénètre dans la mine au moyen de ces appareils de descente perfectionnés : il en sort de même sans fatigue ni danger. Il circule dans des galeries larges, spacieuses, élevées, et avec lui l'air pur de la surface, appelé par des appareils énergiques de ventilation, parcourt les voies et chantiers de toute la mine, lui donnant une atmosphère saine à respirer et entraînant au dehors les gaz dangereux ou irrespirables, au profit de la sécurité et de la salubrité de l'exploitation.

Il est aidé dans son travail d'excavation par les appareils les plus perfectionnés et par les puissants explosifs modernes ; dans les voies inclinées, des plans automoteurs lui évitent les transports qu'il fallait faire à bras d'hommes par le passé ; la voie ferrée a réduit l'effort qui lui était nécessaire, autrefois, quand il devait traîner sa charge à la surface du sol, ou lorsqu'il devait la porter sur son dos ; aussi, avec une dépense physique infiniment moindre, transporte-t-il 5 à 10 fois plus ; enfin, dans les voies principales, le cheval ou la traction mécanique ont été substitués au roulage de

l'homme, qui s'est trouvé limité à un parcours restreint, et n'entraîne plus aucune fatigue corporelle.

La nécessité de produire beaucoup pour produire à bon marché a conduit la plupart des entreprises minières à concentrer leur exploitation sur quelques sièges d'extraction puissamment outillés, à y développer leurs travaux de recherches et d'aménagement, à les armer de fortes machines et à donner à tout cet ensemble le maximum d'activité dont il est susceptible.

On conçoit sans peine qu'ayant fait les frais du creusement d'un puits et des galeries qui doivent atteindre le gisement, les intérêts du capital immobilisé et les frais d'entretien de ces travaux différeront fort peu, qu'on fasse circuler, à travers ce réseau souterrain, 100 000 tonnes ou 300 000 tonnes par an. Au jour, la concentration produira des économies sérieuses ; enfin, la surveillance s'exercera mieux, tout en coûtant moins cher, et les manipulations de la surface, opérées sur de grandes quantités de charbon, se feront à meilleur marché.

La conséquence de cette transformation, dont la tendance est générale, c'est qu'il a fallu augmenter considérablement la puissance des machines d'extraction. On a à la fois réalisé de plus grandes vitesses des cages d'extraction et on a accru leur charge utile, qui a été répartie dans un certain nombre de *berlines*. Ces *berlines* sont des sortes de *bennes* roulantes, le plus souvent en tôle, employées dans les mines pour le transport de la houille à travers les galeries jusqu'aux chantiers de versage des puits d'extraction. Elles montent dans les cages pleines de charbons, et redescendent vides.

Les moteurs et sièges d'extraction capables d'extraire 1 000 à 1 200 tonnes par jour, sont nombreux aujourd'hui. Nous en trouvons des exemples, pour la France, dans la plupart des grandes exploitations houillères du Nord et du Pas-de-Calais, dans les concessions des compagnies d'Anzin, de Bruay, Courrières, Lens, Liévin, Nœux, etc. ; à Blanzy (Saône-et-Loire), etc. ; ils sont répandus dans les exploita-

tions belges, allemandes et anglaises. A Newcastle, on n'a pas reculé devant une installation permettant d'extraire 1 750 tonnes par jour. Les vitesses de 12 à 15 mètres par seconde pour les cages n'effrayent plus, et on a atteint exceptionnellement des vitesses maxima de 26 mètres par seconde, correspondant à celle d'un train express (Maurice Luvyt, *Annales des Mines*, 8e V., 74.)

Pour alimenter de semblables engins, un grand développement a été donné au travail mécanique ; la traction souterraine actionnée, soit au moyen de moteurs spéciaux placés au fond, soit par des câbles mus du jour, soit par la gravité, a été appliquée dans un grand nombre d'exploitations et nous voyons certains charbonnages ayant installé un réseau de traînage par chaînes sans fin, atteignant, tant souterrainement qu'à la surface, un développement de 16 kilomètres (Mariemont et Bascoup, Belgique).

L'emploi de l'air comprimé s'est généralisé et a reçu de nouvelles applications ; malgré le faible rendement de ce mode de transmission de la force et les frais de premier établissement qu'il exige, sa docilité, sa régularité lui ont valu une place de plus en plus grande dans les mines, pour la perforation, le havage, la ventilation des ouvrages isolés et l'exploitation en vallée.

En ce qui concerne les méthodes d'exploitation, il est bon de constater que c'est principalement en France, et notamment dans nos bassins du Centre, qu'ont été obtenus les plus remarquables résultats, ayant pour but d'assurer l'enlèvement complet des richesses minérales, tout en réalisant cet épuisement d'une façon économique, soit par une augmentation du rendement de l'ouvrier, soit par une adaptation intelligente des méthodes à l'allure des gisements, progrès obtenus au profit du prix de revient et de la sécurité du travail.

L'électricité, enfin, occupe une place plus importante que par le passé dans l'exploitation des mines. On utilise ses nombreuses propriétés, soit pour la transmission de la force, soit pour le tirage des mines, soit pour le fonctionnement des signaux de manœuvre, soit, enfin, pour l'éclairage. A ce sujet, signalons quelques rares applications de l'électricité à des lampes portatives, faites en Angleterre pour l'éclairage de chantiers grisouteux.

Examinons maintenant les progrès accomplis dans les travaux *du dehors*.

A la sortie des puits, les berlines pleines circulent sur des rails, jusqu'à des plans inclinés où leur contenu est déversé, pour aller remplir des

L'INDUSTRIE DE LA HOUILLE.
Déchargement des bennes dans l'appareil de criblage.

wagons de chemin de fer, qui viennent jusqu'à la mine par une voie spéciale, et permettent ainsi le chargement rapide de la houille, lorsqu'elle doit être transportée telle quelle à destination.

Mais, généralement, la houille doit subir un certain nombre de manipulations avant d'être expédiée au consommateur.   PAUL COMBES.

LA VIE ET LES MŒURS

A travers le siècle (1860-1880) (1)

Le second empire est comme une période de transition entre les mœurs de la première partie du siècle et celles d'à présent, entre la vie encore simple, modérée, tranquille de jadis et les outrances de toutes sortes d'aujourd'hui. Tout était d'ailleurs en mouvement et transformation,

nous avons tout vu chez nous. Jadis le voyage de Suisse ou d'Italie n'était accessible qu'à de rares privilégiés ; quand on habitait à plus de quinze lieues des côtes, on mourait sans avoir vu la mer. Ces temps sont finis, voilà qu'à chaque saison d'été s'envole vers les plages ou les villes d'eaux un nombre de plus en plus grand de citadins. On avait commencé certainement sous Louis-Philippe à voir quelques rares baigneurs au Tréport ou à Dieppe, mais bientôt le mouvement s'accélère, on explore la Normandie, on découvre la Bretagne, tout le long de la côte poussent les casinos et les hôtels, et les moindres villages à proximité du flot deviennent stations balnéaires. Pour les malades il y a les villes d'eaux presque aussi nombreuses et dont quelques-unes relèvent de la mode autant que de la médecine.

Le besoin de déplacement a gagné toutes les classes de la société, il y a les trains de plaisir qui permettent aux petites bourses de rapides excursions à la mer, aux sites ou aux villes célèbres. Le monde bourgeois, même de la petite bourgeoisie, le tout petit rentier même, ne peut plus se passer

l'air. Les petites Benoiton de 1865 vont faire école et seront bien vite dépassées.

Le monde qui suit les courses est maintenant un monde terriblement mélangé. Autour du cheval et des gens spéciaux du turf, des gentlemen à grandes écuries, des grands joueurs ou spéculateurs sur le pur sang, il y a les masses compactes des parieurs, des petits joueurs qui y vont bon jeu, bon argent, et y laissent cet argent, naturellement, à des gens de métier : boockmakers, tripoteurs ou autres. Il y a des courses tous les jours, et chaque jour toute une population qui ne vit que de cela s'entasse dans les trains ou les tapissières, se précipite vers les champs de courses pour y râfler « sa matérielle » aux dépens des joueurs inexpérimentés, des jeunes gens débutant dans la vie ou des malheureux imprudents.

Pour le monde, la semaine du Grand Prix est un événement. Le Grand Prix a remplacé la promenade de Longchamp le lundi de Pâques, définitivement sombrée. C'est ce jour que se lancent les grandes toilettes, les modes d'été, au pesage ou sur la pelouse. Le Grand Prix marque le com-

LA VIE ET LES MŒURS A TRAVERS LE SIÈCLE. — *Une boucherie canine et féline (1871), d'après un document de l'époque.*

science, industrie, locomotion, et sous l'impulsion des choses matérielles, les idées, les cerveaux, les goûts, se modifiaient petit à petit. Les chemins de fer partout sillonnent le pays, après les grandes lignes les voies secondaires, les lignes de pénétration au fond des régions les plus écartées. Conséquence : déplacements réguliers, voyages, trains de plaisir ou d'excursions, développement de la villégiature et du tourisme, expansion des grandes villes au dehors, et par malheur la contre-partie, émigration des campagnes dans les villes...

Les Expositions sont une conséquence aussi de cette facilité de déplacement : on en avait pu faire avant la vapeur et les chemins de fer, mais combien restreintes ! L'Exposition de 1855 avait profité des premiers railways, celle de 1867 commence la série des énormes afflux de populations débarquant de tous les coins du monde ; 1878 sera mieux encore, 1889 de même avec une progression constante.

Le Paris d'avant 1850 ne connaissait en fait d'étrangers que nos proches voisins, ceux que la diligence amenaient et non par milliers, certes. En dehors des Européens, nos mitoyens, tout le reste était resté race inconnue, fabuleuse presque. Peut-on être Persan ! ou Chinois ! Les Japonais étaient aussi inconnus à nos yeux que les habitants de la lune.

Maintenant, les antipodes se sont rapprochés, Peaux-Rouges, Hindous, Nubiens ou Sénégambiens,

(1) Voir p. 23.

de ses quelques semaines ou de ses quelques mois à la mer. Parallèlement reparaît le goût des exercices physiques. A la mer on a commencé, sans y penser, à s'en donner : croquet, parties de pêche, marches, et voici que la gymnastique redevient en honneur, annonçant foot-ball, polo, courses à pied, et la reine de cette fin de siècle, la bicyclette, qui n'est encore que le vélocipède, la machine à grande roue, difficile et encore un peu ridicule, sur laquelle ne se hissent que de rares adeptes.

Il y a des plages à la mode, Trouville voit chaque année les élégances de l'Empire et des commencements de la République, faire assaut de toilettes excentriques, pendant la grande semaine des courses. La mer pour cette sorte de baigneurs n'est pas la grande affaire ; étoiles du monde ou du demi-monde, cocodettes ou cocottes, high-lifers, petit crevés, gandins, gommeux viennent pour les courses, les bals du casino ou même la table de jeu.

Dans toutes les classes des habitudes nouvelles s'introduisent donc, forcément, des façons de vivre différentes. Il y a pénétration des classes les unes dans les autres, surtout par exemple entre le monde et le demi-monde, pour diverses causes au nombre desquelles on peut mettre le triomphe des goûts littéraires assez avancés pour ne pas dire faisandés. Quelle différence entre les façons d'une femme du monde des temps lointains de Louis-Philippe et des bandeaux plats, et les allures, le ton, les audaces de langage et de tenue d'une cocodette excentrique, honnête, mais arrivant à n'en avoir plus du tout

mencement de la saison d'été, tout de suite après les départs commencent, et quand les vacances viennent c'est le grand exode de tout ce qui n'est pas tout à fait rivé à son bureau, à son atelier, à son magasin.

L'hiver il y a d'autres déplacements pour les classes riches, c'est la Côte d'Azur, Nice, Cannes, Menton avec Monaco et la Roulette pour grande attraction. Avant 70 on allait beaucoup à Bade, ville d'eaux, maison de jeu internationale, maintenant c'est à Monte-Carlo que fonctionnent, aux tables de roulette et de trente-et-quarante, les râteaux des croupiers, au milieu d'un monde cosmopolite étrangement mêlé où les représentants de la plus haute aristocratie, de livre d'or ou de livre de caisse, princes, princesses, millionnaires des deux mondes voisinent pêle-mêle avec chevaliers ou chevalières d'industrie de toutes sortes.

Cette période du siècle a eu la grande secousse de 70, qui semble avoir creusé un fossé profond entre deux époques et avoir été le point de départ d'une évolution dont nous ne distinguons pas encore bien le caractère. Tout est changé dans les façons de voir et de penser, nous le sentirons mieux au fur et à mesure que nous approcherons du siècle prochain.

Notons simplement en 70 la fin de la garde nationale, une institution qui en quatre-vingts ans a joué un rôle considérable dans les événements, lors de sa naissance et lors de son trépas, et entre les deux grands drames ne fut guère qu'une cible à plaisanteries.   A. ROBIDA.

LA VIE ET LES MŒURS A TRAVERS LE SIÈCLE.

M.-J. BOUVARD

Directeur des services d'architecture, Chef du service des fêtes de l'Exposition universelle de 1900.

M. Bouvard est populaire. Le fait est assez rare pour un architecte : il est digne d'être noté. L'architecture ne passionne pas les foules, aussi peut-on compter les heureux dont le nom a franchi le petit cercle d'initiés et gens techniques qui s'intéressent à l'art de Vignole et de Ducerceau, pour employer la périphrase consacrée. Le regretté Ch. Garnier, qui vient de mourir, était populaire dans une certaine mesure. Cela tenait à cette prestigieuse façade de l'Opéra, dont l'exubérante richesse souleva et soulève encore les critiques des délicats, mais qui ravit la masse. Et puis, Garnier avait son escalier, le fameux escalier, célèbre dans les cinq parties du monde !

Si les délicats affectionnent la grise patine que le temps étale sur la pierre, s'ils préfèrent la sobriété des formes, le style des longues lignes ininterrompues, la noble simplicité des surfaces nues, la foule adore, par contre, le pittoresque des silhouettes découpées, les sculptures saillantes et mouvementées et le gai bariolage des tons vifs.

C'est par la haute affirmation de ses qualités de décorateur, que M. Bouvard a séduit la foule. On parle encore du Dôme Central, on se souviendra longtemps de la gigantesque arcature étincelant au soleil comme un écrin de gemmes, avec ses dorures, ses panachures et ses émaux ; le souvenir de cette triomphale porte d'entrée est lié à

Exp. I.

celui des palais bleus de M. Formigé, aux coupoles si fines et si joyeuses de ton.

M. Bouvard a conquis définitivement sa popularité, lors des fêtes de l'entrée du Tsar. Il a dirigé et ordonné l'ornementation de Paris, et l'unanimité fut parfaite ; les quelques millions de spectateurs qui défilèrent, bouche bée, par les voies publiques, admirèrent tout haut, et répétèrent à l'envi leur admiration. Or, ce n'est pas chose commode que d'organiser une décoration semblable ; d'abord, le temps fut limité, et le temps, ici, fait beaucoup dans l'affaire. Jusqu'alors, on avait recours aux entrepreneurs spéciaux qui apportaient leur matériel, plantaient leurs mâts, cantonnés de l'écusson obligé et des drapeaux traditionnels. La somptuosité était comme réglée et arrêtée à l'avance, selon les devis et les crédits à dépenser ; cela se traitait un peu comme les splendeurs des convois funéraires, d'après un tarif et d'irrévocables modèles.

Il était bon d'innover, de secouer cette routine endormie ; les décorations officielles, connues et archi-connues, par la succession des 14 Juillet, demandaient à être renouvelées. C'est ce que M. Bouvard a fait de main d'artiste, en utilisant un matériel existant, mais qu'on a truqué, masqué et transformé. Que de jolies trouvailles dans ces constructions éphémères ; cette gare du Ranelagh était particulièrement coquette ; aussi avons-nous tenu à en conserver, par un croquis, un léger souvenir ; nous reproduisons également l'arc de triomphe élevé au carrefour Montmartre et les pylônes du pont Alexandre III. Mais il faudrait tout retracer : les pilastres à rostres des Champs-Élysées, les hémicycles de l'Hôtel de Ville, la terrasse des Tuileries, etc...

De menus détails charmèrent particulièrement la population : les illuminations électriques en des ballons de celluloïd et surtout ces arbres, dépouillés prématurément par l'automne, et dont le squelette attristant fut habillé par la gaie floraison de corolles artificielles.

Petit art, si l'on veut, mais encore, qu'entend-on par petit art ? Il est également difficile d'exceller en quoi que ce soit. Est-il possible d'établir, comme dans une équation algébrique, les valeurs comparatives de l'art qui veut de longues heures pour se formuler et de celui qui jaillit spontanément, qui s'affirme à la minute même ?

D'ailleurs, M. Bouvard n'est pas seulement un décorateur, et je pense que cette épithète que l'on accole toujours et quand même à son nom, doit singulièrement l'agacer. M. Bouvard a donc à son actif de nombreux et d'importants travaux ; il a remué des pierres autant que quiconque. Citons, en passant, la caserne de la Garde municipale du boulevard Morland, l'appropriation de la vieille Halle aux blés et sa transformation en Bourse de commerce ; les gares de Saint-Étienne et de Marseille, etc. ; ne fut-il pas le lieutenant remarqué de M. Alphand ?

La ville de Paris est une riche propriétaire ; elle possède des biens meubles et immeubles en quantité considérable : ces immeubles sont pour la plupart

M.-J. Bouvard, *Directeur des services d'architecture de l'Exposition de 1900.*

des monuments, églises ou palais, qu'elle entretient à grands frais; elle est responsable du bon état et du nettoyage de ses rues; boulevards et avenues; elle plante ses promenades, ses squares

L'arc de triomphe du Carrefour Montmartre.

ses parcs, les fleurit selon la saison; elle abreuve sa population d'eaux plus ou moins limpides, qu'elle va chercher fort loin, et qu'elle amène au moyen d'aqueducs de tous modèles; elle a percé son sous-sol d'égouts, et la voici maintenant, cette princesse au budget de royaume, à la couronne murale, qui vidange son bon peuple, et qui s'érige en fermière de banlieue pour écouler son tout à l'égout.

La ville de Paris vaque à ces occupations et à bien d'autres que j'oublie, au moyen de tout un monde d'ingénieurs, architectes, inspecteurs, conducteurs, piqueurs, vérificateurs, dessinateurs, etc., et jadis, ce monde obéissait au grand maître Alphand. Alphand était fort apprécié par la population parisienne; on s'accordait à reconnaître qu'il entretenait la ville dans un état de propreté admirable.

Il serait injuste d'envisager Alphand sous ce seul aspect de grand nettoyeur, quoique les habitants de la vieille Rome eussent fait de cette fonction une des plus hautes magistratures publiques.

Alphand est surtout l'homme des plantations et des parcs, le créateur des Buttes-Chaumont et de Montsouris, l'habile arrangeur des bois de Boulogne, de Vincennes, du parc Monceau, des Champs-Élysées.

La ville de Paris a donc recours à un état-major d'ingénieurs et d'architectes qui assurent le service de son édilité. Les ingénieurs et les architectes, s'il faut en croire les médisants, ne vivent pas toujours en bonne intelligence, et ceux-ci dénigrent ceux-là, qui le leur rendent bien; c'est l'art et la science aux prises. Les deux services étaient donc séparés, sous des commandements différents, lorsque à la mort de l'architecte Baltard, M. Alphand, ingénieur, fut nommé le directeur unique des travaux de Paris, avec, naturellement, les architectes sous sa coupe.

Il y eut des cris et des grincements de dents; les architectes parlent de cette époque d'humiliation, comme les Hébreux parlaient jadis de la captivité de Babylone. M. Alphand vint donc à mourir, après une vie fort remplie, et il s'agit de distribuer son héritage. M. Huet, ingénieur, lui succéda d'abord, mais M. Huet n'eut pas l'heur de plaire aux Parisiens, qui lui reprochèrent amèrement une certaine neige, qui pendant un hiver s'obstina à obstruer d'une boue immonde trottoirs et chaussées, et l'on eut belle à répéter : « Ah! si M. Alphand n'était pas mort! »

M. Huet donna sa démission, ce qui offrit au Conseil municipal une occasion de réorganiser la direction des services. En juin 1897, on décida qu'il serait créé :

1° Une direction administrative des services de la voie publique, des plantations d'alignement et de l'éclairage, des eaux et égouts et des carrières sous Paris;

2° Une direction administrative des services d'architecture et des promenades.

En date du 5 juin, le Préfet de la Seine nommait titulaire de la première direction, M. Defrance, et titulaire de la seconde, M. Bouvard, déjà inspecteur général des services municipaux d'architecture. On revenait ainsi à la dualité d'autrefois.

Ces fonctions suffiraient largement à occuper l'activité d'un homme, mais la participation brillante que M. Bouvard avait prise à l'Exposition de 1889 ne permettait pas qu'on se privât de ses services pour l'Exposition de 1900, dans l'intérêt même de l'œuvre.

M. Bouvard fut donc nommé directeur des services d'architecture et chef du service des fêtes de l'Exposition universelle de 1900.

Les temps s'assombrissent singulièrement; l'art lui-même s'attriste, et bannit la joie comme vulgaire; la lutte se poursuit âpre et sauvage, entre les nations, entre les classes, entre les individus!... il faut pourtant que le xxᵉ siècle qui va naître, rencontre un sourire qui l'accueille!... Monsieur Bouvard, préparez-nous de belles fêtes!

G. Moynet.

Historique
DES
EXPOSITIONS UNIVERSELLES
(SUITE ET FIN) (1)

De 1889 à 1898, on ne compte pas moins de vingt expositions importantes, internationales ou limitées aux productions d'un même pays. Nous ne citerons que les plus remarquables. Un mot d'abord sur l'*Exposition française de Moscou* (mai 1891) qui confirma les sympathies de la Russie et de la France. Œuvre d'initiative privée, elle eut l'avantage de mettre nos produits en évidence, et nos industriels s'y rendirent avec empressement. Elle était établie dans un Palais situé au centre d'un parc magnifique, dans un des plus beaux quartiers de Moscou. L'ensemble des pavillons et galeries couvrait un espace supérieur à 3 hectares. Il n'y eut pas de récompenses, mais chaque exposant reçut une médaille commémorative.

Cependant, l'immense succès de notre Exposition de 1889 empêchait les Américains de dormir. Ils voulurent faire plus beau et plus grand que nous; ils réussirent seulement à faire plus grand. Le prétexte choisi fut de fêter le quatrième centenaire de la découverte du Nouveau Monde par Christophe Colomb. New-York et Chicago se dis-

Les pylônes du pont Alexandre III.

putèrent l'honneur d'être choisies comme siège de la grande manifestation. Chicago fut désignée par le Congrès et la *Columbian Exhibition* y ouvrit ses portes le 1er mai pour ne les fermer que le 1er novembre.

L'emplacement choisi fut Jackson-Park, vaste espace inculte situé sur les bords du lac Michigan, à 10 kilomètres de la ville; un système original de canaux et de lagunes conduisait les eaux du lac au pied de tous les palais. On se serait cru à Venise; les gondoles mêmes complétaient l'illusion.

L'entrée principale de l'Exposition donnait sur le lac. En avant était une grande cour avec un péristyle dont la double colonnade avait 200 mètres de longueur. On arrivait alors au Palais de l'Administration, grand bâtiment carré de 87 mètres de côté, composé de 4 pavillons d'angle réunis par un dôme de 60 mètres de diamètre et de 85 mètres de hauteur. Le Palais principal réservé aux Manufactures et aux Arts libéraux, couvrait 12 hectares; il était soutenu par 22 fermes d'acier de 116 mètres de portée et de 63ᵐ,40 de hauteur; il avait coûté près de 8 millions. Citons encore les Palais jumeaux des Mines et de l'Électricité, le Palais de l'Agriculture, ceux du Gouvernement fédéral, des Transports et Moyens de locomotion, le Pavillon des Cuirs où se fabriquaient 1 000 paires de souliers par jour, le Palais des Pêcheries, avec des décorations charmantes, très variées, empruntées au monde des eaux, le Palais des Beaux-Arts, le Palais de la Femme, construit par une architecte de vingt ans,

Exposition d'Anvers.
Reconstitution d'une rue de la vieille ville.

La gare improvisée du Ranelagh, lors de la réception du tzar.

(1) Voir p. 28.

miss Sophia Hayden, et, à côté, celui des Fleurs. Les jardins magnifiques étaient ornés à profusion de statues et de fontaines monumentales dont la plus grande rappelait beaucoup la belle fontaine de Coutan au Champ-de-Mars. Le soir, la lumière électrique éclatait partout et un grand projecteur promenait dans tous les plans de l'espace ses brillants rayons. Comme curiosités accessoires signalons encore un essai de trottoir ambulant sur la grande jetée et, sur le lac, un pseudo-cuirassé en ciment armé, l'*Illinois*.

Entre Jackson-Park et Washington-Park s'étendait *Middleway - Plaisance*, longue avenue de 1600 mètres, centre de toutes les récréations : c'était bien là véritablement la *World's Fair*. Les cafés tunisiens y voisinaient avec des laiteries normandes; les cafés-concerts polyglottes avec le village hongrois, la verrerie bohémienne, les baraques des charmeurs de serpents, etc.; mais le « clou » était la roue Ferris de 85 mètres de diamètre et dont chaque révolution durait vingt minutes.

Énorme, imposante dans son ensemble, mais sans conception initiale et très discutable dans les détails, telle fut l'Exposition de Chicago qui coûta 110 millions et reçut 27 500 000 visiteurs, dont 716 800 pour le jour le plus chargé. Prix d'entrée : un demi-dollar. Sa surface totale était de 420 hectares, dont 47 étaient couverts. On se rappelle sa triste fin.

Le 4 juillet 1894, des grévistes mirent le feu aux bâtiments qui subsistaient encore : il en brûla pour deux millions de dollars.

La France avait consacré 3 667 000 fr. à l'organisation de sa section, dont M. Krantz était président. Son exposition était merveilleuse; porcelaines de Sèvres, tapisseries des Gobelins, soieries de Lyon, joaillerie, bronzes furent particulièrement remarqués. L'Allemagne avait dépensé 3 451 000 francs, le Japon 3 153 825 et la Grande-Bretagne seulement 1 459 000 francs.

En 1894, eut lieu à Lyon une Exposition universelle nationale (29 avril-1er novembre), autorisée par décret du 22 décembre 1892. Les constructions étaient établies sur les bords du Rhône, dans le parc de la Tête d'Or, d'une superficie de 104 hectares y compris un lac de 17 hectares.

Le Palais principal ou *Grande Coupole* était d'une légèreté et d'une magnificence incroyables. Couvrant une surface de 25 000 mètres carrés avec un diamètre de 230 mètres, il était surmonté d'une coupole de forme parabolique de 110 mètres de diamètre dont le sommet s'élevait à 55 mètres. A sa voûte étaient fixées 150 lampes à arc. La section des Soieries était, on le conçoit, la plus belle. On pénétrait d'abord au milieu de vers à soie dévorant des feuilles de mûrier, plus loin des bassines fonctionnaient, des moulinets tour-

naient, des métiers marchaient; le visiteur pouvait suivre toutes les transformations de la matière

Exposition d'Anvers. — Reconstitution de l'Hôtel de ville.

première. Les tissus, les vêtements, l'alimentation, la carrosserie, l'ameublement, etc., trouvaient

Exposition de Chicago. — Le funiculaire de l'Exposition minière.

place dans cette vaste construction. Dans le parc étaient disséminés, au milieu des arbres, de coquets pavillons, des établissements de plaisir, des panoramas et une très belle exposition coloniale.

A signaler aussi le Palais des Arts religieux, bâti en forme d'église et renfermant, avec l'orfèvrerie religieuse, des vitraux d'art, des autels en marbre, des étoffes splendides avec broderies etc.

Organisée par la Chambre de commerce de Lyon, cette Exposition fut un grand succès. Les fêtes en furent douloureusement troublées par l'assassinat du président Carnot (24 juin 1894).

La même année (du 5 mai au 12 novembre) s'ouvrit à Anvers une Exposition internationale organisée par une société avec subvention de la ville. Elle couvrait plus de 60 hectares, avec ses constructions, ses pelouses et ses jardins. Le bâtiment principal, long de 300 mètres et surmonté d'un dôme monumental, était revêtu de mosaïques multicolores. La brasserie et la distillerie belges, ainsi que son exposition métallurgique, étaient hors de pair. La France triomphait dans les industries d'art; notre manufacture de Saint-Gobain montrait des pièces étonnantes, preuves irréfutables de ses puissants moyens de mise en œuvre, notamment des manchons de verre de $0^m,50$ de diamètre intérieur, avec un vase rectangulaire d'une capacité de 100 litres, une boule pouvant contenir deux hectolitres.

Une compagnie argentine avait élevé une tour colossale formée de boîtes d'extrait de viande, et dans la section allemande, se dressait une gigantesque *Germania* en chocolat, retour de Chicago. Les colonies anglaises de l'Afrique australe retenaient la foule devant leurs vitrines étincelantes de diamants, et lui montraient le fonctionnement de la machinerie spéciale employée dans les mines.

Laissant de côté tous les cafés chantants, panoramas, buvettes, etc., nous signalerons deux groupes particulièrement heureux: l'exposition de l'État indépendant du Congo, et la restauration du vieil Anvers, comprenant la Grande Place et plusieurs rues de la ville au XVIe siècle, en tout 90 édifices reproduits avec une grande fidélité et peuplés de marchands, musiciens, servantes, etc., en costume de l'époque. Ce fut là le « clou » comme on dit actuellement.

Il y eut à Anvers 12 000 exposants, dont 271 anglais, 727 allemands, 3 559 français, qui obtinrent 2 783 récompenses, etc.

Le 11 mai 1895 s'ouvrit à Bordeaux, la 13e Exposition organisée par la puissante Société philomatique de cette ville: située au centre de la ville et occupant une surface de 11 hectares, elle formait un tout complet et harmonieux dont les parties les plus remarquables étaient l'exposition coloniale et la Salle des vins.

Après Philadelphie et Chicago, *Atlanta*, ville de 70 000 habitants, située dans la Géorgie américaine, voulut avoir son Exposition. Internationale de nom, ce fut surtout une exposition du coton, principale richesse du pays. Il y figurait sous toutes les formes et dans tous les pavillons. Ceux-ci, élevés au milieu d'un parc aux ombrages épais et sur les bords de rivières factices, étaient fort luxueux. On y remarquait, en particulier, le Palais des Femmes, ceux du Gouvernement, des Manufactures et des Arts Libéraux, des Machines, de l'Agriculture, de l'Électricité, enfin le Palais des Nègres qui renfermait les costumes, les travaux des gens de couleur et les résultats obtenus par l'éducation chez cette race si longtemps opprimée. Tous les styles et toutes les époques étaient représentés dans ces constructions, mais la Grèce antique et l'ancienne Rome avaient la prédominance. Ouverte le 18 septembre 1895, l'Exposition Géorgienne, dont le succès fut tout local, clôtura le 31 décembre de la même année.

L'année 1896 vit l'*Exposition du Millénaire* à Buda-Pesth (3 millions de visiteurs ; 24 000 exposants ; 52 hectares de surface ; coût : 9 millions de francs) ; l'*Exposition de Nijni-Novgorod* (1 million de visiteurs ; 7 000 exposants ; 79 hectares ; coût : 23 millions) celles de *Dresde*, de *Nuremberg*, de *Kiel*, de *Stuttgard* ; de *Genève* et de *Berlin*.

Nous dirons quelques mots des deux dernières. L'*Exposition nationale Suisse* (2 200 000 visiteurs ; 5900 exposants ; 26 hectares de surface ; coût : 4,250 000 fr.) s'ouvrit à Genève le 1er mai 1896 ; l'exposition d'horlogerie rétrospective et actuelle contenait des merveilles ; le pavillon Raoul Pictet consacré à la thermodynamique et à la fabrication de la glace était des plus intéressants, etc. Le « clou » était le *Village suisse* avec tous les modèles de l'architecture nationale et un magnifique panorama de l'Oberland bernois, une illusion irrésistible.

L'*Exposition industrielle de Berlin* (7 millions de visiteurs ; 4000 exposants ; 100 hectares de surface ; coût : 11 450 000 francs) eut à peu près la même durée et ouvrit ses portes en même temps (1er mai 1896-15 octobre). Élevée dans le parc de Treptow, arrosé par la Sprée qui y forme une sorte de lac, elle comprenait 40 bâtiments. Le Palais principal (5 hectares) présentait deux tours élancées et un dôme en aluminium. Il était précédé par une vaste colonnade en hémicycle, servant de promenade couverte et renfermant des cafés, des bureaux de poste et de télégraphe, une salle de lecture, etc. Les Pavillons de l'Industrie chimique, de la Mécanique, de l'Optique, des Pêcheries, des Boissons, des Sports, etc., étaient fort bien aménagés. A signaler comme « clous » : un panorama alpin avec une voie ferrée en plan incliné, et présentant une imposante vue de la Zillerthal et de ses glaciers ; une grande lunette de 21 mètres de long, dont l'objectif avait 0m,70 de diamètre, constituait un modèle nouveau très remarqué du monde scientifique ; elle fut une grande attraction pour le public ; enfin notre rue du Caire de 1889, mais agrandie considérablement.

En 1897, les expositions sont aussi fort nombreuses. Nous signalerons les quatre plus importantes :

L'Exposition du Centenaire de l'accession de l'État du Tennessee à l'Union américaine s'ouvrit à Nashville, le 1er mai. La pièce centrale consistait en une reproduction du Parthénon : le Palais principal était celui du Commerce avec un dôme de 53 mètres de haut. La Galerie des Machines était de style dorique ; le Pavillon des Souvenirs historiques de l'État figurait une croix grecque,

EXPOSITION DE STOCKHOLM. — *Entrée du grand hall de l'Industrie.*

etc. A signaler encore le Palais des Femmes, celui des Enfants, la *Vanity Fair* où se réunissaient tous les jeux et lieux de délassement, enfin une longue avenue plantée uniquement de *Cucurbita lageneria*, l'arbre aux Calebasses.

L'*Exposition internationale de Bruxelles* (24 avril-1er novembre 1897), sur l'emplacement du Parc du Cinquantenaire, fut une entreprise privée placée sous le patronage du roi. Notons en passant l'importance donnée aux concours scientifiques et le succès de la section française (307 exposants). Les « clous », — car il y en avait deux — étaient l'Exposition Coloniale de Tervueren, reliée au centre de l'Exposition par un tramway électrique et *Bruxelles-Kermesse*, restauration du vieux Bruxelles dont l'idée avait été empruntée au *Vieil Anvers* (1894).

L'*Exposition industrielle de Leipzig* (24 avril-1er octobre 1897) était destinée à célébrer le jubilé de la foire de Leipzig dont le privilège fut accordé par l'empereur Maximilien en 1497. Elle était située tout près de la ville, dans un parc charmant de 40 hectares. Le bâtiment principal était une vaste construction blanche, style Renaissance, renfermant la plupart des produits industriels. Le Pavillon du Gaz, fort curieux, renfermait, non seulement tous les appareils destinés à la fabrication de ce produit, mais encore ceux employés pour la préparation des substances dérivées. Les Galeries réservées aux Machines agricoles, aux Cycles, à la Pisciculture, aux Sports, etc., ne présentaient rien de particulier. Comme quartiers de distractions, le *Village Thuringien* et la Section Coloniale avec des constructions de l'Est-africain.

L'*Exposition de Stockholm* (15 mai au 1er octobre 1897), par laquelle nous terminerons cet historique, fut une exposition restreinte à la Suède et à ses plus proches voisins, Norvège, Danemark, Russie, pour l'industrie, et internationale pour les beaux-arts. Elle coïncidait avec les fêtes du vingt-cinquième anniversaire du couronnement du roi Oscar II.

Construite dans l'île de Djurgaarden, l'une des sept îles sur lesquelles s'étend Stockholm, elle fut le triomphe des édifices en bois.

Le bâtiment central, celui des Bois du Nord, entièrement établi en bois, possédait une grande coupole dont le sommet s'élevait à 100 mètres de haut ; l'Exposition Métallurgique était aussi remarquable que celle du Bois. Les usines de Sandviken exhibaient des pièces étonnantes, entre autres, une bande d'acier laminé à froid, large de 6 centimètres, disposée en un rouleau long de 1 400 mètres et d'un poids total de 19 kilos et demi avec une épaisseur de 1/30 de millimètre. Les pavillons de Befors et de Finsping pour le matériel de guerre témoignaient des rapides progrès de cette industrie dans la grande péninsule.   F. FAIDEAU.

L'Entrée monumentale de l'Exposition de 1900

Il y a quelques jours, je flânais suivant mon habitude aux Champs-Elysées et je regardais mélancoliquement le peu qui reste encore de la belle façade de l'ancien Palais de l'Industrie, je ne me rappelais pas sans émotion que j'avais durant plus de quinze ans, passé là de longues heures à admirer les œuvres de l'art contemporain et quelquefois celles de l'industrie.

Je faisais des réflexions sur les nouveaux embellissements de cette partie de Paris, lorsque je me souvins que derrière la façade se trouvaient les ateliers de quelques-uns des architectes de l'Exposition de 1900 et en particulier celui de M. René Binet, l'auteur de la grande porte monumentale qui servira d'entrée principale à deux pas de la place de la Concorde.

EXPOSITION DE STOCKHOLM. — *Vue d'ensemble des bâtiments de l'Exposition.*

J'avais entendu faire force louanges de l'œuvre de cet architecte et j'étais résolu à mon tour de la connaître. J'entrai à la porte n° 1 et passant ma carte au gardien je demandai à parler à M. Binet.

Au bout d'une minute, je pénétrais dans un atelier du rez-de-chaussée où je voyais venir vers moi, les mains tendues, la figure souriante, un homme paraissant âgé de trente à trente-cinq ans. C'était M. René Binet, l'un des plus jeunes architectes de l'Exposition de 1900.

— Je viens, mon cher maître, pour causer avec vous de la *grande porte d'entrée de l'Exposition* dont

EXPOSITION DE CHICAGO. — *Le palais du Gouvernement fédéral.*

EXPOSITION DE CHICAGO. — *Vue générale des ruines, après l'incendie.*

vous êtes l'auteur et que d'importants personnages sont déjà venus voir avant moi.

— Je suis en ce moment occupé avec des entrepreneurs, me répondit M. René Binet : mais, je vais vous donner pour guide mon inspecteur Gentil, jeune architecte des beaux-arts qui va vous faire voir la maquette à laquelle vous voyez d'ailleurs travailler deux de mes collaborateurs.

Je compris, à cette réponse, que M. Binet était un modeste, comme tous les travailleurs de talent d'ailleurs, qui ne voulait pas me faire admirer lui-même sa belle porte, dont on parle tant et qui est réellement une merveille, un chef-d'œuvre, ainsi que j'ai pu le voir.

— Cette porte monumentale — me dit M. Gentil en me menant devant la maquette et devant les plans — et qui n'a de semblable nulle part, sera située au commencement du Cours-la-Reine, perpendiculairement aux quais, à l'endroit où se trouve actuellement le bureau des omnibus et des tramways. Elle aura 40 mètres de hauteur. De chaque côté seront placés deux minarets parsemés de lampes de couleurs et surmontés d'un puissant phare électrique. La cité se trouvera en partie éclairée.

Tout en causant, j'admirais la maquette en terre glaise et j'écoutais attentivement les explications qui m'étaient données. La porte sous laquelle on pénétrera sera, ainsi que ses sculptures, en *staff*, c'est-à-dire en plâtre teinté. Elle sera formée de trois arcs égaux montés sur trois supports soutenant une coupole

EXPOSITION DE CHICAGO. — *L'exposition de la marine.*

d'or, — *et il faut insister sur ce fait, c'est que cette disposition est unique jusqu'ici.*

Toute la façade, les supports seront décorés de tôle émaillée de couleur et formeront de gigantesques mosaïques dont l'effet sera féerique lorsqu'elles seront éclairées le soir, par des lampes

L'INDUSTRIE DE LA HOUILLE.
Appareil à mouler les briquettes.

électriques et des cabochons de couleurs diverses : on aura comme l'éblouissante vision d'un tapis d'Orient.

Au fronton de la porte, un immense navire de la ville de Paris, se détachera sur un fond d'or avec à sa pointe le *coq.gaulois* aux ailes déployées, et, tout en haut, au sommet, sur la boule du monde, une gigantesque *Liberté*, la main tendue, semblera convier la foule à venir admirer la fête du travail dont elle portera la belle palme sur son bras gauche.

Mais, tout en causant, j'aperçois dans l'atelier un sculpteur qui modèle un charpentier portant une pièce de bois sur son épaule ; c'est un collaborateur de M. René Binet, M. Guillot, statuaire. Il travaille à des frises qui se trouveront de chaque côté de la porte et la relieront aux deux minarets. Ces frises, dont le statuaire fait les modèles au dixième de l'exécution, seront composées de personnages ayant 2 mètres de haut. Ces personnages seront des ouvriers et des artisans apportant leurs œuvres à l'Exposition universelle : tous les corps de métiers seront représentés ; j'ai vu déjà figurer un charpentier, un terrassier, un peintre, un sculpteur, un moissonneur.

A deux pas de M. Guillot, je vois aussi travailler un jeune sculpteur animalier, M. Jouve, élève des cours de Frémiet au Muséum d'histoire naturelle. Il exécute les modèles d'une seconde frise, qui se trouvera au-dessous de celle de M. Guillot et qui comprendra tous les animaux fournissant à l'industrie et au commerce, leurs peaux, leurs poils, leurs cornes, leurs ongles ; j'y vois déjà figurer le lion, l'éléphant, le mouton, le tigre, l'ours.

Tout en causant, j'examine la maquette. Dans le fond, sous la coupole, j'aperçois une sorte d'arc et un grand nombre de plans inclinés montants ou descendants en forme de couloirs et de petites cabanes décorées d'écussons et de bannières. Étonné, je demande des explications.

— Tout cela qui vous paraît compliqué, me déclare M. Gentil, a été combiné par M. Binet dans l'intérêt des visiteurs qui doivent à la fois être émerveillés et avoir leurs aises dès les premiers pas. Cette sorte de porte que vous voyez au fond, au milieu, c'est l'entrée des cortèges officiels. Quant à *la foule des visiteurs* qui entrera par l'arc de façade de 20 mètres de diamètre, *elle se trouvera débitée*

par 58 *guichets.* Ce sont les espèces de petites cabanes-guichets que vous apercevez. On ne sera réellement dans l'Exposition qu'après les avoir franchies. Suivez bien l'explication du système. Par la pente montante du plan incliné que vous voyez à droite de chaque cabane-guichet, passera un visiteur qui donnera son ticket à deux employés : l'un l'oblitérera et l'autre le gardera. Par le petit chemin qui descend en dessous de la cabane-guichet un autre visiteur pourra passer en même temps et subira le même contrôle, de la sorte que 58 personnes pourront entrer à la fois, 29 par la pente montante et 29 par l'autre. M. René Binet a estimé que 1040 personnes pourront entrer en une minute, ce qui fera 62 400 personnes à l'heure ! C'est joli n'est-ce pas ?

« Au-dessous des cabanes, vous voyez des écussons ; en effet, à chacune d'elles présidera l'écusson d'une des villes de France et au-dessus flottera l'étendard de l'une des puissances du monde conviées à la fête du travail.

« Vous ne pouvez peut-être pas, sur la maquette, vous rendre bien compte de l'aspect réel qu'aura la porte — ajoute M. Gentil ; — regardez cette aquarelle de M. Binet, et voyez : son véritable aspect sera celui d'une masse blanc crème parsemée de couleurs. La nuit, l'effet sera des. plus intenses, grâce aux phares et aux lampes qui éclaireront le tout. Laissez-moi vous dire, en terminant, qu'à l'intérieur de la porte se trouveront deux vasques aux fontaines jaillissantes et qu'il y aura aussi, à terre, un dallage dont le dessin sera fait d'ornements variés et de couleurs diverses, afin, qu'en haut, de côté et comme d'en bas, le public ait le charme d'un décor de couleur.

« En avant de la porte monumentale, il y aura encore deux mâts portant deux grandes oriflammes comme sur la place Saint-Marc de Venise ou comme sur la place de la République à Paris. »

Sur ces derniers renseignements, nous prenons congé de M. René Binet et de ses trois collaborateurs et nous n'avons garde en traversant la dernière pièce qui fait suite à l'atelier, d'admirer sur les murs une fine aquarelle toute vibrante de couleur, souvenir d'un voyage de M. Binet en Espagne ainsi qu'un grand modèle de tapisserie pour les Gobelins.

Et c'est l'œil encore tout ravi de la charmante vision d'une partie de la future Exposition de 1900, que je me retrouve au milieu de la promenade des Champs-Élysées, sur le sort de laquelle beaucoup se lamentent, tandis que, maintenant, je ne doute plus de sa splendeur future, de son aspect qui sera modernisé et assurément artistique au suprême degré.

François BOURNAND.

L'INDUSTRIE DE LA HOUILLE [1]

Il nous reste à examiner les nombreuses améliorations apportées à la manipulation de la houille, en vue de fournir un combustible de plus en plus parfait à des consommateurs qui deviennent de jour en jour plus exigeants au sujet de la qualité de ce produit.

C'est la loi de la concurrence qui pousse les industries à perfectionner sans cesse leur outillage et à améliorer leur fabrication ; cette loi régit même la production des matières premières. Dans l'industrie charbonnière, comme les capitaux engagés sont des plus considérables, les moindres abaissements dans les prix de vente se soldent par des pertes souvent ruineuses. Par contre, une surélévation, si minime soit-elle, sur le prix de la tonne, se traduit, au bilan des établissements producteurs, par des millions de bénéfice. De là une émulation singulière dans les meilleures applications du machinisme, que l'on a substitué, le plus possible, au travail humain, dans les besognes accessoires de l'extraction.

Nous avons vu qu'un premier triage éliminait les gros blocs de houille qui sont généralement purs de tout mélange et peuvent par conséquent être livrés immédiatement à la consommation.

Au contraire, les « menus » qui ont passé à travers les mailles du premier crible, sont élevés, par les godets d'une noria, dans un grand tambour métallique, où s'opère un second triage. Dans ce tambour, toujours en rotation, sont disposées trois plaques de tôle perforées de trous de diamètres variés, qui répartissent le charbon en

(1) Voir page 36.

quatre catégories suivant son degré de finesse.

En associant plusieurs tambours on peut obtenir les sept catégories de charbon désignées sous les noms suivants : têtes de moineaux, noix n° 1 et n° 2, charbons de forge, maréchales, poussier.

Cette opération du triage, qui se fait aujourd'hui à peu près partout par des procédés identiques, est indispensable pour pouvoir procéder au lavage, destiné à éliminer du charbon les matières pierreuses, généralement schisteuses, auxquelles il se trouve forcément mêlé, par suite du voisinage des bancs de roche dans lesquels sont encaissés les filons carbonifères, et dont les débris se confondent avec le combustible pendant les travaux d'extraction.

Les procédés de lavage du charbon reposent sur le même principe que ceux du lavage des minerais aurifères, c'est-à-dire sur la différence de densité entre les pierrailles et la houille, celle-ci étant beaucoup plus légère.

En conséquence, les morceaux de houille et de schiste de dimensions analogues qui sont mélangés ensemble, se trouvant soumis, dans des récipients appropriés, à l'action d'un même courant d'eau, celui-ci soulèvera facilement les morceaux de houille, tandis que les morceaux de schiste resteront dans la partie inférieure. Il est facile d'imaginer le dispositif mécanique qui permet de séparer le charbon ainsi soulevé, et de chasser ensuite la pierraille au moyen d'une vanne.

A côté de ces installations mécaniques destinées à améliorer la qualité du charbon, les mines modernes en possèdent généralement d'autres qui ont pour objet l'utilisation des poussiers, par la fabrication de briquettes.

Ces poussiers sont agglomérés et cimentés au moyen de brai sec, sous-produit de la fabrication du gaz d'éclairage qui reste solide à la température ordinaire. Ce mélange est rendu consistant par l'action temporaire d'une longue flamme, puis moulé, au moyen d'une presse, sous forme de briquettes ou de boulets.

Enfin les poussiers de charbon gras, susceptibles de s'agglomérer par simple combustion, sont employés à la fabrication du coke, dont l'industrie métallurgique réclame une quantité si considérable.

A cet effet, ils sont distillés dans des séries de

L'INDUSTRIE DE LA HOUILLE. — *Noria conduisant les menus au tambour de triage.*

fours de construction spéciale, à double ouverture, chauffés par les gaz combustibles qui se dégagent pendant cette distillation.

Au bout de quarante-huit heures, la masse pâteuse incandescente contenue dans les fours, en est chassée à l'aide d'un piston plat poussé par une locomotive spéciale qui circule sur des rails le long du front des fours.

Le coke est éteint au moyen de jets d'eau, et les fours incandescents remplis à nouveau pour renouveler sans fin la même opération.

Tels sont les progrès de nature technique qu'ont fait accomplir dans la seconde moitié de ce siècle, les craintes exprimées au sujet de l'épuisement des houillères.

D'autre part, ainsi que nous l'avons dit précédemment, ces mêmes craintes ont fait faire un inventaire complet des richesses que possède notre globe en fait de « charbon fossile », et le résultat obtenu, nous le répétons, a été des plus rassurants.

Ainsi, il a été reconnu que les États-Unis d'Amérique possèdent, à eux seuls, une superficie carbonifère exploitable supérieure de beaucoup au total des terrains houillers de tous les autres pays, — équivalant notamment cent fois à celle des bassins français.

Et, en effet, dans ces derniers temps, la production de la houille aux États-Unis s'est accrue dans des proportions extraordinaires. De 57 millions de tonnes en 1878, elle s'est élevée à 106 millions de tonnes en 1886, 132 millions en 1888, 169 millions de tonnes en 1896, — c'est-à-dire approchant de celle de l'Angleterre, qui est de 185 millions de tonnes. Les États-Unis, qui occupent le premier rang pour l'étendue des gisements de charbon, n'occupent donc encore que le second au point de vue de la production.

Mais cette situation tend à se modifier tous les jours.

Avec les étendues houillères dont dispose l'Amérique du Nord, avec l'esprit d'initiative et d'entreprise, avec l'activité infatigable qui caractérisent ses habitants, on peut prévoir que les États-Unis sont appelés à devenir, un jour, les plus importants fournisseurs de charbon du monde entier.

Et, en effet, quelles surprises n'est-on pas en droit d'attendre d'un peuple dont le sol renferme de pareilles richesses minérales, d'un peuple qui possède sur son territoire un bassin houiller, celui du Missouri, dont la surface dépasse 200 000 kilomètres carrés, c'est-à-dire dont l'étendue est trois fois plus considérable que les superficies des terrains houillers de l'Angleterre et de l'Allemagne totalisés? On peut donc affirmer que l'Amérique sera, dans un avenir rapproché, le plus grand pourvoyeur de charbon du globe.

Mais, même en Europe, les réserves sont, pratiquement, inépuisables, comme l'indiquent suffisamment les chiffres suivants :

Au début, nous l'avons vu, on estimait la richesse totale des houillères du globe au chiffre timide de 29 milliards de tonnes.

Or, d'une étude attentive faite en *Angleterre seulement*, on a déduit que la richesse totale des bassins carbonifères britanniques peut être évaluée à 194 milliards de tonnes, dont 146 milliards à moins de 1200 mètres de profondeur, et 48 milliards à des profondeurs plus grandes.

La Russie possède des gisements presque aussi étendus que ceux de l'Angleterre ; elle commence seulement à les entamer, et on vient d'en découvrir d'autres, dans ses possessions asiatiques, le long du parcours du chemin de fer transsibérien.

En résumé, les gisements carbonifères de l'Europe entière couvrent une aire totale d'environ 62 000 kilomètres carrés. Ceux de l'Australie paraissent être d'une étendue à peu près équivalente.

Les bassins houillers de l'Amérique du Nord présentent une superficie totale de 300 000 kilomètres carrés selon les uns, — de plus de 500 000 (la surface de la France) selon les autres, et ceux de l'Asie sont pour le moins aussi considérables.

Au point de vue de l'exploitation, en Asie et en Amérique, ce vaste domaine est, pour ainsi dire, encore vierge ; il renferme une provision presque indéfinie de combustible minéral. Il est même bon de remarquer que cette réserve souterraine pourrait bien déplacer le centre de gravité de l'in-

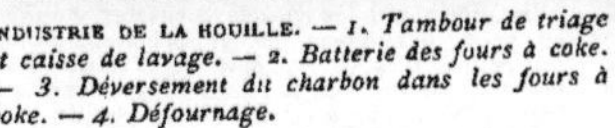

L'INDUSTRIE DE LA HOUILLE. — *1. Tambour de triage et caisse de lavage. — 2. Batterie des fours à coke. — 3. Déversement du charbon dans les fours à coke. — 4. Défournage.*

dustrie du globe. Dès à présent, la progression rapide que suit le chiffre de la production houillère aux États-Unis (il double toujours en moins de dix ans), permet de prévoir avec certitude qu'avant peu l'Amérique marchera sous ce rapport de pair avec l'Angleterre.

En Asie, l'exploitation houillère a commencé dans l'Inde, au Japon, en Indo-Chine, et même en Chine.

Dans l'Inde l'exploitation a débuté, vers 1868, dans le bassin de Ranigani, au nord-ouest de Calcutta, à raison d'un demi-million de tonnes par an, pour un gisement d'une puissance approximative de 14 milliards de tonnes. Sur un affluent de la Danmuda, un autre bassin, celui de Kurhurbani, dont l'*East Indian* est concessionnaire, est estimé capable d'une production de 250 000 tonnes pendant huit cents ans.

Dans l'Indo-Chine, tout le monde connaît nos exploitations de Hone-Gay et de Kebao.

Enfin, au Japon, l'exploitation et l'exportation de la houille ont pris une telle intensité, que les charbons japonais ont fini par concurrencer les charbons anglais, successivement à Singapour et à Bombay, et arrivent actuellement bons premiers *jusque sur le marché d'Aden.*

De cette énumération sommaire, une conséquence se dégage avec la dernière évidence : c'est que l'humanité est encore éloignée de la date à laquelle elle aura brûlé son dernier morceau de houille.

D'ailleurs, à cette constatation de l'importance des richesses du globe en combustible minéral, il faut ajouter celle de l'activité que déploie, en hommes et en capitaux, l'industrie qui les exploite.

Le charbon constitue à lui seul, chaque année, une valeur de trois milliards et demi, égale à près de la moitié du total des richesses minérales extraites annuellement du sein de la terre. Il donne à l'humanité des revenus trois fois plus considérables que ceux qui sont tirés de l'exploitation de toutes les mines d'or et d'argent du monde entier réunies.

L'extraction du charbon occupe une population de près d'un million et demi d'ouvriers ; — d'où l'on peut estimer qu'elle fait vivre environ six millions d'êtres humains.

C'est que le combustible minéral est devenu une nécessité vitale pour les industries et les transports du monde entier, et que l'on ne conçoit guère la civilisation moderne privée de ce précieux auxiliaire. Tout a été dit sur ce *pain de l'industrie* dont Robert Peel disait avec fierté : « L'avenir est à la nation qui produira le plus de charbon. »

L'histoire entière de l'industrie de la houille au XIXᵉ siècle confirme cette parole. Robert Peel ne visait que la suprématie industrielle, mais on a pu constater récemment que la houille est devenue un facteur imposant dans la suprématie navale et militaire des nations.

Paul COMBES.

LA VIE ET LES MŒURS

A travers le siècle (1880-1898) (1)

Dans cette dernière période du siècle l'évolution des idées et des habitudes tend à s'accélérer bien vivement ; on distingue ou l'on voit venir de profondes modifications qui préparent un siècle prochain très différent de celui qui finit. La science tout à coup apporte une série de découvertes destinées à bouleverser des habitudes qui semblaient devoir rester celles de tous les siècles. L'existence moderne déjà si compliquée doit le devenir de plus en plus et le décor même de la vie va se modifier. Téléphone, phonographe, cinématographe, radiographie, et les applications diverses de l'électricité ont déjà donné des résultats, mais que de choses en doivent naître encore. La science est entrée par là dans des voies inexplorées où l'étrange et l'impossible d'hier vont être le possible de demain.

Pour en revenir à des questions moins hautes il

Après tout, ces derniers, si les nouvelles façons ne leur conviennent pas, ont le divorce, une conquête de la période, dont on use assez facilement, puisque environ cinq mille chaînes conjugales sont brisées bon an mal an.

Nous sommes aux temps des revendications féminines, beaucoup de femmes réclament pour leur sexe un certain nombre de droits confisqués par le sexe fort. La femme peut-elle être électrice et éligible ? Pourquoi pas ? Électrice, le principe du suffrage vraiment universel le réclamerait comme elle, et le pays, probablement, pourrait bien y gagner. Éligible, la question est plus douteuse. Nous avons dès maintenant bon nombre de doctoresses et une avocate, et les femmes prétendent avoir accès à bien d'autres carrières autrefois réservées.

Les travailleurs hommes, qui ont entamé la lutte contre le patronat, réclament la journée de huit heures, mais en attendant les travailleuses, malgré toutes les campagnes des féministes, doivent se résigner à des journées bien plus longues et souvent bien plus pénibles. Travail de

d'une verve très moderne. La chanson de Montmartre, qui fut un moment macabre pour rire, touche à tout, se moque de tout, même des grands du jour. Les cafés se transforment en brasseries, les cabarets moyennageux ou excentriques qui pullulent un peu partout, se transforment en théâtres, jouant des pièces fantaisistes ou des revues d'une terrible hardiesse du côté du mot cru.

Notre siècle, après avoir eu le romantisme, passa au réalisme, puis au naturalisme. Maintenant, à l'art bien portant et sain, à la littérature non décourageante, qui veut bien nous laisser quelques joies et reconnaître quelques bonnes choses dans la vie, on préfère l'art morbide et la littérature « rosse ».

C'est le goût de l'ignoble et du malsain qui domine. C'est canaille, c'est immonde, donc c'est fort. Il y a heureusement des symptômes permettant d'espérer pour bientôt la fin de cette maladie morale.

La grande triomphatrice de cette fin de siècle c'est la bicyclette ! l'automobilisme va supprimer les chevaux pour les voitures, la bicyclette libère

LA VIE ET LES MŒURS A TRAVERS LE SIÈCLE. — Un boulevard parisien en 1898.

pourrait être intéressant de comparer la façon dont on entendait le commerce aux premiers et aux derniers lustres du siècle.

Combien distancés, les simples petites boutiques d'autrefois, les petits magasins bien modestes, la *Maison du Chat qui pelote* et son petit train-train. Maintenant triomphent sur toute la ligne les vitrines reluisantes de dorures, les luxueuses installations pour tous les genres de commerce et les immenses magasins montés par actions qui tiennent tout un quartier, où l'on vend de tout ce qui peut se vendre, en faisant voisiner les objets les plus hétéroclites, et qui comptent des véritables régiments de commis et de vendeuses ! Là les affaires se chiffrent par millions. De plus en plus ces maisons colossales étendent et étendront leur champ d'action, étouffant à leur ombre mortelle le petit commerce qui végète. Les femmes ne récriminent point là-dessus, elles s'écrasent aux expositions de printemps, d'été ou d'hiver. Quelle place énorme ces grands magasins tiennent dans la vie féminine ; ils ont créé les magasineuses, un type nouveau qui peut faire le pendant de la dame de *five o' clock*.

La grande exposition de blanc, le thé de cinq heures, ou bien l'heure du pâtissier, ou même l'heure du cours où l'on va conduire les enfants, voilà bien les occupations pour une journée, au dire des satiristes ou des maris moroses.

(1) Voir page 32.

femme, hélas, c'est la moitié du salaire de l'homme pour beaucoup plus d'heures bien employées.

De plus en plus, par malheur, les conditions du travail changent. Le travail dans la famille devient l'exception.

De même que les grands magasins étouffent les petits boutiquiers, les grands ateliers tuent les petits. C'est le système de l'Usine. Pour l'homme comme pour la femme il faut quitter le logis et s'en aller à l'atelier. Et la famille, et le ménage, et les enfants dans ces conditions ? On aperçoit facilement les conséquences funestes.

Il serait un peu long d'énumérer les plaisirs divers que Paris, toujours affamé de distractions, peut s'offrir.

Combien de théâtres, petits ou grands, combien de cafés-concerts dans tous les quartiers, concurrence dont les théâtres se plaignent. Combien aussi d'établissements de plaisirs où l'on danse, où l'on patine, été comme hiver, sur de la vraie glace, où l'on tourne en rond à bicyclette, où l'on organise des cortèges costumés, de petites cavalcades particulières avec chars et groupes très artistiques.

Les cafés-concerts d'aujourd'hui ont un répertoire de chansons faisant alterner la malpropreté et la pornographie. Pauvre chanson qui eut de si beaux jours au commencement du siècle. Le *Chat Noir*, d'illustre mémoire, en réaction contre la chanson ignoble et bête, lança la chanson montmartraise, satirique, amusante, d'un esprit et

définitivement l'homme. Il ne dépend plus que de ses propres forces ; il va, vient, comme il veut, où il veut, quand il veut ! les espaces sont à lui, la planète lui appartient... sauf dans les endroits encore non cyclables provisoirement.

La bicyclette est reine. Tout cède devant elle, tout plie. Enfants, vieillards, femmes, tout le monde s'y met. Il n'y en a plus que pour elle. Et nous ne sommes qu'au commencement. Elle amènera certainement de grandes modifications dans les mœurs, et déjà elle transforme le costume ; il y a des chances, grâce à elle, pour que le costume masculin au xxᵉ siècle soit moins hideux que l'affreux uniforme que nous portons encore.

Le soir d'un siècle, à ce qu'il semble, est toujours mélancolique.

La tristesse de notre crépuscule n'est pas sans causes. Notre époque est assombrie par un malaise indéniable provenant de crises diverses, des difficultés grandissantes, de la cherté de la vie, de la recherche de solutions brutales et désastreuses aux problèmes sociaux, de l'encombrement des carrières, de la diminution du taux de l'intérêt, que l'on donne pour une preuve de richesse, mais qui force tous les gens à rester toute la vie au travail et à encombrer, bien malgré eux, les carrières... Puisse l'aurore du xxᵉ siècle, comme un gai matin de printemps, dissiper ces brumes et se lever dans un rayon d'espérance !

A. ROBIDA.

Atlanta et États-Unis (1895). — Vue d'ensemble et détail.
Leipzig (1897). — Vue générale.

Historique des Expositions universelles. — Les Expositions universelles à l'étranger

Chicago (1893). — Vue générale.
Leipzig (1897). — Vue partielle.

LES FÊTES DE L'EXPOSITION

LE BAL DES COMITÉS D'ADMISSION

Notre vieux siècle a si souvent montré ses défauts qu'il est au moins juste de reconnaître ses qualités. C'est autant un sceptique qu'un bienfaisant ;... et s'il a détruit beaucoup d'idoles c'était sans doute pour rendre hommage à de plus consolantes divinités : jamais, en aucun temps, la Charité n'a été plus humainement chrétienne ; jamais les heureux de ce monde ne so sont, plus qu'aujourd'hui, inspirés du « *parce pauperi* ». Maintenant, au milieu du tourbillon surchauffé dans lequel la vie à la vapeur nous entraîne, une seule idée nous arrête et nous repose : celle de la secrète et intime solidarité qui nous lie tous ici-bas, celle de soulager les misères quelles qu'elles soient, d'où qu'elles viennent, celle de faire le bien... sans distinctions, sans castes, sans réserves... pour ainsi dire au pied levé, car le temps presse !

Ainsi a eu lieu la première fête de l'Exposition de 1900 : Les ingénieurs ont un instant quitté leurs compas, les commissaires ont laissé leurs plumes et, entre deux de ces laborieux concerts que donnent chaque jour les marteaux et les pioches du Champ-de-Mars, la féerie vertigineuse s'est produite à l'Opéra.

L'idée est venue des comités d'admission. Tout de suite adoptée par M. Picard, commissaire général, elle a immédiatement été mise à l'étude ; et voici la décision qui fut prise, huit jours après sa première émission, par le comité spécial composé, sous la présidence de M. Picard bien entendu, de MM. Ancelot, Berger, Bertrand, Dupont, Expert-Besançon, Hartmann, Lasnier, Marguery, Muzet et Pinard, présidents des divers syndicats, qu'assistaient encore les directeurs des différents services de l'Exposition :

« La fête aura lieu le 18 décembre à l'Opéra sous la présidence d'honneur de M. Henri Boucher, ministre du commerce ; elle consistera en un bal magnifique, coupé d'intermèdes et d'attractions.

« L'entrée sera de 20 francs pour les hommes, de 10 francs pour les dames. Les premières loges se paieront 200 francs, les deuxièmes 100 francs, les troisièmes 50 francs, prix d'entrée en sus.

« Aucun billet ne sera mis en vente. La distribution en sera faite par les membres des comités d'admission.

« La moitié des produits de la recette sera affectée à des œuvres de bienfaisance, l'autre moitié sera réservée pour donner une fête aux ouvriers du Champ-de-Mars. »

Remarquons en passant que cette dernière disposition du programme est bien conforme aux

pensées intimes que nous énoncions quelques lignes plus haut : Les riches et puissants organisateurs n'ont pas voulu, comme cela se pratiquait fort couramment autrefois, s'amuser tout seuls ! Félicitons-les encore de leur généreuse et intelligente mutualité.

Les fêtes de l'Exposition. — *Illustration d'un programme du concert donné le 6 mai 1896 par la réunion des jurys et comités.*

Les choses étant ainsi fixées, M. Bouvard, architecte de l'Exposition, a été chargé d'élaborer le

gurant de mille éclairs, encadré de fontaines lumineuses d'un effet absolument nouveau. Mais, puisque lumière à outrance il y a, on a ingénieusement imaginé d'en animer la disposition ; les électriciens aidés des musiciens ont composé une étonnante valse dans laquelle les danseuses du corps de ballet, au nombre de cent cinquante au moins, vont, viennent, sautent, tournent, pirouettent et bondissent en changeant d'éclairage et de coloration à volonté ! L'invention, due à MM. Beau et Bertrand-Taillet, est basée sur la concordance symétrique que présentent les sept notes majeures de la gamme et les sept couleurs primitives fondamentales. Vingt mille lampes à incandescence commandées sur un clavier *ad hoc*, par un électricien-pianiste placé à l'orchestre, achèvent d'enchanter et d'éblouir le spectateur.

Dans la salle, l'excellent orchestre Louis Ganne ; dans le grand foyer, celui de M. Desgranges, distillant sa plus fine musique pour faire danser MMmes Sandrini, Torri, Robin, de Mérode et vingt autres artistes plus gracieuses, plus jolies les unes que les autres, reconstituant les danses anciennes ; dans l'avant-foyer du premier étage, la garde républicaine prête à attaquer la *Marseillaise* quand on annoncera le chef de l'État. Partout un ruissellement de feux et de fleurs... et cela groupé dans un sentiment artistique délicat, tout particulier, qui s'étend même jusques aux plus minces détails,... jusqu'au programme qu'on distribue et sur lequel se voient, tels qu'ils seront dans deux ans, les abords du pont Alexandre III et les palais des Champs-Élysées.

Voilà quelles étaient les attractions promises.

La réalisation de tout ce beau projet a dépassé les espérances de ceux qui l'avaient conçu. On ne trouvait plus un billet « à donner » huit jours après la distribution faite aux comités directeurs ;... la fête a été splendide, les malheureux ont touché beaucoup d'argent !

Onze heures sonnaient lorsque M. Crozier, s'avançant vers la rotonde avec MM. Cochery, ministre, Picard, commissaire général, Henry Chardon, secrétaire général, et tout le haut personnel de l'Exposition, est allé recevoir M. Félix Faure que suivait le ministre du commerce ayant Mlle Lucie Faure au bras. Le président de la République, solennellement conduit à sa loge, a d'abord applaudi une « danse lumineuse », puis il a fait le tour traditionnel des couloirs, celui qu'on appelait jadis le « tour du Roi ». Il s'est retiré à minuit au milieu d'une acclamation qui, nous aimons à

Les fêtes de l'Exposition. — *Décor de la salle de l'Opéra lors du bal donné par les comités d'admission le 18 décembre 1897, d'après la maquette de M. Jambon.*

programme. Aussitôt M. Jambon s'est mis à brosser, avec sa maîtrise habituelle, une superbe toile de fond représentant le Palais de l'Électricité fulgurant

le supposer dans un tel milieu, n'avait rien de préparé. La joie, sous l'irradiation de cette féerie bienfaisante, était sincère.   G. Comtesse.

Mineurs au travail.

Si la fête donnée à l'Opéra par les comités d'admission compta comme la première en date des solennités célébrées en l'honneur de l'Exposition de 1900, c'est qu'un public nombreux avait répondu à l'appel des organisateurs et que la presse, aux mille trompettes, avait répandu au loin l'annonce de la fête, de même qu'elle avait sonné toutes ses fanfares pour constater son heureux succès.

Cependant, diverses réunions, plus modestes, il est vrai, avaient groupé déjà jurys et comités des Expositions précédentes, auxquels se sont adjoints les nouveaux membres des comités d'admission nommés pour 1900, qui n'ont pas fait partie des jurys antérieurs. Notre illustration est un témoin humoristique d'une fête de ce genre. Notre collaborateur M. A. Robida a représenté le xix⁰ siècle, sous les traits du docteur Faust, mais un Faust fin de siècle, qui ne s'embarrasse pas des matras des anciens alchimistes, et qui a garni son laboratoire de l'outillage de la science moderne. Le docteur Faust va retrouver une nouvelle jeunesse, au xx⁰ siècle naissant, et pour premier présent, la ville de Paris, sous les traits d'une plantureuse Marguerite, lui offre, sur un plateau, les palais que l'Exposition de 1900 va faire surgir du sol. Cette soirée, précédée d'un banquet, avait eu lieu le 6 mai 1896 ; elle se renouvela le jeudi soir 2 décembre 1897. Les membres des jurys et comités des Expositions universelles auxquelles a participé officiellement la France depuis 1878, c'est-à-dire Paris (1878), Amsterdam (1883), Anvers (1885), Barcelone (1888), Paris (1889), Chicago (1893), Lyon (1894), Bruxelles (1897), et Paris (1900), se réunissaient en un banquet de cinq cents couverts à l'hôtel Continental ; ce banquet était suivi d'une soirée dramatique et musicale, à laquelle étaient conviées les mères, sœurs, femmes et filles des assistants.

Nous n'avons d'autres détails à noter dans les souvenirs de cette intéressante réunion que le discours de M. Alfred Picard, qui s'est révélé en cette occasion sous un aspect moins sévère que celui que la légende lui attribuait jusqu'alors. La légende, excessive en ces tendances, ainsi que toutes les légendes, s'appliquait à représenter le commissaire général de l'Exposition de 1900, comme un savant hérissé de chiffres, un travailleur acharné, qui ne voit rien en dehors de l'œuvre pratique, une sorte d'ascète presque perdu dans les déserts de l'algèbre et des sciences transcendantes. M. Alfred Picard a charmé l'assistance en déclarant que l'Exposition projetée devait être *athénienne*, c'est-à-dire réaliser cet idéal de goût, de mesure, et surtout de grâce que réveille en nos esprits la ville de Périclès et des Muses. M. Alfred Picard termina son discours en rappelant les paroles d'un prédécesseur, M. Alphand, qui, à propos de l'Exposition de 1889, répétait, à qui voulait l'entendre : « Somme toute, il n'y a que les femmes pour assurer le succès d'une Exposition. »

---⟩○○⟨---

L'anthracite et les autres combustibles

MINÉRAUX

La houille n'est qu'un des aspects variés sous lesquels se présente le combustible minéral, suivant l'âge des couches où l'on rencontre ses gisements. Elle représente une phase intermédiaire dans la série de transformations que subit le *charbon fossile*, depuis l'état de *tourbe* jusqu'à celui d'*anthracite*, en passant par le *lignite*.

En effet, dans les conditions variables de chaleur et de pression, le lignite se transforme en houille bitumineuse, et celle-ci en anthracite. L'anthracite n'est donc que de la houille privée de bitume par le métamorphisme, une espèce de coke naturel.

Voici un tableau qui indique la moyenne des résultats obtenus en calcinant, dans un creuset couvert, les diverses variétés de combustible :

	(Carbone et cendres.)	(Eau, bitume, gaz)
Anthracite	90	10
Houille dure	80	20
Houille collante	70	30
Houille grasse	65	35
Houille maigre	55	45
Lignite	45	55

Nous ne nous occuperons, dans cet article, que de l'anthracite, du lignite et de la tourbe.

L'anthracite est une substance compacte

L'ANTHRACITE. — *Voie ferrée dans la mine.*

et dure, d'un noir brillant, renfermant 8 à 10 p. 100 d'impuretés (silice, alumine, oxyde de fer, pyrite de fer). Il brûle difficilement, lentement, avec une flamme courte et peu persistante, sans fumée et sans odeur.

On a longtemps considéré l'anthracite comme incombustible, parce qu'on ne savait pas s'en servir. Une fois enflammé avec du bois ou de la houille, il produit une chaleur beaucoup plus intense que celle qu'on obtient avec les autres combustibles.

Son absence d'odeur l'a même fait adopter dans le chauffage domestique pour l'alimentation des poêles à combustion lente.

L'anthracite se trouve particulièrement dans les terrains antérieurs au carbonifère, mais on le trouve également dans des formations plus élevées, telles que les terrains houillers (Anzin), le lias alpin (Dauphiné, Tarantaise), etc.

En France, les dépôts les plus considérables d'anthracite se trouvent sur les bords de la Loire, entre Nantes et Angers, dans les départements de la Mayenne et de la Sarthe. On en rencontre aussi, décrépitant au feu et peu pyriteux, dans les Alpes du Dauphiné, près de Grenoble, et en Bourbonnais ; dans les Pyrénées et dans la Savoie.

L'anthracite se trouve encore en Saxe, en Bohême, en Espagne, en Angleterre, en Écosse ; mais le plus riche bassin anthracifère européen est certainement celui de la Haute-Silésie.

Contre 24 fosses, d'où 4118 ouvriers extrayaient 645 235 tonnes en 1844, — il y avait, en 1894, 68 fosses, 51 204 ouvriers et 16 936 101 tonnes ; — en 1895, 69 fosses, 53 167 ouvriers, 18 063 906 tonnes ; — en 1896, 72 fosses, 54 325 ouvriers, 18 604 023 tonnes ; — en 1897, 72 fosses, 55 200 ouvriers, 19 317 219 tonnes.

L'anthracite de la Haute-Silésie est de qualité excellente. La série des filons est presque inépuisable. Le salaire moyen des mineurs est de 2 fr. 85 par jour, et le prix de vente de la tonne sur les lieux de production d'environ 18 francs.

En 1875, on a découvert dans le nord de la Russie, sur la côte du lac Onéga, un gisement d'anthracite. Il se trouve à 32 mètres au-dessous de la surface et possède 3ᵐ,50 d'épaisseur ; plus bas, il y a trois autres couches, ayant presque la même épaisseur. Le gouvernement russe a entrepris l'exploitation de ces mines. Le combustible est vendu en briquettes de deux sortes : l'une composée de 7 p. 100 de bitume, 25 p. 100 de charbon et 68 p. 100 d'anthracite ; — l'autre, de tourbe et d'anthracite presque à parties égales, avec une petite portion de bitume. Le prix de la première qualité à Saint-Pétersbourg varie de 21 fr. 25 à 27 fr. 50 par tonne. La production totale d'anthracite en Russie est annuellement d'environ 600 000 tonnes.

La production européenne, déjà considérable, est dépassée par celle des gisements d'anthracite de la Pensylvanie (États-Unis), les plus puissants du globe. Ils occupent une superficie approximative de 1 230 kilomètres carrés, renfermant exclusivement de l'anthracite peu pyriteux, convenable pour les hauts-fourneaux. Trois cents exploitations distinctes, où travaillent plus de cent mille ouvriers, y donnent une production annuelle d'environ 40 millions de tonnes.

Notre deuxième dessin est la vue générale d'un de ces sièges d'exploitation, à Morrea.

L'ANTHRACITE. — *Vue générale d'une exploitation d'anthracite à Morrea (Pensylvanie).*

Le point saillant du paysage est le hangar qui abrite l'échafaudage du puits d'extraction.

Des cloisons divisent le puits de Morrea en trois compartiments distincts. L'un de ces compartiments sert à la ventilation, qui s'effectue au moyen d'un ventilateur de 10ᵐ, 50 de diamètre, débitant 5 660 mètres cubes d'air par minute. Le second compartiment est réservé aux pompes d'exhaure ; le troisième est celui où montent et descendent les cages, déversant au jour cent tonnes d'anthracite par heure.

Dans les galeries, le combustible se présente en couches intercalées entre des bancs de grès et de schistes.

Notre troisième dessin représente le cas assez rare d'entrée de galeries de roulage à flanc de montagne, sans puits d'accès.

L'exploitation de l'anthracite ne diffère en rien de l'exploitation de la houille, et nous n'avons qu'à renvoyer le lecteur à ce qui a été dit à ce sujet dans de précédents articles.

Nous nous contenterons de donner, d'après des photographies au magnésium, l'aspect intérieur des galeries de mines d'anthracite.

Nous insisterons davantage sur le triage de ce combustible, qui se fait au moyen de procédés que nous n'avons pas encore décrits, et que représente le dessin ci-contre.

C'est au voisinage des puits que sont situés les grands hangars métalliques ou halles de triage. L'anthracite y arrive par wagonnets circulant sur des voies ferrées, qui le déchargent sur des plans inclinés formés de barreaux à l'écartement de 10 centimètres. Les morceaux d'anthracite d'une grosseur supérieure à 10 centimètres de côté arrivent sur une plate-forme en tôle, légèrement inclinée, où les *trieurs* (généralement des femmes ou des enfants) les débarrassent des parties schisteuses qui y adhèrent encore. Ces déchets vont, par des plans inclinés, remplir des wagonnets, qui les transportent jusqu'à ces amoncellements de scories que l'on voit autour de toutes les exploitations. Le bon combustible est porté par une trémie entre deux cylindres concasseurs qui le brisent en fragments de la grosseur exigée pour l'utilisation à laquelle il est destiné. On broie également l'anthracite très schisteux pour en dégager le schiste. Le nettoyage et le lavage s'opèrent par les mêmes procédés que nous avons déjà décrits pour la houille.

Si l'anthracite est un combustible fossile de formation antérieure à celle du terrain houiller,

L'ANTHRACITE. — *Triage et nettoyage du minerai.*

les *lignites*, au contraire, sont de formation postérieure. Ils se trouvent à la base des terrains tertiaires, et quelquefois ils conservent encore la forme et même la structure intime des végétaux qui les ont formés. Toutefois, les grandes masses sont compactes ou schistoïdes, sans aucune apparence de tissu organique : la matière présente alors une certaine analogie extérieure avec la houille, dont elle diffère cependant par un moindre éclat. Les lignites sont d'ailleurs plus impurs que la houille ; ils s'allument et brûlent facilement en donnant de la flamme et une fumée épaisse, le plus souvent fétide.

La France renferme beaucoup de dépôts de lignites, surtout dans les départements du Midi. Leur exploitation et leur utilisation n'ont présenté en ce siècle rien de particulièrement intéressant.

La *tourbe* est d'origine encore plus récente que les lignites. Elle se forme journellement, surtout par l'accumulation des végétaux qui croissent dans les marais, et particulièrement des cypéracées, des sphaignes et des conferves, qui vivent toujours submergées. Par suite même de ce mode de formation, elle contient une très grande quantité de matières étrangères et présente une certaine analogie avec le *terreau*, moins les sels solubles et les phosphates qui font de celui-ci un engrais.

La tourbe couvre quelquefois des espaces immenses, dans les parties basses des continents, remplissant les bas-fonds de larges vallées, dont la pente peu considérable s'oppose à l'écoulement des eaux.

Les plus grandes tourbières de France se trouvent dans la vallée de la Somme, entre Amiens et Abbeville. Il y en a aussi de considérables aux environs de Beauvais, dans la vallée de l'Ourcq, et près de Dieuze. La plupart des belles prairies de la Normandie reposent sur la tourbe. La Hollande, qui n'a pas d'autre combustible, en renferme une grande quantité. Les tourbières s'étendent jusque dans la Westphalie, le Hanovre, la Russie et la Sibérie. Elles abondent sur les côtes de la Finlande, de la Scanie, du Danemark et du Groenland.

Dans les pays où elle abonde, la tourbe est employée, de temps immémorial, comme combustible. On l'extrait, à l'aide d'espèces de cuillers, des terrains marécageux, puis on lui donne la forme de briquettes et on la fait sécher. Comme elle exhale une odeur désagréable, on ne s'en sert guère pour les usages domestiques, mais elle est très propre à la cuisson de la brique et de la chaux. Le pouvoir calorifique de la tourbe étant environ moitié moindre que celui de la houille, on s'est ingénié à l'augmenter en la comprimant avec une presse hydraulique, après l'avoir préalablement desséchée, soit en plein air, soit dans une étuve. Desséchée à 100°, elle subit un retrait, est noire, et contient 50 p. 100 de carbone, c'est-à-dire, à peu près la même quantité que le bois sec. Les pains ainsi obtenus sont employés avec grand avantage pour plusieurs opérations métallurgiques.

Quelquefois aussi, la tourbe, broyée dans des moulins, blutée comme de la farine pour en extraire les matières terreuses, est moulée en briques de dimensions convenables. Ou bien, on la fait sécher, on y ajoute du poussier et du goudron de houille, et l'on en fait des blocs d'une grande dureté qui ont toutes les qualités de la houille.

Enfin, on distille la tourbe en vase clos pour en obtenir des produits gazeux et du coke éminemment propre au chauffage, du goudron, et un liquide huileux dont on tire un très bon parti dans les arts.

PAUL COMBES.

L'ANTHRACITE. — *Entrée de la mine de Morrea (Pensylvanie).*

Le Petit Palais des Champs-Élysées

Le jugement du jury, en ce qui concerne les projets établis pour le concours du Grand Palais, avait reflété l'état d'esprit de ses membres, placés devant un ensemble d'œuvres, qui imparfaites chacune, se réclamaient, les unes et les autres, d'un effort artistique considérable. Le champ des interprétations individuelles avait été largement ouvert, de là provenaient les hésitations et les nombreux tours de scrutin, préliminaires du jugement définitif. Il ressortait, de ce jugement, comme nous l'avons dit précédemment (1), que le jury, tout en rendant hommage au mérite de chacun des concurrents, reconnaissait que le but n'avait pas été atteint d'emblée, et que nul des projets récompensés n'était, tel quel, suffisamment étudié pour être exécuté sans modifications importantes. Cependant, on s'accordait à reconnaître que le plan élaboré par M. Louvet, la première prime, répondait, dans les meilleures conditions, aux *desiderata* du programme. C'était un point de départ sérieux.

Il restait un autre point, non moins sérieux, à fixer, celui de l'apparence extérieure, c'est-à-dire le parti pris à adopter pour les façades, et surtout pour la façade principale. On pouvait reprocher, à chacun des concurrents, d'avoir exagéré outre mesure la hauteur des façades et celle des nefs centrales. Il résultait de cette exagération un fait à noter : la longueur de façade, sur l'avenue nouvelle, est de 240 mètres ; or chacun des projets, en surélevant outre mesure la hauteur de la façade, réduisait proportionnellement l'impression d'étendue, et déterminait ce que l'on nomme un hors-d'échelle. Cette erreur de proportion se fût traduite, dans l'exécution, par une impression bien différente de celle qu'il était logique de poursuivre et de réaliser.

C'est à cette constatation qu'il faut attribuer la décision des juges, quand ils tombèrent d'accord sur ce fait qu'aucun des projets n'était à construire sans de profonds remaniements.

Pour le Petit Palais, la décision fut tout autre ; les délibérations du jury se simplifièrent, et l'unanimité se produisit au bénéfice de M. Girault, à qui la première prime fut attribuée, en même temps que le jury recommandait à l'administration l'exécution conforme au projet qu'il venait de récompenser. La deuxième prime était décernée à MM. Cassien-Bernard et Cousin ; la troisième à MM. Toudoire et Pradelle ; la quatrième à M. Mewès ; la cinquième à MM. Deperthes père et fils. Ces primes s'élevaient respectivement à 5 000, 4 000, 3 000, 2 000 et 1 000 francs.

Nous donnons, ci-contre, des croquis représentant les façades principales de chacun des concurrents, et de plus, deux plans : celui du projet de M. Girault et celui de MM. Cassien-Bernard et Cousin, ces deux plans, avec des variations, représentant les partis adoptés par les concurrents. L'exemple est topique dans l'espèce ; il permettra à chacun, si peu versé qu'il soit dans ces questions techniques, de comprendre et de saisir les sentiments qui ont guidé le jury dans son jugement.

Le plan trapézoïdal de M. Girault a pour premier objet d'utiliser dans son étendue la superficie à construire ; les salles sont normales d'aspect, elles se relient bien, elles s'éclairent facilement. Le plan de la deuxième prime est séduisant dans son ensemble, mais il est aussi peu pratique que possible. Les deux portiques circulaires, qui font

l'effet des pinces d'un monstrueux crabe, symétriquement écartées, n'ont qu'une valeur décorative ; ils ne servent et ne riment à rien. Ils constituent des difficultés de construction fort coûteuses et ne forment qu'un ornement discutable.

Ce parti pris de façade circulaire a néanmoins produit un monument gracieux au possible, et que l'on pourrait considérer comme un chef-d'œuvre ; ce monument est celui de Longchamp, à Marseille. Deux corps de bâtiment, l'un consacré à une bibliothèque, l'autre à un musée de peinture, sont réunis par un portique circulaire, que coupe, en son axe, un motif de château d'eau. L'ensemble est d'une rare noblesse et dégage un charme spécial. La loi mystérieuse des proportions, que nul n'a su codifier, a été réalisée ici dans ses indéfinissables exigences ; les rapports de hauteur et de largeur sont tels qu'on n'y pourrait rien modifier sans dommage. D'autre part, le souci des détails, le goût de l'ornementation sont irrépro-

M. GIRAULT, *architecte, titulaire de la 1re prime du Petit Palais des Champs-Élysées.*

chables ; c'est une œuvre parfaite, et le nom de l'architecte Espérandieu est de tout point digne de passer à la postérité.

Le souvenir du palais de Longchamp a hanté souvent les architectes, et plus d'un a voulu donner un pendant à ce bijou architectural. C'est à une hantise de ce genre que nous devons la construction du palais du Trocadéro. Pour être amplifiée, l'imitation n'en est que plus malheureuse, et cette gigantesque construction a rallié l'unanimité des critiques à son détriment.

Les vastes portiques elliptiques n'ont jamais servi à quoi que ce soit ; ils accostent une lourde bâtisse, immense salle de concert dont le moindre défaut est d'être parfaitement inapte à sa destination, car il n'est pas un autre lieu au monde qui soit aussi défectueux au point de vue de l'acoustique. Ces portiques masquent des salles d'exposition qui, par leur forme curviligne, ne laissent pas au visiteur une reculée suffisante pour voir d'ensemble les grands morceaux de sculpture qui y sont exposés. Quant aux façades, elles sont d'une banalité désespérante.

Le palais du Trocadéro n'était donc pas un exemple dont on pût se réclamer pour bâtir sur ce plan un nouveau bâtiment d'exposition. Cependant, certains des concurrents, pour le concours du Petit Palais, avaient réédité ce parti d'architecture, fertile en naufrages. Cela tenait sans doute à ce que l'administration de l'Exposition de 1900, après le premier concours général, avait élaboré un plan d'ensemble, dans lequel, *grosso*

modo, les bâtiments à construire étaient figurés ; or le Petit Palais, dans ce document qui n'avait qu'une valeur d'esquisse, était figuré avec le double portique en tentacules. Les concurrents qui sacrifièrent au portique circulaire s'étaient imaginés sans doute, qu'ils répondaient ainsi à un vœu secret des hautes directions, en quoi ils se trompèrent fort, car le jury, fidèle à la simple logique, repoussa, sans débats, cette forme fallacieuse.

Ce sentiment, M. Pascal, rapporteur du jury, l'exprimait en ces termes : « Le jury ayant été utilement consulté pour savoir s'il entendait conseiller le parti demi-circulaire adopté par plusieurs concurrents en une disposition qu'on peut comparer à celle du palais de l'Institut, à l'extrémité du pont des Arts, tout en reconnaissant le charme de cette combinaison gracieuse, semble avoir accusé sa préférence pour la façade droite, qu'on voit notamment dans la première prime, dans le projet de M. Girault. Le frontispice demi-circulaire donne un air de place, particulièrement séduisant en sortant du Grand Palais, au large espace qui les sépare ; il fausse peut-être cette sensation d'avenue qu'il est nécessaire de maintenir pour guider l'œil vers le fond du décor, vers ce dôme des Invalides en faveur duquel, pour une grande partie, tous ces changements à vue vont s'opérer, et pour éviter ce vague dans les formes, cette indécision dans les perspectives de ville, que produisent les trop grands espaces, témoin la place du Carrousel, avec ses jardins de remplissage. »

Il n'est pas inutile de rappeler, en passant, que le Petit Palais est appelé à abriter, pendant la durée de l'Exposition, les collections d'art rétrospectif, et qu'il deviendra ensuite un des musées d'art de la ville de Paris, à qui il doit faire retour.

Quelques citations supplémentaires du remarquable rapport de M. Pascal seront le meilleur commentaire de notre dessin représentant les projets primés, et fourniront au lecteur les raisons auxquelles le jury a obéi en décernant ses récompenses :

« Un seul tour de scrutin fit sortir, par vingt-six voix, le nom de M. Girault, avec sa combinaison charmante d'un étage sur un haut-soubassement, son jardin demi-circulaire, qui séduisit tout le monde, ses doubles galeries le pourtournant, — sculpture et peinture de plain-pied, — sa façade brillante, avec un centre en avant-corps mouvementé, et deux pavillons d'angle. De légères critiques s'étaient fait entendre, auxquelles il sera aisé sans doute de pourvoir, sur la façon dont se présenteraient les façades secondaires sur les Champs-Élysées pour lesquels elles doivent constituer un ornement précieux.

« Un autre tour de scrutin attribua la seconde prime à MM. Cassien-Bernard et Cousin, déjà si remarqués pour leur Grand Palais. Deux ailes en quart de cercle de portiques à deux étages, plus décoratifs qu'utilisables, relient de petits pavillons extrêmes à un joli centre qu'encadrent des escaliers doubles, eux-mêmes circonscrits par des galeries d'exposition superposées. La surface des musées serait moins grande que dans le projet précédent. Mais il y a une telle souplesse d'étude dans le plan, un tel charme dans la façade, qu'on peut tout pardonner à cette composition, digne de notre promenade célèbre.

« MM. Toudoire et Pradelle, troisième prime, ont un projet très classique, d'un joli caractère antique, présentant de bonnes façades latérales, et pour la principale façade deux portiques, en arc de cercle aussi, conduisant à un vestibule trop enfoncé en arrière. Les escaliers droits, un peu froids, fermant la perspective de l'entrée, conduisent à un premier étage d'importance assez secondaire...

Projet de MM. Touboire et Pradelle (3e prime).

Projet de M. Mewès (4e prime).

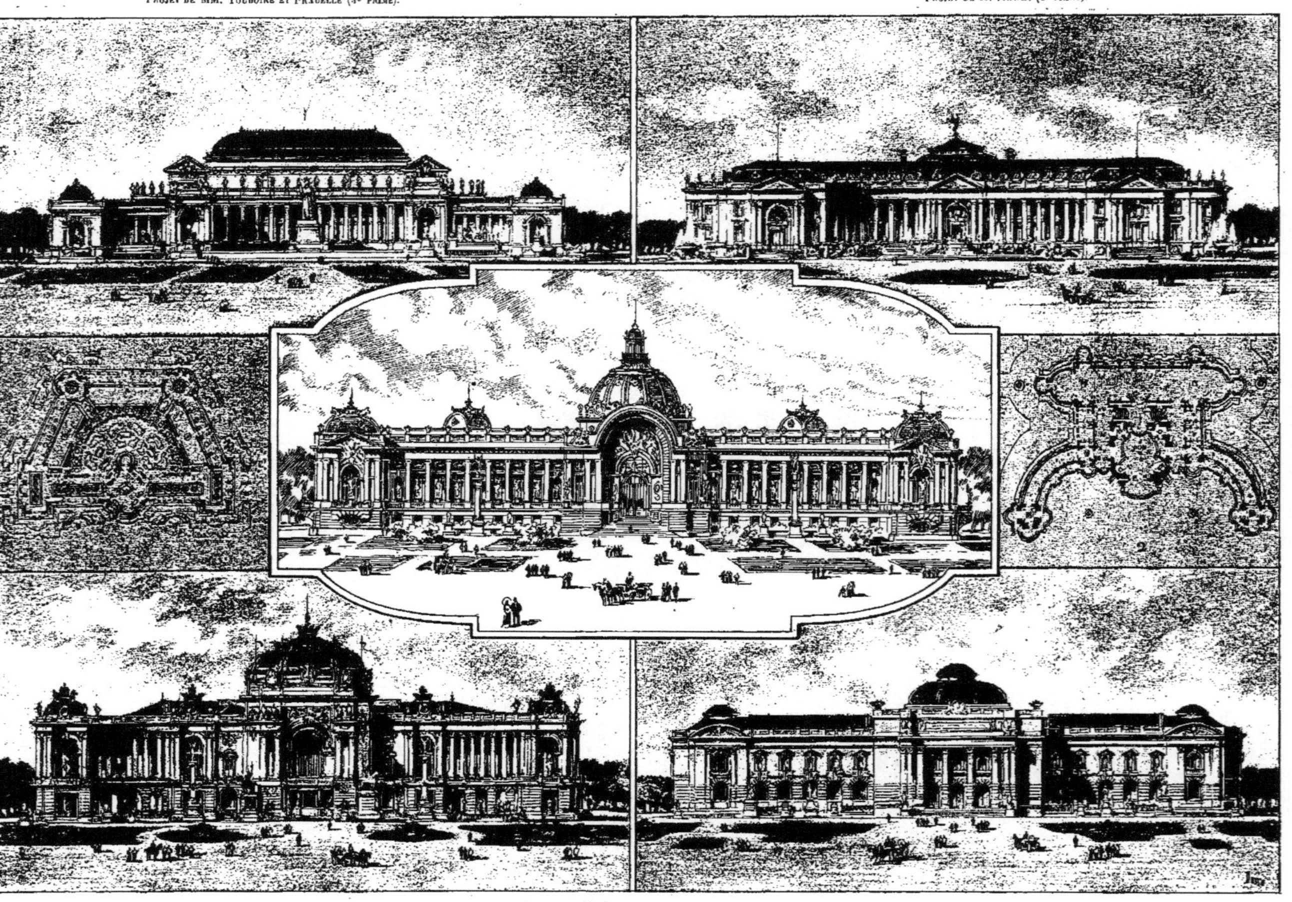

Projet de MM. Cassien-Bernard et Cousin (2e prime).

Projet de M. Girault (1re prime).

Projet de MM. Deperthes père et fils (5e prime).

Les premiers concours. — LE PETIT PALAIS DES CHAMPS-ÉLYSÉES.

(1. Plan du projet de M. Girault ; 2. Plan du projet de MM. Cassien-Bernard et Cousin.)

« La quatrième prime est attribuée à M. Mewès; il s'est logé délibérément dans la forme trapézoïdale du plan, en faisant son édifice demi-circulaire, avec des galeries et des portiques concentriques. On peut mettre en doute si cette forme se prêterait aisément à des expositions de peinture; on peut trouver un peu tourmentées les salles arrondies rattachées extérieurement par de petits portiques à la salle du grand axe ; on peut chercher comment s'éclairerait la grande galerie circulaire centrale, mais il est impossible de rencontrer plus de grâce dans la grandeur, plus de souplesse dans l'ajustement, une meilleure physionomie pour la façade de ce qu'on appelle le Petit Palais.

« La cinquième récompense est échue à MM. Deperthes père et fils. Ils ont fait un emploi judicieux de la surface accordée, se sont préoccupés de donner des emplacements importants à leur musée, ont bien combiné leur plan. Les façades, un peu lourdes, n'auraient pas le charme délicat des compositions après lesquelles elles sont classées, mais elles sont, comme le reste, justes et dignes d'une récompense.

« A la suite du résumé de ces opérations, une demande de solution pour le Petit Palais fut présentée en séance et un double vote décida que le projet sorti le premier, celui de M. Girault, serait exécuté, bien entendu avec toutes les modifications que l'administration pourrait réclamer, et que cet artiste serait chargé de l'exécution. »

On ne saurait qu'applaudir à cette décision. Les longs remaniements, les changements, les repentirs aboutissent rarement à un résultat complet en matière d'art ; l'œuvre sent toujours l'huile et l'effort. Rien ne remplace la verve primesautière d'une esquisse heureuse, venue du premier coup.

G. Moynet.

La Physique et les Physiciens

(suite) (1)

La première idée de la pile se trouve en germe dans une expérience très simple. Si l'on plonge dans de l'eau acidulée à l'acide sulfurique une lame de zinc du commerce, une action très vive a lieu ;

R.-W. Bunsen.

le zinc se dissout, et une quantité considérable d'hydrogène se dégage. C'est même là le procédé employé généralement pour la préparation du gaz hydrogène. Mais si, au lieu du zinc ordinaire qui contient des impuretés, on emploie du zinc dis-

(1) Voir page 27.

tillé parfaitement pur, l'action devient extrêmement lente, les bulles d'hydrogène restent adhérentes à la lame et la protègent contre l'attaque ultérieure de l'acide. Si maintenant, on place dans le même liquide une lame ou un fil de platine, aussitôt que les deux métaux se touchent par un point, l'action prend une grande énergie ; le zinc se dissout et l'hydrogène se dégage, mais sur le platine et non plus sur le zinc. Aussitôt que le contact des deux métaux cesse, toute action sur le zinc et tout dégagement d'hydrogène sont suspendus. Cette importante expérience, due au physicien De la Rive, permet d'expliquer la différence d'action de l'acide

Couple de Bunsen monté.

sulfurique sur le zinc pur et le zinc impur ; les particules hétérogènes (de fer ou d'autres métaux) qui se trouvent à la surface du zinc du commerce jouent le même rôle que le platine. Supposons que les deux métaux ne se touchent pas dans le liquide mais en dehors, l'action chimique se produit dans le liquide. Elle se manifeste encore si, au lieu de mettre les deux lames métalliques en contact direct, on les met en contact l'une avec la partie supérieure, l'autre avec la partie inférieure de la langue, et on perçoit une légère sensation comme d'une faible secousse électrique et un goût particulier. Si l'on place sur la partie sèche du zinc, une bande de papier trempé dans l'iodure de potassium et qu'on touche ce papier humide avec le platine, on voit une tache bleue se déceler, ce qui montre que l'iodure a été décomposé. Ces expériences peuvent encore être exécutées si l'on attache au zinc et au platine deux fils métalliques même très longs et qu'on opère avec les extrémités libres de ces fils. Enfin, si on porte un de ces fils dans le voisinage d'une aiguille aimantée librement suspendue, on la voit dévier légèrement aussitôt que le contact est établi entre les extrémités libres des fils.

Ces différentes observations autorisent à dire que ces fils sont le siège d'un phénomène particulier qui est la cause des diverses actions physiologiques, chimiques et magnétiques que nous venons de mentionner. L'analogie de ces phénomènes avec ceux que produisent les machines électriques à plateau de verre est facile à saisir. On dit qu'un courant électrique parcourt le fil et l'on voit, par tous ses effets, qu'il agit d'une manière continue.

Dans ce qui précède nous avons montré comment le zinc pur et le zinc ordinaire du commerce se comportent différemment dans les éléments de pile. Il en résulte que, quand on emploie du zinc pur, il n'y a pas de courant local à sa surface, et que l'électricité produite passe tout entière dans le circuit interpolaire et qu'enfin l'hydrogène se dégage sur le cuivre. Si, au contraire, on emploie du zinc du commerce, le dégagement d'hydrogène a lieu, pour la plus grande partie, sur sa surface ; il y a lieu d'en conclure qu'une très grande partie de l'action chimique est perdue pour la génération du courant électrique. Ainsi, dans la construction des piles, l'emploi du zinc pur présente des avantages très importants, mais cette matière est d'un

prix trop élevé. Heureusement on a découvert un artifice assez simple pour conférer au zinc du commerce les propriétés du zinc pur. Il suffit pour cela de l'amalgamer, c'est-à-dire de répandre du mercure à sa surface, de manière à y constituer une couche d'une combinaison de zinc et de mercure. Ce stratagème a marqué un progrès considérable dans l'usage des piles.

La pile de Volta et ses dérivées, qui ont toutes pour caractère d'être composées de deux métaux et d'un seul liquide, présentent le grave inconvénient de donner des courants dont l'intensité décroît rapidement. Cet affaiblissement est dû à deux causes : la première est le décroissement des actions chimiques par la neutralisation de l'acide sulfurique à mesure qu'il se combine avec le zinc ; la seconde provient des *courants secondaires*. On nomme ainsi des courants qui se manifestent dans les piles en sens contraire du courant principal, et le neutralisent en totalité ou en partie. M. A.-C. Becquerel a reconnu que ces courants sont engendrés par des dépôts qui se font sur les lames zinc et cuivre des couples. On dit alors que les piles *se polarisent*. C'est un phénomène très important à connaître, car les piles sont d'autant meilleures qu'elles se polarisent moins. Les perfectionnements les plus importants qu'on ait apportés aux piles sont ceux qui ont eu pour objet de diminuer ou de supprimer la polarisation.

La première pile à courant constant est due à M. A.-C. Becquerel, en 1829. Elle est à deux liquides susceptibles de réagir l'un sur l'autre. Ils sont séparés par une cloison qui laisse passer facilement le courant, mais ne permet pas au zinc d'aller se déposer sur le cuivre. Depuis on a beaucoup varié la construction de ces piles ; les plus en usage sont la pile Daniell sous ses différentes formes, et celle de Bunsen. C'est en 1836 que le chimiste anglais Daniell conçut la pile qui porte son nom.

L'étude de l'élément Daniell a conduit à la création d'une industrie aujourd'hui considérable, celle de la galvanoplastie. M. Jacobi, en Russie, et M. Spencer, en Angleterre, ayant remarqué que le cuivre qui se dépose sur l'électrode cuivre est tellement fin qu'il reproduit les plus légères inégalités de la surface de cette électrode, songèrent à utiliser ce mode de moulage, et montrèrent son utilité pratique. Nous ne pensons à entrer dans le détail de ces procédés, nous voulons dire seulement que la méthode la plus simple pour déposer du

Maurice-Hermann Jacobi.

cuivre galvanoplastique, consiste à monter un grand élément Daniell à vase poreux. Pour combattre avec succès la polarisation des électrodes, on a recours à des substances chimiques capables d'absorber l'hydrogène à mesure qu'il se dégage sur l'électrode négative. Le plus souvent c'est un second liquide qu'on emploie pour cet objet, l'acide azotique usité dans l'élément. Bunsen construit en 1843 est éminemment propre à cette fonction.

On peut obtenir des résultats analogues à ceux que donnent les acides riches en oxygène, en employant des oxydes, comme, notamment, le peroxyde de plomb et le bioxyde de manganèse. Le physicien genevois De la Rive a construit, vers 1848, une pile dont la dépolarisation était obtenue par le peroxyde de plomb. Dès la même époque, il fit une pile analogue à la précédente en substituant le peroxyde de manganèse au peroxyde de plomb. Il trouva que la pile ainsi réalisée était inférieure à la précédente. Elle était tombée dans l'oubli quand M. Leclanché commença ses travaux qui aboutirent à la production d'une des piles les plus répandues aujourd'hui.

La préoccupation constante des physiciens et des fabricants de piles doit être de dépolariser l'électrode conductrice en l'entourant de corps qui abandonnent facilement de l'oxygène ou du chlore; ces gaz se combinent avec l'hydrogène dégagé dans le fonctionnement de la pile et empêchent ou diminuent la polarisation de l'électrode. Au lieu d'employer des corps propres à fournir de l'oxygène ou du chlore par leur décomposition, on peut placer autour de l'électrode des mélanges de deux substances dont la réaction mutuelle dégage de l'oxygène ou du chlore. Tous les moyens indiqués dans les traités de chimie pour la préparation de l'oxygène et du chlore permettront de réaliser une pile, pile à chlorate de potasse et acide sulfurique, à bichromate de potasse et acide sulfurique, à bioxyde de manganèse et acide chlorhydrique.

Dans tout système de machines en mouvement, on aperçoit une force ou cause de mouvement et des résistances qui s'opposent plus ou moins au mouvement et tendent à le ralentir ou même à le faire cesser. Si l'on considère, par exemple, un moulin à vent, on voit de grandes ailes qui, sous la pression du vent, font tourner des meules pour moudre du blé. Dans cet ensemble, nous reconnaissons la force ou cause de mouvement ou force motrice, et la résistance qui est le travail des meules. Un examen attentif révèle ensuite que la résistance est complexe et qu'il y a lieu de distinguer celle qui correspond à un travail utile comme la mouture et celle qui résulte des résistances passives, des frottements des différentes pièces en

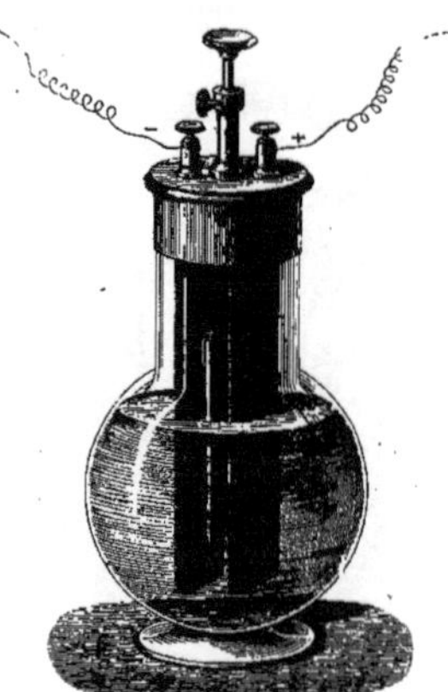

Pile au bichromate de potasse.

mouvement et de certains phénomènes secondaires.

Dans un circuit parcouru par un courant électrique, on trouve précisément les mêmes termes: d'abord une force qui réside dans la pile et qu'on appelle *force électromotrice*, ensuite un travail, et enfin des résistances passives. Le travail peut consister dans le mouvement du marteau d'une sonnette, dans le mouvement d'un appareil télégraphique très éloigné de la pile, dans un appareil électromoteur, dans une décomposition chimique produite par le passage du courant, etc. Les résis-

M. Becquerel, membre de l'Institut.

tances passives tiennent à la circulation du courant dans les différentes parties du circuit et on les désigne sous le seul mot de *résistance* consacré par l'usage.

Comparons ce qui se passe dans une pile avec les phénomènes que l'on observe lorsqu'il s'agit de fluides pesants, l'eau, par exemple. En prenant nos comparaisons dans l'hydraulique nous ferons remarquer que ce n'est qu'une simple analogie lointaine. Supposons un réservoir rempli d'eau placé à un niveau élevé en communication avec une conduite inférieure fermée par un robinet. Implantons sur cette conduite une série de petits tubes ouverts, jouant le rôle de manomètres. Tant qu'il n'y a pas de débit, le robinet terminal étant fermé, ils indiqueront tous la même pression. Comme dans l'expérience des vases communiquants, le niveau de l'eau y sera le même que dans le réservoir. Ouvrons le robinet et laissons d'abord s'établir un courant de faible intensité, la perte de charge le long de la conduite sera faible et les manomètres indiqueront des pressions décroissantes à partir de l'extrémité de la conduite la plus rapprochée du réservoir jusqu'à celle qui est placée près du robinet. Mais au fur et à mesure que l'on ouvrira celui-ci, c'est-à-dire que la résistance au courant sera diminuée, on verra la perte de charge s'accentuer par les différences de niveau de l'eau dans les manomètres.

(*A suivre*). Émile Dieudonné.

LE RESTAURANT COOPÉRATIF
DES CHANTIERS DE L'EXPOSITION.

A chaque époque, on voit appliquer des idées nouvelles qui auraient semblé utopiques quelques années auparavant.

Voici, par exemple, le *Restaurant coopératif* où les nombreux ouvriers occupés sur les chantiers du pont Alexandre III et des palais en construction sur les Champs-Elysées, trouvent une nourriture à la fois saine, abondante et d'un prix modeste.

Dès le commencement des travaux de l'Exposition, les ingénieurs et les entrepreneurs furent frappés des difficultés que rencontraient les travailleurs pour se nourrir, surtout dans le voisinage des Champs-Elysées. A l'heure du repas, entre onze heures et midi, on voyait les ouvriers courir pour chercher dans des restaurants, souvent très éloignés du chantier, une nourriture dont le prix fût en rapport avec leurs ressources.

Dans le but de s'éviter cette gêne et cette fatigue la plupart finirent par rester dans le chantier, assis sur un moellon en guise de chaise, devant une pierre de taille en guise de table, sur laquelle ils déposaient la gamelle de fer-blanc dont ils se munissaient le matin ou que leurs femmes leur apportaient à midi. Ce repas en plein air était agréable dans la saison chaude, par un beau temps, à l'ombre des grands arbres; mais sous la pluie ou sous le givre, il devenait pénible.

L'administration de l'Exposition s'en émut, et dès l'hiver de 1895-1896 elle édifia sur les chantiers des Grands Palais un réfectoire en planches bien aéré, pourvu de bancs, de tables, où quatre-vingts ouvriers pouvaient s'abriter à l'heure des repas ou pendant les instants de repos de l'après-midi.

Les ouvriers pouvaient y déjeuner et leurs femmes avaient l'autorisation d'y préparer le repas du mari.

Cette installation ne suffit pas longtemps, à cause de l'augmentation du nombre des ouvriers qui atteignit quinze cents. La création d'un grand restaurant devint l'une des principales préoccupations du commissaire général, M. Alfred Picard. On pensa d'abord à confier cette entreprise à un adjudicataire et les demandes de concession affluèrent bientôt, toutes également recommandées et présentant à peu près les mêmes avantages et les mêmes garanties.

Il semblait que l'on n'eût que l'embarras du choix; mais c'était là précisément un écueil. M. Picard comprit qu'il allait faire naître une foule de mécontentements; et d'ailleurs, une étude approfondie de la question avait attiré ses préférences d'un autre côté.

Il prit la décision de créer un *Restaurant coopératif*, d'après un système nouveau, qui n'a rien de commun avec ce que l'on appelle les sociétés coopératives de consommation, où les coopérateurs versent eux-mêmes le capital de l'association et sont, par conséquent, sociétaires.

Une société de ce genre n'avait aucune chance de réussite, vu l'impossibilité d'astreindre les ouvriers à verser le capital.

M. Picard trouva mieux. Il forma une société anonyme au capital de 25.000 francs, divisé en 1000 actions de 25 francs.

En peu de jours, il trouva des bailleurs de fonds qui mirent à sa disposition le capital demandé, et cela moyennant le modique intérêt de 3 p. 100.

Dès que le capital fut à peu près assuré, M. Henry Boucher, ministre du commerce, signa l'arrêté suivant pour autoriser l'ouverture du « *Restaurant coopératif des chantiers des Champs-Elysées* » :

« Le ministre du commerce, de l'industrie, des postes et des télégraphes, sur la proposition du commissaire général, vu la demande formée au nom de la Société anonyme du Restaurant coopératif des Chantiers des Champs-Elysées, par M. O. Lumy, vu les statuts de cette Société, arrête:

« ART. 1. — La Société du Restaurant coopératif des Chantiers des Champs-Elysées est autorisée à établir sur l'emplacement A, indiqué au plan ci-annexé et pendant la durée des travaux de construction des nouveaux palais, un Restaurant coo-

Pile Leclanché.

pératif dans les conditions indiquées par les statuts ci-dessus visés.

« ART. 2. — Les plans définitifs, ainsi que toute modification des aménagements primitivement prévus, devront être soumis à l'approbation du commissaire général de l'Exposition.

« ART. 3. — La présente autorisation est essentiellement précaire et révocable sans indemnité, notamment dans le cas de dérogation aux statuts altérant le caractère philanthropique de l'œuvre entreprise.

« Art. 4. — L'administration de l'Exposition se réserve la faculté de déterminer les heures pendant lesquelles le Restaurant coopératif pourra être ouvert, d'exercer une surveillance sur la qualité des aliments fournis et d'une façon générale d'assujettir l'exploitation de ce restaurant à tous les règlements nécessaires dans l'intérêt de la salubrité, de l'hygiène et de la police des Chantiers.

« Art. 5. — Le commissaire général est chargé de l'exécution du présent arrêté.

« Paris, le 17 juillet 1897.

« Signé : Henry Boucher.

« Proposé par le commissaire général.

« Signé : A. Picard. »

Le siège social fut fixé au siège de la « Société de participation », 20, rue Bergère.

L'Association coopérative des sciences, des lettres et des arts voulut donner une nouvelle preuve de ses sentiments de solidarité. Les artistes et les gens de lettres qui la composent, séduits par la nouveauté de cette création, prêtèrent leur concours aux fondateurs du Restaurant coopératif, et c'est dans leur local, 16, cité d'Antin, que les réunions préparatoires eurent lieu et que la Société se constitua définitivement.

Les frais de l'installation furent réduits au strict indispensable, le ministre du commerce fournissant à titre gratuit l'emplacement nécessaire à la construction d'un vaste restaurant.

Quoique commerciale dans ses moyens, la Société n'avait pour but aucun lucre, tous les avantages étant destinés aux ouvriers, ainsi qu'elle le prouva en fixant dans ses statuts le partage des bénéfices de la manière suivante :

15 p. 100 doivent être versés tout d'abord aux réserves;

3 p. 100 seront employés à la rémunération du capital ;

10 p. 100 sont attribués à la caisse de secours ;

30 p. 100 serviront au paiement du personnel (employés, cuisiniers, garçons de salle, etc.). Enfin le surplus (ou 42 p. 100) sera intégralement réparti entre les ouvriers consommateurs, au prorata de leurs dépenses, sur la production de tickets délivrés par la Société et portant chacun le total de chaque dépense journalière.

Le prix du repas complet, vin et café compris, fut fixé de 1 fr. 10 à 1 fr. 20.

D'après l'arrêté du ministre, le restaurant devait être établi à l'avenue Cours-la-Reine ; mais ce projet fut modifié et l'emplacement définitivement choisi se trouve en un point plus central, au ras du quai de la Conférence, en prolongement des chantiers du pont Alexandre III, du côté de la place de la Concorde.

A cet effet, l'on recula de 70 mètres la clôture du pont Alexandre III et les travaux commencèrent aussitôt avec activité.

Le restaurant se compose d'une vaste salle à manger de 64 mètres de longueur sur 30 mètres de largeur, pouvant recevoir 600 convives. A côté, se trouvent la lingerie, l'office, la cuisine avec de gigantesques fourneaux, et toutes les annexes nécessaires au service et à cinq cuisiniers accompagnés de leur aides.

Par les soins de M. Lamy, président du conseil d'administration de la Société, les murs ont été ornés de panoplies d'outils et d'assiettes en porcelaine décorée.

Sur la porte d'entrée de cette longue et légère construction en briques et en planches, on lit cette simple inscription :

Restaurant Coopératif.

A l'intérieur, d'étroites tables recouvertes de toiles cirées les jours ordinaires, et de nappes blanches les jours de gala, reçoivent les convives, servis par d'accortes petites bonnes, revêtues, comme dans les bouillons Duval, de bonnets blancs, d'un costume propret et de tabliers d'une blancheur éblouissante.

Telle est, en peu de mots, l'installation.

Elle fut inaugurée, le 10 novembre 1897, par un dîner d'amis, auquel furent conviés les cent et quelques ouvriers qui venaient d'achever les tra-

vaux du premier caisson (caisson de rive droite) du pont Alexandre III. Pour les remercier du grand effort qu'ils avaient fait en accomplissant cette rude besogne, leurs chefs les invitèrent à un repas intime, presque familial, sans discours ni président : tout au plus y eut-il une table d'honneur où prirent place les ingénieurs du pont, MM. Resal et Alby, l'entrepreneur, M. Letellier, et ses chefs de service.

Dès le début, à l'apéritif, composé d'un vertueux tonique, le kina-kola, M. Resal leva son verre à l'achèvement du deuxième caisson et, de suite, les convives attaquèrent le repas copieux, quoique peu compliqué : pâté, gigot aux haricots, poulet rôti, salade, fromages et desserts, café, liqueurs.

La véritable inauguration eut lieu le dimanche suivant, 10 novembre 1897, en présence de MM. Cheysson, Robert, Kergall, etc., et sous la présidence de M. E.-O. Lamy. Pour la première fois, les ouvriers payant leur écot furent admis à prendre leur repas au Restaurant coopératif. Quelques-uns hésitaient encore et préférèrent déjeuner dans le chantier, comme par le passé. Mais au bout de peu de jours, quand ils virent que la nourriture est copieuse, saine et à bon marché, que le service est proprement et rapidement fait, les plus défiants se décidèrent, si bien que le restaurant

reçoit plus de 400 convives à l'heure du déjeuner.

Il y en a toujours un certain nombre qui se tiennent à l'écart et ne sont pas plus mal vus pour cela dans les chantiers, car chacun est libre.

Et pourtant, cette création si philanthropique du Restaurant coopératif souleva bientôt des réclamations et des récriminations, de la part des restaurateurs des environs, dont M. Maurice Binder, député du quartier, se fit le porte-parole au Palais-Bourbon.

Dans la séance de la Chambre des députés du 5 février 1898, M. Maurice Binder porta à la tribune législative une question à M. le ministre du commerce sur le fonctionnement du Restaurant coopératif.

Cette question était spécieuse, mais il ne faudrait pas la considérer comme négligeable.

M. Binder disait :

« Les commerçants ont à payer un loyer ; ils acquittent fidèlement leurs patentes et tous les impôts qui les accablent. Comment se fait-il qu'une société, destinée à leur enlever la plus grande partie de leur clientèle, reçoive gratuitement un terrain et soit affranchie d'une foule de charges dont se plaignent les autres? C'est une concurrence déloyale faite à de braves et honnêtes commerçants. »

La question avait certainement une apparence de raison ; mais la réponse n'était pas difficile à trouver, et le ministre du commerce, M. Henry Boucher, n'était pas homme à rester coi.

Sans entrer dans le vif de la question sociale soulevée par la coopération, le ministre n'eut pas de peine à démontrer qu'en autorisant l'ouverture du Restaurant coopératif, il n'avait pas voulu protéger une concurrence déloyale aux marchands de vin du quartier, il s'était seulement inspiré de l'intérêt des ouvriers en leur assurant une nourriture abondante dont le prix fût en rapport avec leurs ressources.

Le Restaurant n'a pas de loyer à payer, il est vrai ; mais il a environ 40 000 francs à amortir en deux ans. Quel est le marchand qui se trouve dans l'obliga-

tion d'acquitter de pareilles charges : 20 000 francs de frais annuels de patente et de location? Aucun, certainement.

Le ministre ajouta :

« On a pu constater, dès l'ouverture des chantiers, — je demande la permission de vous donner ce détail — que le repas normal, composé de l'ordinaire, d'un plat de légume, du fromage et de la tasse de café traditionnelle, avec le demi-litre de vin, coûtait 1 fr. 60 et 1 fr. 70. C'était là un prix trop élevé pour le modeste budget des ouvriers. Fallait-il donc les contraindre à passer l'eau pour aller chercher les pensions ouvrières du côté du quartier de Grenelle? C'eût été leur imposer une fatigue et une perte de temps que nous avions le devoir de leur épargner.

« L'administration s'est donc, et à bon droit, préoccupée de leur alimentation. Tout à fait au début, le commissariat général fit installer des abris sous lesquels les ouvriers pouvaient prendre leur repas, apporté soit par leur famille, soit par des restaurants extérieurs. Mais cette mesure n'était et ne pouvait être que provisoire, bonne tout au plus pendant la belle saison. De nombreuses pétitions furent adressées par les ouvriers dans le but d'obtenir la création des cantines.

« C'est à ce moment qu'une société, dirigée par des hommes dont l'honorabilité est incontestée et incontestable, vint offrir ses services, absolument gratuits, et demanda à créer un Restaurant coopératif — n'oubliez pas cette qualification — surveillé, au point de vue de la salubrité et de l'abondance des vivres, par l'administration elle-même. Le bénéfice devait être réparti, ainsi que M. Binder le verra par la lecture des statuts, que je suis tout prêt à lui communiquer, à raison de 42 p. 100 entre les consommateurs, 30 p. 100 au personnel, 10 p. 100 à la caisse de secours, les capitaux d'ailleurs très modestes ne devant recevoir qu'un intérêt de 3 p. 100 par an. On devait y trouver et l'on y trouve une nourriture abondante et saine, que je ne veux pas trop vanter pour ne pas faire de

LE RESTAURANT COOPÉRATIF. — *Vue extérieure de l'établissement.*

la réclame en faveur du Restaurant coopératif. Il y avait donc là une création exceptionnelle, comme du reste est exceptionnel le quartier où est installée cette cantine.

« Au fond, la création de ce restaurant est une œuvre excellente, dont l'installation a été autorisée et non pas patronnée par l'administration de l'Exposition. L'administration a donné le privilège tout à fait temporaire, précaire, et sujet à révocation en cas d'abus, d'un emplacement sur la voie publique. Ce privilège est largement compensé par ce fait que le restaurant est obligé d'amortir en moins de deux ans et demi des dépenses de construction considérables.

« Nous ne voulons pas créer une concurrence aux restaurants du quartier et détourner leur clientèle habituelle. Ce serait une œuvre mauvaise, à laquelle je ne me prêterais pas. Des instructions formelles ont été données pour que ne soient admis dans cette cantine que les ouvriers munis de leur jeton. J'ai fait une exception à cette règle pour les ouvriers du pont Alexandre III, dont les travaux sont extérieurs aux chantiers et qui pénètrent sans jeton, parce qu'ils sont connus du personnel. J'ai recommandé qu'une surveillance encore plus active fût exercée. C'est tout ce que je puis faire. »

Cette réponse du ministre mit fin aux récriminations et, depuis cette époque, le Restaurant coopératif fonctionne sans nuire en aucune façon aux commerçants du voisinage dont les affaires n'ont pas périclité, loin de là.

A la suite de ces explications, M. de Chambrun, envoya à M. E. O. Lamy, président de la Société, une somme de mille francs pour être distribuée au prorata des dépenses de chacun, en attendant la période des bénéfices réels. Parmi les milliers de questions qui seront ou pourront être soulevées relativement à l'Exposition de 1900, celle d'un restaurant coopératif n'est pas la moins intéressante. De même que tout ce qui touche, de près ou de loin, à la coopération, elle offre des aspects troublants et suggestifs, qu'il ne faut pas envisager avec un parti pris.

J. Trousset.

VUE INTÉRIEURE DU RESTAURANT COOPÉRATIF DES CHANTIERS DE L'EXPOSITION.

L'ADMINISTRATION CENTRALE
DE L'EXPOSITION UNIVERSELLE DE 1900

Au coin de l'avenue Rapp et du quai d'Orsay, une longue façade blanche, à un étage au-dessus d'un rez-de-chaussée surélevé, toute battante neuve, attire le regard du passant. Le ton blafard du plâtre est relevé par une décoration peinte, rinceaux et arabesques, qui court sous l'auvent de la toiture, encadrant les fenêtres. Cette décoration anormale, inusitée d'aspect, réjouit l'œil, et l'on souhaiterait que la mode s'en emparât pour décorer la nudité de nombreux édifices. Cependant, il faut l'avouer, ces tons si vifs, si sémillants pour l'instant, ne résisteront pas au lavage incessant des pluies, à l'ardeur intermittente des grands soleils; ils évoquent l'impression d'une treille aux frondaisons fleuries, mais s'ils ont l'éclat de la fleur, leur durée sera toute aussi éphémère.

D'ailleurs, le bâtiment lui-même n'est pas appelé à une longue durée; il a été construit sur l'emplacement de l'hôtel des écuries de l'Alma, pour loger l'administration des services de l'Exposition, trop à l'étroit, antérieurement, avenue La Bourdonnais. Il se compose d'une partie neuve d'une surface de 2150 mètres, celle qui est en façade sur l'avenue Rapp et sur le quai, et des constructions des anciennes écuries, aménagées pour leur nouvelle destination, occupant 1850 mètres de superficie, et qui se trouvent derrière les nouvelles façades, en bordure d'une cour intérieure.

L'ensemble des bâtiments contient : les bureaux du commissariat général; la direction de l'exploitation; la direction des finances; la direction de l'architecture; la direction de la voirie; les services divers. Cette courte énumération ne peut donner une idée de la quantité de locaux spacieux et distincts nécessaires à une administration aussi consi-

tante avec son service des titres et des tirages. Quant à M. Alfred Picard, son installation est comparativement modeste; il dispose d'une entrée particulière, d'une salle d'attente, d'un cabinet et d'une salle à manger. La fenêtre de son cabinet est en

M. Henri Chardon, *secrétaire général de l'Exposition universelle de 1900.*

pan coupé, sur le quai d'Orsay; c'est celle que l'on voit en premier plan dans notre illustration.

Ces bâtiments sont donc provisoires, et, pour leur édification, l'économie la plus sévère a été recommandée à l'architecte, M. Deglane, architecte des bâtiments civils, un des lauréats des concours pour l'Exposition, et qui, en cette qualité, a été chargé d'une part importante dans le Grand Palais des Champs-Élysées. Aussi le mode de construction

mal avec l'économie imposée à l'architecte. Le bon sol est à 8 mètres au-dessous du niveau de la voie publique. Il eût fallu renoncer à l'emplacement si l'on avait dû exécuter les fondations indispensables, mais on eut recours à un procédé tout nouveau, celui de la compression. On bat le sol, comme si on enfonçait des pilotis, avec un mouton de fonte excessivement pesant. Le mouton s'enfonce en comprimant le sol; on remplit le vide avec du mâchefer et des cailloux, et l'on bat au mouton plat, jusqu'à refus. Sur la plate-forme ainsi établie, on peut monter sans crainte, surtout si l'on élève des constructions légères.

Pour garnir les pans de bois établis, on n'a pas disposé les remplissages de plâtras et de plâtres habituels; c'eût été alourdir la construction en provoquant une humidité générale qui aurait demandé de longs mois de dessiccation; or, les locaux devaient être occupés à peine terminés. Sur chacun des parements des poteaux, pour les façades, comme pour les cloisons intérieures, ont été clouées des plaques de *fibrocortchoïna.* Ce nom barbare est l'appellation d'un produit en feuilles de 3 centimètres d'épaisseur, composé de roseaux noyés dans du plâtre. C'est un carton qui se découpe à la scie, et qu'on cloue avec des clous galvanisés. Il s'emploie sec, naturellement, et laisse dans l'intervalle un matelas d'air qui sert d'isolant et unifie la température. Sur le fibrocortchoïna, on peint ou on colle du papier après enduit. Il est incombustible, paraît-il. Cependant, toutes les précautions sont prises contre l'incendie, et le visiteur qui a affaire dans les bureaux de l'Exposition remarquera le luxe des grenades extinctives disposées un peu partout. La construction neuve a coûté 170 francs le mètre superficiel, ce qui est un prix minime. L'ensemble de l'appropriation revient à 400 000 francs, ce qui met le prix moyen du mètre à 100 francs.

C'est assez nous occuper du local, et faisons connaissance avec certains de ses hôtes. Nous

L'ADMINISTRATION CENTRALE DE L'EXPOSITION UNIVERSELLE DE 1900. — *Vue d'ensemble prise à l'angle de l'avenue Rapp et du quai d'Orsay.*

dérable : néanmoins, les 4000 mètres superficiels de terrain sont utilisés et aucune place n'est perdue. Les bâtiments renferment huit salles pour les comités, deux plus grandes salles pour les congrès. Ils abritent également les locaux des sections étrangères; de vastes agences pour dessinateurs, des postes pour le service médical, les pompiers, etc. La direction des finances prend une place impor-

adopté a été le bois, quelque peu abandonné de nos jours au profit du fer. Le bois, en dépit de ses défauts, est d'un emploi économique; il permet de grandes portées, à petits frais. Or les locaux sont ici relativement spacieux. La construction a donc été montée exclusivement en bois, poteaux et solives, mais en bois soigneusement injectés et ignifugés. Une difficulté se présenta qui s'alliait

avons parlé déjà de M. Alfred Picard et de M. Bouvard; nous rendrons visite aujourd'hui à M. Henri Chardon, secrétaire général de l'Exposition. Trente-cinq ans, très élégant de sa personne, M. Henri Chardon est maître des requêtes au Conseil d'État : ses attributions à l'Exposition sont nombreuses, et le décret du 9 septembre 1893 les énumère tout au long. Nous y voyons que

7

M. H. Chardon est chargé : des affaires qui ne ressortissent d'aucun service ; de la centralisation des demandes d'emploi ; de l'organisation du service médical, du service de police, de la surveillance des photographes et des vendeurs de catalogues ; des insertions à l'*Officiel*, du service de la presse, etc., etc.

Nous avons abrégé, mais nous estimons que ces multiples occupations ne sont rien auprès de celle qui consiste à recevoir les gens nombreux qui ont des demandes ou des doléances à présenter. M. Chardon reçoit les personnes que M. A. Picard ne peut voir ; il les accueille, quelles qu'elles soient, avec une courtoisie irréprochable. D'ailleurs, la courtoisie est la règle de tous les fonctionnaires qui appartiennent à l'Exposition, ce qui innove heureusement dans les habitudes traditionnelles de l'administration française.

Malgré la meilleure volonté, M. Chardon ne dispose pas du temps nécessaire pour accueillir tout venant ; les refusés se réfugient auprès de M. Legrand, secrétaire particulier de M. A. Picard. M. Legrand est non moins courtois que M. Chardon, mais avec une nuance moins réfrigérante.

A côté du personnel qui construit se tient celui qui administre les finances et, enfin, celui qui est chargé d'organiser l'Exposition proprement dite, c'est-à-dire de provoquer certaines adhésions, d'écarter certaines autres, de distribuer l'espace disponible, de constituer les jurys d'admission, d'installation, de récompenses, etc. C'est une œuvre certainement moins brillante que celle qui consiste à faire sortir des palais du sol, mais elle est singulièrement ardue et difficile.

L'exploitation de l'Exposition a pour directeur M. Delaunay-Belleville, ancien président de la Chambre de commerce de Paris. A M. Delaunay-Belleville, pris par des organisations spéciales, sur lesquelles nous aurons à revenir, fut adjoint M. Stephan Dervillé, ancien président du Tribunal de commerce de la Seine, officier de la Légion d'honneur.

M. Dervillé est chargé plus spécialement de l'organisation de la section française. Il a constitué les jurys d'admission, d'où sortiront les jurys d'installation, et cela n'a pas été une mince affaire. On se rappelle que la presse a accueilli avec faveur la méthode qui avait présidé aux nominations ; on

M. Stephan Dervillé, *directeur adjoint de l'exploitation de l'Exposition de 1900.*

approuva particulièrement M. Dervillé d'avoir appelé un certain nombre de femmes à joindre leur compétence spéciale à celle de collègues masculins.

Ce ne fut pas une sinécure que d'établir cette liste de 3500 noms! Or, M. Stephan Dervillé a vu, pour la plupart, ceux qui furent portés sur ces listes. Il s'est enquis, auprès d'eux, des conditions spéciales de leur industrie ; il leur a expliqué

minutieusement ce qu'il demandait à leur concours. Le signataire de ces lignes, à son grand étonnement d'ailleurs, reçut un jour la visite du secrétaire de M. Dervillé, qui le pria de se rendre auprès de celui-ci pour lui fournir quelques renseignements techniques sur une industrie peu connue.

Il se trouvait que des études antérieures

M. Delaunay-Belleville, *directeur de l'exploitation de l'Exposition de 1900.*

m'avaient permis de publier un ouvrage sur cette industrie, le matériel de l'art théâtral, dont la bibliographie n'est pas nombreuse. Je me rendis à l'invitation de M. Stephan Dervillé, qui fit preuve, sur cet objet spécial, de connaissances particulières, qu'il exprimait avec une facilité d'élocution, une propriété d'expression peu ordinaires. Cela prouve, tout au moins, un acquis encyclopédique, puisque le travail de M. Dervillé embrasse la gamme entière de l'activité humaine. J'eus occasion de revoir plus tard M. Dervillé, lors de la constitution des comités, et je pus constater que chacun était d'accord pour rendre hommage au tact, à la précision et à la bonne grâce avec lesquels il accomplit ses délicates fonctions.

Nous n'avons pas fini avec les hôtes dont l'activité anime les bâtiments du quai d'Orsay et de l'avenue Rapp ; nous y reviendrons.

G. Moynet.

Les connaissances géographiques
AU DÉBUT DU SIÈCLE

Au début du XIXe siècle, la connaissance de la terre était encore très incomplète. De nombreux et importants voyages avaient pourtant été accomplis déjà, mais la plupart par des navigateurs qui s'étaient bornés à étudier les côtes, sans pénétrer dans l'intérieur des continents ou des îles pour les explorer. Il en résulte qu'il y a un siècle la configuration des rivages était assez exactement connue dans le monde entier, mais que la terre ferme restait inexplorée en dehors des pays depuis longtemps ouverts à la civilisation. Ce fut au XIXe siècle seulement que les explorateurs traversèrent de part en part les continents et sillonnèrent d'itinéraires nombreux les régions les plus ignorées et les moins accessibles. Les grandes explorations continentales ont donc succédé, avec le XIXe siècle, aux grandes explorations maritimes des siècles précédents.

Dans l'antiquité, les Phéniciens, hardis navigateurs et commerçants, couvrirent la Méditerranée de leurs comptoirs et firent flotter très loin leurs voiles dans l'Atlantique, dans le golfe Persique et sur les côtes orientales de l'Afrique. Les investigations des Phéniciens furent poursuivies par les Car-

thaginois. Un précieux document, connu sous le nom de « Périple d'Hannon », nous a conservé des indications sur la reconnaissance faite par ce voyageur des côtes africaines de l'océan Atlantique. Les expéditions d'Alexandre marquèrent aussi une grande époque dans les progrès des connaissances géographiques. Il en fut de même des conquêtes que réalisèrent les Romains au delà des régions déjà connues des anciens.

Comme les Romains, ce fut aussi en conquérant le monde que les Arabes apprirent à le connaître. Ils allèrent porter au loin leur commerce et leur religion, et, à partir du IXe siècle, ils eurent de remarquables voyageurs, on peut même dire de véritables explorateurs. Les voyages et les travaux mathématiques des Arabes leur permirent même de composer de bons traités géographiques.

Vers le XIIIe siècle, des voyages politiques ou commerciaux dans l'Asie centrale ou orientale, où régnaient les souverains mongols, procurèrent aux Européens une connaissance de l'Asie presque égale à celle que possédaient les Arabes. Des négociants vénitiens parcoururent toute l'Asie, et parmi eux, Marco Polo, le plus célèbre, fit entrer dans le domaine de la géographie positive le Turkestan, la Mongolie, la Chine, l'Indo-Chine, la Malaisie, l'Inde. La relation de Marco Polo est restée pendant plusieurs siècles la base de la géographie de l'Asie. Au XVe siècle, la navigation était devenue une science ; grâce à la boussole, les navires pouvaient désormais s'orienter en pleine mer. L'ère des grandes découvertes allait alors commencer. Les deux faits géographiques les plus importants furent la circumnavigation de l'Afrique et la découverte du Nouveau-Monde. Les voyages entrepris alors eurent pour principal but de trouver une route maritime vers l'Inde.

Les Portugais entreprirent une exploration méthodique de la côte occidentale d'Afrique, que déjà les Dieppois avaient parcourue. L'équateur fut franchi en 1471, Diego Cam reconnut le Congo en 1484-85, Barthélemy Diaz doubla le cap de Bonne-Espérance en 1486, Vasco de Gama enfin relia les découvertes portugaises aux côtes de l'Afrique occidentale connues des Arabes, et, parti de l'Afrique, arriva dans l'Inde en 1498.

Pendant ce temps, les Cabot, Améric Vespuce,

M. Legrand, *secrétaire particulier de M. Alfred Picard.*

Christophe Colomb, allaient chercher par l'ouest la route des Indes ; mais les terres qu'ils rencontrèrent étaient celles de l'Amérique. La configuration de cette terre nouvelle ne fut nettement établie que par le voyage de Magellan, qui démontra qu'il n'y avait rien de commun entre l'Asie et le continent américain ; ce fut le premier voyage de circumnavigation du monde.

Depuis lors, les explorations se multiplièrent. Au cours du XVIe siècle, on avait déjà reconnu dans leurs diverses parties les côtes d'Amérique, et à la fin du même siècle les navigateurs, cherchant le « passage nord-ouest » qui devait conduire aux Indes, exploraient les régions australes.

On commençait aussi à connaître les îles du Grand Océan, et en 1642, Tasman alla visiter la « grande terre du Sud », l'Australie, dont il donna la physionomie générale et dont il démontra l'isolement.

Au XVIIe siècle, on chercha aussi à pénétrer plus profondément au cœur des continents. Un Français, Cavelier de la Salle, explora la région du Mississipi et des grands lacs de l'Amérique du Nord. Les missionnaires firent connaître la Chine. Les entreprises coloniales des Portugais, des Espagnols et des Hollandais étendirent les notions que l'on avait sur un certain nombre de pays, et, pourtant, il reste encore vrai de dire qu'à cette époque on n'avait pas, au delà de la zone côtière, de connaissances solides.

Après les voyages commerciaux ou politiques, on vit commencer au XVIIIe siècle les grands voyages scientifiques. Le plus célèbre fut celui de Cook. L'hydrographie de l'océan Pacifique fut complétée ensuite sur bien des points par celui de La Pérouse ; d'Entrecasteaux, Marchand et Vancouver firent le reste.

La fin du XVIIIe siècle fut marquée principalement par les explorations de Bruce en Abyssinie, de Mungo-Park au Soudan, de Hornemann au Fezzan, de Hearne et Mackenzie dans le nord de l'Amérique ; enfin, Alexandre de Humboldt, parti pour l'Amérique tropicale en 1799 et revenu en 1804, a été le premier en date des explorateurs scientifiques de ce siècle et il est resté l'un des plus grands.

On voit donc qu'au commencement du XIXe siècle il ne restait pas de grand problème de géographie générale à résoudre, mais qu'il y avait beaucoup à faire pour compléter la connaissance des continents. Si quelques voyageurs en avaient rapporté des renseignements intéressants sur les produits et les mœurs des habitants, tout était à contrôler, et l'on peut dire qu'au point de vue scientifique tout était encore à faire. Ce fut donc l'œuvre de ce siècle, non pas seulement de remplir les vastes lacunes qui subsistaient sur les cartes à l'intérieur des grands continents, mais encore de rectifier les notions inexactes données, de bonne foi le plus souvent, par des voyageurs qui n'avaient pas procédé à leurs observations d'après une méthode scientifique. Désormais, les explorateurs rapporteront de leurs voyages des cartes et des itinéraires précis, ainsi que des études rigoureusement exactes se référant à toutes les sciences qui concourent ensemble à nous fournir les éléments de la géographie générale, telles que géologie, zoologie, botanique, ethnographie, climatologie, etc. La con-

naissance du monde a pu faire ainsi en un siècle des progrès immenses.

Dans la première partie du siècle, de grandes explorations maritimes ont donné de nombreux résultats scientifiques et ont permis de dresser ou de corriger les cartes de presque toutes les côtes et des îles de toutes dimensions. Il nous suffira de citer les voyages de Freycinet (1817-1820), Duperrey (1822-1825), Bougainville (1824-1826), Dumont d'Urville (1826-1829 et 1837-1840), Dupetit-Thouars (1836-1839), Beechey (1825), Belcher (1836-1842), Kotzebue (1815-1818 et 1823-1826), Bellingshausen (1819-1821), Lutke (1826-1829), Wilkes (1838-1842). Il faut y ajouter les explorations polaires dont nous parlerons par la suite et qui ont été nombreuses au XIXe siècle. Plus tard, d'autres voyages scientifiques

LES CONNAISSANCES GÉOGRAPHIQUES AU DÉBUT DU SIÈCLE. — *Les rives d'un fleuve dans l'Amérique tropicale* (*Explorations de A. de Humboldt*).

maritimes eurent pour but l'étude des fonds marins et des êtres vivants qui les peuplent. Les plus importantes de ces expéditions ont été faites par des navires anglais : le *Lightning* (1868), le *Porcupine* (1869-1870), le *Challenger* (1873-1876), et par des navires français : le *Travailleur* (1880-1882) et le *Talisman* (1883).

Mais les explorations maritimes ont eu, au XIXe siècle, malgré le mérite de leurs chefs, des résultats moindres, au point de vue des découvertes géographiques, que les explorations continentales. C'est grâce à celles-ci que l'intérieur de l'Australie nous a été connu, que l'Asie a été pénétrée jusqu'au cœur de trois côtés différents par les Russes, les Anglais et les Français, que de vastes lacunes ont été parcourues dans les deux Amériques, que l'Afrique enfin a été ouverte à l'expansion européenne par des explorations nombreuses conduites avec autant d'audace que de science.

GUSTAVE REGELSPERGER.

LA ROUE GÉANTE DE PARIS

Les gazettes nous apprenaient récemment que l'essai de la Roue gigantesque a été fait en présence de M. Blanc, préfet de police. Aucune poésie n'a illustré la date de l'épreuve, ce qui est regrettable.

Émule en renommée de la Tour de 300 mètres érigée au Champ-de-Mars, la Roue sans pareille est communément désignée sous l'appellation de Grande Roue de Paris. Elle se dresse avenue de Suffren, en face de la célèbre Galerie des Machines de l'Exposition de 1889.

L'idée première de ce genre de construction appartient à un officier de la marine militaire américaine, M. Graydon, qui en consigna le principe et le mode d'exécution dans un brevet en date du mois de septembre 1893.

Le projet actuel émane d'une Société anglaise. Les opérations de montage s'accomplirent sous la direction d'un ingénieur anglais, M. Slitckins ; à M. Walter B. Basset ont été confiées l'entreprise générale d'édification, l'installation du matériel nécessaire à la mise en rotation de la roue et à son éclairage. Cet ingénieur avait acquis l'expérience de ce genre d'architecture industrielle dans trois autres réalisations qui ont précédé celle-ci : à Blackpool (Angleterre), à Londres et à Vienne. La première roue avait été construite pour l'Exposition de Chicago. Tous ces spécimens n'atteignent pas les dimensions qui distinguent particulièrement celle de Paris.

Le métal entrant dans sa composition est l'acier.

Puisque nous sommes amené à citer les collaborations, il convient de mentionner que toute cette masse métallique sort d'une usine française appartenant à la Société des forges et aciéries de Haumont (Nord). Elle ne comporte pas moins de 800 tonnes de métal.

Essentiellement, cette roue est appelée à tourner autour d'un axe horizontal situé à 67 mètres au-dessus du niveau du sol, se mouvant dans deux coussinets de support qui reposent, après interposition d'une épaisse semelle en chêne, sur deux pylônes dont nous indiquerons ultérieurement la constitution ; à sa périphérie se trouvent une série de wagons, entraînés dans le mouvement de rotation de l'appareil.

Le diamètre de la roue est exactement de 93 mètres ; au niveau le plus bas auquel ils peuvent descendre, les wagons sont encore à 3 mètres au-dessus du sol ; par conséquent, à leur point culminant, ils arrivent à une hauteur de 96 mètres. Entre les deux jantes externes sont suspendus, par un système similaire à une suspension pendulaire, un certain nombre de voitures susceptibles de recevoir les destinations les plus diverses : salons, parloirs, salles à manger, tabagies, cabinets de lecture, salles de concert, salons de lecture, chambres de repos, pièces propres aux observations aériennes, etc., etc. On peut en diviser et en aménager quelques-unes en compartiments de première et de seconde classe, les construire à deux étages dont l'un serait affecté aux cuisines, offices et accessoires desservant l'étage supérieur.

Avec un peu d'imagination, on parviendrait à doter ces wagons du confortable le plus raffiné pour en rendre le séjour agréable ; les sièges pourraient être assemblés aux tables de façon à s'orienter facultativement à la volonté de l'occupant pour changer son point de vue, sans effort appréciable de

C'est sur ces assises que s'appliquent les deux pylônes en acier qui soutiennent l'axe. Chacun d'eux est constitué par quatre colonnes en treillis, reliées par de lourdes entretoises en acier, consolidées par des tirants en diagonales. Elles ont été montées par pièces détachées, boulonnées et rivetées.

L'axe, en acier Martin de première qualité fabriqué en Angleterre, est une lourde pièce creuse d'une longueur d'environ 15 mètres et d'un diamètre extérieur voisin de 0m,90. Son transport à pied-d'œuvre a nécessité un chariot et un attelage spéciaux. Il fallut le concours de 32 énormes percherons pour remorquer ce colossal lingot métal-

rouler sur des treuils actionnés par un moteur à vapeur d'une puissance de 120 chevaux. La sécurité de fonctionnement est assurée par l'entremise de plusieurs freins à action instantanée enrayant aussitôt le mouvement. La machine à vapeur entraînera aussi une dynamo, dont le courant alimentera des lampes à arc et à incandescence, dont le resplendissement dans l'espace conférera à la roue incendiée l'apparence d'un météore lumineux.

Les communications électriques à partir du sol s'effectueront par des câbles suivant l'un des pylônes, aboutissant à l'axe ; puis, de l'axe, le courant est transmis à la périphérie par un câble, des plaques circulaires et des balais de contact aux

LA ROUE GÉANTE DE PARIS. — *Le chantier et les appareils de levage pendant la construction.*

sa part. En un mot, dans ces compartiments serait réuni tout ce que le goût du bien-être et les habitudes de luxe intérieur pourraient évoquer à l'esprit.

Le poids total de la roue, y compris les wagons vides, à l'exclusion du poids de l'axe et des pylônes, est de 650 000 kilos.

L'axe pèse 36 000 kilos, les deux pylônes 397 000 kilos. Le poids total de tout ce monument architectural s'élève donc à 1 083 000 kilos. Chaque wagon est capable de contenir 30 personnes; il y en a 40 garnissant la roue ; en supposant un poids moyen de 70 kilos par personne, la charge totale sur les fondations atteint 1 167 tonnes.

Les fondations sont en béton de ciment Portland. Deux excavations ont été pratiquées dans le sol, sur un carré de 5m,50 de côté et sur une profondeur de 12 mètres, dans lesquelles on a coulé du sable, des cailloux et du ciment pur, sans adjonction de chaux hydraulique ou autre. Chacun des monolithes ainsi formé atteint un poids de 230 tonnes.

lique. Son trajet dans Paris a été marqué par quelques incidents épisodiques. Sous la pression exercée par le fardier, la chaussée a cédé en face le Palais-Bourbon et il n'a pas fallu moins de six heures de tentatives et d'efforts pour le rendre à la circulation.

L'arbre tourne dans des coussinets en acier revêtus d'un métal de composition particulière, mélange de plomb, d'étain et de diverses autres substances. Cet alliage est destiné à éviter le frottement d'acier sur acier, dont le coefficient est très élevé.

De chaque côté de l'axe, au droit des piliers, rayonnent 160 câbles souples en fil d'acier, de 5 centimètres de diamètre, allant se rattacher à la jante de la roue. Ces rayons sont munis de tendeurs qui les raidissent, une fois la mise en place effectuée.

Le mouvement de rotation de la roue est obtenu par un double câble qui l'embrasse et vient s'en-

différents postes de distribution électrique aux voitures. Les procédés d'éclairage électrique de toute cette immense structure fournissent les moyens d'obtention de tous les jeux de lumière désirables, réalisant la gamme entière d'une palette polychromique intense et harmonieuse.

Une évolution complète de la roue s'effectue en vingt minutes, arrêts compris. L'accès des voitures est obtenu par un système d'escaliers et de paliers disposés de façon à pouvoir charger et décharger 8 wagons simultanément, sans encombrement et en moins d'une minute. Chaque wagon a une longueur de 13 mètres.

Il n'est pas sans intérêt d'indiquer le mode opératoire employé pour le montage de cet immense appareil. Pour cela, on a dressé deux échafaudages grandioses en sapin de Lorraine, au sommet de chacun desquels on a établi une grue à vapeur pesant environ 9000 kilos et pouvant en hisser 3000 d'un coup. Le bras de ces grues, d'une hau-

La Roue géante de Paris. — *Vue générale après achèvement.*

teur de 30 mètres, permettait de faire évoluer la charge dans un rayon de 27 mètres. Les deux grues et leur échafaudage respectif sont établis de part et d'autre de la roue, symétriquement par rapport à une diagonale passant par le point central, de telle manière que tout le chantier se trouve dans la zone d'évolution des deux appareils de levage. Le poids élevé par semaine par chacune d'elles a été de 200 000 kilos. Comme la force combinée des deux grues n'est que de 6 000 kilos, le montage de l'axe a requis l'emploi de plusieurs treuils fixés solidement au sol et dont les effets ont été amplifiés par l'adjonction de palans différentiels. Les câbles de traction s'enroulaient sur des poulies installées au faîte des pylônes. Pendant son soulèvement, la lourde pièce glissa le long des montants.

Chaque échafaudage forme, en plan, un triangle rectangle isocèle dont les côtés égaux ont 17ᵐ,50 de longueur. Chacun des sommets de la figure géométrique est occupé par un pylône carré de 3ᵐ,50 de côté, analogue à ceux que l'on voit érigés devant les façades des maisons en construction à Paris. Les quatre sapines sont solidement entretoisées et contreventées, ainsi que le groupe des trois pylônes, par des madriers de section transversale de 0ᵐ,30 × 0ᵐ,15. Les sapines constitutives des pylônes, contrairement à l'usage commun, ne sont pas scellées dans les fondations : elles reposent simplement au niveau du sol sur un massif en béton de cailloux et de ciment.

La maison Faley, de Paris, a été chargée de la fourniture et de la construction des échafaudages. Elle s'est rendu compte que les trois pylônes d'un même échafaudage ne travaillaient pas dans les mêmes conditions : le pylône du sommet de l'angle droit porte le poids de la grue et de sa machine motrice ; il est soumis à la compression. Les deux autres aux extrémités de l'hypoténuse, en raison de leur liaison au pylône porteur et aussi avec la partie aérienne de la grue, subissent des efforts de renversement et de soulèvement. Ces efforts simultanés, mais de caractères différents, sont contre-balancés de la façon suivante : chaque pylône est maintenu par des câbles en fil d'acier galvanisé, amarrés à de forts pieux en chêne, fichés obliquement dans le sol, jusqu'à 8 mètres de profondeur, dans une fondation robuste en béton, d'une part, et, d'autre part, rattachés au pylône à son sommet et aux deux tiers de sa hauteur.

Pour s'opposer au soulèvement d'une partie de l'échafaudage, on a établi, à la base et à l'intérieur des pylônes, une caisse en planches dont le fond repose sur une série de madriers placés eux-mêmes sur un lit de béton de 0ᵐ,60 d'épaisseur, qui contient 25 mètres cubes de cailloux d'un poids total de 40 tonnes. A cette caisse ainsi lestée s'attache un câble en fil d'acier qui monte verticalement à l'intérieur du pylône et va se fixer, après deux changements de direction sur poulies de guidonnage, à l'extrémité de la flèche de la grue.

Le rapide aperçu de la constitution de la roue, de sa construction et de la composition des échafaudages de montage permettra d'avoir la perception claire de l'élégance des solutions des divers problèmes que la technique avait à résoudre. L'œuvre enfin debout fait honneur à l'imagination et à l'intelligence des ingénieurs qui ont contribué à son édification. Il est bien certain que le majestueux fonctionnement d'un semblable appareil est appelé à jouir d'un succès retentissant.

La proximité du Champ-de-Mars lui promet un important concours de visiteurs pendant les solennités de l'Exposition.

EDMOND LIÉVENIK.

La Physique et les Physiciens
(SUITE) (1)

Les recherches les plus complètes sur les voltamètres furent faites par Gaston Planté, qui fut une des illustrations de la science française dans l'ordre de la physique pendant le xixᵉ siècle. Il naquit à Orthez (Basses-Pyrénées) en 1834. Après avoir

GASTON PLANTÉ.

terminé ses études et pris ses grades universitaires en mathématiques et en physique, il fut attaché au Conservatoire des arts et métiers comme préparateur du cours de physique d'Edmond Becquerel.

Au cours de ses études sur les voltamètres, M. Planté trouva « que la force électromotrice secondaire d'un voltamètre à lames de plomb dans l'eau acidulée sulfurique était plus énergique et

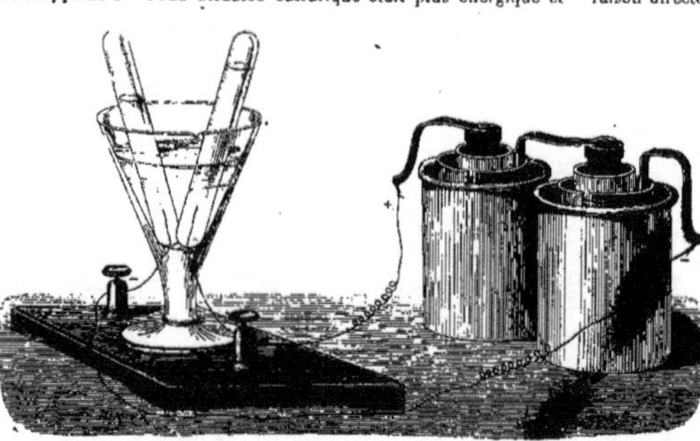

LA PHYSIQUE ET LES PHYSICIENS. — *Le voltamètre.*

persistante que celle résultant de l'emploi des autres métaux ». Il prit donc le plomb et l'eau acidulée comme matériaux essentiels de ses piles secondaires (mars 1860) : choix fort heureux, car on n'a pas découvert, jusqu'à présent, de système électro-chimique préférable à celui-là. Pour obtenir une pile de faible résistance intérieure, ce physicien donna à ses électrodes une grande surface. Il parvint à prolonger la durée des effets des couples secondaires en les chargeant successivement un grand nombre de fois et les déchargeant au fur

(1) Voir page 40.

et à mesure, de manière à développer à leur surface et à produire même, à une certaine profondeur dans l'épaisseur des lames, des couches d'oxyde et de métal réduit dont l'état de division est favorable au développement du courant secondaire. Il obtint ainsi ce résultat d'une manière plus marquée, en changeant successivement plusieurs fois le sens du courant primaire agissant sur le couple secondaire. C'est ce qu'il désignait sous le nom de formation ou préparation électro-chimique des couples secondaires. L'industrie fait usage actuellement, sous des noms divers, des accumulateurs genre Planté.

M. Camille Faure prit en 1881 un brevet par lequel il revendiquait le moyen d'obtenir d'emblée des électrodes à couches actives épaisses, par application sur des lames en plomb d'une pâte de sulfate ou d'oxyde de plomb. Des électrodes ainsi préparées, au lieu de subir la formation lente de Planté, peuvent être formées par une seule charge d'environ 150 heures de durée. Cette innovation révolutionna l'industrie des piles secondaires, dont la fabrication a pris un essor et une importance énorme. L'éclairage et la traction électriques en constituent actuellement l'application la plus considérable. Si l'on voulait catégoriser les accumulateurs existants, on arriverait à la classification suivante :

1° Le genre *plomb-acide sulfurique*; 2° le genre *plomb-sulfate de cuivre*, presque inusité ; 3° le genre *plomb-sulfate de zinc*, intéressant à cause de sa force électromotrice élevée ; 4° le genre *cuivre-zincate alcalin* qui a eu quelque retentissement.

Planté a encore inventé la machine rhéostatique, un des plus beaux instruments de la physique ; il s'est signalé aussi par ses recherches sur la foudre globulaire, la formation de la grêle, les trombes, les aurores polaires.

Il existe entre la force électromotrice, la résistance et l'intensité d'un courant dans un circuit une relation exprimée par la loi de Ohm. Ce physicien la trouva théoriquement en 1827, en s'appuyant sur les travaux de Fourier, relatifs à la propagation de la chaleur. Elle fut vérifiée expérimentalement par Pouillet en 1838. Cette loi indique que l'intensité d'un courant est égale au rapport de la force électromotrice à la résistance du circuit. L'intensité du courant varie donc en raison directe de la force électromotrice et en raison inverse de la résistance. Elle nous montre que si, pour faire circuler dans un circuit déterminé un certain courant, il nous faut une pression ou force électromotrice représentée par E, par exemple, pour faire circuler dans le même circuit un certain courant d'intensité double il faut une pression double, et par conséquent que la perte de pression qui existe entre les deux extrémités d'un conducteur donné est directement proportionnelle à l'intensité du courant. Nous voyons par là que l'on ne peut pas assimiler complètement un courant électrique à un courant liquide. Dans le cas de l'électricité, la résistance dépend exclusivement de la nature du conducteur et nullement de la force électromotrice, tandis que la résistance qu'offre une conduite au mouvement de l'eau varie avec la vitesse d'écoulement et par conséquent avec la pression.

Quelques années avant la découverte de la loi de Ohm, un physicien danois, Oersted, professeur de physique à Copenhague, reconnut, en 1819, un phénomène qui devint l'origine de conséquences immenses : un courant électrique agit sur la direction de l'aiguille aimantée, la dévie de sa direction nord-sud, et tend d'autant plus à lui faire prendre une direction perpendiculaire à sa propre direction que le courant est plus intense.

Ce fut la base d'une nouvelle branche de l'électricité dynamique qu'on nomme *électro-dynamique*. Ampère, dans son modeste laboratoire, se hâta de répéter les expériences d'Oersted. Il imagina un appareil connu sous l'appellation de *table d'Ampère*, qui fut modifié ensuite par Pouillet, et enfin par Obellianne, à l'aide duquel on exécute encore aujourd'hui toutes les expériences relatives à l'action mutuelle des courants les uns sur les autres. Ampère apporta à l'Académie des sciences l'énoncé général de sa grande découverte, formulé en ces termes : « *Deux conducteurs parallèles parcourus par des courants électriques de même sens s'attirent; ils se repoussent, au contraire, si les courants électriques sont de sens opposés.* »

Ampère présuma que la terre agissait comme un aimant sur les courants électriques. L'expérience lui démontra la vérité de cette prévision. En effet, le fil conducteur servant à relier les deux pôles d'une pile s'oriente par la seule action du globe terrestre.

Né à Lyon en 1775, Ampère se consacra de bonne heure à l'étude. Aucune science n'échappait à son activité dévorante. Il savait le latin, le grec et l'italien. Il a possédé à fond la physique, la chimie, la mécanique rationnelle, les mathématiques transcendantes, et s'est adonné avec une véritable passion à la métaphysique et autres branches de la philosophie. Il laissait sur tout ce qu'il touchait l'empreinte de son esprit d'originalité. Il ne fut peut-être pas absolument étranger à la grande découverte d'Arago concernant l'aimantation artificielle du fer et de l'acier par un courant électrique. Arago trouva que lorsqu'un courant parcourt un fil de cuivre, celui-ci attire la limaille de fer pendant toute la durée du passage du courant. Ces fragments de limaille se placent d'eux-mêmes perpendiculairement au fil, s'attachent tout autour, mais tombent lorsque le circuit est rompu. Il se forme autour du fil ce qu'on appelle un champ magnétique.

L'expérience est très aisément réalisable : plaçons le conducteur verticalement en lui faisant

Michel Faraday.

traverser un carton tenu horizontalement sur lequel nous projetterons de la limaille de fer au moyen d'un tamis. Lorsque le courant passe, les particules de métal se groupent en cercles concentriques dont le centre coïncide avec l'axe du conducteur. Si nous voulons nous rendre compte du

sens des actions magnétiques qui se produisent, il suffit d'explorer le champ au moyen d'une petite aiguille aimantée. On remarque ainsi que si l'on déplace l'aiguille autour du conducteur, elle reste

La physique et les physiciens. — *Statue d'Ampère à Lyon.*

toujours tangente à une circonférence ayant son centre sur l'axe du fil. Ces circonférences représentent les lignes de force du champ. Si on enroule le conducteur de façon à lui donner la forme d'une circonférence, toutes les lignes de force à l'intérieur du cercle seront dirigées dans le même sens, et le champ magnétique ainsi obtenu sera très puissant.

Cette expérience nous montre que le champ magnétique, produit par un courant circulaire fermé, est le même que celui qui donnerait un barreau aimanté ayant une longueur égale à l'épaisseur du conducteur, et comme section transversale la surface du courant circulaire. Le solénoïde n'est autre chose qu'un conducteur enroulé circulairement sur lui-même plusieurs fois; si on introduit un barreau de fer à l'intérieur, ce barreau s'aimantera pendant le passage du courant. Nous avons ainsi construit un électro-aimant, appareil universellement employé en télégraphie et dans les machines dynamo-électriques. L'électro-aimant sert aussi à la fabrication des aimants permanents artificiels, de préférence aux anciens procédés.

Les aimants s'attirent ou se repoussent. La force avec laquelle un aimant attire et repousse un autre aimant, ou une pièce quelconque de fer ou d'acier, est appelée force magnétique. Coulomb, physicien français particulièrement célèbre par ses belles recherches d'électricité statique, appliqua le premier la balance de torsion, qu'il inventa, à la mesure des forces magnétiques.

Si nous sommes redevables à Ampère de la découverte des phénomènes de l'électro-magnétisme, notre reconnaissance est due à Faraday, qui a doté la science des études les plus remarquables sur une autre branche de l'électricité généralement désignée sous le nom d'induction.

Émile Dieudonné.

LA LITTÉRATURE FRANÇAISE
AU XIXᵉ SIÈCLE

Le classicisme, le romantisme, le naturalisme, voilà les trois étapes de notre évolution littéraire au xixᵉ siècle, et elles correspondent assez exactement l'une au premier Empire, l'autre à la Monarchie constitutionnelle des Bourbons et de Louis-Philippe, la troisième au second Empire et aux vingt premières années de la République actuelle. Dans les limites qui nous sont assignées, il nous suffira de marquer rapidement les grands courants, les tendances dominantes et les œuvres supérieures dans chacune de ces trois périodes. Et nous terminerons par quelques brèves indications sur ce qui, succédant chez nous au naturalisme, remplit la fin du siècle et ne s'est pas encore bien clairement défini.

I
LA FIN DU CLASSICISME ET L'ESPRIT NOUVEAU
(1800-1815).

C'est la littérature de l'Empire et le premier nom qu'elle nous donne est celui de l'Empereur. Au-dessus de toutes les voix qui scandent des vers ou disent de la prose s'élève sa voix éloquente et impérieuse, soufflant dans ses proclamations la bravoure et la fierté à ses soldats, jetant son mépris à un Corps législatif ou à un Sénat avilis, avertissant un peuple, soudain réveillé, de suivre de clocher en clocher le dernier vol de l'aigle, et plus tard, dans les *Mémoires* dictés à Sainte-Hélène, vengeant son honneur, vengeant son génie, et forgeant un monument de honte à ses bourreaux. Là sont les chefs-d'œuvre de la littérature impériale. Ils ne pouvaient susciter ni disciples ni plagiaires et sont parfaitement indépendants du mouvement général de la littérature à cette époque.

Ce mouvement est double : d'une part tout ce qui appartient encore au xviiiᵉ siècle, la fin du classicisme, et ce sont les basses œuvres ; d'autre

François Arago.

part, tout ce qui ouvre le xixᵉ siècle, s'anime d'un esprit nouveau, et ce sont les chefs-d'œuvre. Cela revient à dire que Mᵐᵉ de Staël et Chateaubriand se dressent au-dessus de toute une production littéraire parfaitement insignifiante et factice. Une multitude de traducteurs, d'imitateurs, de professeurs de rhétorique ressassent de vieilles formules et s'évertuent à composer des centons avec les pièces et morceaux de l'antiquité et des classiques français. Dans la prose, Louis de Fontanes (1757-1821), grand maître de l'Université, polit laborieusement des discours officiels, des articles de littérature et de critique, des poésies, où la pauvreté de la langue et l'indigence de la pensée sont prises pour de la distinction et de l'élégance. Le vicomte de Bonald (1754-1820) défend les théories absolutistes et catholiques en face de Volney (1757-1820), dont les *Ruines* sont tout imprégnées au contraire de philosophisme et de la haine des prêtres et des tyrans. Laromiguière (1756-1837), le fondateur de l'éclectisme, Maine de Biran (1766-1824) et le médecin matérialiste Cabanis (1757-1808) représentent les différentes doctrines philosophiques. Dans la critique, La Harpe, mort en 1803, a pour successeur Geoffroy (1743-1814), le critique des *Débats*. Voilà les noms des principaux prosateurs et aucun n'est le nom d'un écrivain. Quant à Bernardin de Saint-Pierre, on ne saurait le rattacher à cette période : il n'est mort qu'en 1814, mais il a arrêté sa production littéraire en 1792.

Au théâtre, même misère, Marie-Joseph Chénier, mort en 1811, et Ducis, le timide traducteur de Shakespeare, mort en 1816, n'ont plus rien donné à partir du Consulat. La tragédie classique agonise entre les mains de Baour-Lormian (1770-1854), de Népomucène Lemercier (1771-1840), de Luce de Lancival (1764-1810), professeur de rhétorique qui écrivait des tragédies de rhétoricien, de Jules Jouy (1764-1846), de Raynouard (1761-1836) et de Brifaut (1781-1857), capable sur un avis de la censure, de transformer en un tour de main un *Don Sanche* espagnol en un *Ninus* assyrien. La comédie de Molière et de Beaumarchais n'est pas moins malade que la tragédie de Corneille et de Racine : rien de plus plat que les pièces d'Andrieux (1759-1833), professeur au Collège de France, et Picard (1769-1828) est un vaudevilliste bien vulgaire et bien puéril dans sa *Petite Ville* (1801) et ses trop fameux *Ricochets* (1807).

On est découragé de citer de pareils noms. Et la poésie ne vous rend pas courage. Delille, qui mourra en 1813, continue ses poèmes aussi froids qu'habilement versifiés : *l'Homme des champs* (1800), *la Pitié* (1803), *l'Imagination* (1806), *les Trois Règnes de la Nature* (1806), *la Conversation* (1812). Il lègue tous ses défauts à des gens qui n'ont pas ses qualités de second ordre : François de Neufchâteau (1750-1828), Legouvé (1764-1812), Chênedollé (1769-1833), Esménard (1770-1811), Berchoux (1765-1839), qui eut du moins le mérite de rimer sur des sujets gastronomiques, Campenon (1772-1843), Millevoye l'élégiaque (1782-1816) et les deux fabulistes Ginguené (1748-1816) et Arnault (1766-1834).

Nous commençons à sortir de cette effroyable médiocrité avec Joubert (1755-1824). Ami de Fontanes, il fut fait par lui inspecteur général de l'Université ami de Chateaubriand, il lui laissa ses manuscrits, qu'il n'avait pu se décider à publier de son vivant. Chateaubriand en tira un volume de *Pensées* (1838) et la famille publia peu après les *Œuvres complètes* (1842). Joubert est resté l'auteur

LA LITTÉRATURE FRANÇAISE AU XIXe SIÈCLE.
Mme de Staël.

des *Pensées*. On admire la finesse de ses réflexions morales, mais cette finesse est trop souvent sans profondeur et sans portée, comme il arrive aux esprits qui ne sont qu'ingénieux.

On aborde une tout autre classe d'esprits avec Joseph de Maistre (1754-1821). Ce Savoyard, chassé de son pays par la Révolution française, alla représenter son maître le roi de Sardaigne à Saint-Pétersbourg, où il resta jusqu'en 1816. C'est là qu'il composa la plupart de ses ouvrages qui ne furent publiés que plus tard : *le Pape* en 1819, *les Soirées de Saint-Pétersbourg*, le livre *De l'Église gallicane* en 1821. Ses *Mémoires* et sa *Correspondance*, ainsi que certains opuscules inédits, ne virent le jour qu'après sa mort. Ce grand écrivain est un grand détracteur de l'esprit moderne, un ennemi du xviiie siècle et de la Révolution, un défenseur de la royauté absolue, du pape souverain et infaillible, un théologien

laïque persuadé que la Providence mène tout et que la guerre et le bourreau ont été institués par une loi divine. Mais c'est justement aux philosophes du xviiie siècle qu'il emprunte les méthodes de raisonnement, les procédés logiques dont il se sert pour combattre la philosophie. Et Joseph de Maistre nous conduit tout naturellement aux deux grands écrivains qui comme lui sont de l'opposition et qui représentent avec lui la littérature antinapoléonienne : Mme de Staël et Chateaubriand.

Germaine Necker, née en 1766, fut élevée dans le monde lettré de la cour de Louis XVI. Elle épousa en 1786 l'ambassadeur de Suède à Paris et devint Mme de Staël. Deux ans plus tard, elle publia des *Lettres sur les écrits et le caractère de Jean-Jacques Rousseau*. Elle accueillit d'abord la Révolution avec confiance et son salon fut un cénacle libéral. Mais les violences qui survinrent bientôt l'effrayèrent et, après les massacres de septembre, en 1792, elle se réfugia en Suisse, à Coppet. Elle revint à Paris en 1795, dut s'exiler encore pour deux ans devant la méfiance du Directoire et rentra enfin en 1797. Elle vécut d'abord en paix avec Bonaparte et put publier à Paris son livre *De la Littérature* en 1800 et son roman de *Delphine* en 1802. Cependant son salon, le plus brillant de Paris, devenait peu à peu le centre de l'opposition, le rendez-vous des mécontents. En 1803, elle fut exilée. Dès lors elle mena une existence nomade, en Italie, en Allemagne, en Russie, en Angleterre. Déjà prédisposée au cosmopolitisme par son origine suisse, elle devint une cosmopolite de nécessité. Par la connaissance et l'intelligence des choses étrangères, elle atteignit au vrai talent. Son roman de *Corinne* (1803) est un voyage en Italie et c'est un « roman international » où sont définis et opposés les uns aux autres des caractères d'Anglais, d'Italiens, de Français. Enfin son maître livre, *l'Allemagne* (1810), fut traqué par Napoléon comme n'étant pas un livre français. Il y avait dans ce jugement quelque chose de vrai. Déjà le cosmopolitisme littéraire de Mme de Staël s'était marqué dans sa *Littérature*, où elle substituait à l'idéal absolu de Boileau une pluralité d'idéaux répondant au caractère de chaque peuple. *L'Allemagne* affirme et développe cette idée par une étude particulière du monde germanique et de l'œuvre de Gœthe et de Schiller. A la littérature classique qu'elle n'aimait pas, Mme de Staël oppose alors la littérature romantique, « la seule, disait-elle,

LA PENSÉE. — *Fac-similé de la lithographie de Raffet.*

qui soit susceptible encore d'être perfectionnée, parce que, ayant ses racines dans notre propre sol, elle est la seule qui puisse croître et se vivifier de nouveau ; elle exprime notre religion, elle rappelle notre histoire, elle se sert de nos impressions personnelles pour nous émouvoir ». Voilà le premier exposé du programme romantique.

Ces théories littéraires constituaient une opposition latente au régime napoléonien. Sur le terrain politique, l'opposition était ouverte.

(*A suivre.*)   A. SYVETON.

Corbeil. Imprimerie Éd. Crété. Le gérant : J. Taillandier.

LA LITTÉRATURE FRANÇAISE PENDANT LE SIÈCLE. — VICTOR HUGO (1802-1885).

LES ATTRACTIONS DE L'EXPOSITION

Les travaux en Seine du "Vieux Paris"

Un point de l'immense chantier qui s'étend tout le long des rives de la Seine, du pont de la Concorde à Grenelle, arrête particulièrement les promeneurs des quais et tous ceux qui s'intéressent à l'avancement des travaux de l'Exposition. C'est, rive droite, au quai de Billy, tout près du pont de l'Alma, la construction de la plate-forme sur laquelle va se dresser le Vieux Paris, sur les plans de MM. Robida et Benouville, et dont notre planche hors texte montre le panorama complet.

Cette reconstitution du Vieux Paris, entre le pont de l'Alma et la passerelle à construire avant le Trocadéro, doit élever ses tours, ses maisons,

la tête d'un pieu, autant de fois qu'il est nécessaire, c'est-à-dire jusqu'à cinq cents fois pour certains, plus récalcitrants, qui rencontrent, par hasard, un sol plus dur et ne s'enfoncent pas de plus d'un millimètre à chaque coup.

La plate-forme constituant le plancher du Vieux Paris, présente une surface d'environ 6 000 mètres carrés sur près de 260 mètres de façade en aval du pont de l'Alma, plate-forme établie au niveau des plus hautes crues, pour n'avoir rien à craindre des fantaisies de la Seine. Cette sage précaution lui donne à la fois sécurité et beauté ; le Vieux Paris aura ainsi des vues merveilleuses sur toute l'Exposition, sur les coteaux de Bellevue et Meudon, et se silhouettera de la façon la plus imposante sur la Seine, au centre de l'Exposition.

Des chiffres maintenant qu'il est curieux de relever : il sera employé environ 900 pieux de lon-

LES DÉMOLITIONS

Bien qu'on n'ait pas perdu une heure, depuis que le principe de l'Exposition a été décidé, la tâche à accomplir est grande, et puisque leur suppression était décidée, il ne restait plus aux constructions condamnées qu'à disparaître rapidement, pour laisser place aux palais nouveaux, sans s'attarder plus longtemps sur un sol que guettaient déjà la pioche et la pelle du terrassier impatient. Ce n'était pas non plus un travail négligeable que celui qui consistait à jeter bas des édifices aussi importants. Une habitation ordinaire, avec l'aide commode que fournit la succession de ses planchers d'étage, offre un terrain facile aux démolisseurs : encore

LES TRAVAUX EN SEINE DU « VIEUX PARIS ». — *Le battage des pilotis.*

ses édifices, sur un vaste espace comprenant la berge et une large emprise sur la Seine même, en face des Palais de la Guerre et de la Marine.

Cette disposition, très décorative déjà par elle-même, a donné lieu à d'importants travaux d'infrastructure en rivière, et pendant des mois les ouvriers ont eu à battre des files successives d'énormes pieux, une vraie forêt de pilotis, entre lesquels clapotait le flot de la Seine.

C'est un tableau animé des plus pittoresques, ce coin de chantier du futur Vieux Paris, passé les portes en madriers qui tiennent provisoirement la place des futures poternes d'entrée. Sous les verdures du quai, où tournoient et croassent des bandes de corbeaux interloqués de tout ce remue-ménage, à certaines heures les fardiers apportent les gigantesques troncs de sapins, ou les moises d'acier destinées à relier les rangées de pilotis ; une forge est installée entre deux arbres de la berge, des batelets circulent parmi les files de pieux déjà plantés, des scaphandriers émergent, de l'onde, occupés à parer à quelque difficulté rencontrée pour l'enfoncement des pilotis, une haute sonnette dresse sa charpente, pareille à un engin des sièges d'autrefois, et soulève, haletante et sifflante, son mouton de 1 000 kilos, pour le laisser retomber sur

Exp.

gueurs variant entre 10 et 15 mètres, et mesurant, en moyenne, $1^m,05$ de circonférence au milieu. Ces pieux, qui proviennent des sapinières de l'Orne et de l'Eure, sont enfoncés jusqu'à refus, c'est-à-dire de $2^m,50$ à $5^m,90$, traversant une couche d'eau de $1^m,70$ à $3^m,40$ selon l'inclinaison du lit de la Seine. Mis en ligne droite, ils formeraient une longueur totale de 11 kilomètres. 160 000 kilos de moises en acier profilé seront employés à relier les files de pieux horizontalement, en deux lignes parallèles au cours de l'eau, et deux perpendiculaires au mur du quai ; tout le système étant fortement boulonné et complété par des contrefiches de façon à donner une stabilité parfaite au plancher d'épais madriers posé sur les pilotis, en rivière, et sur les lignes de pieux enfoncés, sur la partie de berge.

Le sol du Vieux Paris se trouvant ainsi constitué, la place est préparée pour les premiers bâtiments, la porte Saint-Michel et le quartier d'entrée, les tavernes d'escholiers, les divers hôtels et maisons groupés autour d'une des hautes tours du Louvre, derrière laquelle s'édifieront l'église Saint-Julien des Ménétriers, la Chambre des comptes du xvie siècle, le Grand Châtelet, le Palais et nombre d'autres notables logis, sur lesquels nous reviendrons bientôt, d'une manière détaillée.   A. R.

les accidents sont-ils malheureusement trop fréquents. Ici, il s'agissait de démonter de lourdes charpentes métalliques, juchées bien haut au-dessus du sol, et de ménager les matériaux autant que possible, afin qu'ils fussent en état d'être utilisés ; le temps était également mesuré, et la démolition devait se faire hâtive autant que possible. Le Palais de l'Industrie, le Dôme central, le Palais des Beaux-Arts, celui des Arts Libéraux, le Pavillon de la Ville de Paris, telle était la proie gigantesque offerte aux industriels qui se sont fait une spécialité du trafic des matériaux de démolition. Ce fut par le Palais de l'Industrie que l'on commença. Construit de 1853 à 1855, sur les plans de l'architecte Cendrier, il rappelait quelque peu le Palais de Cristal de Londres. Cendrier avait eu pour collaborateurs Viel, pour conduire les travaux, et Manguin, pour diriger la partie artistique. Manguin était un artiste de talent, à qui l'on doit l'hôtel de Mme de Païva, aux Champs-Élysées, aujourd'hui occupé par un restaurateur. Lors de son érection, le Palais de l'Industrie fut considéré comme une œuvre colossale, et l'on s'imaginait qu'on dépasserait difficilement la portée (48 mètres) des arcs en plein cintre de la grande nef.

Le plan était d'une simplicité parfaite ; une nef

8

rectangulaire, entourée de toutes parts de galeries assez obscures au rez-de-chaussée, et vitrées par le haut, au premier étage. C'était, en somme, un grand hangar, clos de toutes parts; cette simplicité de formes lui valut d'être facilement utilisable. Les exhibitions les plus diverses se sont abritées sous ses combles vitrés. Sans parler de l'Exposition universelle de 1855, pour quoi il fut construit, on y vit chaque année le Salon de peinture et de sculpture, puis le Concours hippique et l'Exposition annuelle d'agriculture, avec ses animaux. Des expositions, dites industrielles, s'y succédaient à peu près régulièrement, et montraient au public, avec accompagnement de musique, des magasins d'articles de Paris et de bibelots. On y creusa même un bassin dans la grande piste, et on y représenta des pantomimes aquatiques. A côté de ces exhibitions, qui ressemblaient beaucoup à des foires assez banales, on peut rappeler des solennités plus honorables : l'Exposition d'électricité, les fêtes du Soleil, la représentation de l'*Ode triomphale*, le banquet des Maires. On y donna aussi des fêtes de charité très réussies, si réussies même que les frais d'installation absorbèrent la totalité des recettes, sinon plus.

Qu'on ajoute à ces multiples services le rôle joué par ce bâtiment pendant le siège de Paris : ses galeries servirent de magasins d'approvisionnement ; on construisit des ballons dans la grande nef ; plus tard il suppléa les locaux de l'Hôtel de Ville détruit, pour les opérations du tirage au sort et de la revision. Les peintres décorateurs s'en emparèrent après l'incendie de l'Opéra ; ils y brossèrent les décors destinés au nouvel édifice, car leurs ateliers ordinaires ne pouvaient suffire à la production hâtée qu'on réclamait de leurs efforts. Ils y revinrent après l'incendie des magasins de l'Opéra, rue Richer. N'oublions pas, non plus, que ce vaste abri servit, pendant les hivers rigoureux, à loger et à réchauffer les malheureux sans asile. C'est là qu'on amena les tristes restes enlevés aux décombres fumants du Bazar de la Charité. Jours de joie et jours de deuil, le Palais de l'Industrie avait été mêlé intimement à l'existence de toute une génération. On comprend les regrets suscités par sa démolition annoncée, et qui se manifestèrent si bruyamment.

L'émoi est bien tombé aujourd'hui et bientôt on ne songera guère au défunt; son nom, si familier pendant trente ans à la vie parisienne, n'éveillera plus qu'un écho sans souvenir.

Les travaux de démolition furent adjugés à MM. Daval, A. Bonhomme, Dufayet et Lavialle, pour une somme de 255000 francs. Gênés par le Salon de 1897, les travaux prirent toute leur activité en juillet. On pouvait considérer l'œuvre métallique comme indépendante des murs extérieurs en pierre de taille, qui ne servaient pour ainsi dire que de clôture extérieure. La démolition commença du côté de l'avenue d'Antin. Lorsque les portes, les fenêtres, les planchers eurent été enlevés, les solives de ces derniers furent descellées et précipitées à même sur le sol. En même temps, on jetait bas les assises de pierre, par le procédé que chacun a vu employer, qui consiste à soulever les blocs avec des pinces, et à les basculer. Puis les trumeaux, c'est-à-dire les piles entre les fenêtres, furent attachés avec des cordages, les *vingtaines*, que l'on tire du bas jusqu'à ce que la pile s'écroule dans le vide. Les pierres sont passablement écornées après ce traitement, mais il en coûterait gros s'il les fallait descendre avec des engins spéciaux. On retaille celles qui ont moins souffert; quant aux autres, elles sont brisées et sont utilisées comme moellons.

Quand les murs furent en bas, l'ossature métallique apparut comme le squelette d'un animal dépouillé de ses chairs. Déjà des ouvriers spéciaux s'étaient hissés sur le comble, et, une à une, avaient démastiqué les feuilles de glace, formant toiture. Ces feuilles étaient descendues avec un

LES DÉMOLITIONS. — *Le Dôme central et son échafaudage intérieur.*

cordage, et classées selon leur état. Le sous-traitant qui s'était chargé de ce travail recevait 0 fr. 20 par vitre intacte, 0 fr. 15 par vitre légèrement écornée, et rien pour toute vitre cassée. Ce mode de procéder simplifiait singulièrement le règlement de compte entre les entrepreneurs généraux et leur sous-traitant.

Le comble déblayé de la sorte, les ouvriers brisèrent et laissèrent tomber les petits bois, c'est-à-dire les supports directs du vitrage. En même temps, ils supprimaient ainsi les appuis qui aidaient à leur vertigineux travail. Le comble était formé des grandes fermes circulaires, c'est-à-dire des arcs franchissant la nef dans sa largeur; ces fermes étaient réunies entre elles par des fermettes droites, ou pannes, qui consolidaient l'ensemble. Les pannes furent dérivées une à une, entre deux arcs, attachées à des cordages, et descendues sur le sol. Ces pannes droites peuvent être facilement réemployées.

Quant aux arcs, ainsi isolés, on les attachait à des vingtaines, auxquelles s'attelait une équipe d'hommes, et sous le coup d'efforts rythmiques l'énorme masse s'arrachait de ses points de jonction, avec les colonnes de fonte, ses supports, et s'étalait sur le sol, dans un horrible fracas et dans un épais nuage de poussière. C'est de la sorte que l'énorme comble fut mis à terre. Là, le têtu, le merlin, le burin divisaient les fermes tordues en morceaux transportables, qu'on emmenait pour revendre à la ferraille, comme matériaux informes. Les colonnes de fonte, couchées sur le sol par un procédé analogue, furent débitées en morceaux maniables, pour être emportées de même.

De l'édifice, on n'a gardé qu'une petite partie de la façade principale, dans laquelle sont installées des agences d'architecte et des magasins. Aux extrémités de la nef, de grandes verrières formaient les abouts et représentaient des sujets allégoriques. Il était difficile de replacer ailleurs ces compositions, d'une valeur artistique très contestée et d'une crudité de tons remarquable. Les entrepreneurs cherchèrent vainement des amateurs pour ces grandes machines, d'autant que la dépose eût été coûteuse ; ils se résignèrent à les jeter bas, avec la ferme de support, ce qui joignit au fracas ordinaire de la ferraille le plus bruyant cliquetis de verres cassés qu'on eût jamais entendu.

Tandis que le Palais de l'Industrie s'en allait ainsi, morceau par morceau, le Pavillon de la Ville de Paris, qu'on avait remonté, après 1889, entre le Palais et la Seine, était livré également aux démolisseurs, mais le bâtiment n'offrait pas, par ses dimensions, de difficultés notables.

Le palais des Arts-Libéraux fut adjugé, en août 1897, à MM. Courtial et Cⁱᵉ, pour la somme de 307000 francs, sur une mise à prix de 200000 francs. La somme est plus importante que celle qui fut payée pour le Palais de l'Industrie, quoique ce dernier représentât une superficie et un volume beaucoup plus considérables. Il s'agissait, il est vrai, d'un édifice presque neuf, et son mode de construction offrait des matériaux plus facilement utilisables ; aussi la démolition se transforma en dépose. Les fermes furent dérivées par fragments, et descendues soigneusement sur le sol. Il en fut de même pour le Palais des Beaux-Arts, construit sur le même modèle. L'un des palais a été acheté, paraît-il, par la Russie, et servira de gare de chemin de fer; l'autre doit partir pour l'Amérique du Sud.

Pour le Dôme central, les difficultés de démolition se présentaient avec une aggravation notable sur celles qu'avaient offertes le Palais de l'Industrie. Aussi, l'adjudication se fit au prix de 30 p. 100 en sus des 20000 demandés par l'Administration, soit un peu plus de 26000 francs, au compte de M. Casel.

Le commissariat général, pour restreindre autant que possible les chances d'accident, avait enjoint à l'entrepreneur d'échafauder l'édifice. Le montage de cet échafaud ne laissait pas que de représenter une grosse somme : c'est ce qui explique le chiffre relativement minime demandé pour les matériaux d'une construction aussi importante. Cet échafaud, prolongé jusqu'au-dessus du dôme, comportait une série de quatorze planchers. Le procédé de démolition employé fut analogue à celui dont on avait usé au Palais de l'Industrie. Les vitres et les vitraux furent démastiqués et déposés; les fers droits démontés, en desserrant les écrous ou en faisant sauter les rivets. Les fers courbes, difficilement réemployables, furent arrachés et jetés en bas.

Une statue de la Renommée surmontait le dôme; œuvre de feu Delaplanche, elle avait été interprétée par Coutelier, qui l'avait grandie sur le modèle réduit du sculpteur. Elle mesurait 9ᵐ,50 de la tête au pied et 10ᵐ,80 des pieds à l'extrémité des ailes. La tête seule et le haut du buste représentaient 2ᵐ,10. Exécutée en zinc repoussé, son poids s'élevait à 800 kilogrammes, ce qui n'a rien d'extraordinaire, mais il faut ajouter que les feuilles de zinc étaient soutenues par une armature en fer, solidement fixée à la charpente du dôme. On avait prévu que la Renommée, à cette altitude, recevrait de furieux coups de vent, et les mesures avaient été prises en conséquence.

Il était impossible de séparer l'armature de ses supports; on se résigna à découper le zinc en huit tronçons, et à le descendre morceau par morceau sur le sol. D'ailleurs, l'entrepreneur n'a pu rencontrer un amateur pour ce gigantesque morceau de sculpture, et, sauf la tête qui a été conservée, jusqu'à nouvel ordre, le reste est parti pour la fonte. Cette tête, deux panneaux en faïence de Longwy, provenant de la décoration intérieure, voilà tout ce qui reste aujourd'hui du Dôme central.

Dès les premiers jours de novembre 1896, on avait commencé à enclore les chantiers d'une palissade continue, pour empêcher les incursions des curieux. L'Administration renonça à affermer la superficie des clôtures à des entreprises de publicité, qui eussent couvert ces vastes espaces d'affiches multicolores. Dans une promenade de luxe, ces bariolages auraient produit un effet malheureux.

L'affiche, comme on la comprend aujourd'hui, a fourni des spécimens d'un art charmant, mais pour une affiche de valeur, combien d'autres qui n'ont d'autre mérite que d'attirer l'attention du passant par le contraste violent de tons qui hurlent! La clôture des chantiers fut donc établie en planches jointives, sur lesquelles fut clouée une décoration artistique en treillage. Cette décoration figure comme un portique composé de pilastres que réunit une frise ajourée. Des motifs, formant antéfixes, couronnent les pilastres; d'autres motifs, plus petits, silhouettent agréablement et rompent la ligne rigide du sommet. Le tout a été couché d'un ton vert d'eau clair, avec des réchampis plus foncés sur les treillages, et quelques touches de rouge sur les épaisseurs, pour aviver le ton un peu fade de l'ensemble. Lors des fêtes qui signalèrent la visite du Czar, à Paris, la rue de la Paix s'était décorée de portiques ajourés, en treillages découpés, et garnis de plantes naturelles. Cette disposition gracieuse a servi de modèle à la clôture actuelle des chantiers de l'Exposition.

PAUL JORDE.

Projet définitif du Grand Palais
DES CHAMPS-ÉLYSÉES

Avant même que le jugement fût prononcé sur le deuxième concours, c'est-à-dire sur le concours des Palais des Champs-Élysées, M. Bouvard, chef des services d'architecture, avait fait l'importante déclaration suivante: « Nous ferons appel à tous

La clôture des chantiers.

les lauréats de nos deux concours. Nous n'avons certainement contracté aucun engagement, mais nous nous considérons comme moralement liés avec eux; sans compter que nous échapperons ainsi aux sollicitations de trois ou quatre mille architectes qui se sont mis sur les rangs depuis le premier jour où l'on a annoncé la prochaine Exposition. »

Cette décision a été suivie de point en point, et seuls les architectes qui ont obtenu des primes dans les deux concours sont, à l'heure actuelle, chargés de l'exécution des travaux de l'Exposition. Rien de plus équitable, en fait et en principe; il est injuste que ceux qui fuient les périls et les frais d'un concours public soient investis des bénéfices de l'exécution, avec le privilège, en outre, d'utiliser les bonnes idées des projets primés. Cette injustice, il faut le reconnaître, s'est produite plus d'une fois, surtout dans les concours de province, où les influences locales savent évincer les concurrents étrangers, si méritants qu'ils soient. Ces habitudes ont pour premier effet de déconsidérer les concours et d'éloigner les concurrents sérieux, que l'attrait d'une prime, généralement peu alléchante, ne saurait tenter. La résolution prise par l'Administra-

tion de l'Exposition aura donc pour premier résultat de moraliser le principe du concours. Elle a mécontenté certainement les trois ou quatre mille solliciteurs dont parlait M. Bouvard, mais elle est de nature à mériter l'approbation du public.

Il est bien difficile, néanmoins, de désarmer la critique; le parti pris, adopté par l'Administration, a soulevé sur d'autres points des récriminations qui se sont fait jour sous une forme plutôt acerbe. Nous n'avons pas d'autre désir que de retracer les différentes péripéties de la genèse de l'Exposition; nous nous garderons d'exprimer un avis, qui aurait surtout le tort d'être tardif en la matière. Toujours est-il que ces récriminations ont porté sur l'attribution qui avait été faite des travaux du Grand Palais.

Il était difficile de nommer un seul architecte pour un travail de cette importance et dont la direction était fort enviée. Qui désigner, d'ailleurs, puisque le jury lui-même avait décidé qu'aucun des projets primés ne méritait d'être exécuté tel quel?

L'administration se tira de la difficulté en établissant une collaboration formée des différents concurrents primés: MM. Louvet, Deglane, Thomas et Girault. M. Binet, qui avait signé avec M. Deglane le projet primé en deuxième ligne, ne faisant pas partie de cette combinaison, pour des raisons que nous ignorons, un autre travail fut confié à cet architecte, qui fut chargé d'établir les projets des entrées monumentales de la place de la Concorde (1) et des Champs-Élysées. M. Girault, qui a remporté la première prime pour le Petit Palais et la quatrième pour le Grand, étant le seul artiste récompensé dans les deux concours, fut nommé architecte en chef.

Le Grand Palais devait être la combinaison des plans et des façades reconnus les meilleurs dans les projets primés. Là-dessus, des critiques d'art partirent en guerre, et avancèrent qu'une œuvre traitée

ainsi n'aurait jamais l'unité requise, qu'elle manquerait d'originalité, car le premier effet d'une collaboration est d'absorber et d'annuler toute manifestation individuelle. D'autres, rappelant les termes du rapport de M. Pascal, qui accusait en un langage précis les préférences du jury, y voyaient des entraves à la liberté artistique des architectes. M. Pascal avait affirmé que le jury n'avait pas dissimulé sa préférence pour l'expression architecturale dont les colonnades et les palais de la place de la Concorde sont des exemples, et qu'il n'était pas éloigné de souhaiter qu'un nouveau spécimen de ces façades fût édifié, pourvu que la copie ne fût pas inférieure aux modèles. On en vint jusqu'à mêler la direction de l'Exposition à ces polémiques, en insinuant que la direction cherchait le triomphe de ses propres idées, qu'elle saurait imposer, tout en échappant aux responsabilités « par la tangente ».

M. Bouvard, mis en cause, répondit, dans une lettre adressée à un journal qui s'était fait l'écho de ces attaques, qu'il s'étonnait qu'on s'en prît à la direction, et qu'on parlât de l'ingérence d'une

(1) Voir page 36.

LES DÉMOLITIONS. — *Partie conservée du Palais de l'Industrie.*

« collaboration anonyme », alors que l'élaboration du projet avait passé par une série de phases qui éloignaient précisément tout soupçon d'ingérence anonyme : l'ouverture d'un concours public, le choix fait parmi les concurrents pour l'exécution, le respect accordé à la décision et aux avis du jury, devaient écarter semblable supposition.

Les critiques en demeurèrent là, pour le mo-

On remarquera d'abord que l'étage de soubassement a été abaissé autant que possible, pour que la façade ne s'élevât pas en écrasant de sa masse le Petit Palais qui lui fait face. Pour la même raison, le péristyle d'accès comporte trois entrées, au lieu d'un porche unique qui eût nécessité une grande hauteur pour caractériser une entrée proportionnée à un aussi vaste vaisseau. Les attiques des por-

valet, des aquarelles et des dessins qui s'accommodent très bien de l'éclairage de côté.

Les escaliers sont nombreux et s'offriront un peu partout aux visiteurs, tandis que ces indispensables modes d'accès étaient trop rares et trop éloignés dans le Palais de l'Industrie. La terminaison en arc de cercle des deux extrémités de la grande nef sera d'un effet gracieux, et l'illustration

PROJET DÉFINITIF DU GRAND PALAIS DES CHAMPS-ÉLYSÉES. — *Vue perspective de la façade principale, d'après les documents officiels.*

ment; nous assisterons certainement à une nouvelle prise d'armes, quand la construction achevée s'offrira au jugement du public : la bataille recommencera, sans sanction bien sérieuse, puisqu'on ne démolira pas pour rebâtir au gré des contradicteurs. Le nœud de la querelle gît dans la lutte que mènent les novateurs en architecture contre l'esprit classique. On ne peut que le reconnaître, le rapport de M. Pascal, porte-parole du jury, est imprégné au plus haut point de l'esprit d'école; il a manqué, même, quelque peu d'indulgence pour les efforts, faits lors de l'Exposition de 1889, dans le but de rajeunir les vieilles formules; il a signalé la « défaveur » du jury à l'égard des « exemples précédents des palais de fer ou de pierre qu'on démolit sans regret ».

Il n'y a donc pas à s'étonner si l'œuvre commune de MM. Girard, Deglane, Louvet et Thomas est une œuvre qui se réclame des traditions classiques. Le projet définitif que nous reproduisons ici a été contresigné par le ministre, après approbation favorable d'une commission composée de MM. Daumet, Garnier et Vaudremer. Cela ne veut pas dire que ce projet sera exécuté sans changements; après établissement de la maquette en plâtre, certaines modifications ont été adoptées.

Les études en grandeur d'exécution en amèneront de nouvelles; c'est l'histoire ordinaire des travaux de ce genre; car si parfaites, si poussées que soient les études en petit, lorsqu'on aborde l'échelle réelle, les effets de perspective prennent des proportions insoupçonnées.

Ce projet ne figure donc ici qu'à titre de document historique. Cependant, les changements qui sont survenus n'ont pas une importance telle qu'ils dénaturent de fond en comble l'aspect de l'édifice. Le plan demeure, pour ainsi dire, conforme à celui que nous donnons ici.

tiques extérieurs masquent quelque peu l'énorme toiture vitrée, qui a été surbaissée. Au Palais de l'Industrie, maintenant démoli, cette toiture formait une masse dont l'effet disgracieux était surtout sensible de l'autre côté de la Seine. Pour être connue, la disposition en portiques des promenoirs constituera un aspect d'une réelle majesté; l'effet est certain et peut être escompté à l'avance. La

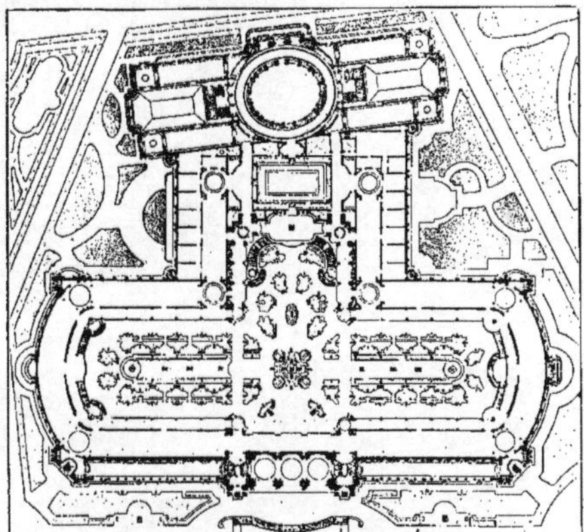

Plan définitif du Grand Palais des Champs-Élysées.

vue que l'on découvrira de ces promenoirs sera des plus riantes, et le public, fatigué d'arpenter les salons d'exposition, se reposera agréablement sous ces abris qui, par leur orientation, seront dans l'ombre assez tôt dans l'après-midi. Les baies qui occupent le fond des portiques éclairent les galeries basses de la nef. On pense que ces galeries pourront servir à l'exposition des tableaux de che-

ci-contre permet au lecteur de se rendre compte de l'aspect réellement imposant que présentera cette nef, avec la grande partie qui la prolonge dans l'axe et qui aboutit à un escalier monumental. Cette disposition vraiment heureuse figurait déjà dans le projet de M. Louvet et dans celui de MM. Deglane et Binet. Qu'on se représente ce vaste espace, occupé par une de ces fêtes comme on en donna au Palais de l'Industrie (fêtes de Murcie, de la catastrophe d'Anvers, etc.), qu'on imagine une foule brillante circulant parmi les constructions multicolores, et l'on aura une idée de l'impression saisissante qui frappera le spectateur.

Les galeries d'exposition du premier étage seront éclairées par le haut. Elles semblent nombreuses et vastes, cependant, les principaux intéressés, c'est-à-dire les peintres exposants, les déclarent insuffisantes d'ores et déjà; ce qui prouve que l'art de la peinture est singulièrement florissant et productif en notre pays. Lors du concours, on avait prévu l'établissement d'une salle de concert. Cette attribution aurait-elle été modifiée? L'emplacement de cette salle porte sur le plan définitif l'appellation assez vague de *hall.* Que fera-t-on de ce *hall* qui se trouve dans l'axe, en bordure sur l'avenue d'Antin, et qui affecte la forme d'une ellipse accostée de vastes escaliers sur plan rectangulaire?

On remarquera que le plan définitif a légèrement empiété sur le périmètre qui était fixé lors du concours. On a profité de cet agrandissement pour augmenter la superficie des salons d'exposition. Qu'eussent dit les peintres, qui se plaignent encore, si l'on s'était tenu à l'emplacement primitif!

Les façades latérales, largement percées, avec leurs parties curvilignes se raccordant à des parties droites, prêtent à la variété, et les décro-

Projet définitif du Grand Palais des Champs-Élysées. — Vue intérieure du croisement des grandes nefs, d'après les documents officiels.

chements, très saillants, les pans coupés enlève-
ront l'aspect de froideur qu'offrent toujours ces
grands édifices, avec la répétition à l'infini des
mêmes dispositions.

Le Grand Palais n'apportera donc pas la formule
d'art nouveau que l'on réclame à l'architecture;
d'ailleurs cet art nouveau ne s'établira qu'avec des
modifications profondes dans la vie et dans les
mœurs, car les artistes reflètent encore plus qu'ils
ne créent.

Les modifications se produiront dans ce qu'on
nomme les arts somptuaires, le mobilier, l'orfèvrerie, etc. Le mouvement paraît être
en route, bien timidement, avec des
incohérences qui prouvent un manque
d'unité dans le point de départ. La
poussée se lassera peut-être; se formu-
lera d'une façon précise un jour ou
l'autre; l'architecture, qui est la résultante et la synthèse de tous les arts
accessoires, abandonnera la route traditionnelle qui lui est imposée, pour
s'orienter sur de nouvelles voies.

Cette révolution, d'aucuns disent cette
renaissance, est-elle proche? Il faut,
d'abord, que le public abjure son éducation artistique, ou, du moins, ce qui
lui en tient lieu, et cesse de passer, en
ses goûts éclectiques, du style du
Moyen Age à celui du premier Empire,
en s'arrêtant à toutes les stations intermédiaires, jusques et y compris les bifurcations
de l'exotisme.   G. MOYNET.

La Physique et les Physiciens [1]
Les machines dynamo-électriques.
MUSÉE CENTENNAL (GROUPE V; CL. 23 ET 25).

L'induction ne se produit qu'au moment où le
courant inducteur commence ou finit, ou qu'autant
que sa puissance inductive varie, soit parce que
l'intensité du courant croît ou décroît, soit parce
que la distance augmente ou diminue. Les phénomènes fondamentaux d'induction ont été observés
par Faraday, mais les lois qui les régissent ont été
établies par le physicien russe Lenz, en 1833. Prenons deux conducteurs placés parallèlement l'un à
l'autre, le premier faisant partie d'un circuit contenant une pile et un interrupteur, le second faisant partie d'un autre circuit dans lequel est
intercalé un galvanomètre, c'est-à-dire un appareil
destiné à mesurer l'intensité d'un courant électrique au moyen de son action électro-magnétique.
On observera que chaque fois qu'on ferme le circuit de la pile par le commutateur, le galvanomètre
décèle le passage d'un courant dans le circuit
voisin et de sens contraire à celui qui parcourt le
circuit de la pile. Mais la déviation de l'aiguille du
galvanomètre n'est que momentanée, elle revient
aussitôt à zéro et y reste aussi longtemps que le
courant demeure établi. Au moment de
la rupture du circuit de la pile, opérée
par le commutateur, le galvanomètre
dévie de nouveau, mais le sens de sa
déviation est inverse de la précédente :
le circuit est donc parcouru par un courant de même sens que celui qui circulait
dans le circuit de la pile. Ce courant
est également instantané. Ainsi donc,
chaque fois que l'on ferme le circuit de
la pile, appelé circuit *inducteur* ou *primaire*, il se produit dans le conducteur
voisin, appelé circuit *induit* ou *secondaire*,
un courant instantané, appelé courant
induit de fermeture ou *inverse*, qui est de sens
contraire au courant inducteur ou primaire. Le
courant induit d'ouverture, qui se produit lorsqu'on
interrompt le courant qui parcourt le circuit primaire, au contraire, a la même direction que celle
du courant primaire. La découverte de l'induction

(1) Voir page 54.

est devenue l'origine d'une immense série d'applications de toute nature. Les machines magnéto
et dynamo-électriques, les transformateurs, sont
fondés sur les phénomènes d'induction.

Une des belles expériences de Faraday est celle

Machine dynamo-électrique construite par M. Gramme.

au moyen de laquelle il démontra l'influence de
l'électricité et du magnétisme sur la lumière. Si
l'on prend un morceau de cristal et qu'on l'entoure
d'un appareil électro-magnétique puissant, on
assiste à un phénomène optique des plus remarquables : la lumière semble devenir *magnétique*. Il
découvrit encore les lois de l'électrolyse et les
propriétés des corps appelés *diamagnétiques* qui,
comme le bismuth, sont repoussés par les pôles
d'un aimant. Faraday consacra quarante ans de sa
vie à des travaux qui sont restés un des plus gran-

Machine magnéto-électrique de Clarke.

dioses monuments scientifiques du siècle qui va finir.

On appelle machines *dynamo-électriques* des
appareils qui servent à transformer l'énergie mécanique en courant électrique. Le fonctionnement
de ces machines repose sur les phénomènes d'induction. Dans les machines dynamo-électriques
proprement dites, le courant est produit par le
mouvement d'un conducteur à travers un champ

magnétique déterminé par un électro-aimant.
Aussitôt après la découverte des courants d'induction, à une époque où le principe de la corrélation
de forces physiques était encore inconnu, on chercha à produire de l'électricité par l'induction d'aimants en mouvement. Au lieu d'un électro-aimant,
on peut se servir d'un aimant permanent.

La découverte de Faraday, de l'induction des
courants dans des fils se mouvant dans un champ
magnétique, lui suggéra la construction des machines magnéto-électriques pour engendrer les
courants au lieu d'employer des piles. La première
machine fut construite dès 1831. Elle consistait en
un disque de cuivre que l'on faisait tourner entre
les pôles d'un aimant en fer à cheval, un frotteur
s'appuyait sur l'axe du disque et un autre sur la
périphérie. Le courant se dirigeait de l'arbre vers
la périphérie ou réciproquement, selon le sens du
mouvement de rotation. Le disque coupe norma-
lement les lignes de force magnétique. On pourrait
donc faire remonter à Faraday l'invention de la
machine dynamo-électrique. Dans d'autres modèles qu'il réalisa, des bobines
de fils de cuivre étaient enroulées de
façon à couper les lignes de forces magnétiques. C'est le même principe d'induction qui est impliqué dans les machines dynamo-électriques modernes.
Dans tous les cas, il faut employer une
force pour produire le mouvement. Pour
constituer une machine de ce genre, il est
nécessaire de réunir deux éléments : a) un système
de conducteurs mobiles dans un champ magnétique et disposés de telle sorte que l'on puisse
recueillir le courant engendré; cette partie de la
machine porte le nom d'*induit*; b) un champ magnétique que l'on appelle *inducteur*.

En 1833, Pixié, en France, construisit aussi une
machine magnéto-électrique, qui se composait d'un
électro-aimant fixe, supporté par deux colonnes de
bois, et d'un aimant en fer à cheval porté par un axe
vertical, auquel on imprime un mouvement de
rotation rapide. Pour un tour complet, il se produisait en réalité deux courants de sens contraire,
mais, par l'effet d'un commutateur, ils étaient
ramenés à être toujours du même sens dans le
circuit extérieur. Cette machine fut bientôt modifiée
par Saxton et Clarke en Angleterre. Leur appareil
est formé d'un aimant permanent recourbé en fer
à cheval et appliqué verticalement le long d'une
planchette en bois. En avant se meuvent autour
d'un axe horizontal deux bobines enroulées sur
deux cylindres de fer doux. Les courants alternatifs,
engendrés dans ces deux bobines, étaient aussi
redressés par un commutateur. Pour opérer le
changement des connexions avec le circuit extérieur à chaque demi-révolution, Sturgeon, en 1836,
fit usage d'un bout de tube de cuivre divisé en
deux fragments par un plan passant par son axe.
Entre les branches d'un aimant en fer à cheval, il
disposait une bobine de fil enroulée suivant un
axe longitudinal et les deux extrémités du fil
venaient respectivement se souder aux
deux coquilles du commutateur.

Le principe de l'appareil de Clarke a
reçu une remarquable application dans
la machine *magnéto-électrique* de Nollet.
Ce savant, professeur de physique à
l'École militaire de Bruxelles en 1849,
était un descendant de l'abbé Nollet, professeur à Paris il y a plus d'un siècle; il
s'était proposé d'appliquer les courants
électriques obtenus par sa machine à la
décomposition de l'eau, pour utiliser
ensuite, dans l'éclairage, les gaz hydrogène et oxygène provenant de cette
décomposition ; mais le succès ne répondit pas
à son attente et il mourut à la peine. Heureusement, il laissa sa machine aux mains d'un homme
intelligent, M. Joseph van Malderen, qui non
seulement la perfectionna, mais eut l'heureuse
idée de l'appliquer à l'éclairage électrique, sans
redresser les courants. La machine Nollet-van
Malderen est, en dernière analyse, une machine de

Clarke multiple. Elle est fréquemment désignée sous le nom de machine de l'Alliance, parce que la société qui l'exploita à Paris avait pris le titre de *Compagnie l'Alliance.*

En 1854, Siemens et Halske ont modifié la forme des bobines d'induction, en enroulant le fil, non plus dans un plan perpendiculaire à l'axe du noyau, mais longitudinalement, c'est-à-dire parallèlement à l'axe. Nous en retrouvons le modèle dans le petit moteur électrique de Marcel Deprez. Le noyau sur toute sa longueur et à ses extrémités est entaillé d'une gorge dans laquelle s'enroule le fil. Siemens a, le premier, construit une machine magnéto-électrique avec cette nouvelle forme d'induit.

M. Wilde, ingénieur à Londres, a fait connaître, en 1865, une machine magnéto-électrique dans laquelle il utilise la bobine de Siemens, mais avec un principe nouveau, celui de la multiplication du courant. En effet, au lieu de recueillir immédiatement le courant engendré par l'induction des aimants, M. Wilde le fait passer dans un fort électro-aimant, et c'est ensuite par l'induction de celui-ci qu'il obtient un courant plus énergique. Somme toute, ce sont deux machines associées, dont l'une sert d'excitatrice à l'autre. Les deux machines sont superposées, l'une supérieure, composée d'aimants permanents entre les jambes desquels tourne une navette Siemens; l'autre inférieure, composée de deux électro-aimants, entre les pôles desquels tourne une seconde bobine plus grande. La petite machine envoie son courant dans la machine inférieure et le courant induit, provoqué dans sa bobine, est utilisé dans le circuit extérieur.

Siemens et Wheatstone, en 1867, eurent en même temps l'idée des machines dynamo-électriques, c'est-à-dire dans lesquelles l'électricité est engendrée uniquement par le mouvement, tout aimant permanent étant supprimé, et l'induction n'étant due qu'à la petite quantité de magnétisme *rémanent* existant dans les noyaux des électro-aimants. M. Ladd, à Londres, a construit sur ce principe une machine qui a figuré à l'Exposition de Paris de 1867. L'induit comportait deux bobines Siemens tournant entre les armatures de deux électro-aimants. Dans cette combinaison intervient la réaction du courant sur lui-même, déjà employée par Wheatstone. C'est Werner Siemens qui a, le premier, en janvier 1867, dans sa communication à l'Académie des sciences de Berlin, donné le nom de machines dynamo-électriques à celles construites sans aimants permanents. Le principe de la surexcitation était trouvé.

En 1860, un simple étudiant de l'Université de Pise, M. Pacinotti, donna aux bobines d'induction une forme nouvelle et très originale, la forme circulaire. Il prit un anneau de fer et l'entoura d'une série de bobines isolées. Le principe de la surexcitation lui a échappé, mais il peut être considéré comme ayant le premier fait usage d'électro-aimants inducteurs excités par une source extérieure. Sa machine resta oubliée dans son cabinet de physique, et le 3 mai 1866 M. Worms de Romilly prit un brevet pour une machine à anneau, mais qui différait de celle de l'étudiant italien par ce fait que l'hélice induite, au lieu d'être enroulée dans un même sens, fournissait des sections distinctes communiquant en tension les unes avec les autres. Cet appareil n'a jamais fonctionné pratiquement. La machine à anneau n'a guère commencé à entrer dans la pratique que lorsque Gramme construisit son modèle type en 1871, qui reproduisait absolument les dispositions principales de celle de Pacinotti. Plus heureux que le physicien italien,

Gramme trouva des capitaux et, grâce à ce concours, les circonstances aussi étant plus favorables, sa machine devint le point de départ des progrès actuels, mais c'est à Pacinotti que revient l'honneur d'avoir mis en lumière le principe si fécond de

Petit moteur électro-magnétique de M. Marcel Deprez.

l'anneau et du collecteur. Dans la machine Siemens, l'induit est en forme de tambour au lieu d'être en anneau. M. Desroziers a adopté pour induit un disque sans noyau. Les machines à courants alternatifs sont basées sur les mêmes principes que les machines à courant continu.

Nous avons vu, au surplus, que celles-ci engendrent des courants alternatifs qui sont redressés dans le circuit extérieur par l'intervention d'un organe appelé collecteur qui n'existe pas dans les machines de l'autre genre.

M. Z. GRAMME, *électricien.*

La conversion de la puissance mécanique en énergie électrique peut se résumer ainsi : les courants sont directs — c'est-à-dire circulent toujours dans la même direction — ou alternatifs, c'est-à-dire circulent alternativement dans des directions opposées. De ces données dérivent quatre classes de machines, qui sont :

1° La *dynamo,* dans laquelle l'énergie mécanique de rotation est transformée en l'énergie d'un courant direct;

2° L'*alternateur,* dans lequel l'énergie mécanique de rotation est transformée en l'énergie d'un courant alternatif;

3° Le *moteur,* dans lequel l'énergie d'un courant direct est convertie en énergie mécanique de rotation;

4° Le moteur à *courants alternatifs,* dans lequel l'énergie inhérente à un ou plusieurs courants alternatifs est convertie en énergie mécanique de rotation.

Ainsi, chacun de ces quatre types d'appareils a pour objet la conversion de l'énergie d'une forme dans une autre, et il va de soi que la valeur commerciale de l'appareil doit dépendre, jusqu'à une certaine mesure, du rendement de transformation.

Les alternateurs sont tous caractérisés par deux traits principaux : une couronne ou un anneau de pôles d'électro-aimants et un anneau de bobines d'armature, l'un ou l'autre des deux étant mobile. La configuration particulière des pôles, leur disposition mécanique, la méthode d'enroulement des bobines d'armature et de nombreux autres détails sont susceptibles d'altérations variées, mais les caractères principaux persistent. En multipliant les nombres relatifs de bobines inductrices et induites, on multiplie également le nombre de périodes par seconde.

L'éclairage électrique.

Le 1er janvier 1819, les premiers réverbères à gaz firent soudainement leur apparition sur la place du Carrousel à Paris. On inaugurait l'emploi du gaz hydrogène bicarboné extrait de la houille, pour l'éclairage des rues de la capitale. Le public aimait à proclamer que l'éclat du gaz faisait pâlir la lumière des antiques réverbères. Nous avons rapporté l'expérience de production de l'arc électrique que réalisa Davy avec une pile. Pour assurer la persistance de l'arc lumineux, ce savant eut l'idée d'enfermer les deux pointes de charbon dans un globe de verre où il faisait le vide. En s'inspirant de la première expérience de Davy, M. Léon Foucault, physicien français, chercha à employer un charbon moins combustible. En 1844, grâce à l'application du *charbon de cornue à gaz* et de la pile Bunsen, il remplaça le soleil, dans le microscope solaire, par la lumière électrique. Cette année ne s'était pas écoulée qu'un habile opticien, Deleuil, rendait les Parisiens témoins de la première expérience d'éclairage électrique public qui eût été faite au monde. A l'aide de l'appareil photoélectrique de Foucault, il inonda de lumière toute la place de la Concorde. Mais cet instrument était d'un fonctionnement défectueux. Dans son *régulateur de la lumière électrique* qu'il imagina en 1848, c'est le courant électrique lui-même qui règle le rapprochement des crayons de charbon, au fur et à mesure de leur usure par la combustion dans l'air. Sa construction fut poussée à la perfection des détails par l'opticien Jules Duboscq.

Parmi les physiciens qui s'occupèrent, à cette époque, avec le plus d'ardeur, à répandre la connaissance et l'usage de l'éclairage électrique, il convient de citer Archereau. Il avait résolu, par un moyen autre que celui de Foucault, le problème consistant à maintenir constant l'écartement des charbons par l'invention de son *régulateur à solénoïde.* M. Staite, en Angleterre, avait construit un régulateur de lumière fondé sur le même principe que l'appareil de Foucault. On continuait, en France, à s'intéresser aux débuts de l'éclairage par l'électricité. A Lyon, Lacassagne, essayeur à la Monnaie, et Rodolphe Thiers, chimiste, avaient combiné un système très ingénieux de régulateur. Ils firent la première expérience publique au mois de juin 1855, sur le quai des Célestins, à Lyon.

(*A suivre.*) E. DIEUDONNÉ.

LES DÉMOLITIONS. — *1. Le Palais des Arts-Libéraux au Champ-de-Mars. — 2. Abatage de la grande verrière et de la ferme d'about de la grande nef (Palais de l'Industrie). — 3. Un coin dans le Palais des Beaux-Arts au Champ-de-Mars. — 4. Le Pavillon de la Ville de Paris, derrière le Palais de l'Industrie.*

LES ATTRACTIONS DE L'EXPOSITION. — VUE GÉNÉRALE DU VIEUX PARIS.   QUAI DE BILLY.

Le Vieux Paris à l'Exposition de 1900

I

On sait le succès qu'ont obtenu, aux Expositions étrangères, ces reconstitutions pittoresques de la vie d'autrefois dans les cadres historiques des vieilles cités, avec les monuments restitués, les coins d'édifices fameux, les constructions diverses: hôtels aristocratiques, logis bourgeois, boutiques, tavernes, revenant pour quelques mois à l'existence, pourvus de leurs habitants comme jadis, de leurs métiers et de toutes leurs apparences caractéristiques enfin, et mouvementées à certains jours par des fêtes, des défilés, par des réjouissances diverses organisés, avec le souci de toute l'exactitude possible, par des comités d'artistes et d'archéologues.

Tels furent, il y a quelques années, le Vieil Amsterdam, le Vieil Anvers très remarquable, le Vieux Berlin, le Vieux Bude, le pittoresque village suisse, et tout récemment le Vieux Bruxelles et le Vieux Rouen, de M. Jules Adeline, si réussi.

Un Vieux Paris ne pouvait manquer à l'Exposition de 1900, quand les visiteurs des Expositions d'Anvers, de Bruxelles, de Prague, de Bude, de Rouen, de Genève, etc... ont eu la satisfaction de remonter le cours des siècles et de voir renaître un instant, sous leurs yeux, le passé de leurs pays, avec les diverses restitutions pittoresques qui ont été au nombre des attractions principales de ces Expositions. Le Vieux Paris se construit en ce moment sous la direction de M. Heulhard, promoteur de l'entreprise, sur les plans de MM. Robida et Bénouville. Étant donnés ces précédents d'abord, puis les nombreuses études et esquisses accumu-

Exp. 1.

lées, les plans et projets soigneusement élaborés et discutés, et enfin les proportions que la direction entend donner à son entreprise, il est permis de penser qu'un Vieux Paris édifié en plein cœur de l'Exposition, en façade sur la Seine, doit être un des clous décoratifs, un des centres d'attraction de l'Exposition.

C'est la première fois, d'ailleurs, qu'une entreprise privée de cette importance est admise à concourir, en une situation telle que celle qui lui a été attribuée au milieu des palais officiels, à l'effet général dans l'immense féerie qui va se déployer de la place de la Concorde au Trocadéro.

Le Vieux Paris, nous l'avons dit dans un précédent article, occupe un vaste emplacement quai de Billy, en partie sur la berge et en partie sur la Seine, entre le pont de l'Alma et la passerelle jetée du Palais de la Guerre à la Porte Ouest du Vieux Paris. Il déroule, sur environ 260 mètres au bout du Cours-la-Reine, une longue file de monuments et d'édifices, véritable petite ville, divisée en trois quartiers principaux, sillonnés de rues et coupés de places diverses, effilant dans le ciel et reflétant dans le fleuve parisien une profusion de tours et tourelles, des clochers et clochetons étagés par-dessus les toits.

M. Picard et M. Bouvard, les grands metteurs en scène de 1900, préoccupés de donner à l'Exposition une physionomie artistique bien particulière, ont vu, dans le crescendo de superbes architectures élevées sur les rives de la Seine, l'effet décoratif à tirer de cet angle rentrant formé par le tournant de la Seine, qui permet d'embrasser un vaste pa-

norama depuis Notre-Dame et la vieille Cité d'un côté, jusqu'à Sèvres et Meudon de l'autre, et d'être vu par conséquent aussi loin de ces deux côtés.

Ils ont donc concédé au Vieux Paris cette large emprise en arc concave sur la Seine, formant comme un immense balcon à vues magnifiques sur les palais divers du Champ-de-Mars, et constituant une superbe plate-forme sur laquelle, jouant leur rôle dans l'effet général, se dressent les constructions du Vieux Paris.

Il fallait, sur les 6 000 mètres de la concession, établir comme un abrégé du Paris des siècles passés, du Paris de l'histoire, mais d'un Paris pittoresque et grouillant, avec tout le mouvement et le charme de la vie. Il ne

LE VIEUX PARIS.
Entrée principale : la porte Saint-Michel.

pouvait être question, bien entendu, d'être sèchement et purement archéologique, de tout sacrifier à l'exactitude momentanée, à l'exactitude d'un siècle qui n'était plus celle d'un autre; les édifices, comme les organismes vivants, changeant et se transformant à travers les âges. Il fallait être vivant avant tout, faire un choix et prendre, çà et là, les morceaux les plus curieux des édifices disparus, des logis fameux pour leur intérêt particulier ou pour quelque raison historique, et les amalgamer en un ensemble assez pittoresque à l'œil, assez exubérant de vie et de mouvement pour rendre vraiment les aspects curieux et caractéristiques de la vie d'autrefois, du Paris des diverses époques, depuis la fin du xv° siècle jusqu'à l'aurore du xix° siècle.

Faire de la froide archéologie, la chose était facile: il n'y avait qu'à copier servilement les documents connus, mais on n'obtenait alors que des restitutions impossibles à animer, qui tenaient sans profit une place énorme. Au lieu de reconstituer tel ou tel quartier, où l'intérêt n'était point partout égal,

9

il a donc paru préférable de mettre en œuvre ces documents du passé, de choisir et d'extraire les

Entrée de la rue des Vieilles-Écoles et de la rue des Remparts.

points réellement importants. Le Vieux Paris peut se diviser en trois groupes principaux : le quartier des Écoles à l'entrée, près le pont de l'Alma, avec ses rues sinuant entre la porte Saint-Michel, la tour du Louvre et l'église Saint-Julien des Ménétriers — la partie centrale après la place Saint-Julien, sur laquelle s'élève un des édifices les plus fameux de la Renaissance, la Chambre des Comptes du xvie siècle, disparue dans l'incendie de 1737 ; là, dans un ensemble de constructions, restes d'hôtels ou logis fatigués par les siècles encadrant une vaste cour, la *Cour de Paris*, se trouvera un théâtre-concert, le plus curieusement installé de tous les théâtres.

Le troisième quartier, enfin, comprend un pont à maisons, le Pont au Change, dominé par quelques bâtiments du Grand-Châtelet, le Palais, avec sa grand'salle et l'escalier de la Sainte-Chapelle, si fameux au xviie siècle, un coin du xviie siècle avec la rue de la Foire-Saint-Laurent, et se terminé par une rampe que domine la tour de l'Archevêché et diverses autres constructions.

Ceci est le coup d'œil d'ensemble, nous allons maintenant entrer dans le détail et gagner pour cela la porte Saint-Michel.

(*A suivre.*)   A. ROBIDA.

LA LITTÉRATURE FRANÇAISE
AU XIXe SIÈCLE
(SUITE) (1)

Mme de Staël avait le culte du régime constitutionnel. Elle le montra dans ses *Considérations sur la Révolution française*. Quand elle écrivit cet ouvrage, la chute de l'Empire lui avait rouvert la France. Elle mourut à Paris en 1817. En 1818, on publia ses *Considérations* et en 1821, son dernier ouvrage : *Dix années d'exil*.

Ni Joseph de Maistre, ni Mme de Staël ne sont Français, et la littérature française du temps de l'Empire ne s'illustrerait que de noms étrangers, si Chateaubriand n'eût existé.

(1) Voir page 55.

François-René de Chateaubriand naquit à Saint-Malo, en 1768, d'une famille de marins bretons. Le grand bouleversement révolutionnaire lui permit de donner carrière à son goût de voyages et d'aventures. Il alla visiter l'Amérique en 1791. De retour en Europe, il s'engagea dans l'armée des princes. Blessé au siège de Thionville, il se réfugia à Londres. Là il se trouva dans le dénûment le plus absolu, comme tant d'autres émigrés. Pour vivre, il s'occupa à des travaux de librairie, des traductions, et il fit imprimer, en 1797, son indigeste *Essai sur les Révolutions* où s'étale la philosophie la plus matérialiste et la plus découragée. Il fut ramené à la religion, l'année suivante, par la mort de sa mère et de sa sœur, et il se mit à la composition du *Génie du Christianisme*. C'est dans ces dispositions que rayé de la liste des émigrés en 1800, il revint en France. Du manuscrit du *Génie*, il détacha l'épisode d'*Atala*, souvenir de son séjour en Amérique : *Atala* eut un succès très vif (1801). Puis le *Génie* parut en 1802, au moment du Concordat. C'était une apologie, destinée à prouver « que la religion chrétienne est la plus poétique, la plus humaine, la plus favorable à la liberté, aux arts et aux lettres de toutes les religions qui ont jamais existé » : livre faible au point de vue de la pensée et de la logique, mais d'une grande beauté artistique, et qui créa une poétique nouvelle, rejeta de la littérature une mythologie usée, signala la Bible, l'art gothique et la nature comme des sources toutes neuves de beauté, proposa un thème inexploité d'inspiration dans l'inquiétude de l'homme sur sa destinée. C'est pour cela que ce livre fut un événement et que l'auteur a pu dire plus tard : « La littérature se teignit en partie des couleurs du *Génie du christianisme*. » Comme *Atala*, *René* appartenait au *Génie* : il en fut détaché en 1805 et obtint un succès aussi vif que dangereux. Et ces deux romans-là, *Atala* et *René* doivent être rattachés à la conception des *Natchez*, œuvre de jeunesse, mais qui ne parut que dans les Œuvres complètes (1826-1831) : là s'opposent le nouveau et l'ancien monde, le sauvage et le civilisé.

Brouillé avec Bonaparte, Chateaubriand partit pour l'Orient en 1806. Il allait visiter les lieux où il voulait placer l'action des *Martyrs*. Cette vaste épopée parut en 1809. Appliquant les théories littéraires du *Génie*, l'écrivain célébrait la victoire du christianisme sur le monde païen et usait — assez maladroitement — du merveilleux chrétien. Mais ces *Martyrs* peu lisibles ont donné lieu au magnifique *Itinéraire de Paris à Jérusalem* (1811), où éclate tout le génie pittoresque de Chateaubriand. Au même cycle se rattache *le Dernier des Abencérages*, inspiré par la traversée de l'Espagne.

Vers 1811, la rupture entre Chateaubriand et l'Empereur était irréparable. Le discours de réception du premier à l'Académie l'avait consommée. La chute de l'Empereur fut pourtant fatale à l'écrivain. Elle l'arracha à la littérature pour le livrer à la politique. Il écrivit en 1814 son pamphlet : *Buonaparte et les Bourbons*; en 1816, sa *Monarchie selon la Charte*. Il fut tour à tour ministre et ambassadeur. La révolution de 1830 le voua à la retraite et il ne s'occupa plus qu'à remanier ses *Mémoires d'Outre-tombe*, destinés à paraître après sa mort. Il mourut le 4 juillet 1848, et ce grand orgueilleux, ce grand égoïste alla reposer, solitaire, sur le rocher du Grand-Bé, au milieu des flots.

Mme de Staël menait au romantisme par son sens des lettres étrangères, son goût de l'esprit chevaleresque ; en un mot, son cosmopolitisme. Chateaubriand y conduit par son inquiétude, sa mélancolie, le sentiment de la nature, le désir de substituer l'inspiration chrétienne, moyenâgeuse ou moderne, à l'inspiration antique et païenne. Après ces deux messagers, les hérauts du romantisme peuvent apparaître, et ils apparaissent, en effet, au lendemain de la chute de *l'Homme*, en 1815.

(*A suivre.*)   A. SYVETON.

La passerelle du pont Alexandre III

Dans la matinée du 8 septembre, une opération très importante s'est accomplie sur la Seine : les ingénieurs du pont Alexandre III ont procédé au lancement d'un ouvrage provisoire en acier, destiné au montage des arcs du pont sans donner lieu à suspension du mouvement de circulation sur le fleuve.

Le pont se composera de quinze grands arceaux d'une seule volée. Ces arcs sont constitués par de robustes voussoirs en fonte, assemblés les uns aux

LE VIEUX PARIS. — *Place du Pré-aux-Clercs : façade intérieure de la porte d'entrée.*

autres et venant s'appuyer sur les culées. Pour mettre en place toutes ces lourdes pièces et les rapprocher les unes des autres, deux méthodes s'offraient. La première, consiste à créer un échafaudage sur pilotis dans le lit de la rivière, couronné d'un cintrage en bois sur lequel se poseraient les éléments constitutifs de l'arc. Elle eût été, en l'occurrence, inapplicable, ou tout au moins elle aurait présenté une si grande somme d'inconvénients que les ingénieurs n'ont pas hésité à la condamner. Comment, en effet, concilier la présence dans le lit du fleuve d'une installation en pilotis avec l'activité de circulation des bateaux de tous genres? On eût, il est vrai, ménagé des passes entre les groupes de pilotis, mais ces passages auraient été étroits forcément, augmentant ainsi les difficultés et les dangers de la navigation. On observe fréquemment sur la Seine des trains de chalands d'une longueur de 600 mètres. Dans ces goulots rétrécis, la manœuvre de ces longs convois eût été fort périlleuse.

Les ingénieurs ont adopté un second procédé qui libère la rivière d'un trop fort encombrement et, au lieu de hisser les voussoirs, ils ont résolu de les faire descendre par le haut. La méthode est assurément plus élégante.

C'est pour cela qu'a été construite et lancée la passerelle provisoire.

En elle-même, cette passerelle consiste en une immense poutre droite, de 150 mètres de longueur sur 6 mètres de largeur et 7ᵐ,50 de hauteur. Les calculs des conditions de stabilité ont été basés sur son poids, ainsi que sur les surcharges mobiles auxquelles elle peut être soumise. Essentiellement, elle est composée de quatre puissants brancards, formant les quatre sommets du rectangle en coupe transversale, assemblés à des montants verticaux, étrésillonnés et contreventés. Les brancards comportent l'emploi de plaques d'aciers et de cornières rivées ensemble. Les éléments de la poutre sont arrivés des ateliers de construction, par tronçons susceptibles d'être transportés par wagons et chariots; le montage de toutes ces parties a été effectué sur la berge de la Seine.

La largeur de la berge et des quais de halage ne permettait pas de réunir simultanément tous les tronçons sur le terrain disponible; aussi fut-on obligé de répartir en trois périodes l'opération du lancement. Les deux premiers lancements ont eu lieu le 20 août et le 8 septembre; la dernière phase de l'opération s'est faite dans le courant du mois d'octobre.

Une large passerelle en bois a été établie sur pilotis du côté de la rive droite; c'est sur elle que repose le premier tronçon métallique de 30 mètres installé dans la direction que la poutre doit suivre, dans sa traversée du fleuve. Les brancards inférieurs roulent sur un certain nombre de paires de galets, ayant 0ᵐ,60 de diamètre et 0ᵐ,10 d'épaisseur.

Ces galets de roulement servent en même temps de guides pour diriger la masse déplacée bien exactement dans la ligne voulue; une déviation de quelques millimètres, vers la droite ou vers la gauche, compromettrait le succès de l'opération. Ce guidonnage nécessaire est obtenu bien simplement par cela que la périphérie de la jante des galets tourne, très rigoureusement, entre les têtes

des deux lignes de rivets intérieurs. Deux sortes de galets ont été employés : les galets simples, qu'on aperçoit sur l'une des illustrations qui accompagnent ce texte, dont on saisit aisément le mode de fonc‑

CHATEAUBRIAND.

tionnement, galets jume‑lés, c'est-à‑dire un équi‑page de deux galets simples dont les arcs sont solidaires de deux flasques articulées en contrebas et jouant le rôle de balancier. Ces appareils sont établis vers l'avant-bec. Leur oscillation autour de l'articulation admet une dénivellation éventuelle de 0ᵐ,20. Le profil de l'avant-bec suppose déjà une différence de niveau de 0ᵐ,30. Le

mouvement total possible dans le plan vertical est donc de 0ᵐ,50.

Il y avait deux paires de doubles galets à l'avant-bec. Les choses étant ainsi disposées, le mouvement de progression de cette énorme structure métallique a été obtenu par le procédé suivant : à l'intérieur ont été fixées deux grosses poutres transversales en bois, sur lesquelles sont boulonnés

les empattements de deux treuils. Pour seconder la puissance de chaque treuil, on y a associé une moufle. L'une des extrémités du câble, qui s'enroule sur le tambour du treuil, est rattachée à la poutrelle à mouvoir, l'autre à une traverse de la palée. En agissant sur les manivelles des treuils, des équipes d'hommes déterminaient le mouvement d'avancement, qui fut d'environ 6 mètres à l'heure. On conçoit qu'il ait fallu donner une régularité mathématique au fonctionnement des treuils. Les dispositions prises sous l'habile direction de MM. Résal et Alby, ingénieurs des travaux du pont, ont été couronnées de succès.

Les journaux ont raconté qu'un de nos confrères de la presse quotidienne, qui assistait au lancement, ayant, avec l'autorisation préalable des ingénieurs, introduit une pièce de dix centimes entre la périphérie d'un galet et la charge énorme qui allait peser sur lui, il retira, après laminage, une pellicule métallique plus mince qu'une feuille de papier à cigarette, devenue cassante par la compression, au point qu'elle se pulvérisa et s'évanouit en vaine fumée, lorsqu'on la détacha du galet sur lequel elle restait adhérente.

La première section de la lourde charpente continua ainsi son cheminement, sous l'effort de traction des treuils. Le deuxième tronçon fut monté de la même façon que le premier et, ensuite, réuni par rivelage au premier. Ce fut la seconde phase de l'opération, à laquelle assistèrent M. Picard, le distingué commissaire général de l'Exposition et, son sympathique secrétaire général, M. Chardon. Devenu plus difficile, le travail s'effectua, néanmoins, sous les plus heureux auspices et avec la même bonne fortune.

Pour éviter la plongée de l'avant-train, on avait établi au milieu du fleuve un échafaudage flottant. Il se composait essentiellement d'un fronton arrêté sur les eaux du fleuve par quatre énormes pilotis qui en étreignaient étroitement les flancs. Sur ce fronton s'érigeait une plate-forme en bois.

La passerelle a maintenant atteint la rive gauche et son extrémité repose sur un puissant chevalet métallique, dont la base est munie de galets qui serviront à le mouvoir, dans le sens parallèle au cours du fleuve. Lorsqu'elle sera complètement achevée, elle s'appuiera sur un chevalet identique de rive droite.

Maintenant que notre passerelle est montée et mise en place sur ses chevalets, il nous reste à exposer sommairement les moyens qui seront employés pour le montage du pont.

Le travail d'assemblage des voussoirs sera commencé pour deux arcs à la fois et sur les deux rives de la Seine simultanément. A l'intérieur de la vaste charpente métallique sont ménagées deux voies parallèles de roulement des chariots de transport des fardeaux. Ces véhicules sont analogues à ceux des ponts roulants existant dans les usines et

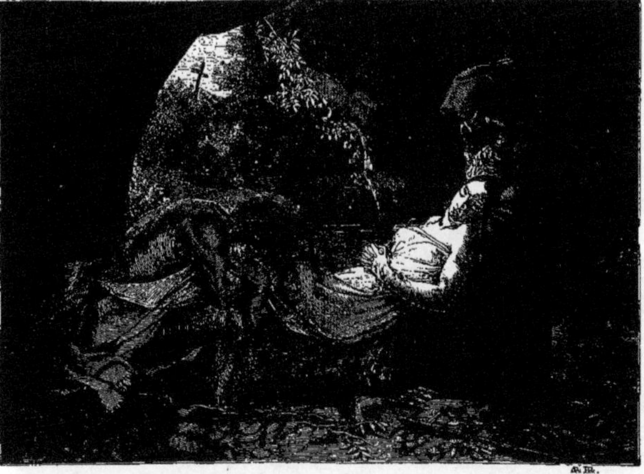

LA LITTÉRATURE FRANÇAISE PENDANT LE XIXᵉ SIÈCLE.
La mort d'Atala, épisode du roman de Chateaubriand (d'après le tableau de Girodet.)

ateliers. Ils sont attachés à une corde sans fin mue par un treuil à vapeur; ils circuleront tout le long de la voie longitudinalement et le déplacement de la charge, dans le plan vertical, sera obtenu à l'aide d'une commande par chaîne.

Lorsque les voussoirs seront individuellement amenés à l'emplacement qu'ils doivent occuper, ils seront reçus sur un plancher suspendu dont l'extrados affectera précisément la courbe de l'arc ; après quoi ils seront réunis, les uns aux autres, par des rangées multiples de rivets. Le réglage méticuleux de tous ces morceaux rapportés sera une des opérations les plus délicates de ces grands travaux.

Les fermes du pont sont à articulation médiane. Un joint spécial dit *joint de réglage* est réservé à la clef. Il est absolument indispensable, parce qu'au moment du décintrage il se produit inévitablement de petits tassements, lorsque les matériaux de construction prennent leur régime définitif de travail. L'interposition ou le retrait de plaques de tôle permet d'obtenir le réglage parfait avant qu'on n'introduise finalement, dans son logement, le boulon d'articulation pour n'y plus revenir.

A l'endroit des culées, les voussoirs s'engagent dans des entailles pratiquées dans la pierre de taille ; là encore, il y aura lieu à réglage. Les travaux de montage des deux arches étant simultanés, il y aura quatre chantiers en service ensemble.

Le mouvement d'avancement de la passerelle dans le sens du cours du fleuve, pour l'amener au-dessus de la position qu'occuperont les deux autres arceaux consécutifs, sera déterminé par le déplacement des chevalets de rive qui roulent sur galets. Des vérins hydrauliques seront en usage dans toutes les opérations. On contrôlera la précision du déplacement par des visées de lunette, en amont et en aval. Lorsque le pont sera achevé, la passerelle sera démontée. Elle servira aussi au transport et à la mise en place des écussons décoratifs, constituant les tympans de l'ouvrage d'art.

Les échafaudages sur pilotis qui ont été érigés pour le pont de service, dont nous venons de décrire les diverses phases de lancement, défient les assauts des fortes crues de la Seine et les irruptions d'une débâcle de glaces ; ils sont protégés par des épis en charpente, appelés à diviser les masses agglomérées de glaçons et à dévier les épaves des naufrages de Seine.

La science calme de l'ingénieur, l'habileté des

La Grève des Ouvriers de l'Exposition

L'approche de toute Exposition universelle fait surgir une grève des ouvriers du bâtiment. Celle qui a éclaté en septembre et s'est terminée en

Les galets de roulement pour le lancement de la passerelle

octobre 1898 était donc en quelque sorte prévue ; elle était même d'autant plus probable que de tous côtés des chantiers étaient ouverts dans Paris, en dehors même des travaux de l'Exposition ; nombreux étaient les ouvriers travaillant : à la construction du nouveau collecteur de la rive gauche, à celle de la ligne d'Orléans, aux travaux de percement du Métropolitain, à l'agrandissement de la gare de l'Est, à l'édification du palais de la Cour des Comptes, à la démolition de la prison de Mazas, sans parler des travaux très importants en

LA PASSERELLE DU PONT ALEXANDRE III. — *L'avant-bec vu de la rive droite.*

entrepreneurs et de toutes les personnes, ayant collaboré à l'exécution des plans mûrement étudiés, ont jusqu'à présent triomphé de tous les obstacles au cours d'un des plus notables ouvrages que suscite l'Exposition universelle de 1900. Quel meilleur éloge pourrait-on leur adresser que celui qui est tiré de la sanction des faits ?   ÉMILE DIEUDONNÉ.

cours pour des particuliers ou des Sociétés financières.

A vrai dire, ce ne fut pas sur les chantiers de l'Exposition que la grève éclata ; elle fut déclarée par douze cents ouvriers travaillant à la section du chemin de fer de ceinture Auteuil-Champ-de-Mars, formulant les réclamations suivantes pour la corporation du bâtiment : Application de la série de 1882 ; Suppression de la signature devant la juridiction des prud'hommes ; Application de la loi de mars 1848 sur la loi du marchandage ; Révision de la série de 1882 dans le sens de la journée de huit heures avec un minimum de salaire.

La grève ne tarda pas à se généraliser parmi les ouvriers terrassiers des chantiers de l'Exposition, en même temps que seize autres chambres syndicales ouvrières de l'industrie du bâtiment entraient dans le mouvement : d'abord les maçons, peu fâchés de cesser le travail en automne et d'aller passer quelques jours dans la Creuse afin de faire les vendanges ; puis les démolisseurs, les charretiers, les débardeurs et collineurs, les puisatiers, les menuisiers, peintres, plombiers, zingueurs, mouluriers, scieurs à la mécanique, etc.

C'était d'ailleurs une grève générale, non seulement du bâtiment, mais du plus grand nombre possible de toutes les corporations, que préconisait le Comité central de la Bourse du Travail, qui avait pris aussitôt en mains la cause des grévistes.

En réalité, les revendications, formulées par ces derniers, visaient beaucoup plus les entrepreneurs des grands travaux de la Ville de Paris que ceux mêmes de l'Exposition, mais la cessation du travail n'en était pas moins générale, et déjà MM. Picard et Bouvard se montraient justement inquiets de cette grève menaçant de s'éterniser.

Les rapports des contremaîtres, des architectes et des ingénieurs démontraient que beaucoup de

La passerelle du pont Alexandre III. — *Première opération du lancement : vue prise en aval.*

grévistes ne l'étaient que malgré eux et par crainte des mauvais traitements de leurs camarades. Le gouvernement, à la suite de quelques incidents et de violences sans gravité au surplus, fut donc

M. ALBY, *ingénieur du pont Alexandre III.*

amené à assurer efficacement la liberté du travail, en faisant occuper militairement tous les chantiers publics et privés ouverts dans Paris, et, tout spécialement, ceux de l'Exposition.

Les gardiens de la paix et la garde municipale étant exténués par un service d'ordre continu pendant la première quinzaine de la grève, il fallut recourir à la garnison de Paris pour assurer la protection des non-grévistes. Celle-ci dut être elle-même renforcée de 23 bataillons d'infanterie et de 6 régiments de cavalerie, prélevés sur tous les corps d'armée avoisinant la région de Paris, c'est-à-dire les Ier, IIe, IIIe, IVe, Ve, VIIIe et IXe corps.

Grâce à ce déploiement de forces, fait d'ailleurs avec beaucoup de discrétion, mais qui donna cependant un aspect extrêmement curieux à Paris pendant plusieurs jours, le calme le plus parfait n'a cessé de régner dans la ville. Les non-grévistes étaient bien protégés pendant le jour et travaillaient en paix; mais, le soir, beaucoup redoutaient la sortie des chantiers.

MM. Picard et Bouvard se dirent alors que, puisque les chantiers de l'Exposition étaient enclos de tous côtés par des palissades, et que les cantines permettaient aux ouvriers de prendre leurs repas dans leurs enceintes, il ne restait qu'à résoudre la question du coucher, pour permettre à ceux qui le voudraient de continuer le travail sans souci des mauvais traitements.

Par leurs soins, un millier de couchettes ne tardèrent pas à être disposées dans les galeries du pourtour du Palais des Machines au Champ-de-Mars et constituèrent un gigantesque dortoir, d'un pittoresque achevé. L'ancien réfectoire des ouvriers, aux Champs-Élysées, que représente notre dessin, fut aménagé dans des conditions aussi sommaires, mais suffisantes.

L'effet produit par cette mesure fut excellent; au reste, le travail ne devait pas tarder à reprendre. Des concessions furent faites, de part et d'autre, par les entrepreneurs et par les grévistes; ces derniers obtinrent une augmentation de salaire de cinq à dix centimes par heure de travail, et la suppression de la signature, que les chefs de chantiers exigeaient autrefois pour prévenir toutes difficultés de tarifs devant la juridiction des prud'hommes.

Au reste, les grévistes s'estimèrent heureux de ce qu'ils avaient obtenu, en raison de l'avortement de la grève générale des chemins de fer, qui leur avait été annoncée, promise en quelque sorte et qui échoua piteusement. Cet échec eut d'ailleurs pour résultat la dissolution du syndicat même qui avait tenté de l'organiser et dont l'instigateur, M. Guérard, fut poursuivi par le parquet de la Seine. Cette idée de suspendre brusquement par la grève l'activité, presque la vie de tout un pays, qui fut réalisée en Suisse, l'année dernière, dans la nuit du 11 au 12 mars 1897 et affola littéralement ce paisible pays, a depuis longtemps hanté l'esprit d'agitateurs, rêvant de faire marcher le personnel des chemins de fer comme un troupeau discipliné. La question a été souvent agitée dans des congrès spéciaux et le principe en a été voté plusieurs fois, réservant l'heure de passer à l'application.

Toutes ces discussions n'ont eu pour effet que de faire prendre, depuis 1893, par les divers gouvernements qui se sont succédé au pouvoir, toute une série de mesures qui rendent cette éventualité impossible. Du jour au lendemain, on a vu en octobre dernier, les grandes gares occupées militairement, les signaux gardés, le matériel et les machines mises à l'abri d'un coup de force, en vertu d'un plan très méthodiquement conçu, que cette sorte de répétition générale a dévoilé subitement, en quelque sorte.

Il vaut mieux prévenir que sévir. Le gouvernement s'est justement inspiré de cet adage. Le personnel des chemins de fer, qui bénéficie, sur la plupart des réseaux, d'avantages très appréciables, sait qu'il n'a rien à gagner à prêter l'oreille à des incitations dangereuses. Il se rend compte maintenant que toutes les mesures sont parfaitement prises, non seulement pour assurer la liberté du travail, mais pour garantir la circulation des voyageurs et des marchandises. On ne lui a pas laissé ignorer, non plus, que la force d'inertie même se

heurterait à un ordre subit de mobilisation, rendant passible du conseil de guerre tout employé, chauffeur ou mécanicien récalcitrant. Ces mesures sont draconiennes, mais elles sont nécessaires; un

M. RÉSAL, *ingénieur du pont Alexandre III.*

arrêt de quarante-huit heures dans l'approvisionnement suffirait presque à affamer Paris.

A. COFFIGNON.

Projet définitif du Petit Palais
DES CHAMPS-ÉLYSÉES

Nous sommes loin, aujourd'hui, de la polémique à laquelle se sont livrés les partisans de la percée des Invalides et les défenseurs du Palais de l'Industrie, actuellement défunt. On s'étonne, quand on relit les articles que les journaux de toutes couleurs ont consacrés à cette question, de la passion furieuse qui semblait animer les uns et les autres. C'est le langage habituel de toutes les discussions auxquelles la presse prend part de nos jours; il semblerait que le calme et le sang-froid lui sont interdits, même dans les questions les plus simples. L'agitation se calme d'ailleurs aussi rapidement qu'elle est née, et si les événements du jour fournissent une pâture plus émouvante, les indignations véhémentes de la veille sont vite oubliées.

On ne parle plus, aujourd'hui, Dieu merci, de ces malheureux ormes de la place des Invalides, et l'on se préoccupe tout aussi peu des arbres du Cours-la-Reine dont la conservation était passée à l'état d'article de foi.

Nous avons parlé plus haut (1) des appréciations, plutôt malveillantes, qui avaient accueilli l'élaboration des plans et des façades du Grand Palais; il faut reconnaître que le projet définitif

(1) Voir page 59.

LA GRÈVE DES OUVRIERS DE L'EXPOSITION.
Dortoir installé sur les chantiers des Champs-Élysées.

du Petit Palais a trouvé grâce devant la critique ; et M. Ch. Girault, l'architecte, a été privilégié sur ce point. Souhaitons que l'avenir lui réserve un accueil semblable, lorsque son édifice, débarrassé des échafaudages, apparaîtra aux yeux du public. L'exécution trahira-t-elle le charme que dégagent les études à petite échelle et la maquette? C'est peu probable. Le Petit Palais sera-t-il écrasé sous la masse du Grand Palais? On l'a craint un moment, aussi a-t-on abaissé la façade du Grand Palais, qui montera moins haut que celle de l'ancien Palais de l'Industrie. M. Ch. Girault, qui est chargé de la direction des travaux du Grand Palais, aura soin, d'ailleurs, que les deux édifices se complètent en un ensemble harmonieux. C'est la raison pour laquelle une direction unique préside à l'édification des deux monuments. Si l'on avait institué une dualité dans l'exécution, elle eût vite dégénéré en rivalité, au détriment de l'œuvre commune.

M. Girault était désigné, pour exercer la direction, par ses succès dans les concours ouverts pour l'Exposition. Il a remporté une première prime pour le projet général, une quatrième pour le concours du Grand Palais et, enfin, la première dans celui du Petit Palais. Alors que dans les deux premiers concours, le jury, en prononçant son jugement, reconnaissait qu'il était impossible d'exécuter aucun des projets primés, et recommandait de nouvelles études ; pour celui du Petit Palais, par contre, il signalait les plans de M. Girault comme dignes d'être suivis sans modification essentielle, en invitant l'administration à charger leur auteur de la construction. Les modifications portaient sur les façades latérales, qui, par leur situation et leur isolement, ne sauraient être inférieures, comme décoration, à la façade principale. Ces modifications ont été réalisées, et M. Girault soumettait à l'approbation du ministre le projet définitif dont nous donnons ci-contre les reproductions. Le mot « définitif » ne saurait être pris à la lettre, toutefois, il ne préjuge en rien des études ultérieures, qui transformeront peut-être des détails principaux. Aussi, les dessins reproduits ici ne le sont qu'à titre de contribution à l'historique d'une œuvre intéressante, que nous nous réservons de compléter. Le lecteur voudra bien se reporter à la page 45, où nous avons retracé un croquis du plan

qui n'a pas été changé dans ses éléments importants.

Dans ce plan, nous voyons qu'un vaste vestibule elliptique s'ouvre dans l'axe du monument, et donne accès dans deux galeries, à droite et à gauche, largement percées sur la façade. Ces galeries, dont l'éclairage sera latéral, et dans la direction N.-O., seront réservées à des expositions de sculpture. Les deux galeries de sculpture aboutissent à des salons rectangulaires ; elles donnent accès, de plus, à une suite de galeries affectant la forme trapézoïdale imposée par la délimitation du terrain. Ces galeries, éclairées par le haut, serviront à exposer les peintures ; elles sont doublées et même triplées, d'une part, par d'autres galeries s'ouvrant sur l'extérieur, et d'autre part, par un portique circulaire qui encadre un jardin en hémicycle. Ce jardin est une combinaison particulièrement gracieuse ; il sera planté en parterre, à combinaisons fleuries de plantes basses, et formera comme un tapis d'Orient, aux couleurs éclatantes, que l'on apercevra de tous les points de l'édifice.

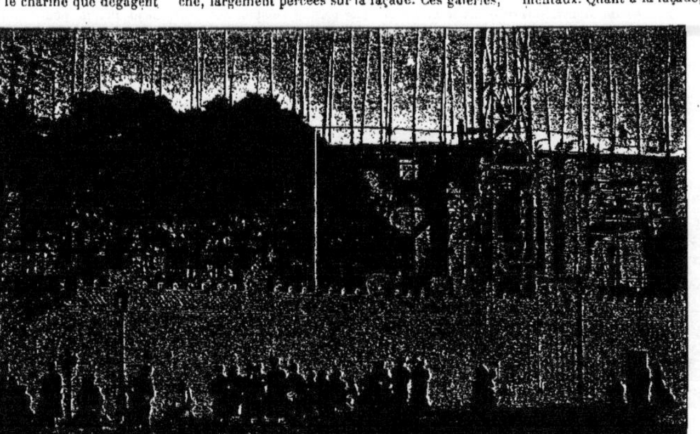

Les abords des chantiers des Champs-Élysées gardés par la troupe.

Les quelques bureaux de l'administration seront disposés dans le bâtiment du fond, avec entrée particulière. La façade postérieure, qui forme le petit côté du trapèze, est accotée de deux pavillons circulaires, où sont disposés des escaliers monumentaux. Quant à la façade, le motif principal est un porche en plein cintre, qui rappelle, à une plus petite échelle, celui qui orne la façade des Invalides. Sous ce porche, s'ouvre la porte d'honneur, en haut d'un perron à emmarchement circulaire. Le porche est surmonté d'un dôme sphérique, avec parties ornementées ; il est surmonté d'une lanterne. Aux retombées du porche, des trophées en sculpture forment amortissements. De chaque côté, la façade présente de hautes baies disposées dans les entrecolonnements d'un ordre ionique dont les fûts sont isolés de la muraille. Les pavillons d'angle répètent l'ordre, qui est engagé, avec une grande ouverture à imposte circulaire. L'entablement au-dessus de la baie est coupé par un grand motif de sculpture, et surmonté d'un fronton triangulaire. Le tout est couronné d'un petit dôme quadrangulaire, à terrasson. Un attique ininterrompu, formé d'une ligne de balustres, termine l'édifice, et cache presque les toitures des galeries. Cet étage est haut, monté sur un soubassement à bossage, percé de jours carrés pour éclairer l'étage inférieur dont le sol est légèrement en contrebas, et qui ne servira, d'ailleurs, que de magasins, sauf la partie postérieure qui renfermera les calorifères.

Les façades latérales répètent l'ordre ionique engagé, séparant des baies en plein cintre dont les impostes retombent sur de petites colonnes ; c'est le motif Palladio, du nom de l'architecte de la Renaissance italienne qui employa, le premier, cette élégante disposition. La façade postérieure comporte la même ordonnance. Les points

PROJET DÉFINITIF DU PETIT PALAIS DES CHAMPS-ÉLYSÉES. — *Façade latérale.*

de rencontre des côtés du trapèze sont encore accusés par des petits dômes à arêtes, qui rappellent ceux de la façade et unifient l'ensemble.

Pour le Grand Palais, non sans raison, on a critiqué le principe de la collaboration, ennemi de toute originalité ; on a répété que le temps accordé aux études et à l'exécution est bien court si l'on considère l'importance de la construction ; pour le Petit Palais, ces considérations ne peuvent être renouvelées. L'œuvre est sortie de l'esquisse, que les études ont ordonnée et complétée, en respectant le premier jet ; elle est individuelle, puisqu'une inspiration unique l'a créée ; pour important que soit l'édifice, le temps consacré à l'édification est normal et très suffisant. Le Petit Palais réalisera certainement l'effet que chacun attend,

lui était cher, et c'est à son initiative que nous devons la renaissance, bien timide encore, de cet art en France. La mosaïque est, par excellence, la seule décoration colorée — si l'on admet le principe — qu'on puisse appliquer sur nos monuments ; elle résiste aux intempéries ; elle permet l'emploi des

tympan du grand porche, sous les architraves de l'entrecolonnement, dans les écoinçons des baies, on trouverait des superficies nues à enrichir de mosaïques, tandis que les arêtes des dômes s'aviveraient de dorures. M. Ch. Girault est particulièrement qualifié pour l'emploi d'une décoration

PROJET DÉFINITIF DU PETIT PALAIS DES CHAMPS-ÉLYSÉES. — *Façade principale sur la nouvelle avenue.*

et auquel tous ont applaudi.

Le regretté Ch. Garnier, dans un des derniers articles sorti de sa plume (on n'ignore pas que l'éminent architecte était un écrivain distingué), Ch. Garnier, disait donc, à propos du Petit Palais, « que ce soit un Musée de la Ville ou un

ors, qu'ignorent les terres émaillées ; elle est coûteuse, c'est son seul défaut. L'architecture, qui longtemps avait proscrit la couleur dans les ornements extérieurs, semble revenir sur cette injuste proscription. Boulé prévoyait ce mouvement : dans son *Histoire de l'art grec,* il écrivait : « Si un jour

polychrome, car il a fait ses preuves à cet égard par la construction du tombeau de Pasteur. Là, les marbres veinés et les mosaïques à fond d'or s'unissent dans un ensemble à la fois puissant de tons, et somptueux.

Que M. Girault se souvienne du coloriste qui,

PROJET DÉFINITIF DU PETIT PALAIS DES CHAMPS-ÉLYSÉES. — *Façade postérieure.*

Musée de l'État, un Musée secret ou un Musée des familles, il faudra toujours que cet élégant bâtiment se présente avec d'heureuses silhouettes, qu'il soit égayé par des émaux et surtout par des mosaïques, dont les ors scintilleront comme des traînées de soleil dans les verdures qui l'encadreront ».

Ch. Garnier était par-dessus tout l'amant de la polychromie ; il a nettement affirmé son goût dans son œuvre personnelle. L'emploi de la mosaïque

nous reprenons le goût des édifices peints, nous ne mériterons point le nom de barbares ; nous aurons reconquis, au contraire, un héritage auquel nous avions renoncé, une beauté que nous avions perdue ».

Le Petit Palais ne peut recevoir une décoration peinte aussi complète que celle qui — s'il faut en croire les archéologues — recouvrait le marbre des temples de la Hellade, mais cependant dans le

chez lui, double l'architecte, et qu'il égaie la monotonie des blanches assises de son monument par de gaies mosaïques, comme le conseillait Ch. Garnier, le public lui en saura gré. Les Muses, à qui doit être consacré le Petit Palais :

Vierges aux lyres d'or, vierges ceintes d'acanthe,

voilaient leur nudité divine de robes diaprées et se couronnaient de fleurs.   G. MOYNET.

ENTRÉE PRINCIPALE DU PETIT PALAIS DES CHAMPS ÉLYSÉES (D'après la maquette de novembre 1898.)

La scie circulaire à Diamants
DES CHANTIERS DE L'EXPOSITION

Depuis quelque temps déjà, des scies, de l'espèce de celle que nous allons décrire, fonctionnent dans les carrières, notamment dans les grandes extractions de pierres de taille, à Soignies en Belgique, qui possèdent une remarquable distribution de force motrice électrique actionnant tous les outils des vastes chantiers. Il est bien naturel qu'on ait songé à employer les mêmes procédés aux travaux de l'Exposition de 1900, qui mettront en œuvre environ 18 000 mètres cubes de pierre, provenant, la plupart, des carrières d'Euville, de Lerouville, de Souppes e de Villebois. Celles de Souppes sont particulièrement dures et leur débitage à la main est très lent et très pénible. Pour accélérer ce travail, les entrepreneurs ont installé sur les chantiers de construction des deux palais des Champs-Élysées une scie diamantée qui, pour une même tâche à accomplir, demande 60 fois moins de temps.

L'emploi du diamant, pour la perforation ou la préparation de matériaux de grande dureté, est excessivement ancien, et, sans parler des Égyptiens et des Romains, qui ont certainement fait usage du diamant enchâssé dans des métaux pour

colat, soit pour l'exécution de fontaines monumentales. Deux ans plus tard, Georges Leschot fit usage de cette même matière, pour former des outils de perforatrices dans lesquelles un tube, à l'extrémité duquel se trouvaient enchâssés des morceaux de diamants noirs, venait découper dans la roche un sillon circulaire, en réservant

Le bâti de la scie à diamants, vu de l'autre côté de la cloison-abri.

un noyau qu'il suffisait de casser par pression latérale, pour dégager complètement le trou de forage. Certaines perforatrices rotatives appliquées au percement du Saint-Gothard ne constituaient

çais ou étrangers, se sont occupés à différentes reprises de cette question, mais ont dû lutter contre une difficulté réelle, celle du sertissage de la pierre précieuse dans la masse composant le porte-outil, ce sertissage devant résister à toutes les vibrations ou ébranlements de ces outils. Si cette opération du sertissage était effectuée à froid, et si un matage était produit de façon à empêcher la pierre dure de sortir de son alvéole, la pierre composant l'outil prenait rapidement un certain jeu et venait, après un temps quelconque, se mêler aux détritus de l'opération même ; le diamant était perdu et il fallait le remplacer par un autre.

M. Fromholt a imaginé un autre procédé qui consiste, après avoir préparé dans un petit bloc d'acier une encoche permettant de recevoir le diamant, dont le poids est d'environ un demi-carat, à porter ce bloc d'acier à la température rouge, au moyen d'un fourneau à moufle ; puis à disposer le diamant dans l'encoche préparée, et à faire passer immédiatement le tout entre les cylindres d'un petit laminoir à quatre cylindres ; le bloc d'acier est déformé dans tous les sens et le diamant y est complètement enchâssé, en émergeant légèrement de l'une des faces du bloc. Il suffit de façonner les blocs d'acier de manière à amener la pierre dure dans la face travaillante de

La scie circulaire à diamants des chantiers de l'Exposition : — *Vue d'ensemble de l'appareil.*

travailler des matières dures, l'industrie française a employé, depuis longtemps déjà, ce procédé pour la taille du granit, par exemple, et M. G. Hermann, en 1855, débita et tourna du granit, soit pour la fabrication de cylindres pour le broyage du cho-

que des variantes des appareils de Leschot. D'autres essais ont été faits par Taverdon, de 1878 à 1884.

L'adaptation de diamants, sur des scies circulaires destinées au débitage des pierres dures, est d'invention américaine. D'autres inventeurs, fran-

l'outil tout monté, puis de préparer un autre bloc renfermant un autre diamant.

Les travaux de préparation d'une scie comportent cinq opérations distinctes :

1° Sertissage des diamants ;

2° Fraisage en V des blocs porte-diamants;

3° Défonçage de la lame d'acier à la meule d'émeri;

4° Fraisage en V des encoches obtenues dans la lame;

5° Enfin montage des porte-diamants sur la lame.

Les diamants employés pour la taille des pierres ont de deux sortes : d'une part, le boort, diamant

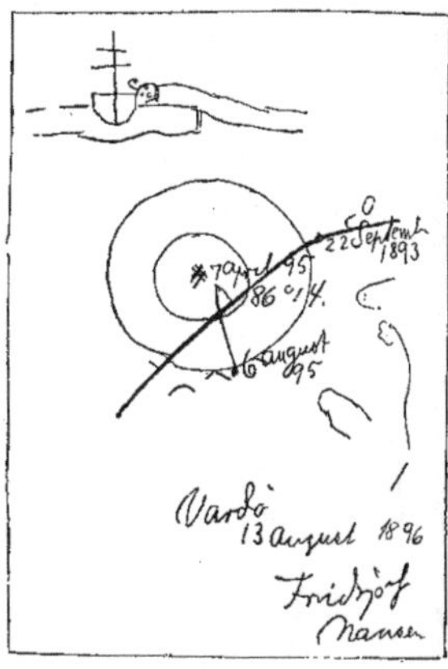

Fac-similé d'un croquis autographe du Dʳ Nansen.

cristallisé dont la joaillerie ne tire aucun parti; d'autre part, un diamant amorphe qui est doué de l'apparence granuleuse d'un calcaire noir, connu dans le commerce sous le nom de carbone. Le prix de ce dernier atteint jusqu'à 175 francs le carat, celui du boort, que M. Fromholt utilise dans le montage de ses outils, n'est que de 10 à 15 francs le carat.

L'installation se divise en deux parties : la première comprend l'appareil de sciage proprement dit, avec ses transmissions et changements de vitesse; la seconde, le châssis présentant la pierre à l'outil. La scie est disposée en porte-à-faux facilitant l'approche plus commode des pierres à travailler.

Le disque en acier a 2ᵐ,20 de diamètre; il porte 200 diamants répartis à raison de 40 de champ, 80 sur les arêtes et 80 sur les faces. Les fragments sortis sur le champ sont de dimensions toujours un peu fortes, de même que ceux des arêtes. Dans leur chevauchement, ils atteignent nécessairement la largeur du trait. Une fois les blocs porte-diamants introduits dans les encoches pratiquées sur la périphérie de la lame, ils sont fixés à celle-ci par des vis passant, à la fois, dans le bloc et dans la masse de la lame. De distance en distance, des entailles restent vides qui permettent le dégagement des matières d'usure. Elles jouent encore un autre rôle : si un diamant quelconque vient à quitter son logement, il pourrait exercer son action d'érosion sur les autres, s'il ne trouvait pas un chemin de dégagement que lui offrent précisément les encoches vides successives. Le diamant travaillant par érosion, il est indispensable que la scie soit animée d'une grande vitesse pour augmenter le nombre de contacts des diamants usant la surface. Elle tourne à 300 tours à la minute; cette vitesse angulaire fournit une vitesse tangentielle de 35 mètres par seconde. La machine non seulement scie la pierre, mais encore dresse les parements et taille des arêtes vives. Il est possible de n'enlever sur les faces qu'une très mince tranche pour appareiller les pierres venant de la carrière aux dimensions voulues, grâce à la disposition spéciale des diamants latéraux. Dès qu'elles quittent la machine, les pierres façonnées peuvent être mises immédiatement en place dans la bâtisse, où elles n'auront plus qu'à subir l'opération du ravalement.

Le disque, d'une épaisseur de 10 à 12 millimètres, est énergiquement boulonné sur l'extrémité d'un arbre sur lequel est calée, à côté d'une poulie folle, une poulie qui reçoit son mouvement de la transmission générale par une courroie. Une de nos illustrations montre le bâti latéral : on y aperçoit un train de roues dentées; elles sont destinées à modifier la vitesse de l'arbre lorsque la scie attaque les pierres tendres. Elle a toujours le même diamètre que la précédente, mais elle est alors constituée par des dents en acier montées dans des encoches, comme les porte-diamants, et maintenues également par des vis traversant la lame et la dent. De cinq en cinq dents, l'une est remplacée par une pièce d'acier fixée par la même méthode et un peu plus courte que les dents; cette pièce porte sur chacun de ses flancs un diamant dont le rôle consiste à maintenir la voie de la lame, malgré l'usure subie par les dents. Pour la pierre tendre, il faut ralentir la marche, ce qu'on obtient en mettant en prise les engrenages. La vitesse angulaire est de douze révolutions par minute, procurant une vitesse tangentielle de 1ᵐ,40 par seconde; son avancement moyen dans la pierre de la vallée de l'Oise atteint 1 mètre par minute, tandis que dans la pierre d'Euville la scie diamantée n'avance en moyenne que de 0ᵐ,25 dans le même temps.

Les pierres sont bardées par des plates-formes roulantes, dont les galets roulent sur deux rails fixés sur un transbordeur de manœuvre. Celui-ci est un chariot monté sur deux essieux portant chacun six roues, cheminant sur une petite voie ferrée à trois rails. Les roues du milieu servent de guides à ce chariot; elles ont leur jante taillée en V, le rail correspondant présentant lui-même cette forme renversée, sur laquelle s'appliquent les roues. La plateforme de ce chariot est munie en dessous d'une crémaillère, dont les dents engrènent avec une vis hélicoïdale clavetée sur un arbre longitudinal, qui se prolonge derrière la cloison du hangar d'abri. A cette extrémité, il reçoit un manchon commandé par une fourche garnie d'une vis sans fin d'un côté, et plus loin, vers le bout, de deux pignons d'angle. Entre ces deux roues d'angle, s'en trouve une autre, d'équerre avec elles, calée sur l'arbre d'un cône long, en bois, auquel une courroie partant de la commande générale imprime un mouvement de rotation. En face de ce premier cône, est monté un second, présentant inversement sa conicité; son arbre est attaqué par la vis sans fin du manchon. Une courroie manœuvrée et déplacée

Le « Fram », navire de l'expédition Nansen.

à volonté par un embrayage à distance, embrasse ces deux cônes.

La relation de vitesse est éventuellement modifiée et obtenue par le déplacement de la courroie sur les cônes de transmission, pendant la marche du travail. Pour opérer le prompt retour du chariot, lorsque le trait dans la pierre est terminé, on agit sur la fourche du manchon qui met en prise, avec le pignon du premier cône, un des deux pignons clavetés sur le manchon. En dix heures, on est arrivé à scier, en moyenne, 40 mètres carrés de trait. Ce chiffre est susceptible d'une augmentation considérable, en économisant les pauses de la machine pendant les manœuvres, que les dispositions locales et la pénurie des voies de hardage rendent très lentes. Remarquons, pour terminer, trois guides disposés de part et d'autre du disque sur trois axes fixes. Ils ont pour objet de s'opposer au fouettement de la lame. Ils consistent en trois paires de goujons, montés dans des sabots, placés en regard sur les deux faces de la lame, dans la pointe desquels est enchâssé un morceau de bois qui ne doit pas entrer en contact direct avec le disque. Des tuyaux d'arrosage dirigent l'eau sur la scie pendant son fonctionnement.

Le prix de revient du mètre carré de trait est de 1 fr. 25. Quand le travail de la pierre d'Euville s'effectue à la main, le mètre carré de trait est payé 10 francs et le mètre carré d'Appouillage revient à 3 francs. — Émile Dieudonné.

Explorations et Explorateurs

Les régions polaires.

L'exploration des régions polaires arctiques, au XIXe siècle, a donné lieu à de remarquables tentatives ayant pour objet de se rapprocher, le plus possible, du pôle Nord et à des voyages scientifiques de premier ordre. La connaissance des régions antarctiques n'est pas aussi avancée. Il semble que le pôle Sud ait moins attiré les explorateurs que le pôle Nord; c'est dans ces derniers temps, seulement, qu'on s'est préoccupé de diriger de nouvelles expéditions scientifiques de ce côté.

Les premiers voyageurs qui, vers 1820, voulurent tenter de grandes excursions au nord de

Construction démontable abritant le ballon de M. Andrée, pendant son gonflement.

l'Amérique, s'attachèrent surtout à trouver un passage dans l'océan Glacial Arctique, au nord du Nouveau Monde, passage qui aurait permis à l'Europe de communiquer plus rapidement avec l'Asie orientale et l'Océanie; le trajet paraissait, à vol d'oiseau, facile et relativement de courte durée.

En 1818, John Ross, de la marine britannique, pénétra dans la mer de Baffin, avec le projet de découvrir cette fameuse communication qui devait abréger le trajet d'Europe à l'Extrême-Orient. Mais ce voyage se termina sans résultat, de même que celui du capitaine Buchan qui, parti en même temps par un autre côté, ne put dépasser le nord du Spitzberg.

L'année suivante, une expédition nouvelle, composée des deux bâtiments *Hecla* et *Griper*, reprit la route de la mer de Baffin sous le commandement du lieutenant William Parry, qui avait fait partie de l'expédition de John Ross. Ce fut une revanche de l'insuccès de 1818. Parry visita le détroit de Lancastre et le grand archipel polaire, dont la partie nord a gardé son nom (1819 et 1821-1823), puis, se lançant en traîneau au nord du Spitzberg, il est parvenu à 82°43' lat. Nord (1827).

Les expéditions organisées par le gouvernement anglais et dont firent partie John Franklin, George Back et le docteur Richardson, de 1819 à 1822 et de 1825 à 1827, eurent pour résultat de faire reconnaître l'immense ligne de côtes du continent américain, depuis la Coppermine jusqu'au 152e degré de latitude Ouest.

En 1829, John Ross, s'engageant de nouveau au milieu des régions précédemment visitées par son compatriote Parry, découvrit la presqu'île Boothia, le pôle magnétique, et fit la carte des 700 milles de côtes nouvelles du détroit du Prince-Régent (1829-1833).

Des Russes, Wrangel et Anjou, ont, de 1821 à 1823, l'un exploré la côte sibérienne, l'autre navigué autour des îles de la Nouvelle-Sibérie. Les reconnaissances de Franklin ont été complétées par Dease et Simpson, de 1837 à 1839, et plus tard, par le docteur Rae, de 1846 à 1854.

C'est vers cette époque, qu'on se préoccupa de nouveau du problème du passage du Nord-Ouest, qui devait conduire de l'Atlantique au Grand Océan par le nord de l'Amérique. L'amiral Franklin voulut clore sa belle carrière par cette découverte, et il partit en 1845 avec deux bâtiments, l'*Erebus* et le *Terror*. Quelques mois après, on recevait d'heureuses nouvelles de l'expédition, puis le silence se fit et bientôt on put redouter un désastre. Vingt-deux expéditions ont, de 1848 à 1859, recherché les traces des infortunés voyageurs; toutes les îles, tous les défilés de la mer Polaire furent fouillés. Richardson parcourut le nord de l'Amérique.

James Ross, neveu de John Ross, partit en 1848, sur l'*Entreprise* et l'*Investigator*, à la

L'explorateur Jackson retrouvant le Dr Nansen au cap Flora.

recherche de Franklin. Mac Clure (1850-1853) partit dans le même but avec Collinson, par le détroit de Behring, et ce fut lui qui découvrit le passage du Nord-Ouest, par le détroit de Banks.

Lady Franklin équipa un bâtiment qui eut pour principaux commandants les capitaines Forsyth et Kennedy; un Français, qui commandait en second, le lieutenant de vaisseau René Bellot, périt malheureusement dans les glaces. Belcher, en 1852, atteignit le premier l'extrémité septentrionale de l'archipel Parry.

Parti la même année, Kellett, commandant la *Resolute*, recueillit l'expédition Mac Clure en 1853. L'Américain Kane (1853-1855) pénétra dans le détroit de Smith. Enfin, ce fut Mac Clintock qui, en 1859, découvrit les débris de la malheureuse expédition de Franklin.

Les Américains avaient cherché à reprendre la route du pôle. Après Kane, ce fut Hayes qui, en 1861, parvint jusqu'à 81°35' et crut trouver la mer libre.

L'expédition allemande de Koldewey se dirigea avec la *Hansa* et la *Germania* sur les côtes orientales du Groenland, mais la *Hansa* sombra; son équipage fut emmené à la dérive sur un glaçon (1869-1870). L'Américain Hall (1871-1872) succomba presque au début du voyage, à bord du *Polaris*; une partie de l'équipage fut portée aussi à la dérive, sur un champ de glace, pendant 186 jours et alla aborder sur les côtes du Labrador. Du côté du Spitzberg, l'expédition autrichienne de Weyprecht et Payer, sur le *Tegethoff*, découvrit, en 1872-1873, la terre François-Joseph.

Le détroit de Smith, la voie de prédilection des Américains, suivi par Kane; Hayes et Hall; fut encore pris par une autre expédition, celle de Nares, en 1875. Le lieutenant Markham, second de Nares, reconnut l'île Littleton, où s'était perdu le *Polaris*; dont il retrouva des restes; dans une reconnaissance, il atteignit la latitude 83°20'.

Le Suédois Nordenskiöld essaya d'abord de gagner le pôle par la région orientale du Groenland, en faisant étape au Spitzberg. Ne trouvant partout que des glaces et pas de mer libre, il songea à faire un périple immense, en suivant les côtes septentrionales des grands continents. Il partit de Norvège en 1878, sur la *Véga*, navire spécialement construit pour résister aux plus fortes pressions de la glace. Après avoir subi neuf mois de captivité dans les glaces, il pénétra en 1879 dans le Grand Océan. Nordenskiöld avait réussi à franchir le passage du Nord-Est et à aller d'Europe en Chine, par le nord de l'Asie.

Pendant que Nordenskiöld accomplissait glorieusement le périple de l'ancien continent, le propriétaire du *New-York Herald*, M. James Gordon Bennett, envoyait dans les mers polaires le steamer la *Jeannette*, admirablement équipé, sous le commandement du capitaine De Long. Mais le navire fut pris par le courant polaire qui, de la Léna, se porte par la région du pôle vers le nord de l'Europe, et les naufragés périrent d'épuisement et de faim (1881).

La dernière des expéditions qui prit le détroit de Smith fut celle de Greely, dont la fin fut désastreuse (1882-1884). Nous avons à signaler ensuite les expéditions au Groenland, de Nansen (1888) et de Peary (1892-1896). La mission anglaise F. Jackson, envoyée par M. Harmsworth, est partie sur le *Windward* en 1894 et a fait depuis plusieurs hivernages à la terre de François-Joseph.

Enfin, l'une des expéditions les plus remarquables et les mieux conduites a été celle du Norvégien Nansen. Parti en juin 1893, sur le *Fram*, il se laissa aller à la dérive de la banquise qui conduisit son navire à 84°4', puis il s'avança à pied dans la direction du pôle, avec son lieutenant Johansen. Il parvint jusqu'à 86°13'6", la plus haute latitude qui ait été atteinte jusqu'à ce jour. En août 1896, il arrivait à Vardoë, après avoir rencontré l'expédition Jackson au cap Flora.

Quoique moins nombreuses que les expéditions vers le pôle Nord, celles dirigées vers le pôle Sud ont néanmoins donné des résultats intéressants. Dès 1819, et jusqu'en 1821, le capitaine russe Bellingshausen toucha, à plusieurs reprises au 70° parallèle, et découvrit vers le sud-ouest du cap Horn deux îles nouvelles qu'il nomma les îles de Pierre Ier et d'Alexandre Ier.

En 1823, James Weddell s'avança jusqu'à 74°15'.

Le baleinier anglais Biscoe découvrit les terres d'Enderby (1831), et de Graham (1832). En 1833, fut découverte la terre de Kemp; en 1839, la terre Balleny. Dumont d'Urville reconnut, en 1838, la terre Louis-Philippe, et en 1840, la terre Adélie et la côte Clarie. A la même époque, l'Américain Wilkes parcourut les mêmes régions.

Le point le plus méridional a été atteint par James Ross en 1842; il parvint jusqu'à 78°9'30". Ce voyage mit fin à la légende du continent austral, et eut pour résultat la découverte de la terre Victoria et de l'île Franklin.

En 1893, le capitaine Larsen, commandant la baleinière norvégienne *Jason*, s'arrêtait à 68°10' de latitude Sud, point le plus méridional où soit parvenu un navire. C'est aussi un Norvégien, Borchgrevink, qui a débarqué le premier sur la terre Victoria, que Ross n'avait vue que de loin.

Nous ne pouvons passer sous silence la hardie tentative du Suédois Andrée pour atteindre le pôle Nord, en ballon. M. Andrée partit dans l'été de 1897, et, depuis, en dépit des recherches, on n'a reçu aucune nouvelle de l'aventureux aéronaute et de ses deux compagnons.

Gustave RECELSPERGER.

LES TRAVAUX DE L'EXPOSITION

Les Chantiers des Champs-Élysées

Le programme des travaux d'ensemble projetés pour l'Exposition universelle de 1900, comprenait, avec la construction du pont Alexandre III, la transformation de la partie des Champs-Élysées comprise dans son alignement. Cette transformation entraînait la démolition du Palais de l'Industrie, et la réédification de deux autres bâtiments, dénommés respectivement le Grand Palais et le Petit Palais. Il est curieux de rappeler que la nouvelle avenue — avenue Nicolas — projetée dans l'axe du pont Alexandre III, et passant entre les deux palais pour aller rejoindre l'avenue des Champs-Élysées, existait autrefois, exactement en prolongement de l'axe de l'Esplanade des Invalides : elle reliait le Cours-la-Reine au grand carrefour des Champs Élysées, ainsi qu'on peut le voir dans l'Atlas général de la Ville de Paris (4e livraison, feuille 21). Le Palais de l'Industrie, construit pour l'Exposition de 1855, fit disparaître cette avenue, à laquelle il ne manquait qu'un pont sur la Seine, pour ressembler à celle que l'on prépare aujourd'hui.

Ces transformations une fois décidées, l'Administration fit enclore toute la superficie de terrain, où devaient s'exécuter les travaux de démolition du Palais de l'Industrie et d'édification des nouveaux palais. Puis, pour éviter le trouble que ces travaux auraient pu apporter à la circulation aux environs des chantiers, un tunnel fut percé sous le Cours-la-Reine, mettant en communication l'emplacement des fouilles avec la berge de la Seine. Cette berge elle-même fut élargie d'environ six mètres au moyen d'une estacade, afin de faciliter l'enlèvement des déblais et le déchargement des matériaux de construction.

Le tunnel a 10 mètres de largeur; il est divisé en deux parties par un cloisonnement; ses parois latérales et supérieures sont constituées par de fortes charpentes en bois.

Une fois le Palais de l'Industrie disparu, la place bien nette, le tunnel provisoire et l'estacade de la Seine terminés, il fut procédé, le 16 mars 1897, à l'adjudication des travaux de fondations du Grand Palais des Champs-Élysées, comprenant tous les terrassements, soit comme fouilles en plein, soit comme fouilles en rigoles, les basses fondations en béton, les pilotis, et une partie des fondations en meulière ou moellon — travaux évalués au montant total de 350 000 francs.

Ces travaux ont été adjugés à M. Chapelle, ancien vice-président de la Chambre syndicale des entrepreneurs de maçonnerie de la Ville de Paris.

L'entrepreneur put commencer, dès le milieu d'avril, à installer des voies Decauville, au fur et à mesure du mouvement de pénétration dans la masse, et sur un terrain plan, puisque le niveau du sous-sol du Grand Palais coïncide presque avec la berge pavée du quai.

Des petits trains de six wagonnets, à traction animale, ont été organisés, conduisant les terres à

LES CHANTIERS DES CHAMPS-ÉLYSÉES.
Sonnettes à vapeur pour le battage des pilotis de fondation.

l'estacade sous le pont des Invalides, d'où elles sont projetées, par basculement des wagonnets, dans des péniches, pendant que d'autres trains sont en charge ou en circulation. Les bateaux mènent

sable argileux provenant d'anciens apports de la Seine. Il eût été peu prudent d'asseoir des fondations sur une pareille base.

Aussi a-t-il fallu avoir recours au système des

de fouille où ont été battus des pilots. Ceux-ci sont des troncs d'arbres, d'une longueur de 10 mètres et de 25 à 35 centimètres de diamètre.

L'extrémité inférieure est armée d'un éperon en

LES CHANTIERS DES CHAMPS-ÉLYSÉES : — *Les pilotis du Grand Palais.*

les déblais à Choisy-le-Roi, où ils sont repris et utilisés en remblais.

Les sondages préalables, effectués en vue des fondations, ont révélé que, sur un quart de la surface de 35 000 mètres qui doit être occupée par le Grand Palais, règne une épaisse couche de

pilotis. On a creusé, sous les principaux points d'appui, des rigoles, qu'on a même dû approfondir à diverses reprises, pour y battre une quantité considérable de pieux, en dehors de toute prévision.

Un de nos dessins représente un de ces fonds

fer forgé, et le sommet est garni d'une frette qui empêche l'éclatement du bois, sous les chocs répétés du mouton qui frappe la tête du pilot.

Le mouton est une masse de fer pesant mille kilogrammes, mue par un appareil à vapeur nommé *sonnette*. Les sonnettes du Grand Palais, que représente notre dessin, sont établies sur une plate-forme se déplaçant sur rails. Un mécanisme alternatif d'introduction et d'échappement de la vapeur, soulève le mouton et le laisse retomber entre deux coulisses verticales de guidage.

Sous les chocs répétés du mouton, le pilot pénètre dans l'épaisseur du sol, jusqu'à ce qu'il arrive à une couche qui refuse de l'admettre.

Dans les fondations du Grand Palais, le refus s'est produit généralement à 8 mètres du fond des rigoles, qui lui-même est à 2 mètres en contre-bas du sous-sol. Il faut environ 300 coups de mouton pour battre, jusqu'à refus, chaque pilot.

On déplace ensuite de 80 centimètres la plate-forme de la sonnette, pour recommencer une nouvelle opération de battage. Les pilots du Grand Palais, à l'écartement de 80 centimètres, d'axe en axe, sont au nombre d'environ 2000.

Dans les rigoles terminées, telle que celle représentée sur notre dessin, est coulée, jusqu'au niveau du sous-sol, une masse de béton composé de cailloux et de mortier de chaux de Beffes. Sur cette masse reposent les murs en meulières formant les sous-sols des bâtiments, murs surmontés eux-mêmes des premières pierres de taille du soubassement.

Le sous-sol est formé d'un plateau général en béton, de 50 à 60 centimètres de hauteur.

Le béton est fabriqué sur l'estacade du quai de la Seine. Le sable, les cailloux, la chaux arrivés par bateaux, sont introduits dans une machine qui fabrique 200 mètres cubes de béton par jour. Des wagonnets reçoivent directement le béton sous l'entonnoir de la bétonnière, et, par le tunnel, le transportent à pied d'œuvre.

L'ensemble des travaux d'édifications du Petit Palais, y compris les terrassements et les fondations, a été concédé à M. Paul Grousselle.

Ce chantier s'est ouvert vers la mi-octobre 1897, c'est-à-dire environ six mois après l'ouverture de celui du Grand Palais.

Une clôture en grillage de fil de fer sépare ces deux chantiers.

L'enlèvement des déblais et l'apport des matériaux devant se faire, comme pour le chantier du Grand Palais, par le souterrain conduisant à

M. THOMAS.
Architecte du Grand Palais des Champs-Élysées.

l'estacade de la Seine, un chemin de fer à voie de 60 centimètres, où circulent des wagonnets d'une contenance d'un mètre cube et quart, a été établi entre ces deux points éloignés.

Une voie de ceinture a été également installée autour des bâtiments du Petit Palais, pour être utilisée pendant toute la durée des travaux. Un embranchement provisoire desservait la fouille de la cave des calorifères, un autre, la partie en rigole, à une profondeur de 5 mètres au-dessous du sol actuel.

L'emplacement de la future avenue Nicolas coïn-

cide avec l'ancien débouché, en Seine, du ruisseau dit de Ménilmontant ou de la Grange-Batelière. La couche de graviers et de gravillons de l'ancien lit de la Seine, se relève rapidement et se trouve directement sous la terre végétale, à l'emplacement de l'ancien Palais de l'Industrie.

Une partie des fondations du Petit Palais a pu être exécutée très facilement sur cette couche de

M. LOUVET.
Architecte du Grand Palais des Champs-Élysées.

graviers, mais dans les parties voisines de la Seine et de l'avenue Nicolas, le bon sol se trouvait trop bas, pour que l'on pût songer à y asseoir le béton. Il a donc fallu, comme pour le Grand Palais, recourir à l'emploi des pieux. M. Girault, architecte du Petit Palais, a fait creuser les rigoles jusqu'au niveau normal de la Seine, déterminé par le barrage de Suresnes, de telle sorte que toute la partie des pieux, non emprisonnée dans le béton, soit constamment humectée par l'infiltration des eaux. Cette immersion leur assure une conservation indéfinie, qu'auraient, au contraire, compromise des alternatives d'humidité et de sécheresse.

Le système de battage a été celui que nous avons décrit plus haut. Une fois battu à refus, les pilots ont pénétré de 70 centimètres à 1 mètre dans la couche de graviers et de gravillons.

Le béton était fabriqué à l'entrée du chantier, à raison de 200 mètres cubes par jour, au moyen d'une locomobile à vapeur, actionnant une série de malaxeurs.

A l'angle des façades, sur l'avenue Nicolas et le Cours-la-Reine, un éboulement assez important s'était produit pendant l'exécution des terrassements. Les fondations sur pilotis ont été renforcées, en ce point, par une voûte en béton de mortier hydraulique armée de vieux rails en fer, de 38 kilogrammes le mètre courant, espacés de 80 centimètres d'axe en axe. Cette mesure de précaution a été prise pour éviter qu'un tassement inégal produise une rupture.

Le perron principal, sur l'avenue Nicolas, reposera également, sur une plate-forme en ciment armé de fers ronds, de 3 centimètres de diamètre, avec 50 centimètres d'écartement.

La partie de cave du Petit Palais, destinée à loger les calorifères, est enfoncée dans le terrain perméable qui forme l'ancien lit de la Seine. Pour éviter son envahissement par les eaux des crues, le radier, en forme de voûte renversée, a été fondé sur une plate-forme en béton de ciment de 40 centimètres d'épaisseur, armé au milieu de sa hauteur par un quadrillage en fers ronds de 3 centimètres de diamètre. Le radier, ainsi que les murs de soutènement, composés de meulières unies au mortier de ciment, sont protégés, à l'extérieur et à l'intérieur, par un enduit en ciment de 4 centimètres d'épaisseur. Grâce à ces précautions, la cave des calorifères est à l'abri de toute infiltration.

En dehors du ciment armé, les matériaux

employés dans les sous-sols sont : la brique rouge, la meulière et les vieilles pierres de taille provenant du Palais de l'Industrie, qui ont subi une retaille complète.

Le sol est en terre, et sera bitumé ou planchéié, suivant l'usage auquel chaque partie du sous-sol sera affectée.

Les caves du Petit Palais sont situées dans sa partie postérieure (côté de la place de la Concorde), et n'ont que 450 mètres carrés, alors que la superficie totale de l'édifice est de 5000 mètres.

Ces caves serviront à l'installation des calorifères. Elles sont voûtées, tandis que les autres parties du sous-sol ont des plafonds plats, formés par les hourdis en ciment armé, qui remplit les intervalles du solivage en fer. Caves et sous-sols sont très clairs, car ils reçoivent la lumière par de nombreuses baies rectangulaires percées dans le soubassement.

(*A suivre.*)　　　　　PAUL COMBES.

LES GRANDES ATTRACTIONS

Le Vieux Paris à l'Exposition de 1900

(SUITE) (1)

II

Le visiteur, arrivant au Vieux Paris par le Cours-la-Reine ou le pont de l'Alma, se trouvera en face d'une porte et d'un rempart en partie couvert de bâtiments. Ce rempart est plutôt un débris de fortification, un reste d'enceinte désaffectée, puisque des maisons y sont accrochées, et que ses gros murs ont été utilisés, ainsi qu'il a été fait successivement dans Paris, pour les quatre ou cinq enceintes que la grande ville a débordées dans le cours des siècles, comme on a pu, de nos jours encore, le constater dans les grands travaux qui ont bouleversé le vieux quartier de l'Université.

On a supposé la *Porte Saint-Michel*, du Vieux Paris, arrangée pour une entrée princière, un jour de grande liesse, aux premières années du xvi° siècle, ce qui a motivé une décoration joyeuse, permis de faire flotter des bannières, miroiter des écussons et d'établir des galeries et « eschafauds », et des tribunes, du haut desquelles les musiques auraient à sonner en l'honneur de la chevauchée annoncée,

M. DEGLANE.
Architecte du Grand Palais des Champs-Élysées.

cependant que sous la porte apprêteraient leurs harangues, MM. les échevins de la ville ou le prévôt des marchands.

Les musiques du Vieux Paris ne manqueront pas de faire de même, en certaines circonstances, et d'annoncer, de là-haut, l'ouverture de l'enceinte le matin et, lorsque sonnera le couvre-feu aux clochers, la retraite pour les visiteurs du soir.

Une sentinelle en casaque de buffle, à genouillères et brassards de fer, la bourguignotte en tête

(1) Voir page 65.

et la vouge sur l'épaule, se promène de long en large devant l'arcade d'entrée; d'autres soudards, à peu près semblables d'équipement, s'entrevoient dans le poste de garde sous la voûte. — A l'écusson aux armes de la ville de Paris, on reconnaît des hommes de la compagnie du guet, chargés de la police de la ville — et de celle du Vieux Paris —, une section des six-vingts soldats de M. le Chevalier du guet, suffisant alors, plutôt mal que bien, à assurer la tranquillité diurne et nocturne des rues, places et carrefours, à réprimer les frasques de MM. les escholiers, à maintenir truands, malandrins et tirelaines dans les bons sentiers, ainsi qu'à les mener accrocher, s'ils en sortent, au pilori que nous allons rencontrer plus loin. En débouchant de la *Porte Saint-Michel*, on se trouve sur une première place dite du *Pré-aux-Clercs*, sur laquelle s'embranchent, en face, la *Rue des Vieilles-Écoles* et, sur la droite, sous la verdure d'une ligne de grands arbres, la *Rue des Remparts*.

Voici juste en face un édifice parisien par excellence, la *Maison aux Piliers*, antique berceau des franchises parisiennes, maison de la Hanse des marchands de l'eau, parloir aux bourgeois, hostel *de la ville*, premier de la lignée de ceux qui se succédèrent à travers assauts et tempêtes, combats et incendies sur la vieille place de Grève. La *Maison aux Piliers*, telle qu'on la voit dans une miniature représentant Juvénal des Ursins à genoux devant une procession, se composait de trois pignons semblables à celui-ci, accotés à

son gros donjon, portait, aux angles de son quadrilatère, quatre tours semblables, plus deux autres de même forme, à l'enceinte extérieure du château qui se raccordait à l'enceinte de la ville. Toutes pareilles également à cette tour du Louvre étaient la tour de Nesle, à l'angle de l'enceinte de la ville, en face du Louvre, sur la rive gauche, et la tour de

Billy, qui défendait l'entrée de la Seine dans Paris, à l'autre extrémité de la ville, en avant de l'hôtel Saint-Paul et des Tournelles.

Sous le pignon de la Maison aux Piliers débouche la *Rue des Vieilles-Écoles*, avec ses logis divers, ses boutiques, ses marchands, son commerce, ses

postérieures, et emportés ensuite dans le grand mouvement de transformation de la cité parisienne.

Voici en tout cas, dans cette rue des Vieilles-Écoles, la maison natale de Molière, démolie seulement vers 1802. Elle était située à l'angle des rues Saint-Honoré et des Étuves, aujourd'hui rue Sauval. On a cru longtemps que Molière était né rue de la Tonnellerie, dans une maison démolie pour l'agrandissement des Halles, mais des documents probants ont établi qu'à l'époque de la naissance du grand homme, le tapissier Poquelin avait sa boutique rue Saint-Honoré, à l'enseigne du *Pavillon des Singes*, dans cette maison du xve siècle remarquable par son poteau cornier, sculpté du haut en bas, le long duquel grimpaient et grimaçaient des singes, cueillant des fruits, oranges ou pommes, qu'un autre singe croquait en bas. C'est bien de cette boutique, qu'un jour de 1622 le petit Poquelin, notre futur Molière, sortit entre les bras de sa marraine pour aller recevoir le baptême à l'église prochaine, Saint-Honoré ou Saint-Eustache.

Le grand pignon voisin est la restitution de la maison d'un parisien célèbre à d'autres titres, de maître Nicolas Flamel, écrivain, miniaturiste et philanthrope, bienfaiteur de divers hôpitaux et de l'église Saint-Jacques-la-Boucherie, sa paroisse, où son effigie et celle de sa femme Pernelle, agenouillées aux pieds de la Vierge Marie, se trouvaient sculptées dans le tympan d'une porte latérale.

Cette maison de Nicolas Flamel, située rue de

l'hôpital du Saint-Esprit, devant l'église Saint-Jean-en-Grève. Au xvie siècle, l'antique Maison aux Piliers, du haut de laquelle le prévôt Étienne Marcel harangua les Parisiens soulevés durant la Commune de 1358, et qui vit successivement se heurter et se massacrer maillotins, cabochiens, Armagnacs et Bourguignons, disparut pour faire place au grand Hôtel de Ville de la Renaissance.

Au-dessus des fragments restitués de la *Maison aux Piliers*, Louvre du peuple, se dresse une haute tour blanche qui a été prise au vieux Louvre des rois. Le Louvre de Charles V, de Charles VI, outre

enseignes, sa vie particulière; on a réuni là un certain nombre de types de maisons parisiennes, à façades de pierres, ou de cette charpenterie pittoresque et décorative d'autrefois.

Les renseignements sur les logis parisiens célèbres, antérieurs au xvie siècle, n'abondent pas; nous avons très peu de renseignements ou de dessins sur les hôtels et habitations des personnages connus, des siècles qui ont précédé la Renaissance. Quelques-uns, très rares, ont pu durer entiers jusqu'à notre époque ou laisser quelques fragments retrouvés, assez maltraités, dans les blocs de bâtisses

Montmorency, existe encore, mais dénaturée, abîmée et reconnaissable seulement à la poutre portant une inscription dont nous allons parler. L'alchimiste Flamel, que l'on disait avoir découvert la pierre philosophale, et qui, d'après les croyances populaires, entassait dans les caves d'une autre maison, rue des Écrivains, des trésors que des gens, la pioche à la main, cherchaient encore au siècle dernier; cet homme à la célébrité un peu mystérieuse, et sur lequel ont couru tant de légendes, avait fait construire la maison de la rue de Montmorency, comme placement de ses économies : c'était donc une maison de rapport, mais avec cette particularité, où le philanthrope se retrouve, que les étages supérieurs étaient loués à de pauvres ouvriers pour rien ou pour un loyer tout à fait infime, à charge de prier chaque jour pour M. Flamel et sa famille :

journaliste, homme à idées, fondateur de la *Gazette de France*.

Le *Grand Coq* était situé rue de la Calandre, très près de la rue de la Barillerie et du Palais, où le Parlement se préparait aux agitations de la Fronde.

fougueux meneurs de la faction des Guises : bourgeois, gentilshommes ou prêtres, pour nommer le conseil des Seize chargés d'organiser dans chacun des seize quartiers les forces de la Ligue, de recruter et d'armer les milices populaires.

Le Vieux Paris : — *Rue des Vieilles-Écoles.*

l'inscription qui se voit encore, au-dessus des boutiques transformées, le dit textuellement :

« Nous homes et femes laboureurs damourant au porche de ceste maison qui fust bastie en l'an de grace mil quatre cens et sept, somes tenus chascun en droit soy dire tous les jours une patenotre et 1 Ave Maria

Sa maison, environnée de tavernes, comme la *Pomme de Pin*, fameuse dans les annales littéraires du xviie siècle, retomba dans l'obscurité après Renaudot et son cabinet d'adresses, et ne disparut, sans doute, qu'au cours des bouleversements modernes de la Cité, restée intacte jusqu'à la Révolution.

Le quartier des escholiers était naturellement déjà le quartier des maîtres imprimeurs et libraires ; on connaît toutes les enseignes et adresses des vieux typographes des premiers temps de l'imprimerie, de ceux qui imprimèrent les premiers livres en caractères gothiques, comme de ceux des

Le Vieux Paris : — *Rue des Remparts.*

en priant q. sa grace fasse pardon aux poures pescheurs trespassez. Amen.

Voici maintenant le pignon en bois d'une maison du xve siècle aussi, qui fut, vers 1631, pour ainsi dire, la maison natale de la Presse en France, et le berceau de bien d'autres choses. C'est la maison du *Grand Coq*, enseigne célèbre, qui servait de pavillon à Théophraste Renaudot, médecin

Tout près du *Grand Coq* monte une tour d'escalier en pierres, comme le quartier de l'Université en possédait plus d'une dans ses vieux collèges de jadis ; celle-ci est la tour du collège de Lisieux, démoli lors de la construction du Panthéon, tout à fait semblable à celle encore existante rue Valette, avec les restes du collège Fortet, où, dans le temps le plus violent de la Ligue, s'assemblèrent les plus

belles éditions à gravures sur bois du xvie siècle.

La maison des Estienne, les illustres typographes, souvent honorée de la visite du roi François Ier, que le protocole n'embarrassait pas, a sa façade reproduite ici, avec son enseigne : *à l'Olivier.*

(*A suivre.*)   A. ROBIDA.

EXPLORATIONS & EXPLORATEURS. — LA MORT DES DERNIERS SURVIVANTS DE L'ÉRÈBE ET DE LA TERREUR (Expédition Franklin 1846-1848).
(D'après le tableau de W. Thomas SMITH)

Les Chantiers des Champs-Élysées[1]

Les travaux relatifs aux basses fondations ont été suivis des travaux de construction proprement dits.

Nous allons les examiner successivement pour le Grand et pour le Petit Palais.

Le Grand Palais des Beaux-Arts, ayant pour objet de remplacer l'ancien Palais de l'Industrie, a été étudié en vue de servir aux mêmes fins.

Sa forme, en plan, rappelle celle d'une lettre H à branches inégales : la plus petite branche étant représentée par le corps de bâtiment en bordure de l'avenue d'Antin, et la plus grande par le corps de bâtiment principal en bordure de l'avenue Nicolas. Ce corps de bâtiment principal comprendra

pour servir d'écuries et de remises. On pourra ainsi loger les chevaux et les attelages du concours hippique dans ces locaux spacieux, disposés à cet effet, d'où ils pourront accéder directement, et avec la plus grande facilité, sur les pistes.

Ce bref exposé était indispensable pour que le lecteur puisse se rendre compte des détails de la construction.

Sous la direction générale de M. Girault, la direction des travaux de construction du Grand Palais a été confiée à M. Deglane pour la partie antérieure, à M. Thomas pour la partie postérieure et à M. Louvet pour la partie intermédiaire.

L'adjudication de ces divers lots a été faite, par ordre de date (déterminé lui-même par le degré d'avancement des basses fondations), aux entrepreneurs suivants :

La partie postérieure à M. Pradeau ; la partie

occupé par l'amas des pierres de taille. Les opérations se font avec une extrême rapidité.

Le même appareil reprend les pierres, au fur et à mesure des besoins, pour les amener devant la scie circulaire diamantée, qui porte, sertis sur sa tranche, 173 diamants, et qui les débite à la dimension voulue.

Pour le sciage des gros blocs, on emploie une scie à mouvement alternatif.

Les transmissions qui actionnent les deux équipages de scies sont mues par une machine demi-fixe Weyher et Richemond, de 70 chevaux, installée dans un baraquement contigu à l'atelier de sciage. Cette machine actionne également les dynamos servant à la distribution de l'énergie aux diverses installations mécaniques, et à l'éclairage du chantier (50 lampes à incandescence de 16 bougies, et 4 lampes à arc de 1000 bougies).

LES CHANTIERS DES CHAMPS-ÉLYSÉES. — *Vue prise des constructions des deux palais, vers la fin du mois d'avril 1898.*

la façade monumentale de l'édifice sur l'avenue Nicolas et sera occupé par un grand hall vitré destiné aux expositions de sculpture, au concours hippique, etc. Un autre hall, perpendiculaire au premier et débouchant en son milieu, occupera la partie centrale de l'édifice, reliant les deux branches de la lettre H.

Le bâtiment en bordure de l'avenue d'Antin sera occupé, au centre, par un grand salon-vestibule conduisant à la nef centrale et, sur les côtés, par des salles d'exposition. Des galeries d'exposition régneront sur toute la longueur des façades extérieures, sur le pourtour des deux grandes nefs.

Ces galeries et ces salles seront réparties en deux étages principaux. Le rez-de-chaussée, établi sur sous-sol, sera à un niveau un peu supérieur à celui du sol des grandes nefs, pour que les promenoirs qu'il comporte puissent servir de tribunes, par exemple pour le concours hippique. Il communiquera, par deux grandes rampes en pente douce, avec la partie centrale des sous-sols, aménagée

intermédiaire à M. Chapelle ; la partie antérieure à MM. Nanquette et Marland.

A peine les adjudications terminées, on a installé, sur les divers lots, des chantiers qui réalisent de véritables modèles du genre au point de vue des forces mécaniques et électriques mises en œuvre.

Ces chantiers, comme celui antérieurement consacré aux basses fondations, sont reliés aux quais et estacades de la Seine, par où ils évacuent leurs déblais et reçoivent leurs matériaux de construction, au moyen de quatre voies ferrées passant dans le tunnel établi au-dessous du Cours-la-Reine. Trois lignes, à voies portatives de 50 centimètres de large, desservent respectivement les trois chantiers, tandis qu'une quatrième ligne, à voie de 60 centimètres, amène les approvisionnements généraux.

La manutention des gros blocs, à leur arrivée au dépôt général devant le Grand Palais, est effectuée au moyen d'un grand pont roulant électrique, d'une puissance de 10 tonnes, circulant sur deux rails distants de 12 mètres dont l'intervalle est

La force est transmise électriquement : au pont roulant dont nous avons parlé plus haut et qui absorbe 14 chevaux, à deux malaxeurs à mortier de 5 chevaux et demi chacun, et aux treuils élévateurs disposés au pied des sapines.

Les deux entrepreneurs du chantier central et du chantier postérieur utilisent, pour actionner les treuils élévateurs installés dans les sapines, le courant fourni par le secteur des Champs-Élysées.

Le chantier Nanquette et Marland, en façade sur l'avenue Nicolas, dispose, pour le montage des matériaux de construction, en dehors des treuils électriques des sapines, de trois grues roulantes à vapeur desservant respectivement la façade principale, la partie droite et la partie gauche.

La grue de gauche, que représente notre dessin, est à pivot et à volée courbe ; elle circule sur une voie de 2m,50 de large et peut élever les matériaux jusqu'à 26 mètres de hauteur. La grue de droite, disposée de même, porte un balancier mobile équilibré par des contrepoids.

La grue à vapeur de la façade principale se compose d'un grand pylône métallique de 26 mètres de hauteur, se déplaçant sur deux rails distants de 4 mètres. Au sommet de ce pylône est installée une grue à pivot. La manœuvre de cet engin se

LES CHANTIERS DES CHAMPS-ÉLYSÉES. — *Le grand élévateur à bras mobiles.*

fait à l'aide d'un moteur à vapeur de 30 chevaux installé à la base du pylône. Il peut atteindre 32^m,50 de hauteur au-dessus du niveau des rails.

Les immenses sous-sols qui règnent sous toute la surface du Grand Palais ont été terminés dans les derniers jours de mars 1898.

En même temps que l'on posait les planchers en fer, hourdés en briques creuses, qui surmontent ces sous-sols, on commençait à monter les murs de l'étage principal.

Les aménagements intérieurs, comme le montre notre dessin qui représente le montage des planchers de cet étage, sont établis complètement sur pans de fer, ce qui donnera la possibilité de modifier dans l'avenir la distribution du Palais, si cela devenait nécessaire, sans avoir de maçonneries à reprendre en sous-œuvre.

M. Girault, outre sa mission d'architecte en chef des deux Palais, a été spécialement chargé de la direction des travaux du Petit Palais.

Nous avons déjà dit que ce dernier lot a été concédé à M. Grousselle, tant pour les terrassements et les basses fondations, que pour la construction proprement dite.

Le Petit Palais est destiné à contenir, en 1900, une exposition rétrospective des beaux-arts et à devenir, ensuite, la propriété de la Ville de Paris qui doit l'utiliser comme musée. Sa forme générale est celle d'un trapèze régulier, au milieu duquel on a ménagé un jardin en forme d'hémicycle. Toute la périphérie est occupée par des salles et des galeries, et c'est sur la grande base du trapèze, en bordure de l'avenue Nicolas, que s'élèvera la façade principale de l'édifice.

Concédés en août 1897, les travaux n'ont pu être commencés qu'au mois d'octobre suivant.

Nous avons décrit précédemment la disposition des chantiers du Petit Palais. Celui-ci, en dehors des caves très restreintes affectées au service du chauffage, dont nous avons déjà parlé, ne comporte pas de sous-sols proprement dits. L'étage de soubassement est un véritable rez-de-chaussée de niveau avec le sol extérieur, mais ne servira que

de socle, destiné à faire valoir l'étage principal surélevé. La plus grande partie sera affectée à des dépôts et à des services secondaires.

Les pierres de taille destinées à la construction du Petit Palais sont amenées par des fardiers, puis sciées et taillées à la main.

Les appareils élévateurs consistent en une série de huit équipages de sapines munies de treuils ordinaires, actionnés par une locomobile de 25 chevaux, avec transmission télédynamique.

En outre, deux élévateurs à bras mobiles, d'une puissance de 8 chevaux chacun, desservent la façade principale.

Tous les planchers hauts de l'étage de soubassement, ainsi que les planchers bas, dans la partie élevée sur cave, ont été exécutés en béton armé, système Hennebicque, en forme de voûte, sans poutres apparentes.

L'économie du système consiste à noyer, dans l'épaisseur du hourdis, un treillis de gros fils de fer, relié et tendu sur une série de boucles, également en gros fil de fer, dépassant verticalement les nervures ou épines saillantes à section en forme d'L accolées dos à dos ($\lrcorner\llcorner$), où elles sont solidement fixées.

Des planches sont calées de façon à former un plancher continu, sous le treillage, sur la saillie horizontale des fers en L. Le béton est coulé par-dessus, jusqu'à ce qu'il ait l'épaisseur reconnue nécessaire au-dessus du treillage, et pilonné jusqu'à tassement complet. De six à huit jours après l'exécution, on peut décintrer le plancher, c'est-à-dire enlever les planches mobiles de sa base, mais les essais ne se font qu'un mois après la terminaison complète du travail.

Le hourdis adopté le plus communément dans la construction ordinaire est en vieux plâtras sur lequel on coule du plâtre frais. Les plâtras sont disposés sur des fers spéciaux de petit échantillon, les entretoises et les fentons. Ce genre de hourdis est lourd, et, de plus, les hygiénistes le condamnent absolument, par ce fait que l'on emploie des plâtras de provenance inconnue qui sont certainement imprégnés de germes nocifs. Pour les constructions soignées, on a recours à des hourdis en plâtre creux, sans vieux plâtras, qui présentent divers inconvénients, auxquels échappe, paraît-il, le ciment armé. Celui-ci est d'un emploi relativement récent : il est léger, il permet d'espacer davantage les solives, et d'économiser ainsi sur le poids des fers. On assure, également, qu'il est plus sourd que le plâtre, c'est-à-dire qu'il s'oppose au passage du son au travers des planchers, ce qui le rendra par son usage précieux dans la construction privée.

PAUL COMBES.

PAUL COMBES.

La Plaquette de l'Exposition

La circulation du public sur les chantiers de l'Exposition a été interdite, comme bien on pense, non seulement pour la sûreté des curieux, mais encore pour éviter l'encombrement qui se produirait si chacun était admis à déambuler librement au milieu des matériaux et des échafaudages.

Les personnes qui justifient d'une occupation ou d'un intérêt professionnel, obtiennent du commissariat des cartes de libre accès, qui sont renouvelables tous les trimestres. Jusqu'à présent, le nombre des cartes distribuées a été relativement restreint, et ce sont les membres de la presse qui ont été, surtout, les bénéficiaires de ces permis de circulation. Leur métier est d'informer le public; il est juste qu'ils soient mis en état de prendre leurs informations aux meilleures sources.

Peu à peu, lorsque les édifices s'achèveront, et que les envois d'objets à exposer commenceront à se faire, le nombre des cartes de circulation augmentera d'autant, car les membres des comités d'admission et d'installation devront être admis à circuler librement. Pour la durée de l'Exposition, il est d'usage également que les exposants reçoivent une carte gratuite.

Jusqu'à présent, sauf pour les permis préliminaires, c'est-à-dire ceux qui sont distribués avant l'ouverture officielle, on avait eu recours à des cartes portant la photographie du bénéficiaire. Lors de son passage au ministère du commerce, M. Henri Boucher eut l'idée de remplacer cette carte traditionnelle par une plaquette en vermeil, un bijou que l'on pourrait porter à la chaîne de montre, et dont les photographies ci-jointes reproduisent la maquette très agrandie.

Cette plaquette a été confiée à M. Daniel Dupuis, le graveur en médailles bien connu, à qui l'on doit les coins de nos nouvelles monnaies de bronze. La forme est un rectangle aux côtés curvilignes, les angles de la base sont abattus. Le sommet, qui forme bélière pour la suspension, est

LES CHANTIERS DES CHAMPS-ÉLYSÉES. — *Pose des planchers.*

surmonté des deux serpents symboliques, attribut du caducée de Mercure, le dieu du Commerce. Sur l'avers, une Renommée plane au-dessus de l'Univers, la branche d'olivier en main, et le son retentissant de sa trompette invite les nations aux fêtes du travail de 1900.

Sur le revers, un robuste forgeron, ceint du tablier de cuir, est assis sur une enclume, et contemple les bâtiments de l'Exposition en construction, figurés, avec leurs échafaudages, en un relief très adouci, sur le fond de la plaquette.

LES TRAVAILLEURS
DE L'EXPOSITION

« Quand le bâtiment va, tout va », répétaient jadis les commerçants de Paris : on pourrait également retourner la proposition, et affirmer que le bâtiment marche lorsque la situation générale est bonne et que les capitaux économisés s'immobilisent en constructions. Or, dans ce moment le bâtiment va, et bien ; encore un peu plus, il serait comme l'agriculture, il manquerait de bras. Il faut reconnaître que le mouvement est un peu factice, puisqu'il s'agit surtout de travaux publics et d'œuvres somptuaires, mais le résultat n'existe pas moins ; des capitaux considérables sont jetés dans la circulation, et s'en vont alimenter, après des parcours multiples, des professions bien diverses et qui n'ont aucun rapport avec la bâtisse. Donc : Quand le bâtiment va, tout va.

Les professionnels de la construction affluent à Paris ; c'est, pour l'heure, la Mecque de la bâtisse, et tout ce qui tient de près ou de loin au métier, arrive « sur le tas ». Les terrassiers ont débuté, et, si des règlements fort sages n'avaient limité le nombre des ouvriers étrangers, à employer sur les chantiers, nous aurions reçu le ban et l'arrière-ban des sans-travail de la Belgique et de l'Italie. Les terrassiers auront bientôt fini leur tâche sur les chantiers de l'Exposition, il reste, néanmoins, bon nombre de coups de pioche à donner et de tombereaux à charger, sur tous les points de Paris ; les terrassiers sont assurés d'être embauchés pour un bout de temps encore, et de toucher la grosse paie des jours de presse. Après quoi, il leur faudra regagner la province ; là le tarif est réduit, les distractions plus maigres, et comme les chantiers sont espacés, l'organisation des grèves est moins commode : seules, les rixes avec les Belges et les Italiens, ces « gâte-métiers », animent quelque peu l'existence. Les terrassiers agissent sagement en profitant de l'occasion actuelle ; mais ils n'en deviendront pas plus riches, car l'économie n'est pas de tradition dans le métier ; ce n'est pas comme chez les maçons.

Le maçon est la diligente fourmi du bâtiment ; il travaille tout l'été, et, quand la bise est venue, il rentre en son pays, la Creuse ou la Limagne, la poche garnie de son salaire accumulé.

LA PLAQUETTE DE L'EXPOSITION.
Avers.   Revers.

Il a vécu sobrement, il a couché en chambrée ; il a travaillé volontiers fêtes et dimanches ; autant à gagner, et moins à dépenser. Le maçon n'aime pas les grèves ; il subit ces arrêts de travail par respect humain, mais il préfère s'arranger tranquillement avec son patron. Dans tout maçon, il y a un patron en perspective : et lorsque le compagnon a lâché la truelle, et qu'il est devenu M. l'entrepreneur, je vous réponds qu'il mène ses anciens camarades sans mitaines. Il n'a pas besoin d'être entrepreneur pour montrer sa science dans l'art de conduire le monde. Qu'il marchande un travail, comme sous-traitant, il prendra des aides, et saura obtenir d'eux le maximum d'effort pour le minimum de salaire. Il ne faut pas confondre avec le maçon cette tourbe d'aides et de garçons de chantier qui sont la bohème mal famée du bâtiment.

Lorsque le maçon, le *limousinin*, a monté ses murs, apparaît dans le chantier le serrurier en bâtiment. Il arrive avec ses ferrailles, qu'il débarque bruyamment sur la chaussée, au grand dommage des oreilles sensibles. Puis, il apporte ses courts tréteaux en fer, et le voilà qui coupe, qui taille, qui rogne, à grands coups de masse et de burin. Il n'a pas fini : sa forge portative s'allume, puis les rivets rougissent, et ce sont d'effrayants heurts de marteau.

Aussi les voisins indignés s'écrient avec ensemble : « Pourquoi n'apportent-ils pas leurs fers tout coupés et tout rivés, au lieu de prendre la rue comme atelier. » C'est que la pose des fers est un travail délicat. Pour les assemblages, qu'on nomme les chevêtres, les fers doivent être présentés en place : là, seulement, on marque la place des rivets. Puis le fer est mené à la poinçonneuse, machine particulièrement robuste, dont il existe plusieurs modèles ; le plus communément employé, est celui qui est actionné par deux longs leviers ; ces leviers déplacent le poinçon cylindrique, qui doit entrer dans le fer. Lorsque les fers à percer sont de fort échantillon, et c'est le cas à l'Exposition, où les portées de planches dépassent la longueur ordinaire, on utilise une poinçonneuse dans laquelle l'effort des leviers est remplacé par un train d'engrenage.

PAUL JONDE.

Le Palais des Armées de terre et de mer

En 1889, le matériel de guerre occupait un pavillon spécial, érigé sur l'Esplanade des Invalides. Le motif décoratif de la façade représentait une porte de forteresse du XIIIe siècle, flanquée de deux tours de défense. Ce motif, d'ailleurs, n'était qu'une décoration sans épaisseur ; il se dressait devant le bâtiment lui-même, qui renfermait cette exposition spéciale. Ce bâtiment n'avait aucun caractère architectural ; il était plutôt banal d'aspect. Le vaste vestibule, qui précédait un grand escalier droit, avait pourtant un certain caractère, grâce à deux cavaliers, revêtus d'armures complètes, montés sur des chevaux également bardés de fer. On se rappelle qu'une exposition collective des fournisseurs des armées avait installé, au premier étage, une sorte de panorama, représentant un bivouac, où figuraient, de grandeur naturelle, tous les costumes de l'armée française, revê-

LES TRAVAILLEURS DE L'EXPOSITION. — *Une poinçonneuse et son équipe de serruriers.*

tant des mannequins, ingénieusement disposés. C'était un musée de cire, tout à fait martial, et le public s'y intéressa vivement.

Pour accompagner les engins modernes, un musée rétrospectif avait la prétention de retracer, par des documents authentiques, l'histoire de l'armement, depuis l'âge de pierre jusqu'à nos jours.

Le programme était un peu large, pour un aussi petit espace; pour le remplir, il eût fallu prélever des lots importants dans nos musées publics: ceux-ci refusèrent avec raison de dégarnir leurs vitrines, et se contentèrent de fournir quelques objets, des doubles surtout. Certains collectionneurs, et quelques musées de province, firent preuve de complaisance, mais, en dépit de ces

M. Auburtin.
Architecte du Palais des Armées de terre et de mer.

bonnes volontés, le musée de l'art rétrospectif militaire fut bien incomplet. Les organisateurs rejetèrent, non sans raison, sur le programme trop vaste qui leur avait été imposé, la cause des lacunes fâcheuses qu'on pouvait relever dans leur exhibition historique. Cette fois, la même faute n'a pas été commise.

Il a été décidé que le musée rétrospectif ne remonterait qu'à l'époque de Louis XIV. La date est bien choisie : c'est de cette époque que date l'organisation militaire moderne, tant par la création de l'uniforme, l'unité dans l'armement, la prédominance des armes à feu, que par la transformation de la tactique. L'exposition de l'art militaire est privilégiée sur ce point, puisque, pour tous les autres groupes, la partie rétrospective est rigoureusement centennale.

Le Palais des Armées de terre et de mer aura, en 1900, une physionomie plus monumentale que

de forteresse et de marine, les coupoles, tourelles et plaques de blindage. Les constructions devaient comprendre, en outre, deux importants fragments de navire, à l'échelle réelle, l'un représentant les vaisseaux historiés, sculptés et dorés du temps de Louis XIV, l'autre un cuirassé moderne, avec ses lignes rigides, sa nudité sévère que silhouettent les tourelles armées et les mâts militaires.

Des salles spacieuses devaient être disposées pour les objets de moindre volume; l'exposition rétrospective, dont nous avons parlé plus haut, réclamait également un emplacement convenable. Le terrain assigné aux concurrents est de forme rectangulaire; la grande base qui longe le fleuve est légèrement curviligne; obligation était faite de respecter les arbres plantés en alignement du trottoir, sur le quai d'Orsay. La profondeur utilisable est de 27 mètres, y compris la tranchée du chemin de fer des Moulineaux, qui passe sur toute la longueur du terrain, pour rejoindre la nouvelle gare des Invalides. Le programme n'était pas facile à réaliser, sur un terrain aussi mal commode. D'autre part, le nombre des primes allouées aux concurrents était très limité, et ces primes elles-mêmes étaient assez minces. Sur cent architectes qui se firent inscrire, dix-neuf seulement prirent part au concours. L'exposition se fit en novembre 1897, dans les galeries de l'École des beaux-arts. Avant même que le jury se fût prononcé, les suffrages des visiteurs s'étaient portés sur le projet qui devait être primé, et le jury ne fit que sanctionner le verdict prononcé par l'opinion publique, ce qui ne veut pas dire que les projets écartés fussent sans valeur; mais celui qui fut choisi a le mérite de la franchise et du pittoresque; il exprime pleinement son but et l'objet qu'il réalise.

La première prime fut donc attribuée à MM. Auburtin et Umbdenstock; la deuxième à M. Bertone, et la troisième à MM. Breasson et Desert. Quatre autres projets furent mentionnés.

MM. Auburtin et Umbdenstock ont consacré l'aile droite, tout entière, au grand hall, qui monte de fond; c'est là que sera placé le ballon militaire, et tous les objets de l'équipement moderne.

extradossée, des pieds-droits à bossages saillants, accusent la vigueur de l'ensemble, et les deux grands vaisseaux qui servent, pour ainsi dire, d'absides à la double nef, contribuent à la silhouette pittoresque de l'édifice.

La construction prévue est des plus simples, afin d'être aussi économique que possible, puisque le Palais des Armées de terre et de mer n'aura

M. Umbdenstock.
Architecte du Palais des Armées de terre et de mer.

qu'une existence éphémère : des fers du commerce, c'est-à-dire de dimensions courantes; des murs de briques, pleines ou creuses; et, là-dessus, un ravalement en plâtre, d'autant moins coûteux qu'il n'y a pas de sculptures.

Voilà donc les grandes lignes du projet couronné, dont nos dessins fournissent une exacte représentation. Ce projet devait être exécuté fidèlement, après études; mais les études ont modifié les dispositions primitives dans de notables proportions. Cette considération ne nous a pas empêché de donner les premiers projets; c'est un document qui a sa place dans l'historique de l'Exposition universelle de 1900; le public pourra juger si les changements adoptés par les architectes ont été heureux. Tout d'abord, l'Administration a réclamé la suppression du cuirassé et du navire Louis XIV. La cause : c'est le manque de place, cette place que chacun réclame à cor et à cri, au risque d'encom-

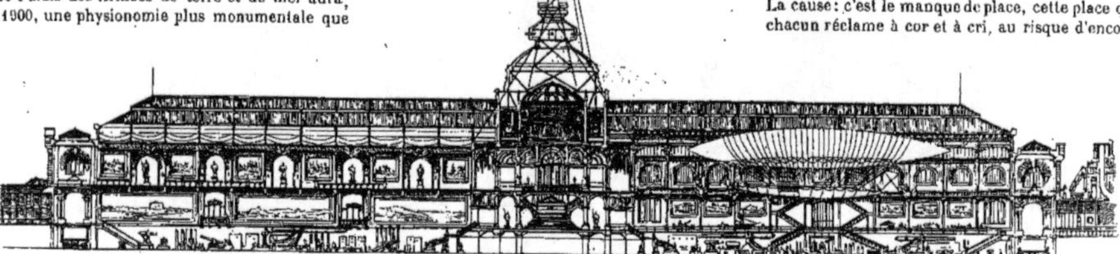

Le Palais des Armées de terre et de mer. — *Coupe sur l'axe longitudinal, montrant à droite :*
le grand hall où sera exposé le ballon militaire; à gauche : les galeries pour l'exposition rétrospective; et, sur le terre-plein du rez-de-chaussée :
les grosses pièces d'artillerie, les tourelles, blindages, etc.

celle de l'édifice similaire construit en 1889. L'Administration a eu recours au concours, qui avait donné des résultats si féconds pour les autres bâtiments de l'Exposition. L'emplacement choisi est le quai d'Orsay, entre les ponts d'Iéna et de l'Alma, sur la rive gauche. Le palais à édifier fera face au pittoresque Vieux Paris, de MM. A. Robida et Bénouville, dont nos lecteurs connaissent déjà les merveilles.

Le programme imposé aux concurrents prévoyait un hall de dimension assez considérable pour y loger un ballon militaire, et divers autres objets encombrants; un terre-plein pour recevoir les objets de gros poids, tels que les pièces d'artillerie

L'aile gauche, recoupée par un plancher, contient, au premier étage, le musée des souvenirs ou exposition rétrospective. L'annexe basse, formant rez-de-chaussée, et qui repose sur la berge de la Seine, constitue le terre-plein propre à abriter les grosses pièces, les blindages et autres engins de poids importants.

Le pavillon du milieu s'ouvre par un vestibule de larges dimensions, avec escalier monumental et galeries ouvertes sur les deux ailes. Quant à la façade, elle présente une allure toute martiale, avec ses merlons et ses mâchicoulis, souvenirs modernisés des anciennes fortifications, que surmontent des coupoles d'acier. Des arcs en ogive

brer la future Exposition de bâtiments pressés les uns contre les autres. Les deux ailes y gagneront une trentaine de mètres d'allongement chacune. Mais la silhouette amusante, pittoresque, y perdra; et, bien plus, l'idée symbolique, qui mettait sous les yeux deux types bien différents de notre marine. A Chicago, on avait eu l'idée de construire un cuirassé dans le lac; ce cuirassé était en bois et en ciment et reposait sur le sol; il remporta un succès complet.

Les bateaux du Palais des Armées de terre et de mer auraient fait la joie du public de 1900; on lui donnera, à ce public, 60 mètres de construction en plus; ce n'est pas la même chose. G. Moynet.

Le Palais des armées de terre et de mer. — *Projet adopté de MM. Auburtin et Umbdenstock. — 1. Vue générale prise de la rive droite de la Seine. — 2. Vaisseau de haut-bord Louis XIV, formant l'about des galeries de l'aile gauche. — 3. Cuirassé moderne, à tourelles, formant l'about des galeries de l'aile droite.*

LA LITTÉRATURE FRANÇAISE
AU XIXᵉ SIÈCLE
(SUITE) (1)

II
LE ROMANTISME
1815-1851

L'époque romantique correspond à la Restauration et à la Monarchie de Juillet et se prolonge encore sous la seconde République : on peut lui assigner comme dates extrêmes 1815 et 1851.

Nous avons déjà partiellement défini le roman-

ALFRED DE MUSSET.

tisme, en étudiant ses origines. Comme Chateaubriand et Mᵐᵉ de Staël, les romantiques ont renoncé à prendre pour modèles les anciens et le xviiᵉ siècle français ; ils sont allés au moyen âge et aux étrangers ; ils se sont épris de pittoresque et de couleur locale ; ils ont librement exprimé leurs sentiments intimes et individuels. Ajoutons à cela qu'ils ont renversé les règles qui séparaient, les uns des autres, les divers genres littéraires, et qu'ils ont renié les fameux préceptes du goût qui limitaient l'artiste, et dans le choix de ses procédés d'expression, et dans le choix des objets à peindre. On eut ainsi une poésie lyrique, un théâtre et un roman pittoresques, une histoire vivante. L'étude des œuvres étrangères, avec Byron et Walter Scott, avec Schiller et Gœthe ; l'étude de la littérature du moyen âge, avec Dante, ou de la littérature primitive, avec la Bible, ont contribué à précipiter et à définir le mouvement romantique.

L'école romantique se fonda vers 1823, dans le fameux salon de l'Arsenal. Là, Émile et Antony Deschamps, Sainte-Beuve, Vigny, Hugo, formaient, avec leur hôte, Charles Nodier, le *cénacle.* L'école eut son manifeste en 1827, dans la préface de *Cromwell,* où Hugo posait l'antithèse du beau et du laid, du sublime et du grotesque ; établissait que « tout ce qui est dans la nature est dans l'art » ; démolissait toutes les règles et les lois qui s'opposaient à la parfaite représentation de la nature ; offrait ainsi le romantisme comme un retour à la vérité et à la vie.

Mais arrivons aux hommes et aux œuvres.

Le génie de Lamartine (1790-1869) se laisse difficilement enfermer dans une formule. Son âme très tendre, très douce et très noble a vibré à toutes les impressions de la vie. En 1818, il rencontra, aux eaux d'Aix, son « Elvire », et d'un amour éphémère, vite rompu par la mort, sortirent, en 1820, ses *Premières Méditations.* Elles furent suivies des

Nouvelles Méditations, en 1823, et des *Harmonies,* en 1830. Puis Lamartine voulut visiter l'Orient. Il voyagea en Grèce, en Syrie, en Palestine. A son retour, en 1833, il fut élu député, et, dès lors, la politique l'occupa autant que les lettres. Cela ne l'empêcha pas de publier l'épopée romanesque de *Jocelyn* en 1836, *la Chute d'un ange* en 1838, *les Recueillements* en 1839 ; et il prépara une révolution par un livre d'histoire : ses fameux *Girondins* (1847). Porté au pouvoir par les événements de 1848, il fut un moment à l'apogée de la popularité ; puis, détrôné soudain, il rentra pour toujours dans la vie privée. Il avait été insouciant et généreux ; il se trouva misérable, et, pour vivre, il devint un littérateur à la tâche, produisant à jet continu, à l'ordre des libraires. Il mourut en 1869.

Le comte Alfred de Vigny (1797-1863) commença à écrire ses poèmes étant lieutenant aux gardes. Il donna, en 1822, un premier recueil de *Poésies* qui fut réédité, remanié et complété, en 1826 et en 1827. Puis, il ne se manifesta plus que de loin en loin, par quelques pièces, qui formèrent le recueil posthume des *Destinées,* en 1864. *Eloa, Moïse, la Loi, la Mort du loup* sont les plus célèbres de ses poèmes, où, toujours, se développe une idée philosophique ou morale. Car Vigny est un penseur. Penseur attristé et amer devant les hommes mauvais et les cieux vides. Il a écrit des romans : *Cinq-Mars* (1826), *Stello* (1832), *Servitude et grandeur militaires* (1835) ; et des drames : *Othello* (1829), *la Maréchale d'Ancre* (1830) et *Chatterton* (1835).

Victor Hugo fut le chef d'école que ne pouvaient être, ni Lamartine, ni Vigny. Né à Besançon en 1802, Hugo avait vingt ans quand il donna son premier recueil de vers, les *Odes* (1822), poésies toutes classiques, où rien n'annonçait le futur Érostrate. Mais, en 1826, il se déclara romantique et lança ses *Ballades,* pour donner, disait-il, une idée de la poésie des troubadours. L'année suivante, la préface de *Cromwell* faisait de lui un porte-drapeau, un chef, un maître. Alors se succédèrent les œu-

LES TYPES DE BALZAC : M. DE FONTANES, *dessin original de Messonnier. (Édition Houssiaux.)*

ral ; il s'est laissé attacher à la royauté de Juillet et il a accepté la pairie ; représentant du peuple, en 1848, il siège encore à droite et même parmi les partisans de Louis Bonaparte ; à la dernière heure seulement, vers 1850, il vient à la démocratie. Nous le retrouverons plus loin, dans des situations nouvelles.

Alfred de Musset (1810-1857) publia en 1830 ses premiers vers : *Contes d'Espagne et d'Italie.* Deux autres recueils suivirent aussitôt : les *Poésies diverses* (1831) et le *Spectacle dans un fauteuil* (1832). La désinvolture, la facilité spirituelle de ces premières œuvres séduisirent, de prime abord, le public. Mais, en 1833, Musset rencontra George Sand et, en 1833-34, il fit avec elle le fameux voyage en Italie. Cette crise de sa vie l'emplit d'une mélancolie incurable.

En 1836, il publia sa désolante *Confession d'un enfant du siècle.* Ses nouvelles poésies : *Rolla* (1833), l'*Espoir en Dieu,* et surtout *les Nuits* (1835-1837), sont imprégnées d'une poignante émotion. Nous dirons ailleurs un mot de son théâtre. Musset est mort en 1857.

L'on ne peut abandonner la poésie romantique sans citer encore quelques autres noms : Théophile Gautier (1808-1872), le parfait artiste, le poète de l'art pour l'art ; Sainte-Beuve, l'auteur des *Poésies de Joseph Delorme* et des *Consolations* ; le Breton Brizeux, le Marseillais Autran, le Forézien Laprade ; Mᵐᵉ Desbordes-Valmore et Mᵐᵉ Louise Collet ; et, enfin, deux hommes dont l'œuvre est intimement liée à la politique de l'époque : Barbier, l'auteur des *Iambes* (1835), dont la fougue satirique souleva, avec des pièces comme *la Curée,* une tumultueuse admiration ; et Béranger (1780-1857), le chansonnier populaire, sans doute médiocre de pensée et pauvre

LA LITTÉRATURE FRANÇAISE AU XIXᵉ SIÈCLE.
Scène de « Jocelyn », poème de Lamartine, d'après Gavarni.

vres où éclatent les magnificences de son incroyable puissance verbale : les *Orientales* (1829), les *Feuilles d'Automne* (1831), les *Chants du crépuscule* (1835), les *Voix intérieures* (1837), *les Rayons et les Ombres* (1840). Après 1840, le poète se tait pour

treize ans. Il est pris par la politique. Catholique légitimiste au début, il est à peu près devenu libé-

de style, mais dont l'inspiration gauloise et bona-
partiste charma si fort ses contemporains.

La poésie romantique est lyrique et le théâtre
romantique, lui aussi lyrique, vaut surtout par
le lyrisme. La théorie du drame romantique repose
sur l'abolition des unités de temps et de lieu, et
sur le mélange des genres comique et tragique.
Ajoutons que le drame romantique est en général
un drame historique, et qu'il est souvent un drame
symbolique. Et, avec tout cela, il reste essentiellement lyrique.

Les premiers drames romantiques ne furent pas
Nesle (1832), et une foule de pièces heureuses.

A ces trois grands noms du théâtre romantique, il
faut ajouter celui de Musset qui, découragé par l'échec
de sa *Nuit vénitienne*, en 1830, écrivit dès lors librement ses *Comédies et Proverbes*, sans souci des nécessités scéniques, pour... la *Revue des Deux Mondes*.
Un Caprice, *Il ne faut jurer de rien*, *le Chandelier*, *On
ne badine pas avec l'Amour*, sont les chefs-d'œuvre de
ce théâtre exquis, tout de fantaisie et de délicatesse.

On ne saurait parler du théâtre romantique sans
signaler la réaction qu'il a suscitée et les derniers
efforts de la tragédie pseudo-classique avec C. De-
dies bourgeoises comme : *Un mariage de raison*, *la
Camaraderie*, ou ses pièces pseudo-historiques : *Bertrand et Raton*, *Adrienne Lecouvreur*, *le Verre d'eau*.

Dans le roman, les romantiques de la première
heure se sont adonnés surtout au genre historique.
Vigny publie *Cinq-Mars* en 1826 ; Mérimée, la
Chronique de Charles IX ; en 1829, et, en 1831, paraît
le chef-d'œuvre du genre : *Notre-Dame de Paris*.
Alexandre Dumas (1803-1870) pousse le roman
historique au roman d'aventures, avec *les Trois
Mousquetaires* (1844), et la série de ses récits sur
l'Histoire de France. Mais si ces « histoires » ont

LE VIEUX PARIS A L'EXPOSITION DE 1900. — *Façade de la Chambre des Comptes.*

représentés : ni le *Cromwell* (1822) de Hugo, ni le
Théâtre de Clara Gazul (1825) et *la Jacquerie* (1828)
de Mérimée ne virent la scène. Le premier drame
romantique qui fut joué fut *Henri III et sa Cour*,
d'Alexandre Dumas (11 février 1829) ; puis vint
l'*Othello* de Vigny (24 octobre 1829) ; et enfin, le
25 février 1830, *Hernani* gagna la bataille, triomphe
éclatant, déroute des « perruques » devant le tru-
culent pourpoint rouge de Théophile Gautier.
Alors Hugo donne successivement *Marion Delorme*
(1831), *le Roi s'amuse* (1832), *Lucrèce Borgia* et *Marie
Tudor* (1833), *Ruy Blas* (1838). En 1843, après *les
Burgraves*, il renonce au théâtre. Vigny a remporté
un succès avec *Chatterton*, en 1835. Alexandre
Dumas, après *Henri III*, a récidivé avec *Antony* et
Richard Darlington (1831), l'étourdissante *Tour de*
lavigne et Ponsard. C. Delavigne, d'ailleurs, fit de
larges concessions à la couleur locale et à la senti-
mentalité déclamatoire dans son *Louis XI* (1832), et
ses *Enfants d'Édouard*. (1833), qui furent ses plus
grands succès.

Ponsard essaya, plus franchement, de ressusciter la pure tragédie classique, avec *Lucrèce* qui
réussit l'année où tombèrent *les Burgraves* (1843) ;
mais il revint aux sujets modernes avec *Charlotte
Corday* (1850), et *le Lion Amoureux* (1866).

Quant à la comédie, elle échappe au mouvement
romantique, et son grand homme est le plus sec
des écrivains, le plus réduit aux habiletés et aux
« ficelles » du métier : c'est Scribe. Dans la partie la
plus brillante de sa carrière dramatique (1815-
1850), il entasse succès sur succès avec ses comé-
amusé de nombreux lecteurs, elles n'ont guère
enrichi notre littérature. Un genre qui a donné
beaucoup plus est le roman sentimental dont
Rousseau, Bernardin de Saint-Pierre, Mme de Staël,
Chateaubriand avaient offert des modèles. En 1816,
parut une sorte de chef-d'œuvre, l'*Adolphe*, de
Benjamin Constant. Et le genre trouva son grand
écrivain en George Sand (1804-1876).

La carrière littéraire de George Sand commença
lorsqu'elle vint à Paris, en 1831, avec un jeune
écrivain qui s'appelait Jules Sandeau.

En 1832, elle publia le premier roman qu'elle
eût écrit seule, *Indiana*, dont le succès fut éclatant.

A. SYVETON.

(*A suivre.*)

Le Vieux Paris à l'Exposition de 1900[1]

III

Une autre rue, bordée d'un côté de maisons et de l'autre d'échoppes, prend à la place du Pré-aux-Clercs, après un petit passage en escalier, et circule à un niveau légèrement supérieur sous la verdure des arbres, débordant par-dessus les étalages des petits métiers.

Cette *Rue des Remparts* aboutit, de même que la rue des Vieilles-Écoles, à un bâtiment transversal où se trouve, *Au Grenier des Poètes*, une salle où maître François Villon se serait senti chez lui, et où se diront et se chanteront ballades et chansons joyeuses ou satiriques, au tintement des flacons, naturellement.

Cette extrémité de la rue des Remparts s'encadre d'une poterne, tandis que la rue des Vieilles-Écoles va passer sous une grande porte représentant, sauf quelques modifications indispensables, une porte du couvent des Jacobins de la rue Saint-Jacques, d'où sortirent, maintes fois, aux acclamations de la populace guisarde, des bataillons de moines, conduits aux barricades ou aux processions armées, par les plus enragés prédicateurs de la Ligue.

Le bâtiment, au-dessus de la porte, se surmonte d'un clocheton de ce même couvent des Jacobins, dont les derniers débris ne disparurent qu'il y a une quarantaine d'années.

Suivons le passage et nous débouchons dans l'angle de la grande *Place Saint-Julien*, où diverses choses sont à noter: d'abord, au revers du bâtiment des poètes, cette fenêtre à balcon est la chaire du lecteur du réfectoire de l'abbaye de Saint-Germain-des-Prés, merveille architecturale qui s'égalait presque à la Sainte-Chapelle et malheureusement détruite par l'explosion d'un dépôt de poudres en 1793; puis, quelques arcades du cloître du collège de Cluny, l'un des beaux cloîtres gothiques que possédait Paris dans ses nombreux collèges ou couvents, tous disparus, sauf le cloître des Carmes Billettes, rue des Archives. Le collège de Cluny, fondé au XIIIᵉ siècle, était le collège des jeunes moines de la célèbre abbaye venant chercher la science aux Écoles parisiennes. Le cloître et l'église, très belle, dont le peintre David fit son atelier après la Révolution, n'ont disparu que de nos jours.

Enfin, à côté du cloître, voici un souvenir très différent des vieilles abbayes parisiennes, terminant bien le quartier des Vieilles Écoles; c'est le pilori de l'abbaye de Saint-Germain-des-Prés, une petite tourelle à soubassement de pierre, à l'étage de laquelle tourne le grand cercle de bois percé de trous pour la tête et les mains du délinquant exposé à la risée des passants.

Combien d'escholiers pour délits commis sur le

territoire de l'abbaye, pour désordres dans le fameux Pré-aux-Clercs, durent venir grimacer pendant quelques heures au vieux pilori planté, jadis, à l'endroit aujourd'hui traversé par le boulevard Saint-Germain.

Le Vieux Paris devait avoir son église, son clocher et ses cloches; il a déjà suspendu au clocheton des Jacobins la cloche de la Sorbonne, qui sonnait matines et couvre-feu: l'heure de l'étude et l'heure du repos à son remuant peuple d'escholiers du pays latin, courant volontiers des collèges aux tavernes. Le Vieux Paris a fait revivre l'une des plus curieuses de toutes les innombrables églises d'au-

LE VIEUX PARIS A L'EXPOSITION DE 1900. — *Église Saint-Julien-des-Ménétriers.*

trefois: *Saint-Julien-des-Ménétriers*, église de la confrérie des jongleurs et menestriers de Paris, construite au XIIIᵉ siècle, rue Saint-Martin, par « les jongleurs, menestriers et maistres en l'art de menestrandie dépendant de la science et art de musique, qui lors estoient demourant en ceste ville de Paris », sur la proposition et avec les premiers fonds de deux charitables menestriers.

Le portail de l'église, probablement, ne fut jamais terminé, car à la fin du XVIIIᵉ siècle on pou-

vait le voir encore coiffé bizarrement d'un pignon de charpente semblable à ceux des maisons voisines. Ce portail était orné des statues de saint Genest, comédien romain et martyr, patron des jongleurs, et de saint Julien l'Hospitalier, patron de l'église Saint-Julien de la rive gauche.

Jusqu'à la Révolution, l'église Saint-Julien fut le siège et la propriété de la corporation des jongleurs, jongleresses et ménétriers, plus tard des simples musiciens, propriété qu'à la fin se disputaient deux branches de la corporation: la communauté des joueurs d'instruments et l'Académie de danse, ancienne communauté des maîtres à danser. — L'ancien roi des jongleurs, chef de la corporation, avait fait place au roi des ménétriers, prévôt de Saint-Julien. — Sous le portail, se faisait la louée amusante des jongleurs, ménestrels, chanteurs, joueurs d'instruments, de viole, mandoline, flûte, hautbois, rebec ou autres, venant offrir leurs services pour banquets ou cérémonies, noces ou fêtes quelconques. Le Vieux Paris doit s'efforcer de ressusciter tout ce monde joyeux et bigarré, pour rendre à la vieille église son aspect pittoresque et ses alentours mouvementés des jours d'autrefois. En quittant l'église, le visiteur se trouvera devant une des plus importantes restitutions du Vieux Paris; tout le fond de la place est pris par la façade de la Chambre des Comptes du XVIᵉ siècle, un des chefs-d'œuvre de l'architecture française au temps de la Renaissance, détruit malheureusement par le feu en 1737.

Cet édifice, situé au fond de la cour de la Sainte-Chapelle et faisant face à la grande entrée du Palais sur la rue de la Barillerie, avait été construit tout à fait dans les premières années du XVIᵉ siècle, sous Charles VIII et Louis XII, lesquels, parmi les grandes fleurs de lis sculptées ou peintes, avaient semé un peu partout divers emblèmes: le dauphin, le porc-épic surmonté de la couronne royale et les hermines de la reine Anne de Bretagne.

Trois pavillons irréguliers, de grandes et magnifiques fenêtres, des niches, des statues, une fine tourelle d'angle, de hauts combles inégaux, avec des lucarnes de la dernière période du gothique flamboyant, telle est l'ordonnance de cette façade, dont la perte fut un désastre pour la magnificence de Paris. Le pavillon de droite, où aboutit le grand escalier extérieur, s'ouvre largement, au premier étage, par une belle loggia surmontée d'une haute lucarne compliquée, qui est plutôt un pignon ajouré flanqué de hauts pinacles d'une extrême élégance.

A part quelques petites modifications de détail, comme l'escalier placé en équerre au lieu d'être en prolongement de la façade, modification imposée par le plan même du Vieux Paris gêné par le quai de Billy, la Chambre des Comptes a été restituée d'après les documents authentiques conservés à la Bibliothèque Nationale, c'est-à-dire les plans et relevés du XVIIIᵉ siècle, avant le terrible incendie de trois jours qui détruisit l'édifice.

(À suivre.)   A. ROBIDA.

George Sand (1804-1876).
M. de Balzac (1799-1850).
François le Champi.
Eugénie Grandet.
Les Quarante-Cinq.
La Dame de Monsoreau.
Trévan et Triboulet.
Alexandre Dumas père (1803-1870).
Alphonse Daudet (1840-1897).
Les Trois Mousquetaires.
Fromont jeune et Risler aîné.
Eugène Sue (1804-1857).
Les Mystères de Paris.
Le Juif Errant.

LA LITTÉRATURE FRANÇAISE PENDANT LE XIXe SIÈCLE. — LES GRANDS ROMANCIERS.

LES CHANTIERS DU CHAMP-DE-MARS

Déplacement de la galerie de 30 mètres

Pour toute personne ayant une tendance, si peu prononcée soit-elle, à pleurer les souvenirs du passé, rien n'est plus propre à évoquer la mélancolie que l'aspect actuel de la galerie de trente mètres. Dévêtue, décharnée, montrant sa structure ajourée, elle a une apparence spectrale se détachant en vigueur sur l'azur d'un ciel pur. Ce qui prête encore à l'impression de désolation qui émane de ce squelette, c'est le travail qu'y accomplissent en ce moment quelques êtres humains chargés d'opérer leur œuvre de dépouillement total. Du sommet de cette carcasse superbe, ces hardis travailleurs dévissent, coupent, descellent l'édifice, le subdivisent en ses principaux éléments constitutifs. Cette ségrégation est le travail préparatoire au déplacement et à la translation, sur un autre emplacement, de cette galerie.

Tous les visiteurs de l'Exposition de 1889 la connaissaient bien, cette galerie célèbre; elle unissait le dôme central, conçu par M. Bouvard, au Palais des machines. Orientée perpendiculairement à la direction de celui-ci, elle venait s'y fondre en son milieu, à l'endroit où prenaient naissance les deux volées d'escalier conduisant au premier étage. Elle se développait sur cent cinquante mètres de longueur; sa largeur intérieure était de 30 mètres. Elle a reçu la désignation du chiffre même de sa dimension transversale. Sa titanesque voisine ne l'a pas écrasée de sa grandeur âpre et démesurée. Elle s'est sauvée de la déconsidération par son élégante décoration intérieure. Le dôme avait été l'objet de très élégants motifs d'illumination pendant les soirées de fêtes au Champ-de-Mars. A droite et à gauche de ce grand vestibule d'honneur, s'ouvraient les galeries des groupes divers. Après avoir payé ce tribut au passé, pour bien déterminer la topographie antérieure du monument, il convient maintenant de parler de sa destination nouvelle.

Son orientation par rapport au Palais des machines va être changée; de perpendiculaire qu'elle était, elle va lui devenir parallèle. Elle ne lui sera pas précisément accolée; elle n'aura, au contraire, plus aucun contact avec lui: s'interposeront entre elle et le gros vaisseau conservé, des cours intérieures, des chemins de circulation et les bâtiments abritant les appareils de production de vapeur, côtés de l'avenue de La Bourdonnais et avenue de Suffren. Le Palais de l'électricité, formé partiellement avec l'ossature de la galerie de 30 mètres, se dressera devant le Palais des machines dont l'intérieur sera transformé pour recevoir l'exposition des produits de l'agriculture et de l'alimentation; le centre sera dévolu à l'aménagement d'une vaste salle de fêtes. Une énorme façade décorative sera élevée dans l'axe du Champ-de-Mars.

Le service des constructions des Palais de l'Exposition de 1900 a décidé d'utiliser, dans ses dimensions actuelles, la galerie de 30 mètres pour le Palais de l'électricité. Cette décision ne manque pas de provoquer quelque étonnement si on envisage l'exiguïté de sa largeur d'une part, et la nécessité, d'autre part, de le compléter

DÉPLACEMENT DE LA GALERIE DE 30 MÈTRES. — *La voie tournante et son raccord.*

par l'érection nouvelle d'une autre galerie symétrique.

Pour la faire servir, on a résolu d'en opérer le transport à l'endroit qu'elle doit définitivement occuper. Ce qui reste de la primitive galerie comporte une longueur de 125 mètres. Elle est divisée en trois tronçons, complètement isolés les uns des autres par démontage des pannes et des chéneaux de liaison intermédiaire des fermes. Chaque tronçon séparé, d'une longueur de 25 mètres, est composé de deux fermes extrêmes s'appuyant chacune sur deux piliers métalliques et de deux montants intermédiaires sur chaque face latérale. Les piliers font corps avec une semelle en fer s'appliquant sur un dé en maçonnerie auquel elle est fixée par des scellements. Eh bien, ce sont ces portions éparses d'architecture, arrachées du sol, qu'il va falloir faire évoluer et virevolter.

Ce n'est pas le premier exemple d'un transport d'une construction. Des opérations similaires ont été exécutées bien des fois. N'avons-nous pas appris la fondation en Amérique d'une corporation particulière de déménageurs de maisons, les *house-movers*. Avec, pour tout outillage, le puissant vérin, quelques cales, quelques rouleaux, ils soulèvent la maison, la descendent prudemment sur les rouleaux et la transfèrent en un nouvel emplacement. La mise en place des gigantesques blocs des pyramides d'Égypte a, bien certainement, fait usage des mêmes procédés.

En 1888, à Coney Island, près de New-York, un hôtel de trois étages, mesurant 140 mètres de façade, était menacé d'être submergé par les flots de la mer envahissante. Les susdits déménageurs attaquèrent l'immeuble pesant

DÉPLACEMENT DE LA GALERIE DE 30 MÈTRES. — *L'ossature avant le sectionnement en trois tronçons.*

Exp. I.

42

4000 tonnes, le déracinèrent, le posèrent sur rouleaux et, à l'aide de six locomotives, le reculèrent de 150 mètres sur le rivage. Autre exemple : le *Normandy apartment Building*, vaste hôtel de Chicago, était une cause de gêne pour la construction du chemin de fer métropolitain. Sa longueur atteignait 29 mètres, sa largeur 25 mètres, et sa hauteur 15 mètres ; son poids dépassait 8000 tonnes. Il avait coûté 240000 francs à construire. L'entrepreneur de l'opération requit une somme de 65000 francs pour hisser l'hôtel à $1^m,07$ au-dessus du sol, le transporter à 61 mètres de distance, lui faire subir une révolution de 90 degrés et l'asseoir à la place déterminée. L'imposante masse de briques et de pierres fut déplacée à la vitesse de 6 mètres, en moyenne, par jour.

D'autres édifices qui se trouvaient sur le tracé du Métropolitain de Chicago ont été de même façon déménagés ; certains, fendus en deux morceaux, furent transportés de chaque côté de la voie.

A Hal, près de Bruxelles, une maison s'était enfoncée dans le sol et d'un seul côté seulement, imitant la déconcertante tour penchée de Pise. L'architecte, appelé au secours, conçut le dessein de la redresser. Il l'entoura d'un énorme corset de fer auquel l'immeuble fut amarré ; puis, la cage fut soulevée par de puissants vérins ; au fur et à mesure, pendant les périodes de soulèvement, les fondations furent reprises en sous-œuvre.

Nous avons eu, en France, plusieurs promenades d'immeubles. Il y a quelques années, un hangar mesurant 50 mètres de longueur sur 30 de largeur, pesant environ 150 tonnes, fut transporté à 53 mètres de distance. A la gare Saint-Lazare, une maisonnette en briques et en bois fut mobilisée de même. Au Vélodrome de la Seine, par une opération analogue, fut reculée de 4 mètres une

LA LITTÉRATURE FRANÇAISE AU XIXe SIÈCLE.
Ludovic Halévy.

maison comprenant rez-de-chaussée, premier étage et grenier.

On a fait glisser l'école communale de la rue de Patay sur cent quarante rouleaux de chêne, reposant sur quatre voies de madriers de sapin. Une équipe de treize hommes manœuvrant trois crics ont amené cette construction en bois, composée d'un rez-de-chaussée et d'un étage, à 15 mètres de sa première position.

Lorsqu'on s'attaque au déplacement des che-

DÉPLACEMENT DE LA GALERIE DE 30 MÈTRES. — *Déchaussement d'un des points d'appui.*

minées d'usine, le problème se complique d'une question d'équilibre assez périlleuse, en raison de la hauteur qui détermine des mouvements oscillatoires dangereux de l'objet transporté. On n'hésita pas, cependant, à entreprendre un tel travail dans le comté de Suffolk, où une cheminée haute de 26 mètres et de $2^m,10$ de côté à la base, du poids de 100 tonnes, fut soulevée, placée avec précaution sur un robuste plancher et transportée à 300 mètres sur des poutres graissées. Un seul cheval, actionnant un cabestan, remorquait ce bizarre véhicule.

En résumé, ces quelques exemples cités, attestent que l'opération de translation d'immeubles d'un endroit à un autre s'effectue assez fréquemment dans les divers pays. Elle va être tentée aussi pour la galerie de 30 mètres, morcelée comme nous l'avons précédemment indiqué.

L'ensemble forme une masse dont la base, comparée à la hauteur, est assez considérable. Seulement, on peut appréhender tout de même que l'élévation des fermes ne mette en péril la stabilité de la construction. Des précautions ont été prises à cet égard.

D'abord, à l'assemblage de la retombée des fermes sur les piliers, jonction qui n'est assurée que par quelques boulons, il fallut rapporter des pièces de consolidation en tôle fixées au moyen de boulons. La base du milieu est rendue solidaire d'un rectangle en poutrelles à treillis ; qui a pour objet de s'opposer à tout mouvement de déversement. De plus, toutes les faces de la structure sont étrésillonnées par un lacis de câbles en acier. La solidité de l'ensemble ainsi assurée et complétée par des poteaux de sustentation des treillis et des chéneaux, on a procédé, à l'aide de crics, au soulèvement vertical de l'ossature. Elle a été élevée de plus d'un mètre et, enfin, les bases des piliers s'appuient sur une pile de bouts de madriers superposés.

Sous chaque pilier sera établi un équipage de deux paires de galets alignés, dont les axes sont montés dans un châssis robuste composé de feuilles de tôles assemblées par boulons et rivets. Les galets à gorge rouleront sur une voie ferrée circulaire qui a pour diamètre la longueur des diagonales de la figure géométrique formée par les pieds des piliers en projection. C'est dans cette ligne circulaire que s'inscrira le mouvement d'évolution de la charpente sur elle-même.

Lorsqu'elle sera parvenue dans la direction convenable, elle quittera la voie circulaire pour s'engager, toujours par roulement, sur deux files de rails parallèles dont l'écartement est de 30 mètres. Le premier tronçon sera poussé à l'extrémité la plus éloignée de cette voie. La même opération sera ensuite répétée pour les deux autres fragments qui seront amenés sur rails à l'endroit où se trouvait le premier.

Les voies ferrées, tant celle qui est circulaire que celles qui sont parallèles, sont établies en tranchées. Elles sont constituées par rails Vignole, posés sur longrines, avec interposition d'un larget en fer sous le patin. Les longrines elles-mêmes sont installées sur de courtes traverses en bois à écartement de $0^m,60$ d'axe en axe. Tels sont, sommairement décrits, les préparatifs et les procédés de transport de la galerie du Palais de l'électricité.

Ces opérations sont aujourd'hui à l'état de fait accompli. Il n'était pas inutile de retracer, avec quelques détails, les préliminaires d'un travail que

LA LITTÉRATURE FRANÇAISE AU XIXe SIÈCLE.
Alexandre Dumas fils.

l'on n'entreprenait pas sans quelque appréhension. L'état de résistance du sol inspirait des inquiétudes. Le terrain du Champ-de-Mars a été tant de fois creusé, fouillé et remblayé, qu'il a perdu toute cohésion, au moins dans ses couches superficielles.

ÉMILE DIEUDONNÉ.

LA LITTÉRATURE FRANÇAISE
AU XIXe SIÈCLE
(SUITE) (1)

En 1832, George Sand publia le premier roman qu'elle eût écrit seule, *Indiana*, dont le succès fut éclatant. Et alors, pierre par pierre, elle construisit

SAINTE-BEUVE.

une œuvre énorme, où, en vraie disciple de Rousseau, elle revendiquait, contre la société, les droits de la passion et célébrait la nature champêtre, *François le Champi* (1844), la *Mare au Diable*(1846), la *Petite Fadette* (1848) sont les plus célèbres de ses romans rustiques, et parmi les autres on peut citer *André*(1834), *Mauprat* (1836), *Consuelo* (1848). L'œuvre complète de George Sand, romans et pièces de théâtre, ne formerait pas moins de cent volumes.

Un nom plus grand encore est celui de Balzac. *Honoré de Balzac* (1799-1850) marque admirablement la transition du romantisme au réalisme. En vingt ans, de 1829 à 1850, il mit sur pied sa *Comédie humaine*, œuvre colossale et puissante, dont chaque roman particulier forme une scène et où se détachent des types inoubliables, étonnamment vivants, comme l'avare Grandet, le père Goriot, « ce Christ de la paternité », le baron Hulot, Rastignac, Rubempré. C'est la peinture de toute une société, et surtout la peinture fidèle des âmes moyennes ou scélérates, des mœurs bourgeoises ou populaires.

Balzac a compris et défendu devant le public un romancier moins heureux que lui, cet Henri Beyle qui signait Stendhal (1783-1842), et qui est le véritable père du roman psychologique. Il applique surtout ses pénétrantes facultés d'analyse à l'étude de l'énergie, de la volonté. Ses deux œuvres maîtresses, sont le *Rouge et le Noir* (1831), et la *Chartreuse de Parme* (1839).

(1) Voir page 86.

Ce fut un parfait artiste, dont on ne saurait oublier le nom, que Prosper Mérimée (1803-1870), qui feignit de ne faire de la littérature que pour se délasser de l'archéologie et de l'histoire, nouvelliste plus que romancier de longue haleine et illustre par des nouvelles: *Colomba*, *Mattéo Falcone*, *Carmen*, et cette brève, sèche et merveilleuse *Prise de la Redoute*... Et je crois qu'ici nous pouvons nous arrêter sans insister sur Charles Nodier, sur Xavier de Maistre, sur le Genevois Töpfer, etc.

Cependant nous n'en avons pas fini avec le romantisme, car il a suscité un grand mouvement d'études historiques qu'il faut signaler maintenant. C'est un pur littérateur, c'est Chateaubriand, avec ses *Martyrs* et ses *Francs sauvages* qui fut l'initiateur de ce mouvement. Il inspira l'idée d'aller retrouver aux sources mêmes la vraie vie du passé à Augustin Thierry (1795-1856). Celui-ci publia, en 1825, son *Histoire de la Conquête de l'Angleterre par les Normands*; en 1827, ses *Lettres sur l'Histoire de France*; en 1834, ses *Dix ans d'Etudes historiques*; dans les *Récits des Temps Mérovingiens*, encore, il ressuscita les vieux Francs; et il a clos son œuvre, en 1853, par son *Histoire du Tiers État.* Thierry a frayé la voie à Michelet (1798-1874), qui, lui, fit vraiment de l'Histoire la résurrection du passé. Son *Histoire romaine* parut en 1831; et, en 1833, il imprima le premier volume de sa grande *Histoire de France*, qui ne fut achevée qu'en 1867. Avant de la terminer, il entreprit, en 1847, son *Histoire de la Révolution*. Michelet est l'historien romantique dans toute sa force, et son lyrisme se donne encore plus librement carrière dans les livres qu'il a consacrés au *Peuple*, à *l'Oiseau*, à *l'Insecte*, *l'Amour*, la *Femme*, la *Mer*, la *Montagne*. Enfin, il est à peine besoin de rappeler la place que tiennent dans l'œuvre de ce brillant écrivain les préoccupations politiques, religieuses et sociales.

Un autre courant, celui de l'*Histoire philosophique*, est représenté par Guizot (1787-1874), qui cherche la loi des faits dans ses *Histoire de la civilisation en France et en Europe* et dans sa *Révolution d'Angleterre*, et par Alexis de Tocqueville (1805-1859), l'auteur de la *Démocratie en Amérique* et de *l'Ancien Régime et la Révolution*. Enfin, il est des historiens qui ne représentent rien du tout, parce qu'ils ne furent ni des écrivains, ni des penseurs, et que des recherches récentes ont mis, au point

LA LITTÉRATURE FRANÇAISE AU XIXe SIÈCLE.
Illustration de « La chronique de Charles IX »,
roman de Prosper Mérimée. (Édition C. Lévy.)

de vue purement érudit, leurs travaux hors d'usage: tel est le cas de Thiers avec les vingt volumes du *Consulat et l'Empire*, et de Mignet (1796-1884), à qui du moins ses recueils de documents font pardonner ses *Marie-Stuart* et ses *François Ier et Charles-Quint*,

sans parler de son étrange abrégé de la *Révolution*.

Ces historiens, qui presque tous se sont occupés de politique, nous mènent aux pamphlétaires, polémistes et orateurs, par la liste desquels il nous faut clore cette période de 1815 à 1851 : le délicat Paul-Louis Courier (1772-1825), l'impétueux Lamennais (1782-1854), Proudhon (1809-1865), tous trois grands écrivains, surtout les deux premiers;

EMILE AUGIER.

les orateurs parlementaires: le général Foy, Benjamin Constant, Royer-Collard, le chef des doctrinaires, Guizot, Thiers, Lamartine, Hugo; les orateurs universitaires: Guizot, Cousin, Villemain, Jouffroy, Quinet et Michelet; les prédicateurs dont la foule est dominée par le grand nom de Lacordaire.

La plupart de ces hommes ont apporté à défendre les croyances et les intérêts qui leur étaient chers, l'ardeur, l'enthousiasme et, pour tout dire, le lyrisme qui donne sa note dominante, sa sonorité particulière au mouvement romantique.

III
LE NATURALISME.
(1851-1890)

Le naturalisme a été une réaction contre le romantisme. « Vers 1850, dit M. Lanson, les âmes se dessèchent. Les nouvelles générations croient à la science — ce sont les hauts esprits — au succès, au bienêtre — c'est le grand nombre. Positivisme scientifique, scepticisme voluptueux, matérialisme pratique, voilà les formes d'âmes de très inégale valeur de la période où nous entrons. » Il est tout naturel que ç'ait été une période de critique et nous pouvons commencer l'étude du mouvement naturaliste par une énumération des grands critiques littéraires. Après avoir cité Nisard (1806-1884), le défenseur des doctrines classiques, Vinet (1797-1847), un Suisse et un protestant, préoccupé surtout de la valeur morale d'un livre, on arrive tout de suite à Sainte-Beuve (1804-1869). Sainte-Beuve commença en 1824 à écrire des *Portraits littéraires*, et, en 1850, il entreprit au *Constitutionnel* la série des *Causeries du lundi*, qu'il continua au *Moniteur* et au *Temps*.

Sainte-Beuve cherchait à se rendre compte de

chaque tempérament littéraire, à l'expliquer par les origines, l'éducation, la vie domestique, l'entourage de l'écrivain ; à la critique dogmatique de Nisard, il substituait la critique compréhensive et individualiste ; il faisait, comme on a dit, des « biographies d'âmes ». Son *Histoire de Port-Royal* est un beau monument d'histoire littéraire et d'histoire tout court, et il a encore laissé un ouvrage sur *Chateaubriand et son groupe*. Hippolyte Taine (1828-1893), dont l'activité fut multiple, a, comme critique, donné aux procédés de Sainte-Beuve une forme scientifique, et il a prétendu expliquer toute œuvre d'écrivain par trois causes générales : la race, le milieu et le moment : l'*Essai sur La Fontaine* (1853), l'*Essai sur Tite-Live* (1856), l'*Histoire de la littérature anglaise* (1863), les études sur la *Phi-*

en vient au roman à tendances sociales avec *les Misérables* (1862), auxquels succèdent *les Travailleurs de la mer* (1866), *l'Homme qui rit* (1869), ces deux derniers très faibles, ainsi que *Quatre-vingt-treize*. Rentré en France en 1870, Victor Hugo jouit, pendant quinze ans, d'une popularité sans exemple, et quand il mourut, en 1885, le peuple de Paris donna à ses funérailles l'ampleur d'une apothéose.

Derrière ce triomphe persistant du plus grand des romantiques, on peut voir la poésie se transformer suivant les tendances générales de la littérature. Il y a encore des poètes romantiques, dont le meilleur est certainement Théodore de Banville (1823-1891), et parmi lesquels on ne saurait oublier Jean Richepin (né en 1847). Ce sont de purs artistes, ou mieux de brillants artisans, sans chaleur inté-

LES TRAVAUX DE L'EXPOSITION

Les Chantiers des Champs-Élysées [1]

Nous avons relaté précédemment les procédés employés et les résultats obtenus dans la construction des Palais des Champs-Élysées, tant au point de vue des basses fondations que des sous-sols et des soubassements. Nous avons également exposé les moyens nombreux et perfectionnés dont disposent les entrepreneurs pour l'avancement rapide de la construction proprement dite.

Nous allons maintenant rapporter, après plusieurs visites de détail faites sur les chantiers, la

LES CHANTIERS DES CHAMPS-ÉLYSÉES. — *L'état d'avancement du Petit Palais, fin octobre 1898.*

losophie de l'Art (1865-1869) sont ses grands ouvrages de critique. En même temps, l'ancienne critique dogmatique était continuée par Schérer (1815-1889), le critique du *Temps*, protestant et Suisse comme Vinet. Et si l'on veut faire une place à la pure critique d'art, il faut nommer Fromentin (1820-1876), avec ses merveilleux *Maîtres d'Autrefois*.

Si des critiques on passe aux « auteurs », ce sera pour constater tout d'abord que le nom de Victor Hugo continue à rayonner sur cette période, comme sur la période romantique. L'Empire, en jetant le poète hors de France, le ramène à la poésie, délaissée par lui depuis 1840, et il donne, en 1853, l'étonnante satire des *Châtiments*. Puis ce sont *les Contemplations* (1856) et *la Légende des siècles* (1859). *La Légende des siècles* est une véritable épopée, où chaque tableau, chaque poème s'étaie d'une idée philosophique ou sociale. Elle fut complétée par deux nouveaux recueils du même titre, qui parurent en 1877 et en 1883. Entre temps, Hugo avait donné les *Chansons des rues et des bois* (1865) et *l'Année Terrible* (1872). *L'Art d'être grand-père* (1877), *les Quatre Vents de l'Esprit* (1881) sont déjà des œuvres de vieillesse. Dans cette époque postérieure à 1851, Victor Hugo

rieure, sans plus rien de personnel, réduits aux mérites de l'invention verbale. Le romantisme bouillonnant de 1830 est déjà bien transformé chez eux. Et l'on saisit encore mieux l'évolution de la poésie chez Baudelaire (1821-1867). Artiste puissant, il pousse de toute sa force la poésie vers le macabre, vers la bizarrerie voulue et provocante. Les *Fleurs du mal* sont de 1857 et 1861. Elles sont comme le terme du romantisme brutal et artificiel. Louis Bouilhet (1822-1869), dont la *Melænis* parut en 1861, est encore un épigone du romantisme. Mais avec Leconte de Lisle (1820-1894) apparaît vraiment la poésie nouvelle, imprégnée d'esprit scientifique et s'efforçant de rester impersonnelle, de rendre des concepts de l'intelligence plutôt que des cas sentimentaux. Dès 1853, Leconte de Lisle indique cette voie dans les *Poèmes antiques*, que suivent les *Poèmes barbares* (1859) et les *Poèmes tragiques* (1884). Dans ces trois recueils, l'athéisme, le pessimisme et le nihilisme découlent d'une érudition qui constate implacablement les variations de la pensée humaine à travers les âges. Leconte de Lisle groupa autour de lui un certain nombre de jeunes poètes, qui prirent le nom de « l'arnassiens ».

(A suivre.)   A. SYVETON.

situation exacte de l'avancement des travaux des deux Palais fin octobre 1898.

La partie postérieure du Grand Palais, en façade sur l'avenue d'Antin, est une des plus avancées. Au-dessus des fondations du sous-sol, dans tous les murs formant le pourtour extérieur, la première hauteur des soubassements est montée en meulière et ciment, sauf le parement en façade extérieure, qui a été exécuté en pierre de Souppes, de 35 à 40 centimètres d'épaisseur. Le soubassement est complété en pierres de Lérouville (Meuse) et d'Euville.

L'ornementation extérieure du soubassement est déjà assez avancée. Les ravaleurs ont complètement terminé les moulures, que l'on a enfouies dans un matelas de plâtre, pour les préserver contre tout choc, jusqu'à parfait achèvement de la construction.

Toutes les façades au-dessus du soubassement sont en banc franc de Méry. Elles sont terminées jusqu'à l'entablement inclusivement.

Les hauts planchers du sous-sol sont terminés, et les serruriers sont actuellement occupés à la

(1) Voir page 81.

Les chantiers des Champs-Élysées. — *Façade principale du Grand Palais, fin octobre 1898.*

pose des poutres de fer des hauts planchers de l'étage principal. Les murs de refond et les autres aménagements intérieurs sont à peu près terminés. On remarque, sur ce chantier, une sorte de noria à petits augets, mue par l'électricité, qui sert à élever rapidement jusqu'au haut plancher de l'étage, les matériaux nécessaires à la confection du mortier, matériaux qui arrivent dans les sous-sols par wagonnets circulant sur des voies étroites.

La partie la plus avancée de cette aile du Grand Palais, c'est certainement la série de hauts piliers en brique rouge, disposés circulairement autour d'une grande salle, et sur lesquels il ne reste plus qu'à poser les membrures métalliques du dôme central.

La section du Grand Palais intermédiaire entre les deux ailes est moins avancée. Le soubassement des façades est en pierres de Villebois, Lérouville

Des grosses colonnes du porche central, une seule est terminée et surmontée de son chapiteau. Les socles de toutes les colonnes, en pierre dure de Villebois, ont leurs moulures terminées et protégées.

Le montage des grosses colonnes a été arrêté par le retard d'un bateau qui n'a apporté les pierres d'assise inférieures qu'après l'arrivée des pierres supérieures.

Les tambours qui composent chaque assise des petites colonnes sont d'une seule pièce. Mais pour les grosses colonnes, il a fallu faire tailler chaque assise sous forme de deux demi-tambours que l'on accouple, car aucune machine élévatoire n'aurait eu la puissance nécessaire pour soulever le poids d'un tambour entier.

Tous ces tambours circulaires sont taillés à la main, et payés suivant le nombre de mètres carrés de surface qu'ils présentent.

On avait songé à creuser au tour les moulures des socles qui coûtent fort cher, mais les prix demandés en province, pour ce travail, ne différaient guère de ceux demandés par les ravaleurs

principal. Les matériaux employés sont, à l'intérieur, la brique rouge et la meulière ; à l'extérieur la pierre de taille.

Le soubassement est en pierres dures de Souppes et d'Euville. Le premier bandeau est en roche dure de Coutarnoux, dans l'Yonne. Au-dessus, on a employé le banc franc de Méry jusqu'à l'entablement. Celui-ci, dont on termine actuellement la pose sur tout le pourtour, est en banc royal de Méry.

En somme, de l'avis des architectes et des entrepreneurs, l'état actuel d'avancement des travaux des deux Palais est des plus satisfaisants, et si rien ne vient les entraver, ces deux belles constructions seront prêtes à l'époque fixée. La grève des ouvriers du bâtiment s'est fait très peu sentir sur les chantiers des Champs-Elysées ; une cinquantaine d'ouvriers tout au plus ont quitté momentanément le travail, qui s'est d'ailleurs poursuivi sans arrêt.

Les approvisionnements arrivent régulièrement soit par bateaux, soit par fardiers, et si aucun retard ne survient dans la livraison des charpentes métalliques des toitures, dans le courant de l'hiver les deux Palais seront couverts.

Le Vieux Paris. — *Pont-au-Change. Côté gauche.*

et Euville. Le surplus de l'élévation est en banc franc de Mesnil-le-Roi.

Le vaste et haut sous-sol de cette section est utilisé pour la confection des mortiers, qui sont élevés à l'étage supérieur, au travers des trappes ménagées dans le plancher, par le moyen assez rudimentaire de seaux tirés de main d'homme avec une corde.

L'étage ne tardera pas à atteindre la hauteur de l'entablement.

Le grand chantier de la partie antérieure du Grand Palais est des plus intéressants. Il doit absorber, au total, environ 17 000 mètres cubes de pierre, ce qui représente, en chiffres ronds, un poids de 40 000 tonnes à transporter, à travailler et à mettre en place.

Nous avons décrit le puissant outillage qui est employé à cet effet.

Les travaux de ce chantier sont très avancés. Sur les façades latérales, les moulures du soubassement sont terminées et protégées, l'étage élevé jusqu'au haut plancher, où les serruriers posent les poutres de fer. L'ornementation de certaines portes secondaires est même déjà terminée par les sculpteurs

Sur la façade principale, longeant l'avenue Nicolas, toutes les petites colonnes sont montées et garnies de leur chapiteau qui n'attend plus que l'entablement.

parisiens. L'administration paraît en outre avoir insisté pour que ceux-ci ne fussent pas privés de ce travail au profit des tourneurs de province.

On ne fera tourner que les balustres des rampes qui doivent surmonter l'entablement.

L'intérieur de cette aile du Grand Palais est moins avancé que l'extérieur. Ce vaste espace présente encore presque le même aspect qu'au début des travaux. C'est là qu'est installée la machine à faire le mortier, mue par l'électricité.

Ce n'est que du côté de l'avenue Nicolas qu'une portion des murs intérieurs en briques est élevée jusqu'au faîte. Les bas planchers de la galerie circulaire qui entourera le hall central sont posés.

De distance en distance, apparaissent, à l'intérieur et en contrebas de cette galerie, les bases en meulière, assises sur de solides fondations, qui doivent supporter les retombées des arcs métalliques qui soutiendront l'immense toiture vitrée.

Les parties basses des façades extérieures sont en pierres d'Euville, de Lérouville, de Larrys (Bourgogne). Les parties supérieures sont en pierres des bancs francs de Villers-Adam et de Vic-sur-Seine. Beaucoup de ces pierres ne sont que des parements, sur murs en moellons.

Le Petit Palais n'est pas moins avancé que le Grand Palais. Les murs de façades et de refend sont montés jusqu'au haut plancher de l'étage

Nos dessins, pris sur les lieux en même temps que ces notes, donnent une idée exacte de l'état d'avancement des travaux des deux Palais des Champs-Elysées fin octobre 1898.

Paul Combes.

LE PALAIS DE L'ÉLECTRICITÉ
et les Cascades lumineuses

C'est à la fée Électricité que nous devons les merveilles qui ont signalé les dernières années du siècle finissant. Déjà, par le télégraphe, le précieux fluide avait rendu possible la création des chemins de fer, qui n'eussent jamais fonctionné sûrement sans ce moyen de rapide communication. Depuis, l'Électricité a résolu bien d'autres problèmes : éclairage, transport de la force, téléphone, etc. Aussi, l'Électricité avait droit à une place d'honneur dans l'Exposition de 1900. C'est au palais dédié à sa gloire et à ses services qu'aboutira logiquement la promenade du visiteur pénétrant dans l'Exposition par l'entrée principale, celle des Champs-Élysées. Tout d'abord, le salut aux Beaux-Arts et aux Palais abritant les chefs-d'œuvre de peinture et de sculpture du xixe siècle ;

un coup d'œil sur le pont Alexandre III et sur l'avenue triomphale, se prolongeant jusqu'aux Invalides. Puis une lente promenade sur le quai, avec la riante perspective des deux rives de la Seine, bordées d'édifices et de constructions de tous genres, parmi lesquelles se dresseront, en leur originalité ethnique, les pavillons des puissances étrangères ; enfin l'arrivée au Champ-de-Mars, transformé en une avenue babylonienne, bordée de palais dont les façades, en échelons, aboutissent à un vaste château d'eau, que dominera une façade de verre et de fer ; celle du Palais de l'Electricité, haute de 70 mètres en son point culminant ; c'est-à-dire, à la base de la figure colossale du Génie de l'Electricité, debout sur un char qu'emportent des hippogriphes, et brandissant la torche du Progrès. Un terme de comparaison donnera une idée précise de l'altitude représentée par ces 70 mètres : la balustrade du sommet des tours de Notre-Dame est à 60 mètres seulement du sol du parvis.

La largeur réservée à cette gigantesque verrière est de 130 mètres. Le château d'eau, qui la précède, se compose d'une vaste niche, en cul-de-four, de 30 mètres de largeur sur 11 mètres de profondeur. Du centre de la voûte, s'échappera une cascade, une véritable rivière de 10 mètres de largeur, tombant de 30 mètres de hauteur dans une vasque inférieure, où se dressera, sur des roches naturelles, un groupe figurant l'Humanité conduite par le Progrès vers l'Avenir, et renversant ; dans l'écume deux figures de Furies, personnifiant la Routine.

Partout, sur les gradins où l'eau rebondit dans les bassins étagés, seront dispersés des groupes d'animaux chimériques soufflant de l'eau, puis des gerbes qui se dressent et qui ondoient, des jets qui s'élancent vers le ciel et s'égrènent en gouttes irisées.

Mais, quelle prestigieuse féerie, dès la nuit venue ! Les grandes verrières du palais brilleront d'abord de tout l'éclat de leurs verres de couleur ; puis, des cordons de lampes à incandescence s'allumeront, de fortes lampes à arc lanceront d'éblouissants éclats ; le groupe du sommet resplendira à son tour, dominant l'Exposition, dans la gloire d'une immense auréole, l'enveloppant tout entier de rayons fulgurants. Et cet éclairage ne sera pas immobile ; les lampes, montées par séries, changeront de couleurs et passeront par tous les tons de l'arc-en-ciel. Alors, au milieu de la masse obscure dessinée par le château d'eau, brilleront de nouvelles lueurs changeantes ; le miracle des fontaines lumineuses, si admirées en 1889, se renouvellera, sur une vaste échelle, car ce vaste ruissellement d'eau se transformera en torrent de flammes diaprées, en bondissement d'étincelles, en coulées de laves fulgurantes

G. MOYNET.

Le Vieux Paris à l'Exposition de 1900 (1)

IV

Dans le grand pâté de bâtiments derrière la Chambre des Comptes se trouve la *Grand'Cour de Paris*, c'est-à-dire une sorte de cour type comme

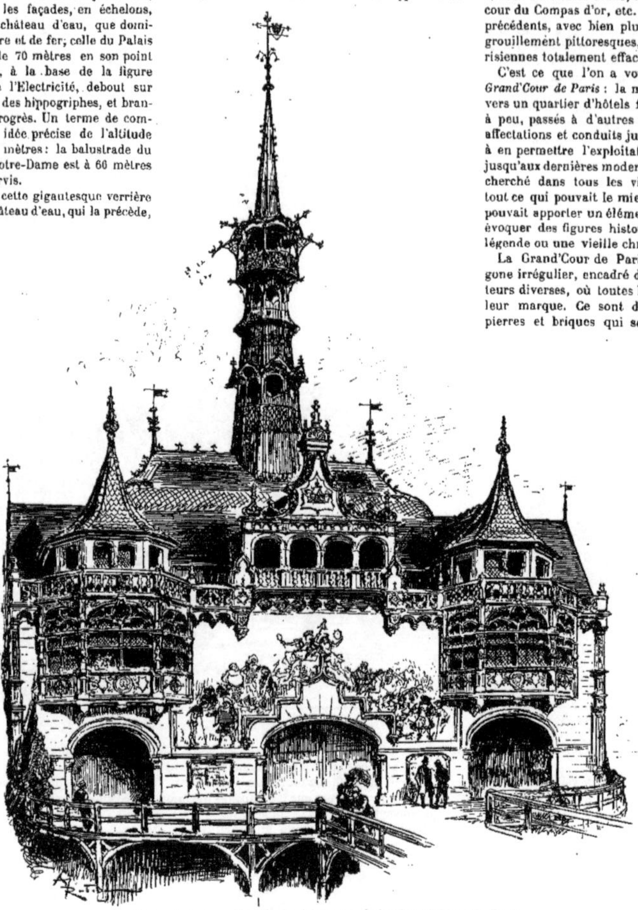

LE VIEUX PARIS. — *Façade des bâtiments de la Grand'Cour de Paris. Côté du Pont-au-Change.*

il s'en trouvait dans les vieux quartiers, parmi l'accumulation de vieux hôtels et de maisons, d'anciens manoirs seigneuriaux et de logis populaires enchevêtrés les uns dans les autres. Encore aujourd'hui, çà et là, se retrouvent, de plus en plus rares et amoindris, des fragments semblables de bâtiments les plus divers, débris de grandes constructions féodales, substructions d'édifices religieux, chapelles transformées en écuries, restes d'enceinte, morceaux de remparts, tourelles d'enceintes abbatiales, perdus dans les bâtisses vulgaires qui sont venues dans le cours des siècles

(1) Voir page 88.

les envelopper et les emboîter, pour ainsi dire, en formant des séries de cours et de passages. Telles étaient de nos jours encore, parmi les plus connues, la cour François Ier, en haut de la rue Saint-Denis, la cour des Miracles, la cour du Commerce, etc., toutes plus ou moins tombées en misère et atteintes peu à peu par les démolitions. Telles sont encore, avec un caractère bien atténué, la cour du Cheval blanc, la cour Charlemagne, la cour du Compas d'or, etc. Telles furent aux siècles précédents, avec bien plus de mouvement et de grouillement pittoresques, bien d'autres cours parisiennes totalement effacées de la carte.

C'est ce que l'on a voulu reproduire dans la *Grand'Cour de Paris* : la marche des siècles à travers un quartier d'hôtels féodaux transformés peu à peu, passés à d'autres habitants et à d'autres affectations et conduits jusqu'à nos jours, de façon à en permettre l'exploitation en théâtre-concert, jusqu'aux dernières modernités. Pour ce faire, on a cherché dans tous les vieux souvenirs parisiens tout ce qui pouvait le mieux convenir, tout ce qui pouvait apporter un élément d'intérêt pittoresque, évoquer des figures historiques, faire surgir une légende ou une vieille chronique.

La Grand'Cour de Paris est une sorte d'hexagone irrégulier, encadré de constructions de hauteurs diverses, où toutes les époques ont imprimé leur marque. Ce sont de grands bâtiments de pierres et briques qui sentent leur xvie siècle, murailles plus sévères de Charles V, morceaux de style Louis quatorzième.... Ces bâtiments d'origines diverses ont eu aussi dans le cours des âges, on le voit bien, les fortunes et les destinations les plus différentes. Voici, en commençant par les plus anciens, un corps de logis du xive siècle appuyé de deux tourelles que relie une loggia de la Renaissance ; c'est un emprunt à la façade sur la Seine de l'hôtel des Ursins, jadis en la Cité, près le val de Glatigny. Cela nous reporte au règne de Charles VI et rappelle la grande figure de ce Jean Juvénal des Ursins, prévôt de Paris, qui brava l'inimitié du duc de Bourgogne Jean-sans-Peur et sut longtemps tenir tête aux cabochiens et aux massacreurs déchaînés, jusqu'au jour où, Paris retombé au pouvoir de la faction de Bourgogne, il dut s'enfuir avec sa femme et ses onze enfants, tous pieds nus et à peine vêtus.

Cette Grand'Cour, constituée par un groupe de vieux hôtels mutilés dans la suite des âges, et contre lesquels se sont appuyées des constructions plus modestes, nous offre, comme contraste de toutes façons avec l'hôtel des Ursins, une façade de la Renaissance en pierres et briques dans le goût de l'hôtel Scipion Sardini, rue Scipion, importation de l'architecture des bords de la Loire. C'est le temps des Valois, les jours brillants et orageux, radieux et sanglants du xvie siècle. Ce Scipion Sardini était un financier venu en France, comme beaucoup d'autres Italiens, à la suite de Catherine de Médicis. Le petit traitant, devenu fermier des impôts, fit une très grosse fortune, devint baron de Chaumont-sur-Loire, où il eut maintes fois l'honneur d'héberger la reine Catherine ; la cour étant alors établie autant à Blois qu'à Paris, il se fit bâtir deux magnifiques résidences, l'une à Blois, l'autre à Paris, aujourd'hui bien abîmée, devenue boulangerie générale des hôpitaux, après avoir été hôpital de mendiants et prison. Le XVI° siècle se retrouve encore là dans un angle de la Grand'Cour, mais par son côté sanglant, avec le coin de bâtiments de l'hôtel de Ponthieu ou de Béthisy, plus tard de Montbazon, appartenant, lors de la Saint-Barthélemy, à la famille d'Anne Dubourg, chancelier de France, et situé près le cloître Saint-Germain l'Auxerrois.

aristocratique, devint hôtel de Lisieux, simple auberge où, dans la chambre même de l'amiral, naquit la jolie et délurée Sophie Arnould.

Un vieux puits placé sous les fenêtres de l'hôtel Montbazon reproduit le puits de l'Abri-Coyctier, le logis que s'était fait construire, près la porte Bucy, le médecin de Louis XI, Coyctier, hôtel dont il subsiste encore quelques vieux murs sous les maisons de la cour de Rohan.

La Grand'Cour de Paris, dans ces restes de grands hôtel amalgamés avec des logis populaires, a conservé des traces de ses vicissitudes diverses et de ses occupants aux différentes époques de sa vie ; des enseignes et des inscriptions se retrouvent, des verdures montent aux fenêtres, il y a même un

bohu de constructions diverses que dessinaient avec joie Collet et Israël Silvestre, le sieur Brioché, dans le Château-Gaillard, établit son théâtre de marionnettes, très en vogue en même temps que Tabarin et les autres farceurs et bateleurs au service des charlatans du Pont-Neuf. La chronique rapporte que le sieur Brioché avait un singe nommé Fagotin, contre lequel, un jour, Cyrano de Bergerac tira l'épée. Sur la place Saint-Julien, au cloître du collège de Cluny, commence une deuxième circulation, formant comme un deuxième rez-de-chaussée, mais la circulation du premier rez-de-chaussée continue et se poursuit dans toute la partie à parcourir ; elle passe sous la Grand'Cour de Paris, bordant, le long de la Seine, un grand

LE VIEUX PARIS. — *Voûte du Grand-Châtelet et entrée du Pont-au-Change.*

L'amiral Coligny, venu aux noces d'Henri de Navarre, logeait en cet hôtel ; c'est dans la cour, disparue seulement il y a quarante ans, que le corps de l'amiral, massacré à coups de hallebardes dans sa chambre, et traîné sur le palier par les assassins, vint s'abattre aux pieds du duc de Guise, accouru pour surveiller la besogne, pendant que les tueurs poursuivaient de chambre en chambre les huguenots de la suite de l'amiral. Comme si ce n'était pas assez de souvenirs tragiques, il y a encore sur cet hôtel, devenu l'hôtel de Montbazon, la légende de Rancé accourant, au retour d'un long voyage, chez sa maîtresse, la duchesse de Montbazon, et trouvant celle-ci morte, les chirurgiens en train de l'embaumer, le corps ouvert et la tête coupée sur une table. Terrible aventure qui poussa Rancé à quitter le monde et à fonder la Trappe.

Puis l'hôtel de Montbazon, cessant d'être hôtel

orme dans un coin. Elle a vécu et elle vit encore. Peut-être a-t-elle été jadis jeu de paume, cabaret à la Ramponneau ? maintenant elle est transformée en théâtre-concert installé d'une façon originale, avec la scène entre les tourelles de l'hôtel des Ursins, des bancs et des tables éparpillés dans la cour, pour galeries des arcades de briques, des balcons, des loggias, des appentis en pans de bois... On y sera très loin du déjà vu, du théâtre à balcon, blanc et or, et à fauteuils de velours.

D'ailleurs, par un coin de sa façade donnant vis-à-vis la voûte du Grand-Châtelet, la Grand'Cour de Paris rappelle le vieux théâtre populaire et les tréteaux du Pont-Neuf. Il y a là une petite tourelle provenant d'une construction de l'enceinte de Charles V, en arrière de la porte de Nesle, et nommée le *Château-Gaillard*. Sous Louis XII, quand s'effritait le vieux rempart, dans le tohu-

établissement-taverne XVII° siècle, et débouche au-dessous du Châtelet, d'où l'on peut, en passant devant un de ces moulins établis autrefois sous les arches de tous les ponts parisiens, gagner la rue de la Foire Saint-Laurent, comme nous allons voir, ou monter par une rampe à la circulation supérieure sur le Pont-au-Change.

Faisant face à l'entrée ouest de la Grand'Cour de Paris, la voûte du Grand-Châtelet, flanquée de ses deux tourelles et couronnée de son campanile, dans toute la fraîcheur de sa restauration au XVI° siècle, donne accès au Pont-au-Change. Le Vieux Paris ne pouvait manquer d'avoir un échantillon de ces antiques ponts à maisons, incessamment enlevés par les inondations ou les débâcles de glace, ou détruits par les incendies, et toujours reconstruits.

· (*A suivre.*)   A. ROBIDA.

LE PALAIS DE L'ÉLECTRICITÉ ET LE CHÂTEAU D'EAU. — Effet de nuit. (D'après le document officiel.)

Le Vieux Paris à l'Exposition de 1900

(SUITE ET FIN) (1)

V

Le Pont-au-Change fut un des plus rudement frappés par les catastrophes; celui dont le Vieux Paris a restitué quelques maisons et un moulin ne vécut que bien peu d'années. Commencé en 1599, achevé en 1609, il fut incendié en 1621. Depuis des siècles, centre du commerce de l'argent, le pont était habité surtout par les changeurs, lombards, banquiers, et par les orfèvres. Ateliers d'orfèvres ou boutiques de changeurs se succédaient à la file, mêlés aussi à quelques oiseliers. Le Pont-au-Change de 1599 fut même appelé le Pont-aux-Oiseaux, non pour les oiseliers, mais parce que ses maisons se distinguaient, les unes des autres, par un oiseau peint sur la façade et servant d'enseigne : le coq héron, le merle, le pélican blanc, etc.

Grande voie de communication entre la rue Saint-Denis et la rue de la Barillerie sous le Palais, ce pont était perpétuellement encombré de populaire, de flâneurs courant les boutiques, de belles dames et de cavaliers, de gens de robe, basochiens des deux Basoches du Palais et du Châtelet; plus tard, le commerce de la mode tendit à y remplacer l'agio et la banque.

Le xvi° et le xvii° siècles dominent sur le Pont-au-Change du Vieux Paris, mais si l'on évite la voûte du Châtelet et si l'on tourne à la base de ses tourelles, on tombe en plein xviii° siècle. C'est la rue de la Foire Saint-Laurent, avec ses boutiques et ses échoppes, dont la décoration est sortie tout entière des estampes de Cochin et d'Eisen, cadre pimpant pour les petits commerces élégants, pour les boutiquières en paniers ou les commis en gilets tabac d'Espagne, et piquant contraste avec les rues moyennageuses, avec l'allure à la fois villonnesque et rabelaisienne des précédents quartiers.

Voici maintenant le Palais, l'antique Palais de saint Louis, de Philippe le Bel, de Charles VI, de Louis XII; par-dessus les maisons du Pont-au-Change, se dessine la silhouette sévère du logis de saint Louis, disparu seulement de nos jours, c'est-à-dire la façade tournée à l'ouest qui regardait vers le Louvre et la tour de Nesle, par-dessus le Verger royal à la pointe de la Cité, remplacé par la place Dauphine actuelle. C'est dans une chambre du logis de saint Louis, que les maréchaux de Champagne et de Normandie, au commencement de la commune de 1358, le roi Jean étant prisonnier des Anglais, furent massacrés aux pieds du dauphin Charles, par les Parisiens soulevés à la voix du prévôt des marchands, Étienne-Marcel.

Suivons le passage à travers le Palais et nous débouchons dans une cour, dite de la Sainte-Chapelle, parce que l'on y a réédifié le fameux grand degré de la Sainte-Chapelle, jadis placé sur le côté

sud de l'édifice, à côté de l'oratoire de Louis XI, et qui montait à la galerie marchande du Palais, en passant devant la porte de la chapelle haute.

Très fréquenté toujours par la foule affairée qui se pressait au Palais, tant pour les plaids ou les séances du Parlement, que pour les boutiques de

M. A. ROBIDA.
Auteur du projet du « Vieux Paris ».

toutes sortes établies dans la galerie marchande ou dans la grande salle, l'escalier de la Sainte-Chapelle fut surtout célèbre au xvii° siècle. Il était encombré de boutiques, d'échoppes se succédant à la file jusque dans la galerie marchande, où tous les commerces possibles étaient représentés: horlogers, bijoutiers, barbiers même, marchands

LE VIEUX PARIS. — *Cour de la Sainte-Chapelle.*

d'articles de modes et libraires surtout : c'est là qu'était établi le libraire Barbin.

... Sans cesse étalant leçons et méchants écrits,
Barbin vend aux passants des auteurs à tous prix.

Procureurs, plaideurs, clercs, belles dames et galants cavaliers se pressaient, en un flot sans

cesse renouvelé, sur ces marches resserrées entre les échoppes. Le grand degré construit par Louis XII, en pendant avec l'escalier de la Chambre des Comptes, avait été en partie ruiné par la chute de la flèche, lors de l'incendie des combles de la Sainte-Chapelle en 1631, et l'on s'était contenté de le recouvrir. Dans la forme que nous lui voyons au Vieux Paris, il traversa tout le règne de Louis XIV, escaladé de plus en plus par les échoppes accrochées et suspendues à ses flancs. Refait et très alourdi au xviii° siècle, chargé d'une sorte de maison en encorbellement, il n'est tombé définitivement qu'après la Révolution.

L'escalier de la Sainte-Chapelle du Vieux Paris donne accès à la Grande Salle, vaste salle de fêtes et de spectacles, construite sur les données de la Grande Salle du Palais, la première, la célèbre Grande Salle qui, pendant quatre siècles, avait vu passer tant de gens et tant d'événements, la salle des basochiens, mais aussi la salle des rois pour les grands jours, sinistres ou brillants, pour les grands drames judiciaires, pour les répressions de révoltes comme pour les visites princières, les banquets, les entrées solennelles de rois et de reines à leur avènement. C'est donc la salle gothique d'avant le grand incendie de 1618, qui a servi de modèle pour la décoration.

Dans la composition de la cour dite, de la Sainte-Chapelle au Vieux Paris, on a tenu à placer quelques morceaux intéressants de différentes époques : des fenêtres basses du Trésor des Chartes, exquise petite sacristie de la Sainte-Chapelle, détruite sans raison vers 1780 ; le revers de la porte principale du Palais, sur la rue de la Barillerie, telle qu'elle se trouvait au xviii° siècle avec les restes de sa décoration Louis XII, fleurs de lis et dauphins, et les mansardes, les terrasses, et même les berceaux de verdure arrangés sur les toits, alors que le Palais était un tohu-bohu de constructions entassées les unes sur les autres, habitées par une population non moins mélangée. On retrouve ici le souvenir d'un édifice jadis voisin du Louvre et dévoré, peu à peu, par son puissant voisin; c'est le balcon fermé ou la bretèche de l'hôtel de Bourbon. Construit au xiv° siècle par un prince de la maison de France, l'hôtel de Bourbon, après une histoire très agitée, arriva aux mains du connétable de Bourbon, et, après la trahison de celui-ci, paya pour son maître. Il fut, par arrêt du Parlement, peinturluré de jaune; il eut sa tourelle rasée à hauteur du toit, en signe d'infamie, et l'on sema du sel dans les appartements. Sa grande salle, salle des États en 1614, salle de fêtes et de comédie sous Louis XIV, ne fut démolie qu'en 1758. La bretèche de la façade sur la Seine, au pignon de la Galerie dorée, avait une balustrade délicatement sculptée où se lisaient, entrelacées de fleurs de lis, les lettres du mot: ESPÉRANCE.

Par-dessus les bâtiments, de ce côté, se dresse une vieille tour qui, pendant des siècles, fit partie du paysage parisien, au levant, sous l'abside de Notre-Dame. C'était la tour de l'Archevêché, un petit donjon bâti en même temps que la cathédrale, à côté de la chapelle des évêques, et qui regardait l'entrée de la Seine dans Paris par delà le petit cloître, la Motte aux papelards et l'île Saint-Louis. Elle méritait bien ce souvenir, tant pour sa belle silhouette que pour tout ce qu'elle rappelle.

Et nous sommes ici, tant à l'intérieur des bâtiments qu'à l'extérieur, tout à la Renais-

Le Vieux Paris. — Le repas des ouvriers.

sance, au sourire et à l'élégance des formes ; il y a là un grand et luxueux restaurant, un établissement d'une ampleur exceptionnelle qui a décidé, on peut le dire sans indiscrétion, de ne rien épargner pour devenir une attraction artistique de premier ordre et qui occupe une surface considérable, depuis le Palais jusqu'aux bâtiments d'entrée, tournés vers le Trocadéro, Meudon, Bellevue. Salles décorées de façon originale, façades où la pierre, la brique et le bois sculpté jouent leur rôle dans l'ornementation, tours de style plus ancien, mais supposées reprises et retouchées par la

les rues du Champ-de-Mars et toutes les merveilles accumulées par la grande féerie de MM. Picard et Bouvard.

Le Vieux Paris, très mouvementé dans sa diversité comme dans son programme, doit être la gaieté de l'Exposition, le soir aussi bien que dans la journée. Toute cette façade immense du Vieux Paris se développant sur une longueur de près de 300 mètres, avec tous ses éléments d'attraction, depuis les tavernes escholières, les boutiques des métiers des rues moyen âge, les installations élégantes des siècles suivants, les divers établissements exploités dans les divers styles et avec les costumes des différentes époques, les brasseries et concerts, l'église, la Grand-Cour de Paris, le Pont-au-Change, le Palais et les hautes fenêtres de la salle des fêtes, les fenestrages Renaissance du grand restaurant, les tours, les clochetons, tout cela, le soir venu, s'éclairera subitement à la lumière électrique — anachronisme devant lequel il est impossible de reculer et dont on peut d'ailleurs tirer des effets nouveaux — et se déploiera comme une fantasmagorie flamboyante, doublée par le reflet dans la Seine.   A. Robida.

La Physique et les Physiciens

L'Éclairage électrique.

MUSÉE CENTENNAL (GROUPE V, CL. 25).

(SUITE ET FIN) (1)

A l'Exposition universelle de 1855, M. Jaspar constructeur à Liège (Belgique), montrait, pour la première fois, son régulateur basé sur le système Archereau, et qui, successivement perfectionné par lui, obtint la médaille d'or à l'Exposition universelle de 1878. Pour certaines applications, il donne à son appareil une disposition originale qui ajoute beaucoup à l'effet lumineux. L'arc voltaïque est entièrement caché, le régulateur est suspendu à un grand réflecteur qui renvoie la lumière de

de France, pendant le courant de l'année 1865, c'est le régulateur Serrin qui fut adopté. Cet appareil laisse les deux charbons en contact tant que le courant électrique ne passe pas. Lorsque le circuit est fermé, il tient les charbons à l'écart voulu, et les rapproduellement laisser

Le Vieux Paris.
Transport des madriers le long du quai de Billy.

nouveau arriver au contact. Si un accident vient à interrompre l'arc, l'appareil ramène de nouveau les deux charbons au contact, puis il les éloigne à distance nécessaire pour que l'arc se rétablisse. Le régulateur Foucault et Duboscq et celui d'Archereau ont servi de types à la construction de la plus grande partie de ces appareils.

Les régulateurs sont dits *monophotes* ou *polyphotes*. Un régulateur est monophote lorsque son système d'éclairage est tel qu'il ne permet de placer qu'un appareil sur un circuit électrique. Il est polyphote lorsqu'on peut placer plusieurs appareils en tension, dans un même circuit. Le nombre de régulateurs actuellement employés est si considérable, qu'une nomenclature, même incomplète, absorberait plusieurs pages d'impression ; aussi nous en tenons-nous à la simple classification précédente.

En 1868, à l'époque de la mort de Foucault, la question de l'éclairage par l'électricité était encore peu avancée. Les machines magnéto-électriques avaient remplacé les piles dans la production du courant. On reprochait au système de fournir la lumière pour des foyers trop intenses, de ne pas être divisible et de se répartir entre une multiplicité de foyers de trop faible intensité pour une même puissance dépensée. Une révolution considérable s'accomplit, en 1876, par l'apparition de la bougie Jablochkoff. La *bougie électrique* supprime toute espèce de mécanisme. Plus de rouages d'horlogerie, plus d'électro-aimants. Les deux crayons de charbon, disposés parallèlement, séparés par une matière isolante, brûlent de haut en bas, comme une bougie dans un chandelier. Simplifiant d'une façon inespérée l'éclairage par l'arc voltaïque, elle donna une impulsion considérable à cette branche de l'industrie. Paris a fourni le premier exemple de l'éclairage électrique public par l'installation, en 1877, d'une double rangée de candélabres portant des bougies Jablochkoff, dans l'avenue de l'Opéra. La ville anglaise de Godalming inaugura le premier service d'éclairage des rues et des maisons en 1881 ; puis vint New-York, en 1882. La bougie Jablochkoff a donné lieu à diverses modifications

Thomas A. Edison *dans son laboratoire ; fac-similé de sa signature.*

Renaissance, depuis les fenêtres basses jusqu'aux crêtes décoratives. Tout cela va dominer la rampe d'accès montant de la porte Ouest, le port très animé de la navigation de plaisance, la Seine et

haut en bas. Lorsque l'éclairage par l'électricité fut substitué à l'éclairage à l'huile dans les phares

(1) Voir page 62.

en vue de la perfectionner, qui ont été présentées sous les noms de lampe Jamin, lampe Soleil, système Werderman. Mais ces appareils n'ont eu que d'éphé-

mères et res-
treintes applica-
tions.

L'expérience de l'œuf élec-trique, réalisée par Davy en 1813, renfermait la solution an-ticipée du pro-blème de l'éclai-rage électrique, tel qu'on le voit aujourd'hui mis en pratique dans le procédé des *lampes à in-candescence*. La lampe à char-bon et à incan-descence dans le vide est le résultat des re-cherches suc-cessives de beaucoup de physiciens Les premiers créateurs sont : en Amérique, W. Starr (1845); en Belgique, M. de Changy (1858), ingé-nieur des mi-nes. L'inven-tion de Starr fut arrêtée par la

la monazite, le rhodium, les charbons végétaux, le papier de coton, il donna la préférence à la fibre de bambou. Cette fibre, après avoir subi une pré-

fils de platine sont reliés, par leurs bout libres, à deux armatures de cuivre isolées l'une de l'autre et scellées dans un tampon en plâtre qui forme le

LA LUMIÈRE ÉLECTRIQUE.
Première expérience publique d'éclairage électrique sur la place de la Concorde, au mois de décembre 1844.

mort mystérieuse de l'auteur. Longtemps après la disparition de Starr, se produisit la première lampe à incandescence de M. de Changy, composée d'un conducteur de charbon. Son système de lampe fut mis en expérience devant M. Devaux, ingénieur en chef des mines de Belgique en 1858. Il avait pris un brevet en date du 17 mai de cette même année pour un *système complet de régulation et de division du courant pour la lumière électrique à incan-descence*. Une lettre, sur la division de la lumière électrique réalisée par M. de Changy, fut adressée par M. Jobard, directeur du musée de Bruxelles, à l'Académie des sciences de Paris, qui en refusa l'insertion dans les *Comptes rendus*, mais qui institua une commission pour examiner le fait annoncé. On peut dire que l'idée féconde apportée par M. de Changy fut étouffée sous le poids écrasant de cette pesante commission. Cette idée sommeilla pendant quinze ans ; elle fut reprise en Russie, en 1873, par M. Lodyguine qui inventa une dispo-sition particulière de lampe à incandescence et à charbon. Il employait des crayons de charbon de cornue à gaz d'une seule pièce, en diminuant leur épaisseur au point où se trouvait le foyer lumi-neux, qu'il enfermait dans une cloche de verre hermétiquement close.

Depuis 1873 jusqu'en 1878, les lampes à incan-descence se débattirent au milieu de toutes sortes de difficultés pratiques et on commençait à déses-pérer d'en triompher jamais, lorsque Thomas Edison, en Amérique, eut connaissance de l'impor-tance de cette question. Il s'inquiéta d'obtenir, avec la lumière électrique, tout ce que procurait le gaz, c'est-à-dire une lumière d'intensité constante, facile à manier, pouvant se répartir en petites masses, d'une puissance lumineuse se rapprochant de celle de nos lampes Carcel ordinaires, pouvant enfin être distribuée par canalisations tout comme le gaz. Edison eut et a encore de nombreux colla-borateurs dans ses recherches, mais il incarne en lui seul et absorbe la gloire de tous ses assistants. Après avoir essayé diverses substances, le platine,

paration spéciale et avoir été soumise à la calci-nation dans un four, est introduite dans une am-poule en verre ; ses extrémités sont soudées à deux

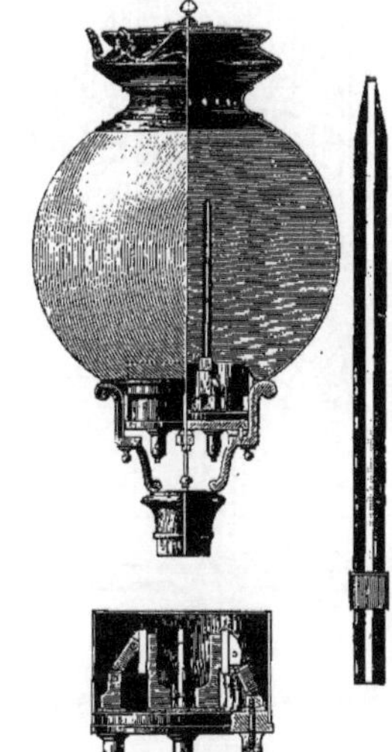

Globe de la bougie Jablochkoff et disque mobile, avec son porte-charbon.

tiges de platine, et on fait le vide dans le récipient au moyen d'une pompe de Sprengel. Les deux

socle de la lampe. L'une de ces armatures est pro-filée en pas de vis, l'autre recouvre le dessous du tampon. Le mérite d'Edison et de son groupe ne réside pas dans la construction de la lampe, ce qu'on leur doit c'est la série de dispositions ima-ginées pour généraliser l'éclairage par incandes-cence.
ÉMILE DIEUDONNÉ.

LE PALAIS DE L'ÉLECTRICITÉ
et le Château d'eau.

L'architecte du Palais de l'électricité est M. Eugène Hénard, qui prit part au premier concours pour l'ensemble des édifices de l'Exposition. Son projet fut l'un des trois qui remportèrent une première prime : les deux autres étaient signés de MM. Gi-rault et Paulin. Nous avons analysé cet important concours dans le 1er numéro de cette publication. On sait que M. Girault est l'architecte des Champs-Élysées ; M. Paulin a été chargé du Château d'eau monumental, et M. Hénard a été nommé archi-tecte du Champ-de-Mars, plus spécialement chargé de l'érection du Palais de l'électricité.

Cet ensemble décoratif, dont l'effet grandiose est certain, comme on en peut juger par nos illustra-tions faites d'après les documents officiels, que M. Hénard a bien voulu nous communiquer, avec une bonne grâce dont nous le remercions, cet ensemble décoratif était en germe dans son pre-mier projet ; mais le Palais de l'électricité formait le fond de l'Esplanade des Invalides : tous les motifs devaient être illuminés pour constituer un cadre brillant aux fêtes de nuit. M. Hénard avait, en ou-tre, placé au Champ-de-Mars « un Palais des illu-sions » avec des effets d'éclairage électrique, à couleurs changeantes.

Ce souci d'aménager les formes architecturales, pour qu'elles vinssent souligner les lumières d'illumination, avait frappé le public. Jusqu'à présent les motifs lumineux ont été disposés au petit bonheur, sur les édifices, et nous ne connaissons guère que les affreuses rampes à gaz, dont la lumière

M. PAULIN.
Architecte du Château d'eau.

brutale éclaire à contresens les façades. Les ressources de l'électricité permettent des innovations d'un effet saisissant, dont quelques essais ont été tentés à Chicago, mais que nous ignorons à peu près complètement, en France.

Soit que l'on emploie des écrans mobiles, soit que l'on monte des séries de lampes de tons variés, sur des circuits différents, on obtient des changements avec l'instantanéité de l'éclair. Certains effets sont demandés à des lampes masquées par des rideaux formés de prismes de verre; il y a là toute une pyrotechnie d'un éclat extraordinaire. A Chicago, les compagnies d'électricité avaient installé différents effets changeants similaires mais l'esprit pratique de l'Américain avait donné à ces jeux de lumière une utilisa-

seul but l'art et la joie des yeux. La façade du Palais de l'électricité a été combinée dans ce but, mais l'aspect décoratif n'en sera pas moins intéressant dans le jour, et cette vaste verrière, aux contours pittoresques, aux silhouettes élégantes, formera, comme une toile de fond, à la longue perspective des palais latéraux.

Le palais sera entièrement en fer et en verre. Il forme le prolongement de la Galerie de 30 mètres, qu'on a démonté en trois tronçons et qu'on a transporté le long de la galerie des machines, du côté de l'avenue La Bourdonnais. Une autre galerie, construite sur le même modèle, s'allongera symétriquement pour aboutir à l'avenue Suffren. Entre elles deux s'élèvera le palais de l'Électricité, dont elles forment les annexes.

La façade du Palais, qui compte 130 mètres de large, s'élève, en son point culminant, à 70 mètres de hauteur. Elle se compose d'un grand motif milieu composé d'un cartouche central, où brillera la date 1900, et que surmonte la figure du génie de l'Électricité. Ce motif repose sur un arc qui forme la ligne extrême de la toiture, et qui bute, sur des pylônes, surmontés de campaniles ajourés comme des baldaquins d'autel, et dont les branches contournées se réunissent pour soutenir la tige d'une lampe à arc, d'une intensité de phare. A partir des pylônes, jusqu'aux extrémités, les lignes de toiture décrivent des arcs qui s'abaissent en accotoirs. Cette silhouette de toiture, qui est la ligne maîtresse, dont découle toute l'ornementation, forme comme un gigantesque trèfle aplati : l'observation est importante, car nous retrouverons ce parti dans la construction intérieure. La ligne de toiture est surmontée d'une haute crête à jour, formant frise, qui s'interrompt au droit des pylônes, et du motif central. Cette

leur contingent de lampes qui, dans le jour, formeront comme des fleurons de couleur, pour briller la nuit, comme autant d'escarboucles.

La construction de cette haute nef est très

M. HENARD.
Architecte du Palais de l'Électricité.

intéressante; aussi nous avons tenu à donner la vue ci-contre, en perspective de convention, malgré son aspect un peu technique. Elle a le mérite d'être parfaitement claire et compréhensible, même, pour les personnes les moins initiées aux arts de la construction. La grande ferme que l'on voit en premier plan est celle qui est en façade sur le Champ-de-Mars. Les fers rigides qui la composent constituent l'ossature dépouillée de tous ses ornements. La forme trilobée s'impose à l'œil, non seulement en largeur, mais en profondeur, car les deux grandes fermes, celle de la façade principale, et celle de la façade postérieure, sont reliées par des fermes de jonction, qui jouent le rôle de pannes, et qui affectent cette même forme, plus réduite. Ce parti a été pris pour animer ce vaste comble, et donner à l'œil du spectateur un aspect moins froid et moins dénudé que

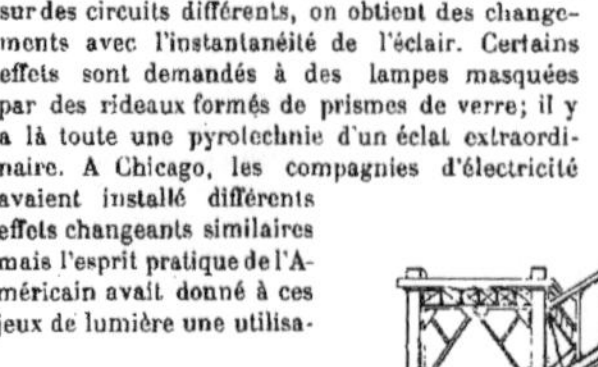

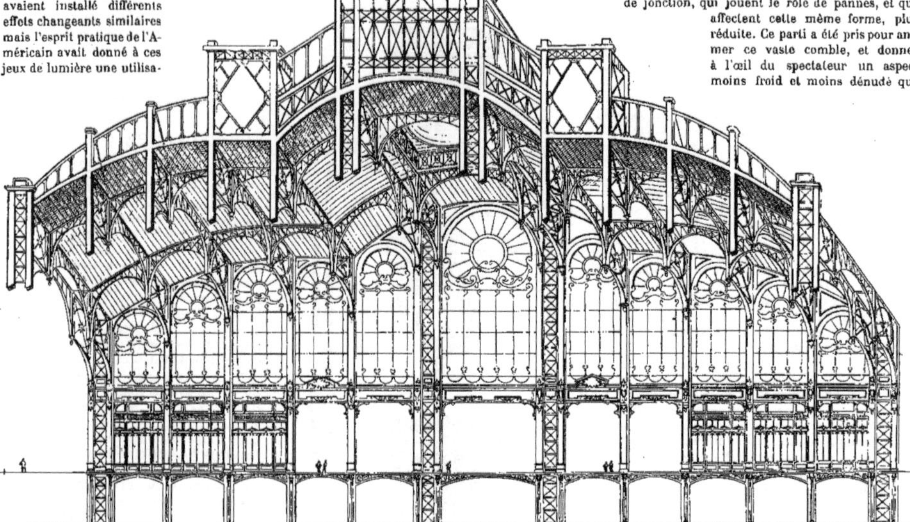

tion commerciale : il s'agissait d'annonces et de réclames gigantesques, où brillait le nom des sociétés exposantes.

En France, cette féerie de la lumière aura pour

crête est remplie et couronnée de myriades de lampes à incandescence, disposées et groupées par couleurs; d'ailleurs, toutes les lignes de l'architecture, qu'elles soient pleines ou évidées, recevront

si cette toiture avait été soutenue par des fermes rectilignes.

Les grandes fermes sont posées sur seize montants, où viennent aboutir chacune des petites

Le Palais de l'Électricité et le Château d'Eau. — Aspect d'ensemble des deux monuments.

fermes. Ces montants ont été représentés coupés sur notre dessin, pour ne pas embrouiller les lignes. Ils seront constitués par de longs caissons de tôle, assemblés intérieurement sur des cornières. Malgré leur aspect grêle, ils sont assez larges pour livrer passage à un homme, et quelques-uns seront munis d'échelons, pour permettre l'ascension des ouvriers,

LA LITTÉRATURE FRANÇAISE AU XIXᵉ SIÈCLE.
Illustration de « Scrupule »: nouvelle de P. Bourget.
(Édition Lemerre.)

pour les réparations éventuelles de la toiture, pour l'entretien des circuits électriques, le nettoyage des appareils, le changement des charbons de lampes à arc. Ce sera une montée peu engageante, que celle qu'on exécutera dans ces tuyaux de 60 mètres de haut. Les montants, au motif central et aux extrémités, sont assemblés par deux et étrésillonnés : par conséquent les petites fermes sont également doublées. Le plafond sera fait de voliges jointives. Le tout sera point, de divers tons, et les fers seront habillés de sculptures faites en zinc repoussé. Les vides, entre montants, sont occupés par de grandes verrières, formées de vitres peintes, portées par des fers contournés. La nuit, cette salle sera éclairée par les appareils des exposants, qui seront accrochés jusque dans la charpente, afin de ne laisser aucun trou noir. Cet éclat resplendira au dehors au travers des verrières coloriées, luttant avec les lampes à arc et à incandescence de l'ornementation extérieure.

Gare aux coups de soleil électriques, qui produisent, atténués il est vrai, des effets analogues aux véritables insolations.

Le dessin de construction ci-contre nous montre deux étages. Le sous-sol, crypte de cette cathédrale industrielle, sera réservé aux lourds moteurs électriques; il sera éclairé, jour et nuit, par des lampes. La partie supérieure communique, par des escaliers, avec des annexes formées par les galeries de 30 mètres. La travée milieu aboutit à un grand vestibule, qui débouche directement dans la salle des fêtes. Cette salle des fêtes sera construite au milieu de l'ancienne galerie des machines ; elle doit contenir quinze mille spectateurs et séparera les deux portions attribuées à l'Agriculture. Ces portions seront occupées respectivement : celle du côté de l'avenue Suffren, par les sections étrangères ; celles du côté de l'avenue La Bourdonnais, par les sections françaises. Quant au Génie de l'électricité, qui domine ce groupe d'édifices et à la gloire qui l'entoure, on aura un éblouissement de plus à ajouter aux autres. Le Génie sera en métal, en feuilles de zinc repoussé, probablement, comme la Renommée qui, en 1889, surmontait le Dôme central : les rayons seront formés de lames de verres, montés sur une armature métallique; ce sera comme une immense lanterne éclairée intérieurement par de fortes sources lumineuses.

Il nous reste bien peu de place pour parler du Château d'eau de M. Paulin, mais nous aurons occasion de revenir sur cette œuvre magistrale, sur cette composition à la fois opulente et harmonieuse de lignes. On n'aurait jamais pensé que l'architecture Louis XV, style d'intérieur et de mobilier, pût s'affermir et affronter le colossal. C'est la revanche d'un art bien français, non pas dédaigné, mais méprisé et conspué, il n'y a pas bien longtemps encore. Le plus curieux, c'est que la rocaille prenne sa revanche dans un monument officiel ; il est vrai de dire que ce monument ne doit pas durer. Le public trouvera que c'est grand dommage et je me permets d'être, à l'avance, de l'avis du public.

Quelques courtes notes biographiques trouveront ici une place justifiée. M. Eugène Hénard, né en 1849, est élève de 1ʳᵉ classe de l'École des beaux-arts où il a remporté de nombreuses distinctions ; il a été inspecteur de la Galerie des Machines en 1889 ; il est actuellement attaché aux travaux de la Ville de Paris.

M. Paulin, né à Paris en 1848, également élève de l'École des beaux-arts, a eu le grand prix de Rome en 1875 ; il a remporté la médaille d'honneur au salon de 1882. Il est l'auteur d'une publication archéologique : *les Thermes de Dioclétien* (F. Didot, 1890). M. Paulin est architecte du gouvernement et chevalier de la Légion d'honneur.

G. MOYNET.

LA LITTÉRATURE FRANÇAISE
AU XIXᵉ SIÈCLE
(SUITE)[1]

Les « Parnassiens » reçurent ce nom parce que leurs vers furent publiés par l'éditeur Lemerre en 1866, 1869 et 1876, dans un recueil intitulé *le Parnasse contemporain*. Les Parnassiens se distinguent par la science de la facture, l'amour d'une forme arrêtée et belle. Il en faudrait trop citer. Contentons-nous de nommer M. Sully-Prudhomme (né en 1839) qui a plié le vers à l'expression des doctrines philosophiques et des hauts sentiments moraux. Ses principaux recueils sont: *Stances et Poèmes* (1865), *Solitude* (1869), *Vaines Tendresses* (1875), *la Justice* (1878), *le Bonheur* (1888)... Rien de tout cela, cependant, ne peut être pris pour la véritable poésie naturaliste, consentant à rendre la vie familière et populaire, même dans ses trivialités et ses laideurs. La voie de ce côté fut montrée par la *Chanson des Gueux* de Richepin (1876). Mais c'est M. François Coppée qui est, par excellence, le poète des humbles, des faubourgs, des usines, de la banlieue parisienne. En somme, au moment où le naturalisme meurt, il n'y a pas encore eu d'école naturaliste en poésie : et c'est peut-être que ça n'est pas possible.

Au théâtre, MM. Coppée et Richepin ont continué la tradition du vieux drame romantique de Hugo, du drame en vers. Mais le théâtre de notre époque n'est pas là : il le faut chercher plutôt dans la comédie.

Émile Labiche (1815-1888) a écrit, surtout pour le Palais-Royal, une foule de vaudevilles dont la cocasserie se relève souvent d'un grain de fine observation, comme dans *le Voyage de M. Perrichon* (1860). A la même époque, c'est-à-dire entre 1830 et 1870, Meilhac (1832-1897) et Ludovic Halévy (né en 1834)

(1) Voir page 91.

écrivaient, pour Offenbach, d'étourdissants livrets d'opérette, comme *Orphée* (1861), *la Belle Hélène* (1865), *la Grande-Duchesse* (1867); ils ont si bien traité ce genre qu'ils l'ont épuisé. Enfin, c'est vers 1850 que la grande comédie moderne apparut avec Émile Augier (*Gabrielle*, 1849) et Alexandre Dumas fils (*la Dame aux Camélias*, 1852).

Nous avons là une comédie toute nouvelle, à hautes prétentions dramatiques et morales, réaliste en même temps, et appliquée à la peinture des mœurs contemporaines. Émile Augier (1820-1889) a eu le tort d'écrire des pièces en vers, encore que l'*Aventurière* soit restée au répertoire ; mais ses pièces en prose, études de mœurs très serrées, lui font une place enviable dans notre littérature dramatique, et lorsqu'il est le mieux inspiré il donne des œuvres aussi fortes que *les Effrontés* (1861) et *le Fils de Giboyer* (1862). Alexandre Dumas fils (1824-1896) débuta, en 1852, par une réhabilitation de la courtisane, et, depuis, donna toute une série d'œuvres très hautes où, contre les lois, les mœurs, les habitudes sociales, il prêchait l'amour, la justice, la vérité. Théâtre à idées et à thèses, dont les œuvres les plus caractéristiques sont peut-être *les Idées de Madame Aubray* (1867), *la Visite de Noces* (1871), *la Femme de Claude* (1873). Cependant le *Demi-Monde* (1855), l'*Étrangère* (1876) sont restés plus du goût du public. Les dernières comédies de Dumas furent *Denise* (1885) et *Francillon* (1887); et il a laissé inachevée et inédite sa *Route de Thèbes*. A Augier et à Dumas il faut joindre, sinon comme valeur littéraire, du moins à cause de son éclatant succès, Victorien Sardou (né en 1831); ses innombrables pièces, depuis *Nos Intimes* (1861) et *Madame Benoîton* (1865) jusqu'à *Madame Sans-Gêne*, attestent une connaissance parfaite du public et une très grande habileté de métier.

LA LITTÉRATURE FRANÇAISE AU XIXᵉ SIÈCLE.
La grève des Forgerons, poème de François Coppée. (Édition Lemerre.)

Arrivons enfin au roman. C'est là que se marque le plus nettement l'évolution de notre littérature vers le naturalisme. Gustave Flaubert (1821-1880) procède encore, sur certains points, du romantisme, dont il se réclamait d'ailleurs et à l'école duquel il avait appris la science des mots. Mais *Madame Bovary* (1857) n'en est pas moins le chef-d'œuvre du roman réaliste, et plus durement réalistes encore sont *l'Éducation sentimentale* (1869) et le roman inachevé et posthume de *Bouvard et Pécuchet* (1881). A côté de ces études réalistes de la vie contemporaine, l'œuvre de Flaubert offre les plus hardies tentatives de restitution historique : *Salammbô* (1862), *la Tentation de saint Antoine* (1874), *la Légende de saint Julien l'Hospitalier* et *Hérodias* dans les *Trois Contes* (1877). Dans l'un et l'autre genre, Flaubert a produit des chefs-d'œuvre ; il reste un des premiers écrivains de ce siècle, et il est certainement le fondateur de l'école naturaliste.

Le plus bruyant trompette de cette école est M. Émile Zola (né en 1840). L'observation suffisait

LES CHANTIERS DE L'EXPOSITION

LE MONTAGE DES GALERIES
DU CHAMP-DE-MARS

Le Champ-de-Mars présente l'aspect d'un vaste chantier de démolitions. Les dômes, les palais des Arts-Libéraux et des Beaux-Arts qui avaient été édifiés pour l'Exposition du centenaire en 1889, ont successivement disparu sous la pique et la clef à boulons des démolisseurs. Ce travail de démontage, curieux à observer, a fourni au mécanicien et au constructeur de charpentes métalliques, l'occasion d'une ample moisson d'enseignements pratiques.

Il y aurait une intéressante étude à faire de la contribution de la mécanique à l'érection des monuments, en partant de l'instant où les maté-

rocheuses, c'est un sol connu, qui a été constamment fouillé, taraudé, excavé, remblayé. On peut dire de lui qu'il est toujours en mouvement, sans repos ni trêve. La haveuse ou la bosseyeuse mécanique, en l'absence de roches à percer, ne sont d'aucun usage, la dynamite non plus n'a pas l'occasion d'y développer son énergie potentielle. Les instruments de sondage n'y trouvent pas davantage d'applications. Il y a quelquefois lieu, cependant, de faire des travaux de sondage pour déterminer la charge de sécurité, que l'on peut placer sur le sol. Dans les terrains rapportés, il est absolument nécessaire d'être bien exactement renseigné sur les qualités de résistance du sol à la charge ; ce genre d'investigation est l'objet de différents procédés dont l'un des plus satisfaisants, au point de vue pratique, consiste dans le fonçage de pilots à la sonnette. On observe le degré de pénétration

LA LITTÉRATURE FRANÇAISE AU XIXe SIÈCLE. — *Edmond de Goncourt chez lui.*

à Flaubert ; M. Zola y a joint des prétentions scientifiques fort contestables ; il a même prétendu créer « le roman expérimental », ce qui n'est qu'une regrettable confusion de mots. La série des *Rougon-Macquart* (1871-1893) décrit « l'histoire naturelle d'une famille sous le second Empire » et se base sur la soi-disant loi de l'hérédité. Presque tous les volumes de cette série ont obtenu de gros succès de librairie ; citons seulement *l'Assommoir*, *Germinal* et *la Débâcle*. Après les *Rougon-Macquart*, M. Zola a entrepris une série nouvelle, les *Trois Villes* ; mais *Lourdes*, *Rome* et *Paris* sont de lecture peu récréative.

Edmond (1822-1896) et Jules (1830-1870) de Goncourt ont, comme M. Zola, la superstition du document et la prétention scientifique ; mais ils ont aussi ce que n'a pas M. Zola, un admirable talent d'artiste, et ils ont créé le style impressionniste : *Germinie Lacerteux*, *Renée Mauperin*, *Manette Salomon*, *Madame Gervaisais* sont des modèles « d'écriture artiste ».

(*A suivre.*)   A. SIVETON.

riaux sont extraits du sol, à l'état brut, et celui où ils sont mis en œuvre dans le bâtiment, après avoir été transportés à longue distance, après avoir subi les multiples procédés de leurs transformations successives avant d'arriver à pied d'œuvre.

Nous bornerons notre ambition dans les limites de plus modestes travaux, nous attachant plus exclusivement aux opération d'ordre mécanique qui s'effectuent dans la construction proprement dite. Si l'on établit une comparaison entre les méthodes employées de nos jours et celles de la génération qui nous a précédés, une simple discussion montrerait que le progrès a été faible et que c'est seulement, maintenant, que nous commençons à envisager les profits et les avantages à tirer de la puissance mécanique, sous toutes ses formes.

Dès que la construction d'un bâtiment quelconque est résolue, le premier pas à faire est la préparation de son emplacement ; on y procède diversement, suivant les conditions rencontrées. Au Champ-de-Mars, on n'a pas affaire à des masses

du pilot sous chaque coup de mouton, le poids de celui-ci et sa hauteur de chute, ainsi que les dimensions et la nature du pieu sont des éléments d'appréciation nécessaires. Les pilotis sont établis de manière à effectuer la consolidation du sol, ou à atteindre des couches solides et résistantes. Les maçonneries de fondation des grands palais en construction, aux Champs-Élysées, reposent sur de semblables pilotis.

Au Champ-de-Mars, les travaux de terrassement ont été singulièrement accélérés par l'emploi d'excavateurs mécaniques. Une fois le sol préparé, il est apte à recevoir l'assise des fondations. Les grandes pierres sont manœuvrées au moyen de derricks de moyennes dimensions ; elles sont amenées sur le terrain et poussées à l'aide de rouleaux, se déplaçant sur des madriers, jusque sous l'appareil de levage qui les hisse et les dépose sur la couche de mortier qui leur est préparée. Nous verrons ultérieurement le rôle important joué par les derricks dans les constructions monumentales.

Si vous sillonnez actuellement les terrains du

Champ-de-Mars dans l'espace compris entre le Palais des Machines et la rue provisoire qui les recoupent transversalement, vous y remarquerez, indépendamment des tranchées, des maçonneries pour galeries souterraines, une multitude de dés en maçonnerie dont le niveau commun, inférieur à celui du sol actuel est pris à une côte déterminée. C'est sur ces fondations que viendront reposer les pieds des piliers des fermes des diverses galeries à construire. De plus, vous apercevrez le terrain recouvert, dans la plus grande partie de son étendue, d'une sorte de flore particulière, à coloration uniformément rouge orange. Cette végétation est artificielle et surtout métallique ; ces fûts, ces branches, ces pétales rangés, dans un ordre méthodique, représentent, effectivement, les parties intégrantes de la structure métallique des galeries d'exposition.

Les travaux de montage ont été confiés à la maison Daydé et Pille, qui a également installé les caissons de rives du pont Alexandre III. On y procède, en ce moment. L'illustration, qui accompagne notre texte, montre l'échafaudage construit pour l'établissement des fermes.

L'élévation des fardeaux, jusqu'aux étages supérieurs, se fait généralement au moyens de treuils fixes, mus mécaniquement ou par la main de l'homme, desservant les façades des édifices ; la translation et la mise en place définitive s'achèvent ensuite par des procédés divers.

L'avantage est aux engins mobiles, facilement déplaçables ; se transportant aisément aux différents points, à la réquisition facultative des besoins. La supériorité de l'outillage, réunissant ces essentielles conditions, est trop frappante pour qu'il soit besoin d'insister. L'échafaudage en bois de la maison Daydé et Pille est jumelé ; chaque portion est mobile sur deux files de rails parallèles, posées sur coussinet, fixées à deux grosses poutres longrines cassées, couchées sur le sol avec interposition de courtes traverses. Le bâti est supporté par quatre galets de translation, munis de boudins. Le mouvement de progression de tout l'échafaudage sur la voie ferrée est déterminé sur chaque rail par une roue à rochet, solidaire d'un levier actionné par un homme. Cet assemblage de charpentes est fait en épi. Il a plusieurs plates-formes de travail, auxquelles on accède par des volées d'escaliers intérieurs ; il y en a qui sont en encorbellement.

A deux niveaux différents, sur chaque moitié d'échafaudage en regard, sont installées deux grues ou, pour mieux dire, deux appareils de levage similaires à des ponts roulants. La direction de l'un de ces ponts est parallèle à l'axe de la galerie à construire, l'autre lui est perpendiculaire. La combinaison des mouvements du système de deux ponts permet donc d'opérer le montage des fardeaux, en façade et latéralement, simultanément.

Chaque pont se compose essentiellement de deux poutres principales en tôle et cornières, rapprochées et assemblées entre elles de façon à former un sommier à section transversale rectangulaire, et supportant intérieurement les rails de roulement du chariot porteur de la charge. La rigidité des assemblages est assurée par l'adjonction de larges goussets appliqués sur les brides des poutres. Le treuil de manœuvre est fixé verticalement en contre-bas du pont ; c'est par son action qu'on opère la levée de la charge, à partir du sol. Lorsqu'elle est parvenue à la hauteur voulue, on exerce alors une traction sur une chaîne sans fin, embrassant une poulie, qui a pour effet de diriger le chariot porteur jusqu'à l'endroit exact où la pièce doit prendre place. L'orientation du chariot de bardage, dans un sens ou dans l'autre, se fait au moyen d'un train de roues dentées dont la dernière est calée sur l'arbre de la noix à empreintes qui reçoit la chaîne sans fin. La vitesse de descente de la charge, à la grande comme à la petite vitesse, peut être supérieure à la vitesse d'ascension et dans telle proportion que l'on désire ; habituellement la vitesse de descente est double de celle de la montée.

En résumé, chaque pont, comme tous les appareils destinés à la manœuvre des fardeaux est pourvu de trois mouvements correspondant à trois fonctions distinctes : levage de la charge, son déplacement transversal au moyen d'un chariot mobile sur le pont ; et enfin, mouvement de translation. Seulement, il faut remarquer ici que le mouvement de translation est un déplacement d'ensemble de chaque moitié de l'échafaudage jumelé, obtenu en faisant rouler les galets sur la voie ferrée longitudinale.

E. LIÈVENIE.

LE MONTAGE DES GALERIES DU CHAMP-DE-MARS. — *Grand échafaudage pour la pose des charpentes métalliques.*

LE MONTAGE DES GALERIES DU CHAMP-DE-MARS. — *Grue roulante à bac pour le service des fouilles.*

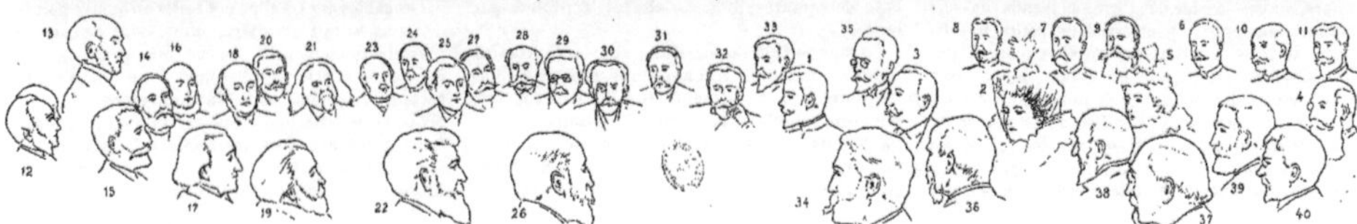

1. Le Tsar. — 2. La Tsarine. — 3. M. Félix Faure. — 4. Baron de Mohrenheim. — 5. Mademoiselle Vassilitzinoff. — 6. Général Frederickz. — 7. Comte Vorouzoff. — 8. Général Tourkine. — 9. Général Richter. — 10. Général de Boisdeffre. — 11. Amiral Gervais. — 12. Boissier. — 13. Legouvé. — 14. Sully Prudhomme. — 15. Marquis de Vogüé. — 16. Hervé. — 17. Sardou. — 18. Gréard. — 19. H. de Bornier. — 20. Pierre Loti. — 21. J. Bertrand. — 22. Pailleron. — 23. Duc de Broglie. — 24. De Freycinet. — 25. Coppée. — 26. Claretie. — 27. Halévy. — 28. Meilhac. — 29. Lemaitre. — 30. Comte d'Haussonville. — 31. Sorel. — 32. Lavisse. — 33. Rambaud. — 34. J.-M. de Hérédia. — 35. Hanotaux. — 36. Duc d'Aumale. — 37. Cherbuliez. — 38. Duc d'Audiffret. — 39. Mézières. — 40. Brunetière.

LA LITTÉRATURE FRANÇAISE PENDANT LE XIXᵉ SIÈCLE. — L'ACADÉMIE RECEVANT L'EMPEREUR ET L'IMPÉRATRICE DE RUSSIE. (D'APRÈS ANDRÉ BROUILLET.)

—

L'évolution de la galerie de 30 mètres

Dans une précédente étude, nous avons exposé les préparatifs de translation de la galerie au nouvel emplacement qu'elle est appelée à occuper, parallèlement à l'axe du Palais des machines. Nous avons dit que ce transport s'opérerait en trois tronçons. Le premier, se trouvant à l'extrémité de la voie ferrée rectiligne, n'a pas nécessité de transport; il n'a eu à subir qu'une simple évolution. M. Delombre, ministre de l'industrie et du commerce, M. Picard, commissaire général de l'Exposition de 1900, M. Hénard, architecte, ont assisté à l'opération qui s'est exécutée, sans encombre et sans déconvenue, dans l'après-midi du 9 novembre.

Rappelons succinctement de quoi se composait l'outillage de transport : quatre robustes trucks et quatre treuils de traction.

Le truck consistait en un équipage de quatre galets, à jante creuse, disposés en alignement droit, deux à l'avant et deux à l'arrière de la plateforme intermédiaire. Les axes des galets sont montés dans des coussinets jouissant d'un déplacement latéral, permettant l'inscription facile du wagon porteur dans la courbe du chemin de fer circulaire. Tout à fait à l'avant du truck se trouvait une poulie à gorge, de dimensions d'environ 30 centimètres de diamètre, un peu déviée à l'extérieur du rail et, par conséquent, ne roulant pas sur lui. Elle est simplement destinée à servir de guide au câble de traction, avant qu'il ne s'enroule sur le tambour du treuil. Les galets de roulement ont approximativement 60 centimètres de diamètre, au point de tangence. Le truck comporte essentiellement deux forts brancards en tôle, assemblés par cornières rivées et entretoisés par des poitrails. Son aspect de robustesse contraste singulièrement avec l'apparence décharnée de la charpente qui, débarrassée de tous ses accessoires inutiles, faisait plutôt ressentir une impression de légèreté. Quoi qu'il en soit, un excès de précautions de sécurité ne peut être blâmé en pareil cas.

Sur le truck, à l'avant, est établie une plate-forme en bois sur laquelle est fixé l'appareil de traction que manœuvre une équipe de quatre ouvriers, au service des deux grands treuils, de trois hommes seulement pour les deux petits treuils. Entre la paire de galets d'avant et la paire de galets d'arrière est réservé un espace dégagé, une sorte de planche métallique de dimensions correspondant, en superficie, à celles de la plaque de scellement du pied du pilier des fermes. Il est percé, au centre, d'une ouverture cylindrique pour recevoir une cheville ouvrière réunie au pilier et

Exp I.

autour de laquelle pivote le chariot porteur.

Enfin un câble rattaché, d'une part, par une extrémité au corps du rail en un point déterminé du chemin circulaire, s'enroule d'autre part sur la noix du treuil. Chaque appareil de traction requiert un câble ou chaîne, semblablement disposé.

Le réseau des voies ferrées se compose d'une voie rectiligne, se dirigeant dans le sens des piliers de toutes les fermes, au bout de laquelle se trouve la voie circulaire du mouvement d'évolution de

L'ÉVOLUTION DE LA GALERIE DE 30 MÈTRES. — *Le treuil moteur monté sur son chariot.*

chaque tronçon, et, perpendiculairement à la première, partant de son terminus, une autre voie droite se prolongeant jusqu'à la limite du terrain que doit couvrir la galerie déplacée. L'écartement des rails est donné par la distance des axes des piliers d'une même ferme, le diamètre du chemin de fer correspond à la diagonale du rectangle de la base des quatre piliers de chaque tronçon de galerie.

Chaque portion de charpente, considérée comme unité de transport, réclamait une absolue solidarité entre tous ses éléments. Il fallut leur conférer une forte cohésion. Dans ce but, chaque face fut haubannée par deux câbles d'acier en croisillon, partant d'un point situé vers la base du pilier pour aboutir à la naissance de la toiture. Les pieds

des piliers ont été conjugués entre eux par un rectangle formé de poutrelles en treillis; en outre, quatre grosses poutres en bois, boulonnées obliquement sur celles-ci, les contreventaient; les diagonales du rectangle étaient figurées par deux haubans en câble d'acier; des montants verticaux en bois soutenaient les sablières. La jonction des piliers à la naissance des fermes fut consolidée par des plaques de tôle rapportées et fixées au moyen de boulons.

Les choses étant ainsi disposées et assurées dans leur solidité mutuelle, l'opération fut divisée en plusieurs phases.

Il s'est agi, en premier lieu, de poser l'ensemble d'un tronçon sur les trucks. De solides consoles métalliques furent boulonnées sur les ailes externes des piliers; elles serviront de plan d'application des vérins qui soulevèrent la masse totale, après que, les plaques de scellement furent disjointes d'avec les fondations en maçonnerie. Au fur et à mesure du haussement des piliers, des madriers étaient introduits en empilement sous les pieds pour soulager les instruments de levage.

Lorsque la hauteur d'ascension fut estimée suffisante, les trucks furent amenés en dessous des piliers pour admettre, sur leur plate-forme, l'embase de ces derniers. La lente descente sur les chariots terminée, il ne restait plus qu'à les faire rouler sur les rails pour transporter l'ensemble de la charpente à l'endroit où elle devait subir un mouvement de rotation sur elle-même. C'est la seconde phase de l'œuvre entreprise, tout au moins pour deux tronçons sur trois, car le premier étant sur place n'avait pu être transporté. Le mouvement de progression des trucks est obtenu par l'action des treuils sur des câbles fixés aux rails.

Nous sommes arrivés maintenant à la période de tournement,

Il convient de remarquer que pour livrer passage aux galets de roulement sur la voie rectiligne, les parties contiguës de la voie circulaire avaient été démontées.

Le fardeau entier est encore une fois repris par les vérins, hissé, et les galets des trucks sont orientés sur la voie circulaire rétablie dans sa continuité, tandis qu'à ce moment les portions des files de rails, qui la recoupent, sont démontées pour ne pas entraver le chemin des boudins des roues.

Alors commence le virement.

Les câbles des treuils sont reliés en quatre points distincts du rail circulaire, embrassent ce dernier presque totalement et, à un signal donné, les équipes se mettent à la besogne. Pour obtenir une certaine harmonie dans le mouvement de progression des chariots porteurs, on avait, au préalable, tracé des divisions à intervalle d'un mètre sur la tête du rail : ce fut un moyen de réglage de la marche bien suffisant en l'occurrence. Sous

L'ÉVOLUTION DE LA GALERIE DE 30 MÈTRES.
Premier déplacement, opéré devant le ministre du commerce et les chefs de service de l'Exposition.

l'effort continu des quatre équipes de service des treuils, l'avancement était à peu près de 80 centimètres par minute.

Une de nos illustrations représente l'assistance

L'ÉVOLUTION DE LA GALERIE DE 30 MÈTRES. — *Déplacement de la première travée.*

au moment où M. le ministre du commerce et de l'industrie et M. Picard étaient témoins de l'opération.

Le rail circulaire avait été soigneusement contrebuté vers l'intérieur par des bouts de madriers, pour prévenir toute espèce de déformation de la voie sous les pressions latérales.

Enfin, la dernière période du travail est celle pendant laquelle le fragment de galerie est poussé jusqu'à l'endroit qu'il doit occuper. Dès que l'évolution est accomplie, il faut diriger les trucks sur la voie rectiligne perpendiculaire à la première. A cet effet, les vérins hissent de nouveau la charpente, les portions de rail circulaire sont démontées, au croisement, on fait tourner chaque truck autour de sa cheville ouvrière jusqu'à ce qu'ils soient convenablement orientés sur les rails rétablis en ligne droite, et alors on n'a plus qu'à déterminer le mouvement de déplacement longitudinal, à l'aide des treuils comme précédemment. Toutes les opérations ont été couronnées d'un plein succès, sans diversion du moindre incident.

EMILE DIEUDONNÉ.

LE BUDGET DE L'EXPOSITION

La combinaison financière.

Lorsqu'en septembre 1895, le commissaire général de l'Exposition, M. Picard, et M. Bouvard le directeur général des travaux d'architecture, eurent fixé à *cent millions*, le devis approximatif des travaux à faire et des dépenses à assurer pour l'Exposition de 1900, le chiffre ne parut pas trop élevé, bien qu'il fût le double de celui de l'Exposition de 1889. L'étendue était bien plus considérable, on voulait faire « grand » pour répondre à la beauté de ce programme de synthèse de tout le xixᵉ siècle, posé en principe par les initiateurs. N'avait-on pas d'ailleurs dépensé près de deux cents millions à Chicago.

En face d'un tel budget de dépenses, il fallait assurer dès le premier coup de pioche, l'équilibre des recettes. M. Picard s'en inquiéta au lendemain même de sa nomination. Il y avait deux choses à

envisager : d'abord ce qui avait été fait lors des précédentes expositions, afin de s'en inspirer s'il y avait lieu; puis de rechercher, en vertu de l'adage latin : *Is fecit cui prodest*, quels étaient les collaborateurs financiers auxquels il était possible de demander leur concours.

Lors de l'Exposition de 1867, une association s'était formée pour garantir, jusqu'à concurrence de 8 millions de francs et dans la limite d'une dépense totale de 20 millions, la partie des frais qui ne serait pas couverte par la subvention de l'État, par celle de la Ville, par les droits d'entrée et par les recettes diverses. En fait, la garantie est restée purement nominale.

Pour 1878, la perception se fait exclusivement aux risques et périls du Trésor.

Suivant l'exemple de 1867, les organisateurs de l'Exposition de 1889, constituèrent d'abord une association de garantie, engagée jusqu'à concurrence de 18 millions de francs et dans la limite d'une dépense totale de 43 millions. Cette association disparut, quand furent créés les Bons de l'Exposition, bons-tickets, dont tout le monde a connu le fonctionnement et sur lesquels nous n'avons pas à revenir.

Il y avait déjà là des points de repère précieux : association de garantie et bons-tickets permettant d'assurer la recette des entrées avant même l'ouverture de l'Exposition, la première facilitant et assurant en quelque sorte, la récupération de la

LA LITTÉRATURE FRANÇAISE AU XIXᵉ SIÈCLE. *Le salon de Pierre Loti.*

seconde. Or, il fallait grouper par cela même, autour de l'Exposition, tous ceux qui avaient intérêt à ce qu'elle se fit dans les conditions les plus brillantes : État, Ville de Paris, Compagnies de transport, Sociétés financières et enfin, le public lui-même. C'est à cette tâche que se voua M. Alfred Picard.

Comme il le fit fort bien remarquer dans son exposé financier de l'Exposition, les dépenses des Expositions universelles sont des dépenses éminemment productives. Il est difficile d'imaginer un meilleur placement. Quelques données afférentes à l'Exposition de 1889, suffiront à le prouver.

D'après les supputations les plus prudentes, les visiteurs, attirés de la province ou de l'étranger par les fêtes du Centenaire, ont laissé à Paris 1.250 millions, dont 500 pour les habitants des départements et 750 pour les étrangers. Cette manne s'est répandue, pour la plus large part, sur tout le territoire de la France, où les commerçants parisiens allaient chercher les objets de consommation et les autres marchandises destinés à la vente. Le marché de la capitale n'est qu'un marché intermédiaire et une quote-part importante de ses bénéfices eux-mêmes se distribuent au dehors en salaires et en achats.

Mais si le contingent des visiteurs de la province ne donne lieu qu'à un mouvement intérieur de capitaux, il n'en est pas de même du contingent des visiteurs étrangers : celui-ci enrichit incontestablement la France entière.

La plus-value des recettes des chemins de fer, en 1889, a atteint 78 millions, non compris l'impôt, apportant un sérieux allègement à la garantie de l'intérêt. Pour les postes et télégraphes le produit s'est accru de 7 millions. Enfin, il faut tenir compte de l'essor imprimé au commerce extérieur de la France et, en particulier, à ses exportations, accrues de 457 millions en 1889, alors que l'importation s'élevait seulement de 210 millions. Presque tous les industriels s'accordent d'ailleurs à reconnaître qu'une Exposition Universelle amène avec elle deux bonnes années d'affaires.

A la Ville de Paris, la première intéressée, il fallait tout d'abord demander, outre l'emplacement de l'Exposition, de fixer la quotité de sa participation financière. Or, étant donné le chiffre de *cent millions* adopté par les devis, soit 73 millions pour les travaux proprement dits, dont 20.625.000 fr. pour les Palais et les constructions des Champs-

Élysées, 24.320.000 francs pour les palais et constructions de l'Esplanade des Invalides, des quais, du Champ-de-Mars et du Trocadéro, 9.460.000 francs pour les bas-ports, les quais et les passerelles, 5.590.000 francs pour les travaux de nivellement, de viabilité et 8.100.000 francs pour les travaux de décoration en tous genres, la Ville de Paris accepta de prendre à sa charge, le cinquième de la somme soit *vingt* millions, à la condition que l'État souscrirait une même somme de *vingt* millions, partagerait avec elle les bénéfices de l'entreprise, si l'exploitation permettait d'en réaliser, et que les organisateurs de l'Exposition assureraient à l'avance la souscription des 60 millions complémentaires.

Ces 60 millions, il fallait donc les demander au public et être sûr qu'il les donnât. Dans ce but, le commissaire général s'adressa d'abord aux grandes

Le Tambourinaire. *Illustration du « Nabab »
roman de Alphonse Daudet.*

Compagnies de transport, leur demandant d'accorder, aux Bons de l'Exposition de 1900 qu'il voulait créer, une série d'avantages permettant aux souscripteurs de récupérer une partie de l'argent de leur souscription, tout en participant à de nombreux tirages, comme pour les Bons de 1889.

(*A suivre.*) A. COFFIGNON.

LA LITTÉRATURE FRANÇAISE
AU XIXᵉ SIÈCLE
(SUITE ET FIN) (1)

Alphonse Daudet (1840-1897) a laissé une œuvre toute vibrante de sensibilité et où se détachent deux fortes études historiques: le *Nabab* et les *Rois en exil*. Guy de Maupassant (1850-1893), élève et filleul de Flaubert, a écrit, outre une foule de nouvelles, une douzaine de romans d'une observation très précise et d'un style remarquablement sobre et vigoureux.

Avec tous ces écrivains, on est en plein naturalisme; mais on en sort avec les continuateurs de George Sand : Octave Feuillet (1821-1890) et V. Cherbuliez (né en 1828) continuent sa veine romanesque; Ferdinand Fabre (1830-1898) et Émile Pouvillon (né en 1840), André Theuriet (né en 1833) continuent sa veine rustique.

(1) Voir page 102.

Hors des écoles, enfin, se placent MM. Bourget, Loti et France. Paul Bourget (né en 1852) n'est pas seulement le peintre du high-life, mais encore le plus perspicace analyseur d'âmes ; Pierre Loti (Julien Viaud, né en 1850) est un exotique, un descriptif, un pittoresque, qui a ressenti et exprimé le charme des pays lointains où le poussa la vie de marin ; Anatole France (né en 1844) est le plus fin des dilettantes et des ironistes, le plus pur des écrivains.

Toute cette littérature naturaliste, que nous venons de passer rapidement en revue, tient son fonds d'idées de deux hommes au cerveau puissant : Taine et Renan. L'un et l'autre : l'un par son déterminisme, l'autre par sa foi illimitée en la science, représentent éminemment cet « esprit scientifique » qui est le fond même du naturalisme.

Nous avons déjà considéré Hippolyte Taine (1828-1893) comme critique. Laissant de côté l'humoriste du *Voyage aux Pyrénées* (1855) et de Thomas Graindorge (1863-1865), il nous faut voir en lui, encore, le philosophe et l'historien. Le philosophe a donné des *Études sur les philosophes français* (1855-1856), et, en 1870, le livre fameux sur l'*Intelligence*. L'historien a construit le vaste monument des *Origines de la France contemporaine* : en 1875, parut le premier volume sur l'*Ancien régime* que suivirent la *Révolution*, l'*Empire* et le *Régime moderne*. Critique, philosophe, historien, Taine a été le théoricien du naturalisme, de la littérature à visées scientifiques. « Toutes les générations arrivées à maturité depuis 1865, a-t-on dit avec raison, lui doivent plus qu'à personne, sauf (pour une minorité) à Renan. »

Ernest Renan (1823-1892) est, en même temps qu'un grand savant, un artiste très souple, très riche, très exquis. La grande œuvre de sa vie est une histoire de la religion. Logiquement, elle commence avec l'*Histoire du peuple d'Israël* (1888-1894) et se continue par les *Origines du christianisme* qu'ouvre la *Vie de Jésus* (1863-1883). Chronologiquement, la seconde partie précéda la première. C'est une œuvre d'immense érudition, mais où le mérite érudit est dépassé encore par l'intérêt philosophique. Elle dégage, elle affirme toute une conception de l'univers et de la vie. Cette conception est la même qu'expriment les *Dialogues philosophiques* (1876) et la série des drames philosophiques : *Caliban*, l'*Eau de Jouvence*, le *Prêtre de Némi*, l'*Abbesse de Jouarre* (1878-1886). Le substratum de l'esprit de Renan est une foi ardente à la science, la confiance que la science fera, dans l'avenir, le bonheur de l'humanité.

Illustration des « Pêcheurs d'Islande. » roman de Pierre Loti.
(Édition C. Lévy.)

Aussi n'a-t-il cessé de recommander à ses contemporains, la recherche méthodique du vrai. Comme il ne se contentait pas à peu de frais, il a entouré ses affirmations de beaucoup de restrictions et de précautions ; c'est là ce qui explique que de purs dilettantes et des sceptiques absolus se puissent recommander de lui. Ainsi il a eu cette singulière fortune de fournir leur matière intellectuelle et aux croyants de la science et aux sceptiques amusés. Par suite, toute notre époque, à peu près, devrait se réclamer de lui. Lui et Taine ont créé le patrimoine intellectuel sur lequel encore, aujourd'hui, nous vivons.

IV
LA FIN DU SIÈCLE.
(1890-1900).

On peut dire qu'à la mort de Renan et de Taine, en 1892-93, le XIXᵉ siècle littéraire s'est clos. Mais les écrivains continuent à produire et ils travaillent à faire une littérature nouvelle qui sera celle du XXᵉ siècle. C'est sur cette littérature en formation qu'il nous faut jeter un coup d'œil, avant de terminer.

En poésie, l'école parnassienne se prolonge par José-Maria de Heredia (né en 1842), un maître ciseleur, dont chaque sonnet est une œuvre d'art, arrêtée et éclatante. Son seul recueil, les *Trophées*, a été publié en 1893 et fut accueilli avec enthousiasme. Mais il est, en somme, le représentant

La sieste aux champs. *Illustration de la « Vie rustique »
par André Theuriet* (Édition Ch. Tallandier).

d'une génération qui disparaît, et les poètes du jour, s'éloignant des formes métalliques ou marmoréennes des Parnassiens, chérissent les idées vagues, les émotions indéfinissables, exprimées dans des vers souples, désarticulés et d'un rythme presque insaisissable. Que de groupes et que de chefs de groupes ! Contentons-nous de citer les décadents et les symbolistes. Dans cette foule, un seul homme semble mériter le nom de maître : c'est Verlaine (1844-1895), naïf et pervers, mystique et sensuel, bohème incorrigible dont les nombreuses plaquettes contiennent tant de pièces délicieuses. Après lui on doit nommer Stéphane Mallarmé. Mallarmé est mort en 1898. Les poètes qui se disputent sa succession sont MM. de Montesquiou, Fernand Gregh, Henri de Régnier, Jean Lahore, Maurice Bouchor, etc., etc.

Les romanciers, mieux que les poètes, réussissent à donner de vraies œuvres. L'un des premiers, sinon le premier d'entre eux, est M. Maurice Barrès dont l'esprit ardent et subtil a créé un genre nouveau, dénommé par lui « l'idéologie passionnée ». Son délicat *Jardin de Bérénice* annonçait déjà les hautes préoccupations sociales et nationales qui se sont formulées, en 1897, dans les *Déracinés*. Paul Margueritte avait débuté dans les rangs des naturalistes, mais il fut un de ceux qui rompirent avec M. Zola, lorsque parut la *Terre*. Après avoir écrit seul des livres comme *Pascal Géfosse* (1887), Paul Margueritte s'est associé à son frère Victor dans une collaboration dont la première grande œuvre a été le *Désastre* (1898). Henry Bérenger, dominé comme Barrès par l'idée nationale et l'idée sociale, mais orienté dans un sens différent, est l'auteur de l'*Effort*, de la *Proie*, de *L'Aristocratie intellectuelle*, de la *Conscience nationale* : il lutte vaillamment pour relever et ennoblir d'un peu d'idéal notre vie publique. Tous ces noms-là sont déjà respectables. Et aussi celui de M. Rod, qui continue, comme romancier et critique cosmopolite, la tradition de son compatriote Cherbuliez. Ne nions point cependant que le grand public ne connaisse mieux les œuvres de Georges Ohnet, Marcel Prévost, etc.

Au théâtre, le fait important de ces dernières années a été la création du *Théâtre libre*, destiné à soumettre au public l'œuvre des jeunes et des audacieux. Beaucoup des pièces jouées par M. Antoine furent simplement brutales, d'autres révélèrent d'incontestables talents. Ce théâtre, ainsi que celui de l'*Œuvre*, a eu le mérite de nous faire apprécier les dramaturges étrangers, et particulièrement les Scandinaves. Ibsen et Bjørnson, qui sont d'ailleurs des

symbolistes et des idéalistes. Quant à notre théâtre à nous, en cette fin de siècle, il a eu un maître naturaliste, Henri Becque (né en 1837), dont le talent ironique, dur et « cruel » a donné la *Parisienne* et les *Corbeaux*. Une autre veine s'annonce avec MM. de Porto-Riche, le peintre impitoyable des amoureuses, et François de Curel qui a écrit un magistral drame social : la *Part du Lion*. Enfin,

DÉVIATION DES LIGNES DE TRAMWAYS. — *Le bas-quai de la Conférence, en aval du pont Alexandre.*

en en oubliant tant d'autres, on ne saurait oublier Jules Lemaitre, talent délicat qui s'est affirmé dans *Révoltée*, le *député Leveau*, le *Mariage blanc*, et, en dernier lieu, l'*Aînée*.

M. Lemaitre (né en 1853) nous mène à la critique dont il est certainement un des « princes ».

torisé de la critique dogmatique. Et qui ne connaît enfin M. Sarcey (né en 1827), enregistrant, avec tant de verve et de bonne humeur, l'impression du public, la dégageant et la justifiant ?

Que de noms j'ai négligés qui, à l'égal de ceux-là, plus que ceux-là, peut-être, deviendront illustres ! Mais on ne peut demander à l'historien d'être prophète et il faudrait un voyant pour distinguer, dans cette littérature en devenir, les gloires du xxe siècle.

Contentons-nous d'avoir, le plus consciencieusement possible, énuméré celles du xixe, qui en compte sa bonne part et peut se vanter d'avoir produit plus de talents que n'en vit naître, à ce qu'il semble, aucun autre âge.   A. SYVETON.

LES TRAVAUX DES CHAMPS-ÉLYSÉES

Déviation des lignes de tramways

Des chantiers sont ouverts sur tous les points de Paris. Le service d'hygiène publique amplifie les enchevêtrements des réseaux d'égouts, des conduites d'eaux et de gaz ; la Compagnie d'Orléans poursuit méthodiquement l'exécution du tunnel qui aboutira à la nouvelle gare du quai d'Orsay, les divers chantiers de l'Exposition sont en pleine activité. Le Métropolitain est entamé et la Compagnie de l'Ouest achève le raccordement des Invalides.

L'Exposition devant s'étendre sur les berges de la Seine, il a fallu les élargir. De grands batardeaux ont été établis pour permettre la construction des nouveaux murs de quai, rive droite et rive gauche. En aval du pont de l'Alma, une immense plateforme sur pilotis recevra l'installation du Vieux Paris reconstitué, vraie fondation de cité lacustre.

Les deux lignes de tramways qui longent le fleuve subiront des modifications de tracé. Il serait inacceptable, en effet, qu'elles vinssent passer devant le front du nouveau pont, détruisant la perspective offerte par les Champs-Élysées, le Grand et le Petit Palais, l'Esplanade des Invalides. En outre, la traversée à niveau entraverait totalement la circulation et le mouvement des visiteurs de l'Ex-

DÉVIATION DES LIGNES DE TRAMWAYS. — *La pile du pont Alexandre, montrant à gauche, le nouveau passage du tramway.*

Il représente merveilleusement le critique impressionniste, dilettante et fantaisiste. M. Faguet (né en 1847), arrivé plus tard devant le public, prouve quand il le veut, en d'amples études littéraires, une rare sagacité et une grande puissance logique, tandis que sa fantaisie amuse le lecteur dans les nombreux articles qu'il sème un peu partout M. Brunetière (né en 1849) est le représentant au-

position. Il n'y avait guère qu'une solution pour obvier à ces inconvénients et d'autres encore que nous ne mentionnons pas ; c'était de descendre les voies de tramways à un niveau inférieur. Elles suivront les berges de la Seine à l'endroit du pont, sur l'une et l'autre rive, elles seront légèrement déviées de la ligne droite des berges. Rien ne nuira à la beauté des abords du pont, à la valeur de

DÉVIATION DES LIGNES DE TRAMWAYS. — *1. Pose d'une poutrelle, au-dessus du passage du tramway. — 2. Le nouveau passage couvert, derrière la pile du pont Alexandre.*

l'ornementation. De l'examen de la maquette de ce grand trait d'union métallique, nous avons gardé le souvenir que la partie décorative se compose de quatre énormes pylônes en pierre placés aux têtes du pont. Au-dessus de ces pylônes, s'élance vers le ciel une Renommée embouchant la trompette, et tenant par les rênes un Pégase qui se cabre. Chacun de ces groupes a 6 mètres de hauteur et on peut se rendre compte à l'avance de leur importance, en considérant que la tête des Pégases se trouvera à 22 mètres au-dessus du niveau du tablier du pont.

On comprend fort bien que la vue des beautés qu'on nous promet n'ait pu être masquée par les lourdes voitures à impériales de nos tramways. De plus, pour la première fois, depuis que les expositions universelles se font au Champ-de-Mars, c'est-à-dire

La façade de l'avenue d'Antin

Le défunt palais de l'Industrie possédait, nécessairement, une façade postérieure, qui n'aura pas laissé grand souvenir dans l'esprit des Parisiens. On ne s'était pas mis en frais d'imagination pour adorner ce vaste pan de murailles qui se révélait aux regards, percé d'innombrables fenêtres, assez distancées, sans un ornement qui récréât l'œil. Cette façade se dressait d'ailleurs sur un véritable désert, très riant néanmoins, grâce aux arbres du Cours-la-Reine et du Jardin de Paris; mais l'avenue des Champs-Élysées accaparait les promeneurs, et pendant le jour, les amis de la solitude trouvaient à satisfaire leur goût au pied de la muraille qui circonscrivait au sud le palais démoli.

La façade postérieure du nouveau palais sera en bordure de l'avenue d'Antin, qui est peuplée et fréquentée; de plus, elle donnera un accès direct

l'exécution sera conforme à ces dernières indications. L'entrée principale forme un porche cintré, encadré par huit colonnes adossées et disposées par groupe de deux. De chaque côté de la porte, des figures, plus grandes que nature, se dressent sur des piédestaux surélevés Le couronnement est formé d'un large attique, à silhouette contournée, et supportant un important motif de statuaire.

Les portiques qui complètent la façade sont formés d'une colonnade d'ordre ionique, dont les fûts sont assemblés par deux; c'est le parti bien connu de la colonnade du Louvre. Le dôme très aplati qui apparaît derrière la ligne d'attique, est celui qui recouvrira la salle de concert, mentionnée plus haut. Quant aux retours sur les façades latérales, ils rappellent nécessairement les motifs adoptés pour la façade de la rue d'Antin, avec les modifications nécessaires pour se relier à la façade de l'avenue Nicolas. Ils forment transition, et ce n'est pas une des moindres difficultés de l'œuvre à établir. Les ressauts, et les décrochements aideront heureusement à obtenir cette transition sans secousse.

PAUL JORDE.

LA GRANDE LUNETTE DE 1900

La lune à un mètre!... Telle est la formule que quelques mauvais plaisants avaient imaginée pour ridiculariser le projet de grand télescope conçu

LA GRANDE LUNETTE DE 1900. — *1. Ouverture d'un four et manœuvre de la poche. — 2. Dimensions comparatives d'un miroir de 2 mètres de diamètre et d'un autre de 3 mètres. — 3. Un miroir brut, un autre brisé.*

depuis 1855, une des entrées dans l'enceinte sera située au centre même de l'intensive circulation de la ville, à la place de la Concorde même. La conception architecturale de M. Binet trouvera là son emplacement : une porte monumentale, arc immense recoupé gracieusement par d'autres arcs entre-croisés; de chaque côté, deux exèdres s'avancent en avant du front.

Voilà, évidemment, bien des motifs accumulés de rélégation des tramways. Ils passeront aux pieds des pylônes; un viaduc a été construit dont les maçonneries sont constituées, du côté du pont, par une succession d'arcades à plein cintre, du côté de la chaussée par un mur de soutènement en moellons appareillés. De part et d'autre, viennent se poser des poutrelles en profil de double T, formées par des plaques de tôle et des cornières rivées ensemble. Les intervalles compris entre les poutres seront remplis par des voûtains en un seul arceau de briques dont la naissance s'appuie sur des cornières. Notre illustration représente le placement de ces poutrelles à l'instant où l'une d'elles est évoluée par une grue.   E. LIÉVENIE.

dans la salle circulaire qui est à l'about du grand hall, dans l'axe transversal de l'édifice. Cette salle circulaire, d'après les termes du programme de concours, doit servir à des auditions musicales; on l'utilisera certainement lors de solennités spéciales, telles que les distributions de médailles et de récompenses aux artistes. Lorsque le chef de l'État et de très hauts personnages visiteront le grand Palais, ils pénétreront par l'avenue d'Antin et trouveront des salons de repos, qui manquaient à l'ancien palais. En raison de cette situation et de ces services importants, il était indiqué qu'on imprimât un cachet monumental à cette partie de l'édifice. En fait, la façade sur l'avenue d'Antin, sera tout aussi riche et tout aussi décorée que la façade principale. Ne doit-elle pas abriter, sous le double portique qui accoste la grande porte, la frise en grès cérame que la manufacture de Sèvres est actuellement occupée à modeler, à peindre et à cuire?

La vue que représente notre double page, hors texte, a été prise d'après les dernières modifications qu'ont subies les maquettes; c'est-à-dire que

par M. François Deloncle, alors député des Basses-Alpes, et soumis par lui au service de l'Éposition de 1900, dès le mois de juillet 1892.

Cette formule a fait son chemin. Claire et saisissante, elle a rendue très populaire l'idée de M. Deloncle.

En réalité, la grande lunette de l'Exposition de 1900 permettra de rapprocher la lune non pas à *un mètre*, mais à 67 kilomètrs, ce qui est déjà un résultat considérable, inconnu jusqu'à ce jour.

Les plus grands télescopes existants, ou en projet, étaient, jusqu'ici, la lunette de l'Américain Yerkes, qui a figuré à l'Exposition de Chicago en 1893, avec une lentille de $1^m,05$, et le grand équatorial de Grünewald, dont l'objectif, de $1^m,10$ de diamètre utile, a figuré à la dernière Exposition de Berlin. Or, la lunette de M. Deloncle aura un objectif de $1^m,25$ de diamètre, dépassant ainsi de $0^m,15$, en diamètre, le plus grand objectif existant à l'heure actuelle.

Il n'est pas inutile d'entrer ici dans quelques détails, pour que le lecteur puisse se rendre compte des difficultés inhérentes à la fabrication de pièces optiques de cette dimension.

Dès que le projet de M. François Deloncle eut été approuvé par les services administratifs de l'Exposition de 1900, son auteur le fit entrer immédiatement dans la période d'exécution.

En 1894, il commanda un crown et un flint d'un

Si des défauts de cette nature sont découverts, on procède à une série de chauffes et de moulages qui les ramènent peu à peu à la surface et permettent de les éliminer.

Et c'est ainsi que l'on parvient à obtenir un bloc

Voici comment la grande difficulté a été résolue.

Le corps de la lunette sera constitué par 24 tubes en épaisse tôle d'acier, de 2^m,50 de longueur sur 1^m,50 de diamètre. Ces pièces, rodées au tour avec le plus grand soin, seront ajustées, boulonnées bout à bout, et l'ensemble reposera horizontalement sur un massif de maçonnerie, comme le représente notre vue d'ensemble de cette installation.

Mais comment observer le ciel mobile avec une lunette immobile ?

Le cas a été prévu depuis longtemps et résolu dans tous les observatoires par l'emploi des sidérostats.

Le sidérostat est un miroir plan mobile, que l'on dispose de façon qu'il réfléchisse l'un des astres du ciel dans l'axe de l'objectif d'une lunette, et auquel un mouvement d'horlogerie permet de suivre le déplacement régulier de cet astre, de façon que l'image de ce dernier soit constamment réfléchie au même point.

Le sidérostat nécessité, pour permettre les observations avec la grande lunette de 1900, est un miroir de 2 mètres de diamètre sur 0^m,30 d'épaisseur. La masse de verre seule pèse 3 600 kilos, sa culasse 2000 kilos, son barillet 800 kilos.

Le poids total de la partie mobile du sidérostat sera de 14 000 kilos. Pour mouvoir avec une douceur infinie une pareille masse, on a eu recours au principe d'Archimède. Elle flottera dans un bain de 50 à 60 litres de mercure et portera sur des galets.

La monture sidérostatique aura 10 mètres de hauteur.

Pour construire un pareil miroir, la difficulté n'était pas moindre que pour les lentilles de la lunette.

Les glaceries de Saint-Gobain y renoncèrent.

M. Deloncle s'adressa alors à M. Georges Despret, directeur des glaceries de Jeumont (Nord), qui risqua ce tour de force.

La grosse difficulté résidait moins dans le coulage que dans le refroidissement, qui, *trempe* le verre et le prédispose à l'écaillement, lorsqu'on le soumet à l'opération du doucissage.

En effet, sur douze disques qui furent coulés,

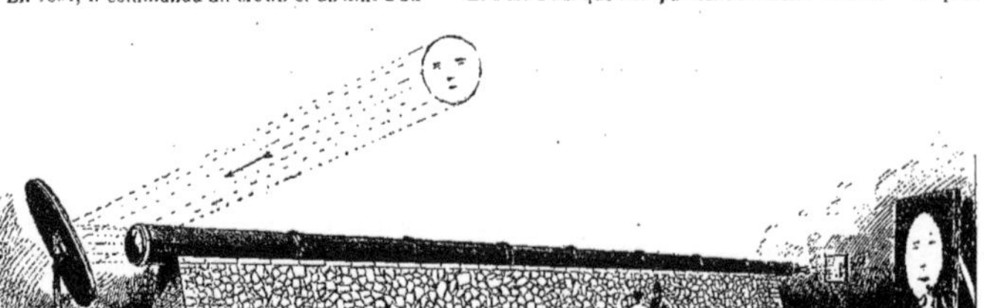

Vue d'ensemble de la grande lunette de l'Exposition de 1900.

mètre vingt-cinq centimètres, à M. Mantois, le fondeur de tous les grands objectifs.

La matière de ces lentilles destinées à l'optique exige une homogénéité et une pureté, que l'on ne parvient à obtenir qu'aux prix de soins et d'efforts continus.

Lorsqu'il s'agit de lentilles de moyennes dimensions, les difficultés sont moindres, en raison de la faible masse de matière employée, mais elles croissent avec rapidité, au fur et à mesure que la masse de verre nécessaire à la construction, devient plus considérable.

C'est ainsi qu'une lentille de 110 millimètres coûte 40 francs, et qu'une lentille de 55 centimètres, c'est-à-dire cinq fois plus grande, coûte cent fois plus, soit 4000 francs !

Que l'on juge d'après cela ce qu'exige de soin et de travail, une lentille de 1^m,25, en flint-glass, pesant 450 kilogrammes.

En raison des hautes températures nécessaires pour obtenir l'épuration parfaite d'une pareille masse de verre, on ne peut les traiter que dans des creusets spéciaux en terre extra-réfractaire. Ce creuset cylindrique est emmuré au four froid, sauf l'orifice d'entrée, de façon à donner plus de résistance à ses parois. On l'échauffe graduellement, jusqu'à ce qu'il soit arrivé au rouge blanc. On y enfourne, par petites quantités, la matière vitreuse, qui chaque fois bouillonne, puis s'apaise. Le creuset plein, on le ferme, et l'opération de l'affinage commence.

Elle consiste à chasser, par l'élévation de la température, jusqu'aux moindres bulles d'air enfermées dans la masse. Elle demande de vingt à trente heures, pendant lesquelles le pyromètre indique de 1600° à 1800° centigrades.

A cette température, les creusets les plus réfractaires, eux-mêmes, risquent d'entrer en fusion ou de se déchirer.

Après une première chauffe, un échantillon de verre est prélevé, refroidi, minutieusement examiné à la loupe. S'il présente la moindre bulle, une nouvelle chauffe est nécessaire, et ainsi de suite, jusqu'à ce que le creuset ne renferme qu'une matière d'une pureté absolue.

Ce résultat obtenu, la surface de la matière est *écrémée*, et la masse entière brassée délicatement, pour être rendue homogène sans introduction d'air, sans trainées.

Le verre une fois reconnu parfait, le creuset est refermé et l'on attend le refroidissement de la masse, qui exige plusieurs semaines.

Le bloc extrait est épluché, scié sur deux faces parallèles, et son examen optique effectué minutieusement, millimètre par millimètre, de façon à déceler la moindre bulle, la moindre strie.

limpide, qu'un dernier moulage rapproche de la forme géométrique ultime que lui donnera, par un polissage mathématique, la main habile de l'artiste opticien.

On conçoit combien ces opérations successives sont lentes, minutieuses, délicates, car la moindre inattention peut compromettre, en une seconde, un bloc longuement façonné.

C'est ainsi que l'objectif de Yerkes, qui figura à l'Exposition de 1889, et qui pesait 132 kilos, commencé par M. Mantois en 1887, ne fut terminé qu'en mai 1889 après dix-sept mois de manipulations.

L'un des deux flints destinés à la grande lunette de 1900 est terminé. Il y a 9 centimètres d'épaisseur, pèse 360 kilos, et vaut 75 000 francs.

Chacun des crowns des objectifs pèsera de 220 à 230 kilos.

Ces disques réunis coûtent 300 000 francs de matière, et lorsque tout travail de doucissage, de savonnage et de polissage sera terminé, ils reviendront à 600 000 francs.

Avec le diamètre de 1^m,25, la lunette présente

LA GRANDE LUNETTE DE 1900.
Fabrication des creusets ou « bottes » pour la fonte de la matière.

une distance focale de 60 mètres. On ne pouvait pas songer à la monter sous une coupole à la manière ordinaire des lunettes astronomiques.

onze ne valaient rien : le premier seul était bon.

Le polissage mécanique s'effectue au moyen d'un appareil compliqué dont nous donnons le dessin.

Le miroir est posé horizontalement sur un plateau qui se meut circulairement, tandis qu'un équipage mobile sur rails, porte des plateaux-rodoirs animés d'un mouvement rectiligne de va-et-vient.

Entre la surface du miroir et les rodoirs, un ouvrier entretient un mélange d'émeri et d'eau.

Le travail de doucissage a demandé plus de huit mois. Ensuite a lieu le polissage, et enfin l'argenture dans un bain de nitrate d'argent.

D'après les derniers renseignements publiés à ce sujet, lorsque l'ensemble de l'installation sera terminé, la somme dépensée atteindra 1 400 000 francs. Les fonds sont fournis par une société qui a entrepris de réunir dans un *Palais de l'Optique*, toutes les curiosités se rapportant à cette branche de la science. Ce palais installé au pied de la tour Eiffel, couvrira un hectare de superficie. La grande lunette en sera le clou.

Notre vue d'ensemble indique par quels procédés des centaines de spectateurs, à la fois, pourront y observer les phénomènes célestes.

La lune, par exemple, donnera au foyer de la lunette une image de 60 centimètres de diamètre.

Jusqu'à présent les plus forts grossissements obtenus atteignaient 4 000. Dans la grande lunette de 1900, l'image focale pourra être grossie 6 000 fois, et, dans certaines circonstances 10 000 fois. Cette image agrandie sera projetée sur un vaste écran et deviendra nettement observable par un nombre indéfini de spectateurs.

Outre l'objectif visuel, la lunette sera pourvue d'un objectif photographique qui permettra d'obtenir des photographies de haute précision.

La grande lunette de 1900 aura un pouvoir cinq fois supérieur à celle de Yerkes, et M. Deloncle estime qu'elle pourra fonctionner aux essais, dès avril 1899.

A la fois œuvre de science et de vulgarisation, ce sera certainement une des plus utiles entreprises dues à l'Exposition de Paris. Nous ne doutons pas du succès que remportera la Grande lunette, non seulement auprès des savants, cela va sans dire, mais surtout auprès du public ordinaire. L'astronomie a toujours exercé un attrait particulier, même sur les esprits les moins cultivés. Jadis l'astronome de place publique, qui montrait la lune pour un sou, avec un cercle fidèle d'amateurs et d'habitués, qui ne figuraient certes pas parmi les sommités de la science. Le pauvre astronome a disparu depuis longtemps, et c'est bien une caractéristique des temps actuels que de voir son œuvre vulgarisatrice continuée par un instrument, qui est le chef-d'œuvre de l'industrie et de la science. PAUL COMBES.

LES TRAVAILLEURS DE L'EXPOSITION

UN TAILLEUR DE GRANIT

Le granit est une des matières les moins commodes à travailler; cela tient à sa dureté qui résulte d'ailleurs de sa texture. Il existe des granits

LA GRANDE LUNETTE DE 1900.
Appareil de doucissage de la glace du sidérostat.

de différentes couleurs, depuis le granit rose d'Égypte jusqu'au granit noir, en passant par les

LES TRAVAILLEURS DE L'EXPOSITION. — *Taille d'un bloc de granit, pont Alexandre (rive gauche).*

bleus et les gris. Ils sont tous plus ou moins formés de quartz, d'orthose et de mica, noyés dans une pâte naturelle; certains même contiennent des grenats. Ils doivent leur dureté au quartz, et cette dureté est d'autant plus grande que le quartz est en plus grande quantité et disséminé en grains fins. Le quartz est de la silice pure; sa résistance est égale à celle de l'acier. C'est un corps excessivement répandu, sous différentes formes, puisqu'on peut évaluer sa masse sur la terre, au tiers de l'écorce solide du globe. Rappelons que le quartz constitue quatre sous-espèces qui comprennent le quartz hyalin, l'agate, le silex et le jaspe. Le cristal de roche, l'améthyste, l'œil-de-chat, etc., ne sont autres que des formes du quartz hyalin.

Le brave tailleur de pierre que représente notre gravure, d'après une photographie prise sur la rive gauche de la Seine, auprès de la pile du pont Alexandre, ne s'inquiète pas de ces problèmes minéralogiques; il sait, par la pratique, que la matière qu'il travaille journellement est rebelle à l'outil, qu'elle éclate facilement sous un coup de ciseau à faux, et qu'il doit apporter toute son attention à sa pénible tâche. Le granit lui a été livré, tout brut, comme il arrive de la carrière. En même temps, de son contremaître, l'appareilleur, il a reçu communication de l'épure et les panneaux de la pièce à façonner. Il a commencé par établir une face parfaitement plane, puis, avec son grand compas, il a tracé la place des parements. Son équerre de fer, consultée fréquemment, lui indique s'il ne s'écarte pas de la perpendiculaire. Patiemment, la massette en main, il cogne à petits coups, vigoureux néanmoins, sur la surface rugueuse, qu'il dépouille, petit à petit. De temps en temps, il remplace le ciseau par le poinçon, puis par les gradins, ciseaux à tranchants dentelés. Lorsque sa surface sera bien plane, il égalisera son travail à la boucharde, gros marteau aux deux têtes taillées en pointes de diamant, et reprendra les joints au ciseau, sur une largeur de quelques centimètres, dont la surface lisse contrastera avec la superficie grenue produite par la boucharde.

De temps à autre, l'appareilleur passe, vérifie au compas, à l'équerre; il est responsable de la bonne exécution du travail et ne laisserait pas un maladroit gâter un bon bloc de granit; la matière brute est déjà coûteuse, mais sa valeur se double au moins, avec le prix du façonnage. Le granit n'est utilisé dans les constructions, que pour les travaux qui nécessitent une grande résistance à la charge et à l'usure. Les piles du pont Alexandre sont établies sur un soubassement de granit à grain fin, provenant des carrières de Vire, en Normandie. G. MOYNET.

LE GRAND PALAIS. — (Façade monumentale sur l'avenue d'Antin.)

LES TROTTOIRS MOBILES

L'idée n'est pas nouvelle. Depuis que l'on s'est rendu compte de la valeur du temps, et que des moyens de transport de plus en plus rapides ont permis de décupler la somme de « vie » dont chacun de nous peut disposer, on s'est ingénié à chercher un remède à l'un des inconvénients les plus graves de ces modes de transport. Je veux parler de la perte considérable de temps occasionnée par les arrêts nombreux nécessités pour prendre et pour déposer des voyageurs.

Un ingénieur français, M. Hénard, paraît être le premier qui ait eu l'idée, pour éviter ces arrêts, de substituer aux véhicules ordinaires, sur un parcours donné, une plate-forme mobile, portant des sièges sur toute sa longueur et constituant par conséquent une chaîne de wagons ininterrompue, un *train continu* roulant sur une voie ferrée.

C'est en 1886 que M. Hénard proposa ce moyen pour le transport des voyageurs dans l'Exposition de 1889. Sa plate-forme aurait marché à une vitesse de 5 kilomètres à l'heure, avec un arrêt de quinze secondes par minute, pour permettre aux voyageurs de monter; la vitesse de marche était, par ce seul fait, réduite à 4 kilomètres à l'heure.

L'idée n'ayant pas eu de suite, fut reprise et réalisée pour la première fois à l'Exposition de Chicago, en 1893, pour transporter les voyageurs, depuis les bateaux qui naviguaient sur les lacs jusqu'à l'enceinte de la *world's fair*. En reprenant le projet de M. Hénard, les deux ingénieurs américains Silsbee et Schmidt s'attachèrent à le perfectionner, de façon à accroître considérablement la vitesse de 4 kilomètres à l'heure, jugée insuffisante.

Ils commencèrent par supprimer l'arrêt de 15 secondes par minute, cause de retard dans la marche et de détérioration du matériel par des secousses perpétuelles. Cet arrêt était, en effet, inutile pour permettre aux voyageurs de monter.

Un homme marchant au pas, à une allure modérée, parcourt aisément 5 kilomètres à l'heure ; rien ne lui est donc plus facile que de passer, du sol, sur une plate-forme se mouvant avec la même vitesse. En vertu du même raisonnement, il est aussi facile de passer d'une plate-forme, se mouvant à raison de 5 kilomètres à l'heure, sur une seconde plate-forme allant dans le même sens avec une vitesse de 10 kilomètres. Rien n'empêcherait de passer de même sur une troisième et une quatrième plate-formes mobiles à une vitesse de 15 et de 20 kilomètres, et ainsi de suite, indéfiniment.

Le projet de MM. Silsbee et Schmidt fut expérimenté pendant deux mois sur une ligne d'essai organisée au Jakson Park de Chicago. Deux trottoirs mobiles (l'un à raison de 4 kilomètres, l'autre à raison de 8 kilomètres à l'heure), transportèrent plus de dix mille personnes des deux sexes et de tout âge, sans qu'il se soit produit le moindre accident.

L'un de nos dessins. représente cette ligne d'essai. On voit que de place en place sont disposés des poteaux permettant aux personnes qui ont besoin d'un point d'appui de passer du sol immobile sur le premier trottoir mobile. La plate-forme marchant à la vitesse de 8 kilomètres, porte sur toute sa longueur des banquettes à trois places. Entre le niveau des plates-formes, il n'y a qu'un intervalle de 5 centimètres, rempli de longues bandes de caoutchouc pour empêcher le pied de s'y introduire. Afin de pouvoir circuler dans les courbes, le trottoir mobile n'est pas continu, mais composé

Portail d'entrée.

La plate-forme vue de côté.

La plate-forme vue en bout.

LES TROTTOIRS MOBILES. — *Aspect d'ensemble de la voie et détails de la structure.*

d'une suite de plates-formes de 3m66 de longueur, et suffisamment espacées, pour qu'il leur soit possible de franchir sans difficulté des arcs de 20 mètres de rayon.

L'intervalle entre chaque section de plate-forme est couvert par un panneau mobile, articulé à charnière sur l'un des châssis et s'appuyant librement sur le suivant.

Mais comment peut-on imprimer des vitesses différentes aux diverses plates-formes?

Le principe est des plus simples.

Le trottoir mobile de M. Hénard était un véritable train continu roulant sur une voie ferrée. La plate-forme de MM. Silsbee et Schmidt est au contraire munie d'un rail continu, se mouvant sur des poulies fixes qui servent de galets. La surface plane se déplace en contre-haut de la surface cylindrique qui reste fixe.

Dès lors rien de plus facile que d'imprimer aux diverses plates-formes des vitesses différentes. Notre grand dessin, représentant le projet de construction d'un métropolitain à trottoirs mobiles à Chicago, en montre clairement le mécanisme.

Sur un axe unique animé d'un mouvement de rotation, sont montées plusieurs paires de poulies d'un diamètre différent. Chaque paire de poulies donne le mouvement à une plate-forme distincte, et il est bien évident que la plate-forme, actionnée par les poulies à grand diamètre, avancera bien plus rapidement que celle circulant sur les poulies d'un diamètre réduit, quoique le mouvement de l'axe moteur unique soit uniforme.

C'est la simplicité même de ce système qui a engagé MM. Silsbee et Schmidt à proposer l'établissement à Chicago d'un métropolitain à quadruple plate-forme mobile, la quatrième marchant à la vitesse d'environ 20 kilomètres à l'heure. Notre dessin donne tous les détails de ce projet de métropolitain surélevé qui assurerait le déplacement de 30 000 voyageurs à l'heure.

L'Exposition de Berlin de 1896 a reproduit, d'après le même système, un trottoir mobile à double plate-forme affectant l'aspect d'un grand carrousel circulaire. Il suffit d'examiner ceux de nos dessins relatifs à ce trottoir mobile pour se rendre compte qu'il reproduit, exactement, les mêmes détails que celui du Jakson Park de Chicago. Les vitesses des deux plates-formes étaient respectivement de 5 et de 10 kilomètres à l'heure. Pour une longueur totale de 500 mètres, le trottoir se composait de 122 voitures.

L'Exposition de 1900 va nous permettre de voir réaliser à Paris cette idée d'origine française. On sait que M. le ministre du commerce, de l'industrie, des postes et des télégraphes, par un arrêté en date du 17 août 1897, avait ouvert un concours pour la construction et l'exploitation d'un chemin de fer à traction électrique, destiné au transport des visiteurs dans l'enceinte de l'Exposition universelle internationale de 1900, sur la rive gauche de la Seine.

Des cinq soumissions qui furent remises avant la date fixée pour limite du concours, c'est-à-dire avant le 28 décembre 1897, une seule a été jugée susceptible d'être retenue, celle de M. de Mocomble.

Voici les dispositions générales du projet de M. de Mocomble. Celui-ci s'engage à construire, outre un chemin de fer à voie unique de 1 mètre de largeur, une plate-forme continue à deux

LES TROTTOIRS MOBILES. — *Installation des sièges pour les voyageurs et coupe fictive montrant la construction de la voie.*

vitesses, supportée par un viaduc dont le tracé serait parallèle à celui du chemin de fer, mais emprunterait l'avenue de La Bourdonnais au lieu de l'avenue de Suffren. Il offre à l'administration une redevance de 1 centime par voyageur transporté, quel qu'en soit le nombre, et demande l'adoption du tarif de 50 centimes pour la plate-forme, et de 25 centimes pour le chemin de fer.

M. de Mocomble propose d'installer une usine dans l'emplacement réservé au dépôt du matériel ; les trains du chemin de fer seraient composés de trois voitures, dont une automotrice portant quatre moteurs de 35 chevaux ; leur espacement normal serait de deux minutes ; le nombre des places offertes par heure atteindrait 7 500.

La plate-forme serait actionnée par des moteurs fixes de six chevaux établis tous les 36 mètres. Le nombre des places qu'elle offrirait par heure serait de 38 880. La vitesse de translation de la plate-forme la plus rapide serait de 9 kilomètres 728 mètres à l'heure.

On voit qu'il s'agit d'un trottoir mobile absolument semblable à ceux de Chicago et de Berlin.

La Commission chargée d'examiner les résultats du concours institué par M. le ministre du commerce a été séduite par ce projet, qui présente une solution très complète et très originale du problème du transport des visiteurs dans l'Exposition.

Le chemin de fer à voie unique desservira un des courants de circulation qui s'établiront entre l'Esplanade des Invalides et le Champ-de-Mars : la plate-forme à deux vitesses desservira le courant contraire. On aura ainsi tous les avantages d'une ligne à double voie.

La capacité de transport du chemin de fer de M. de Mocomble est supérieure à celle que garantissaient la plupart des concurrents : quant à la plate-forme, sa puissance de transport est supérieure à celle de n'importe quel chemin de fer, puisqu'elle offre de 35 à 40000 places par heure.

Ce nouveau mode de locomotion est, en outre, de nature à intéresser les visiteurs et à constituer un des éléments de succès de l'Exposition.

La plate-forme, supportée constamment par un viaduc, dessert le premier étage de toutes les constructions et répartit les visiteurs au mieux des intérêts des exposants.

Les points d'embarquement peuvent être indéfiniment multipliés.

Le projet de M. de Mocomble comporte, par rapport au système employé à Chicago et à Berlin, des perfectionnements d'une importance capitale. Dans ces deux villes, les deux plates-formes mobiles étaient solidaires l'une de l'autre, et les moteurs, ainsi que les organes de transmission du mouvement, étaient inaccessibles pendant la marche.

Dans le système proposé, les deux zones de la plate-forme, animées de vitesses différentes, sont absolument indépendantes l'une de l'autre, et il est aisé de visiter, à chaque instant, tous les organes.

Quelques modifications de détail ont été apportées au projet primitif, en ce qui concerne le parcours et l'installation de l'usine productrice d'énergie électrique.

De plus, M. de Mocomble a été invité à procéder dans un délai maximum de six mois, c'est-à-dire avant la fin de 1898, à un essai de sa plate-forme sur un circuit formé de 300 à 350 mètres de développement.

Tout nous porte à croire que cet essai réussira et que nous verrons la réalisation complète de ce projet de trottoir mobile pendant l'Exposition de 1900.

PAUL COMBES.

LE BUDGET DE L'EXPOSITION

La combinaison financière
(SUITE) (1)

Enfin, pour le placement des souscriptions, M. Picard réunit en une sorte de grand syndicat de garantie, les cinq établissements de crédit les plus importants de la France : *Crédit Foncier, Crédit Lyonnais, Comptoir national d'escompte, Société générale* pour le développement du commerce et de l'industrie en France, et la *Société générale de Crédit industriel et commercial.*

Ces établissements, avant de s'engager définitive-

LES TROTTOIRS MOBILES. — La ligne d'essai établie au Jackson Park, à Chicago.

ment, demandèrent qu'une option leur fût accordée jusqu'à la fin d'octobre 1895, afin de s'assurer, dans l'ensemble de la clientèle, de la possibilité du placement des bons projetés. A cet effet, ils divisèrent les 3.250.000 bons de 20 francs qui leur étaient offerts en 3.250 séries de 1000 bons qu'ils offrirent à leurs correspondants de la province et de l'étranger, banquiers ou établissements de crédit, avec une prime de *mille* francs pour chaque part, c'est-à-dire d'*un franc par bon.*

Avant le terme fixé, 5.630 parts de mille bons furent demandées aux grands établissements de crédit, correspondant à 112.600.000 francs souscrits. Il fallut procéder à une répartition entre 2.946 souscripteurs. La combinaison financière était ainsi assurée.

Les 60 millions, produits nets de l'émission, — puisque l'écoulement des 3.250.000 bons doit donner 65 millions, laissant 5 millions pour le service d'intérêt de la garantie, les remises et la publicité, — ont été déposés à la Caisse des dépôts et consignations où ils sont productifs d'un intérêt, 2 1/2 pour 100, qui servira à assurer, jusqu'à la fin de 1900, le service des tirages des valeurs à lots.

Pour le paiement des travaux en cours, la Direction de l'Exploitation a recours aux annuités de la

(1) Voir page 106.

Ville de Paris, aux subventions de l'État et aux avances à 1 1/4 pour 100 consenties par la Banque de France, dont le montant des intérêts sera couvert par le produit des redevances de toutes sortes à payer par les attractions installées dans l'enceinte de l'Exposition. Après la fermeture de cette dernière et le dernier tirage, les 60 millions redeviendront disponibles, puisque l'on a renoncé à tout amortissement des bons de 1900.

Ces bons ont été taxés à 20 francs au lieu de 25 francs en 1889. S'ils ne sont pas susceptibles d'amortissement, ils présentent, tout au moins, d'autres avantages, quand ce ne serait que la commodité de leur type même, formant une sorte de carnet, au lieu d'avoir la dimension des actions habituelles qui se négocient en Bourse. Mais cette commodité serait trop peu de chose, des avantages plus réels s'attachent à leur possession.

D'abord, c'est de pouvoir participer aux 29 tirages comprenant 6 millions de lots dont plusieurs lots de 100.000 et de 500.000 francs, assurément faits pour exercer une légitime attraction, le dernier lot de 500.000 francs devant être tiré à la clôture de l'Exposition.

Chaque bon donnera droit, avant l'ouverture de l'Exposition, à la délivrance gratuite de 20 tickets d'entrée à l'Exposition, d'une valeur de 1 franc chaque. En outre, le porteur du bon pourra, à son choix, obtenir, soit une réduction de 25 p. 100 pour l'entrée dans les établissements de spectacle, à l'intérieur de l'Exposition, soit une réduction dans le prix des transports par chemins de fer ou bateaux pendant la durée de l'Exposition.

Le porteur du bon sera considéré comme ayant exercé son droit d'option, entre les deux natures d'avantages qui lui sont offerts, par ce seul fait qu'il aura présenté son bon à l'estampillage, soit pour obtenir la réduction d'entrée, soit pour réclamer la réduction dans les tarifs de transport. En aucun cas, les deux avantages ne pourront se cumuler.

Les porteurs des bons auront droit à la délivrance, pour Paris, sur les chemins de fer de la Métropole, exploités par les six grandes compagnies (Nord, Est, Ouest, Orléans, Paris-Lyon-Méditerranée, Midi), et par l'Administration des chemins de fer de l'État, des billets d'aller et retour spéciaux comportant, par rapport au double des billets simples, une réduction d'un tiers.

Ces billets spéciaux ne pourront être délivrés qu'au départ des gares et stations distantes de Paris de plus de 50 kilomètres.

Un bon de l'Exposition donnera droit à *trois voyages aller et retour* pour les stations distantes de Paris de 50 à 200 kilomètres ; à *deux voyages aller et retour,* pour les stations distantes de 201 à 500 kilomètres ; à *un voyage aller et retour,* pour les stations distantes de plus de 500 kilomètres.

Le délai de validité des billets spéciaux, y compris les jours de départ, et d'arrivée sera :

De 5 jours pour la zone de 50 à 200 kilomètres ;
De 10 jours pour la zone de 200 à 500 kilomètres ;
De 15 jours pour la zone au delà de 500 kilomètres.
Les Compagnies se sont réservées le droit d'exclure les porteurs de billets spéciaux de certains

trains désignés. Dans les première et deuxième zones, les voyages successifs devront être effectués au départ de la même gare. Les voyageurs devront présenter leurs bons à toute réquisition en même temps que leurs billets de voyage.

En Algérie et en Tunisie, sur les réseaux des compagnies de Paris-Lyon-Méditerranée, de Bône-Guelma, de l'Est Algérien, de l'Ouest Algérien et Franco-Algérienne, les porteurs de bons auront droit, soit à un billet d'aller et retour, valable pour un mois, du point de départ au port d'embarquement avec réduction de 50 pour 100, par rapport au double des billets simples, ou encore à une réduction de 20 pour 100 pour un voyage sur les prix des compagnies ci-dessus dénommées, dans les billets circulaires qui pourraient être créés en 1900.

En Corse, les porteurs de bons auront également droit à un billet spécial d'aller et retour, valable

économiserait 64 fr. 45, sur le tarif des billets simples et 16 fr. 15 sur celui des billets d'aller et retour. Ces diverses réductions pourront être accompagnées, en outre, d'une prolongation dans la faculté de séjour à Paris.

Les visiteurs venant de l'Étranger et se trouvant porteurs de Bons, bénéficieront naturellement des réductions de transport à partir de la frontière.

Telle est l'économie de la combinaison financière, qui aura permis de mener à bien les gigantesques travaux de l'Exposition prochaine et dont la réussite fait le plus grand honneur à M. Alfred Picard, le sympathique Commissaire général, qui a su la mener à bien. L'État surtout doit se féliciter de l'heureux choix qu'il a fait pour la gestion de ses intérêts, car il fait remarquer que la part contributive de l'État à l'Exposition sera particulièrement restreinte ; on lui demande bien 20 millions, mais les 100 millions

LES SCULPTEURS ORNEMANISTES

On sait que les sculpteurs de figures, les statuaires, travaillent rarement, de leur main, les matières dures, le marbre ou la pierre, en quoi viennent définitivement s'exprimer leurs œuvres. Ils modèlent la glaise ou la cire, poussent jusqu'au bout l'exécution et le fini de l'œuvre, qui est moulée en plâtre; ils retouchent alors le plâtre, effacent les traces de sutures laissées par le creux, puis l'exécution est confiée à des praticiens. Ceux-ci, par une mise au point d'une exactitude mathématique, reproduisent l'original en ses moindres détails; ils possèdent, pour la taille du marbre surtout, une habileté manuelle, qui ne s'acquiert que

LES TROTTOIRS MOBILES. — *Projet de construction d'un métropolitain à trottoirs mobiles, à Chicago.*

pendant un mois, du point de départ au port d'embarquement, avec réduction de 50 pour 100 par rapport au double des billets simples.

Enfin les porteurs de bons ayant à traverser la Méditerranée pour se rendre à Paris, bénéficieront d'une réduction de 35 pour 100 pour un passage aller et retour, en première, deuxième ou troisième classe, avec durée de validité de deux mois, sur les lignes postales, méditerranéennes, qui seront exploitées en 1900 par la Compagnie générale transatlantique, la Compagnie marseillaise de navigation à vapeur, la Compagnie mixte et par la Société générale de transports maritimes à vapeur.

Quelques exemples permettront de juger du chiffre des réductions consenties :

Pour trois voyages de Paris à Rouen, on économisera pour la première classe 30 fr. 45, sur le tarif des billets simples, et 7 fr. 50 sur celui des billets d'aller et retour ; pour deux voyages de Nancy à Paris, on économisera 52 fr. 70 sur le prix des billets simples et 13 fr. 10 sur celui des billets d'aller et retour ; pour un voyage de Marseille à Paris, on

prévus comme dépense totale sont un maximum, un grand maximum, que le Commissariat général ne compte pas atteindre. Comme les fonds ne seront demandés à l'État qu'au fur et à mesure des besoins, il est plus que probable que l'Exposition terminée, il restera dans les caisses de l'État une bonne partie de son argent. De plus il héritera de l'un des deux grands palais des Champs-Élysées, de même que la Ville de Paris héritera de l'autre palais, ainsi que des nouvelles voies de communication créées, des embellissements qui subsisteront et des nouveaux moyens de transport. Il ne faut pas oublier la transformation des quais de la Seine ; les ports de tirage sont aménagés en ports droits sur une longueur d'environ 3 kilomètres. La note à payer se solde par 4 millions de francs, supportés par l'État, la Ville de Paris, et enfin par le budget de l'Exposition. Si ces travaux n'ont pas l'éclat de constructions de luxe, les résultats économiques n'en sont pas moins considérables. On ne peut donc faire mieux, au plus grand contentement de tous.   A. COTTIGNON.

par une pratique constante. Peut-être est-ce pour cette raison qu'on les nomme des praticiens? Un statuaire a mieux à faire que d'habituer ses mains au lent, ingrat et fatigant exercice du ciseau.

Pour la sculpture ornementale, le travail est à peu près semblable, sauf que la mise au point est moins rigoureuse que celle à laquelle on se livre pour la copie d'une statue. Le dessin du motif à exécuter est tracé par l'architecte, grandeur d'exécution, et livré au sculpteur. Celui-ci, qui emploie des aides, praticiens et modeleurs, est le plus souvent un artiste qui a rêvé les grandes œuvres, et que les nécessités de la vie ont forcé à industrialiser ses rêves. On cite de ces patrons sculpteurs qui sont des artistes de grand talent; en ce cas, l'architecte se contente de fournir un dessin à petite échelle, qui est grandi et modelé en terre. Après acceptation du type, le moulage en plâtre est fait, et c'est ce type que l'on reproduit sur la pierre. Dans les travaux courants, le sculpteur ornemaniste ne se donne pas la peine de constituer un modèle ; il charbonne les grandes lignes de son motif, et, la masse et le ciseau en main, il bûche à même la pierre.

C'est ainsi qu'on pratique dans les constructions de maisons à loyer ; mais pour les monuments de l'importance de ceux des Champs-Élysées, les modèles ont été rigoureusement établis. Lorsque le ravalement est fait en place, le sculpteur s'installe dès que la pierre est montée, mais ici des abris ont été disposés, et le chapiteau viendra couronner le fût, auquel il est destiné, lorsque la sculpture sera presque achevée. Déjà la pierre a été dégrossie par le tailleur de pierre, et mise en épannelage. Le sculpteur, au moyen du fil à plomb, établit un plan imaginaire au-devant du modèle. C'est à ce plan qu'il se repère pour mesurer les profondeurs des nus à atteindre. Sur la pierre, il reporte les points, et, avec la mèche, il perce des trous à la profondeur requise. Ces trous établissent la superficie au delà de laquelle il ne doit pas creuser davantage. Son dessin étant établi en masse, par cette succession de trous, il n'a plus qu'à saisir les ciseaux et la massette, et à entamer la pierre, sans hâte et sans distraction. Pour terminer, il égalisera les surfaces à la ripe, tendance à laquelle nos sculpteurs ornemanistes obéissent trop volontiers : ce que la sculpture, trop ratissée, gagne en propreté d'aspect, elle le perd en vigueur d'effet.

G. MOYNET.

LA DIRECTION DES FINANCES DE L'EXPOSITION
—

M. GRISON

Le ministre des finances de cette gigantesque entreprise, qui remue des millions par poignées, est M. Grison, qui exerça les mêmes fonctions lors de l'Exposition de 1889. Quelles sont les attributions du directeur des finances ? Elles ont été fixées, sur la proposition de M. Alfred Picard, par un décret ministériel, en date du 12 avril 1894. Elles sont ainsi énumérées :

Propositions relatives au personnel de la direction des finances. Propositions relatives au régime financier et au budget de l'Exposition. Préparation des règlements de comptabilité, etc. Propositions pour l'organisation et la réglementation du service des entrées. Direction de ce service. Délivrance des cartes d'exposants, cartes de service, cartes de presse et jetons de service, après autorisation par le commissaire général. Statistique des entrées. Avis, au point de vue financier, sur les contrats de fourniture d'eau, de gaz, d'énergie électrique ou autre, aux abonnés dans l'enceinte de l'Exposition. Préparation, après avis des services techniques, des actes de concession pour établissements de consommation, de spectacle, expositions payantes. Recouvrement des produits de toute nature ; comptabilité des recettes.

Arrêtons-nous sur ces dernières attributions. C'est par là seulement que M. Grison est en rapport direct avec le public, du moins avec un certain public. On a pu lire, dans les journaux, les interminables listes de propositions faites à la commission dite des établissements d'initiative privée. Cette commission, après avoir écarté les idées par trop lunatiques, a accordé son approbation à des projets plus ou moins ingénieux.

Les auteurs de ces projets, forts de cette approbation, se sont présentés au commissariat général,

M. A. Grison, directeur des services financiers.

où ils ont été reçus à merveille ; mais, à leur demande de concessions, on a répondu par cette simple phrase : « Voyez M. Grison. »

Il est très facile de voir M. Grison, à ses heures de réception : il est très accueillant, et d'une parfaite courtoisie ; il écoute patiemment les gens, et quand ils ont fini il leur dit simplement : « Vous voulez une concession de tant de mètres ; à tel endroit : c'est tant le mètre. » Chose curieuse, parmi les auteurs de projet, il en est beaucoup qui ne s'attendent pas à cette condition si naturelle. Ils s'imaginent que leur idée est à ce point intéressante, attractive, qu'il est dans l'intérêt même de l'Exposition qu'on leur fournisse un terrain gratis. Il n'entre pas dans les attributions de M. Grison de fournir des concessions gratis ; il l'explique poli-

ment aux gens, et leur conseille de revenir avec les fonds, car, excellente précaution, on ne livre les concessions que contre argent. Quelques-uns reviennent, pour se mettre en règle, mais la plupart courent encore, et voilà pourquoi nous n'admirerons pas l'exécution de certains projets triomphants que les auteurs nous ont vantés par toutes les voix de la presse. On ne saurait en accuser M. Grison.

PAUL JORDE.

SUR LES CHANTIERS
—

AU CHAMP-DE-MARS

Les nuages volent bien bas, chassés par le vent pluvieux. Si le mois d'octobre a été égayé par un clair soleil, la fin de novembre a été obscurcie par d'épaisses brumes humides, qui s'étendent sur le sol, lourdes et pesantes, pour crever en pluie ininterrompue. Décembre est tout aussi humide, mais la température persiste assez élevée, et les travaux de maçonnerie, que les gelées auraient arrêtés se poursuivent, en dépit des jours courts. Le sol est profondément détrempé, et la circulation des charrois serait impossible dans les terrains fangeux de l'Exposition, si les voies ferrées, établies depuis longtemps, ne ménageaient pas un sol résistant aux wagonnets de transport.

Au Champ-de-Mars, la vaste superficie s'anime de jour en jour. Le travail des fondations et des enrochements s'est poursuivi par le temps sec, et, maintenant, les charpentes métalliques arrivent par trains chargés, presqu'à pied d'œuvre. L'aspect change de jour en jour : les *vues* que représentent nos croquis ci-joints ne seront plus reconnaissables quand ces lignes paraîtront. Nous voyons d'abord (1) une équipe de serruriers en bâtiments, rivant tout un pan métallique, que l'échafaudage roulant, figuré en second plan, viendra prendre, dès que la jonction sera parfaite, et dressera tout d'une pièce. Les ouvriers, ingénieux, se sont emparés de vieux barils à ciment, sur lesquels leurs fers reposent plus proprement que sur le sol fangeux. Le réchaud à rivets est non loin, et la tige rougie est à peine entrée dans le vide qui lui est réservée, qu'en quelques coups de marteau elle est solidement fixée.

Analogue au grand élévateur qui dessert les Champs-Élysées, voici une haute grue au montage (2). Les deux pylones ont été dressés ; les boulons d'assemblages sont serrés ; les câbles d'acier qui haubannent l'ensemble sont reliés, et bientôt la poutrelle mécanique, qui forme l'antenne de l'appareil, s'agitera lentement, semblable aux bras du défunt télégraphe Chappe. Disposée sur un autre point du vaste chantier, cette grue jouera le rôle que joue plus loin l'échafaudage roulant ; mais pour qu'on ait installé un appareil de cette envergure, c'est qu'il doit dresser de hautes pièces. Les palais du Champ-de-Mars, avec leurs étages de 7 mètres de haut, et leurs combles, prolongeront

LES TRAVAILLEURS DE L'EXPOSITION. — *Sculpteurs ornemanistes.*

LES CHANTIERS DU CHAMP-DE-MARS. — *1. Le rivetage. — 2. Une grande grue, à bras mobile. — 3. Les scieurs de long.*
4. Près de la Tour Eiffel : déblayage du terrain.

leurs façades en altitude, mais elles peuvent s'élever: la comparaison avec l'espace environnant, et surtout avec la tour de 300 mètres, les mettra au point.

Non loin, voici une antique installation de scieurs de long.

Que vient faire, par ce temps de scies à la vapeur, ce vieil outillage, aussi pénible que lent ? Quelle antithèse avec la gigantesque grue, aux pylônes ajourés comme des toiles d'araignée. Ces scieurs de long sont des charpentiers en bois ; ils sont maintenant presque réduits au rôle de poseurs d'échafaudages; mais, sur ce point, ils sont demeurés sans rivaux pour la hardiesse et l'habileté de leur travail. Les pièces de bois, qu'ils débitent ainsi, vont prendre place, dans quelque échafaud roulant, que leurs confrères, les charpentiers en fer, utiliseront bientôt.

La tour Eiffel fera peau neuve, l'année prochaine ; elle est diaprée de différentes teintes appliquées par places, comme une carte d'échantillons ; ce sont les essais faits avant de décider le ton qui remplacera le rouge brique sous lequel on la connaissait. A ses pieds, la fourmillière humaine s'agite de nouveau ; là doivent s'élever quantité d'édifices, attractions dues à l'initiative privée, et là aussi les travaux sont commencés.   J. B.

Explorations et Explorateurs

ASIE

L'exploration de l'Asie au xixe siècle a reçu surtout une grande impulsion de la part des trois nations européennes qui y occupent une situation prépondérante ; c'est donc principalement aux voyageurs russes, français et anglais que revient le mérite de l'avoir parcourue dans ses parties les moins connues.

Les Russes ont à peu près achevé l'exploration de l'Asie septentrionale, les Français ont visité en tous sens la presqu'île indo-chinoise, et l'Inde, étudiée par les Anglais, est aussi bien connue qu'un pays d'Europe. L'Asie centrale a été abordée à la fois par les Russes à l'ouest et au nord et par les Anglais au sud. L'Asie antérieure est loin d'être entièrement explorée, malgré les efforts d'un grand nombre de voyageurs et de savants. La Chine a été visitée souvent, et cependant beaucoup de ses points n'ont jamais été vus encore par un Européen.

Aborigènes de la Chine.

Les régions encore inexplorées de l'Asie sont principalement certaines parties des toundras et des steppes de la Sibérie, les déserts de l'Arabie méridionale, le Tibet septentrional, et quelques parties de la Chine et de la Mongolie.

Commençant par l'Asie antérieure, nous mentionnerons d'abord, pour l'Asie Mineure, Pierre de Tchihatchef qui, de 1857 à 1858, l'a étudiée dans tous les sens; cette terre classique a attiré depuis d'autres voyageurs spécialistes, principalement des archéologues. Pour la Palestine, il faut citer les voyages de Seetzen (1805-1807) et de Guérin (1809-1812), puis les levés de Kiepert (1870) et de Drake et Conder (1873) qui ont permis de dresser une carte détaillée de cette région. Le Caucase a été parcouru par Klaproth (1808). Dubois de Montpéreux, Raddé; l'Arménie par Deyrolle en 1870, et Marx Bell en 1885-1886, la Mésopotamie par Cernik (1872-1873) et Delattre (1888).

M. et Mme Chantre ont fait un important voyage à travers la Syrie et l'Arménie en 1891-1892, et Oppenheim dans la Syrie et la Mésopotamie en 1893.

Ce n'est guère qu'au xixe siècle que l'Arabie a été explorée, au moins dans certaines parties. Depuis le voyage de Niebuhr, accompli de 1761 à 1767, le voyageur suisse Burckhart est l'un des premiers explorateurs dont le nom soit à retenir. Après avoir visité la Syrie et la Nubie, il se fit reconnaître la qualité de musulman et fit le voyage de la Mecque en 1815. Plusieurs traversées de l'Arabie furent faites : du sud de la Syrie au bas Euphrate par Wallin en 1848, puis du nord-ouest au sud-est par Palgrave, De Wrède, en 1843, visita le Hadramaut.

Joseph Halévy, de 1869 a 1870, a fait des recherches archéologiques dans le sud de l'Arabie et est entré le premier dans la capitale des Sabéens, Mareb.

Plusieurs voyageurs ont pu pénétrer à la Mecque après Burckhardt : un français, Léon Roches, en 1841, l'anglais Burton en 1853, le baron de Maltzan en 1860, le hollandais Snouck-Hurgronje en 1885, le français Courtellement en 1894.

Burton s'est rendu au pays des Midianis, sur la côte, de la mer Rouge est en 1877-1878. Des explorations ont été faites dans le Yémen par Glaser en 1885, Deflers en 1887 et Schweinfurt en 1889, dans le Hadramaut par le Dr Hirsch (1893) et par l'archéologue Bent (1893-1894).

La Perse a été très étudiée dès le début du siècle et elle n'a pas cessé d'être, depuis lors, l'objet de travaux nombreux. Après les voyages de Morier qui se placent

EXPLORATIONS ET EXPLORATEURS.
Un mandarin militaire dans l'armée coréenne.

entre 1808 et 1816, il faut citer celui de Nicolas de Khanikof en 1858. Ensuite ont eu lieu divers voyages d'ingénieurs, puis d'officiers anglais, grâce auxquels une carte exacte de la Perse a pu être dressée. Puis de nombreuses explorations ont été faites par des géologues et par des archéologues. En 1884-1886, M. et Mme Dieulafoy ont fait un voyage archéologique dans l'ancienne Susiane et le sud-ouest de la Perse. Enfin Biddulph a exploré le grand désert salé persan en 1891 et l'archéologue français, J. de Morgan, a fait des recherches dans le Kurdistan et l'Aderbeïdjan en 1892.

De l'Asie occidentale, passons à l'Asie septentrionale, à l'Asie russe. En 1828, Hansteen et Erman ont fait en Sibérie des observations astronomiques et magnétiques du plus haut intérêt. On peut citer ensuite les voyages de Al. de Humboldt, Ehrenberg et Rose (1829), de Middendoeff en 1843 et 1844, du philologue Alexandre Castren qui, de 1842 à 1849, a parcouru le domaine des populations Ostiakes et Samoïèdes. A partir du milieu du siècle surtout, les expéditions scientifiques russes ont été très nombreuses en Sibérie. Nous pouvons mentionner les études géologiques du Polonais Czekanowski de 1873 à 1875, l'expédition de Bolchef en Transbaïkalie (1874-1875), le voyage du zoologiste allemand Brehm.

Une section de la Société russe de géographie créée à Omsk en 1877 a envoyé plusieurs expéditions dans le nord de la Sibérie, Nordenskiöld, sur la *Véga*, a, de 1878 à 1879, rectifié la carte de la côte nord de la Sibérie. En 1881-1882, Poliakof a visité l'île de Sakhalin, où l'on exploite aujourd'hui des mines de charbon.

La construction du chemin de fer transsibérien aura beaucoup contribué à donner une impulsion toute nouvelle aux recherches scientifiques, particulièrement dans l'Extrême Orient Sibérien.

Dans la Sibérie arctique, il faut citer l'expédition de Tchorshy en 1891. Le baron Toll a visité à deux reprises, en 1888 et en 1893, les îles de la Nouvelle-Sibérie.

Le Turkestan russe ou occidental a été parcouru

par Eversmann (Boukhara, 1820-1821), Boutakof (Sir-Daria, 1853), de Vambéry (Boukhara, 1863-1864). Mais c'est surtout depuis un quart de siècle que cette région a été sillonnée, en tous sens, par un nombre considérable d'explorateurs.

L'expédition de Fedtchenko, en 1868-1871, dans l'Alaï et le Ferghana, a été mémorable. Petshold, en 1871, et Ujfalvy, en 1877, se sont peu écartés des itinéraires de Fedtchenko. A noter, dans le Thian-Chan occidental, les voyages du Dr Regel (1874), du géologue Romanovsky (1875), de Siévertzof (1877-1878). La question du cours de l'Amou-Daria a été étudiée aussi de 1874 à 1882. La création d'un observatoire astronomique à Tachkent, en 1874, a été d'un grand secours pour les études topographiques du pays.

Un explorateur du Kafiristan, Hayward, y fut assassiné en 1870. Le Pamir et les pays pamiriens ont été explorés par Skobélef et Kostenko, en 1876, Matef, Ochanine, Mourhkétof en 1878, Regel en 1882-1883, puis par l'expédition russe de Poutiata, Ivanof et Benderski (1883) qui en ont fait un levé détaillé. En 1887, les voyageurs français Bonvalot et Capus ont traversé, pour la première fois, le Pamir du nord au sud, en se rendant du Turkestan russe dans l'Inde.

Le rebord oriental du Pamir a été mieux connu grâce au voyage de Grombtchevsky qui étendit ses investigations en 1889 dans le Karakoroum et relia ses itinéraires, d'une part, aux travaux des géographes anglais opérant du côté de l'Inde, et d'autre part, aux levés de l'expédition Piétozof dans le Kouenloun. Durant la même année, les régions entourant la nouvelle frontière entre le Pamir et

trale, nous avons à mentionner les expéditions de Johnston qui atteignit Khotan en 1865, de Forsyth

Indigène du Tibet.

qui, en 1874, parcourut le bassin supérieur du Tarim, de Sosnovsky et Piassetsky qui, en 1875, passèrent de la Chine en Russie à travers le Turkes-

à lui que l'on doit le plus pour la connaissance du Turkestan oriental notamment. L'expédition nouvelle qu'il allait entreprendre quand la mort l'a surpris en 1888, a eu lieu sous la conduite du général Piévtzof. Outre Roborovsky, qui avait accompagné Prjévalsky dans ses deux voyages, elle comprenait le géologue Bodanovitch. Cette expédition (1888-1890) a complété l'œuvre de Prjévalsky en reliant entre eux les différents points de ses itinéraires dans le Turkestan oriental.

Il faut arriver à la seconde moitié du xixe siècle pour trouver à signaler de grands voyages à travers toute l'Asie centrale et la Chine, comparables à celui qui a illustré le nom de Marco Polo. Dès 1845, les Pères Huc et Gabet étaient allés à Lhassa au cœur du Thibet, sur les traces des missionnaires du xive, xvie et xviie siècles. De l'Inde, vinrent aussi les frères Schlagintweit qui, de 1856 à 1858, franchirent l'Himalaya, le Karakaroum et le Kouen-Lun; l'un d'eux, Adolphe, fut assassiné à Kachgar.

Mais le plus grand explorateur de l'Asie centrale fut sans contredit Prjévalsky dont nous avons prononcé le nom à l'occasion du Turkestan. De 1871 à 1873, il a visité Kiakhta, le Dalaï-Nor, Pékin, et est revenu à son point de départ par le Koukou-Nor, l'Alachan et la Mongolie. Dans son second voyage (1876-1877), il a parcouru la Dzoungarie et s'est avancé jusqu'au Lob-Nor. En 1879-1880, il tenta de s'approcher de Lhassa après avoir traversé le Thian-Chan, le désert de Gobi, le plateau de Tsaïdam, mais on ne le laissa pas entrer dans la ville sainte; il revint par le Koukou-Nor, l'Alachan et Ourga. Durant son quatrième voyage, il alla de

le Tchitral ont été visitées par Dauvergne, puis par Younghusband. Plus récemment, le Suédois Sven Hedin a visité le Pamir et étudié surtout l'orographie de son rebord oriental.

Si nous nous avançons plus avant vers l'Asie cen-

tan oriental et la Dzoungarie, de Kouropatkine en 1876-1877.

Mais la véritable reconnaisance scientifique de toute l'Asie centrale fut l'œuvre de Prjévalsky qui a fait quatre grands voyages de 1871 à 1885. C'est

Kiakhta au Koukou-Nor, explora le haut Hoang-ho, le Tsaïdam, et revint par le Lob-Nor et Khotan. La ville de Karakoul, où il mourut en 1888, porte depuis le nom de Prjévalsk.

GUSTAVE REGELSPERGER.

AU BORD DE LA SEINE

Bétonnières et Malaxeuses

« Bâti à chaux et à sable ». Ce vieux proverbe exprime une vérité de tout temps. Il n'est pas de construction réellement robuste, si le liant connu sous le nom de mortier n'est pas employé pour assurer l'adhérence des matériaux. Qu'est-ce que la chaux? Du carbonate de chaux, tout simplement, soumis à l'action de la chaleur. Quand la chaux est pure, elle foisonne par son contact avec l'eau : c'est la chaux grasse. Quand la chaux est mêlée de matières étrangères, dans une proportion qui peut s'élever au tiers presque du volume, son foisonnement est pour ainsi dire insensible, c'est la chaux maigre. Si la chaux maigre et la chaux grasse sont employées en un endroit où elles se trouvent en perpétuel contact avec l'eau, elle demeurent en une consistance pâteuse. Cependant, il existe des chaux qui sèchent sous l'eau : les chaux hydrauliques. Ce sont des chaux maigres, qui contiennent de l'argile, c'est-à-dire de la silice. La présence de ce corps, auquel s'allient, le plus souvent, de la magnésie et de l'alumine, amène le durcissement, même sur des points complètement noyés. La chaux hydraulique est d'un emploi précieux dans les travaux de port, d'écluse, de fondations en terrains aquifères.

La chaux est toujours mélangée à du sable ; c'est le mortier usuel. Le sable augmente le volume de la chaux et fournit des points d'adhérence à la matière liante. L'emploi des différentes chaux, grasse, maigre, hydraulique est commandé par la nature du travail. Le béton est formé de cailloux durs, mélangés à du mortier ; il est utilisé pour constituer des masses, des blocages, des enrochements. Le mortier vaut suivant le soin apporté à sa fabrication. Nous avons tous vu, surtout aux environs de Paris, les aides maçons fabriquer leur mortier à même le sol, grattant la terre avec leur racloir, mouillant au hasard, laissant sécher, remouillant. Ce serait un miracle si un mortier semblable avait quelque valeur. Il tient de la place et c'est tout. Quant à assurer la moindre cohésion entre les matériaux employés, c'est un simple rêve. Dans les travaux soignés, si le mortier doit être préparé à la main, on dispose une aire, formée de planches jointives, mais il vaut mieux, comme on

AU BORD DE LA SEINE. — *Charriage du sable et de la chaux pour l'approvisionnement des bétonnières.*

l'a fait pour les travaux des Palais des Champs-Élysées et du Pont Alexandre, recourir à des malaxeuses et à des bétonnières. Le sable et la chaux sont dosés exactement, sous les ordres d'un contre-maître ; la malaxeuse tourne par l'action d'une locomobile, et le débit d'eau est assuré par une con-

duite spéciale. Le mortier, à peine fabriqué, est employé. Quant au béton, les mêmes précautions sont prises pour le dosage, et les cailloux employés sont lavés au préalable. A l'heure actuelle, la production du béton est arrêtée, et l'on ne prépare plus que du mortier. Les matières, elles-mêmes, sont choisies et vérifiées ; le sable employé, s'il provient de fouilles en plaine, est soumis à des lavages, pour entraîner les matières terreuses. Pour la chaux, il est inutile de dire que toute chaux vieillie et éventée serait repoussée aussitôt. Les hommes qui assurent le service, sauf les contremaîtres, qui dirigent le dosage, sont de simples manœuvres ; il ne faut pas grande connaissance professionnelle pour pousser la brouette et pour charrier des sacs de chaux.

Les travaux en cours d'exécution, ont attiré, à Paris, une multitude de sans travail, qui, pour la plupart, n'ont aucun métier bien défini. On dédaignerait leur aide, en temps normal, mais on les accueille aujourd'hui, et on trouvé à les utiliser. Ce bon temps, n'aura qu'un moment, et, dans quelques mois les autorités devront rapatrier, en leurs provinces, ces travailleurs occasionnels, qui auront mangé leur gain au jour le jour, et seront aussi démunis qu'à leur arrivée. C'est dans cette foule de manœuvres que les meneurs de grèves rencontrent leurs plus précieux auxiliaires, en ce sens, que ces hommes qui ne tiennent à rien, se mettent volontiers du côté du tapage et de la violence. On s'imagine à tort, que l'homme pourvu seulement de bonne volonté et de vigueur, peut, du jour au lendemain s'employer comme terrassier ou comme garçon maçon. C'est une erreur ; n'est pas terrassier qui veut. Pour le garçon maçon, il lui faut encore savoir quelques petites choses : ne serait-ce que passer le plâtre ou gâcher une augée. Quant aux autres, ce sont de vulgaires journaliers, et pour quelques braves gens, on rencontre, dans le tas un formidable nombre de personnages que l'on désigne volontiers sous le « nom de pratiques. »   G. TEYSON.

AU BORD DE LA SEINE. — *Les malaxeuses au travail.*

LIONS ET AUTRES RÉGALES DE GORÉ.

FRANCIS GARNIER EN INDO-CHINE.

PILLAGE D'UN BATEAU AU MÉKONG.

VOYAGE DE M. ET Mme DIEULAFOY.
LE MEURTRE AU FLEUVE ROUGE. (EXPLORATION DE GARNIER, BROSSARD.)

LE DOCTEUR CRÉVAUX DANS L'AMÉRIQUE DU SUD.
VOYAGE DE BURKE EN AUSTRALIE.

EXPLORATIONS ET EXPLORATEURS DU SIÈCLE.

LES CHANTIERS DES CHAMPS-ÉLYSÉES

AU COURS-LA-REINE

Une des choses qui ont concilié à la direction de l'Exposition les sympathies de la population parisienne, a été le soin méticuleux avec lequel MM. Picard et Bouvard ont veillé à ce que toutes les promesses qui lui avaient été faites, au sujet de la marche des travaux, fussent scrupuleusement tenues. Un réel sujet d'inquiétude pour elle, à l'annonce de la démolition du Palais de l'Industrie et de la construction des deux nouveaux palais, était la crainte de voir pendant plus de deux années les tombereaux et les fardiers encombrer le Cours-la-Reine et les Champs-Élysées, détruire tout le

Au commencement du xviie siècle, il n'y avait, sur cette rive de la Seine, que des terrains de culture maraîchère. En 1616, Marie de Médicis fit planter quatre belles rangées d'ormes, le long de la route qui menait à Chaillot, et créa un parc fermé par des grilles à ses extrémités. C'était une sorte de mail dont l'accès n'était pas uniquement réservé aux personnages de la cour, mais où les bourgeois de Paris pouvaient se montrer, à la condition de n'être ni en « habits de tiretaine, ni en bas de laine noire ou chaperon de drap ».

Ce fut seulement vers 1670, que l'on planta la grande allée du Roule, dite, depuis, l'avenue des Champs-Élysées, dont l'éclat devait être très brillant dès le xviiie siècle, avec les magnifiques jardins que les hôtels du faubourg Saint-Honoré projetaient vers la nouvelle promenade et ces lieux de plaisir

En 1831, à l'endroit même où débouche le tunnel desservant les chantiers des Palais des Beaux-Arts, on voit s'ouvrir au Cours-la-Reine les concerts que Philippe Musard, premier du nom, créa à Paris après la révolution de Juillet. Ce musicien est resté comme un type légendaire. Il était né en 1792, et fut soliste cor dans un des régiments de la Garde impériale. Il fit en ces qualités les campagnes d'Allemagne et d'Espagne.

Après la chute de Napoléon Ier, il passa en Angleterre, où il ne tarda pas à devenir chef d'orchestre des bals de la cour, au service de Georges IV. Ayant fait fortune, il vint fonder au Cours la Reine les concerts-promenades qui, sous sa direction, obtinrent une grande vogue. Philippe Musard ne borna point là cependant son ambition et, en 1840, il fut appelé à diriger les bals de l'Opéra. Sa popu-

Au Cours-la-Reine. — *Le débouché du tunnel dans les chantiers des Champs-Élysées.*

caractère élégant de ces deux magnifiques promenades et les rendre impraticables.

Elle craignait, aussi, de laisser saccager les beaux arbres des quinconces entourant le Palais de l'Industrie. La surprise a donc été très agréable pour elle de constater que la direction de l'Exposition tenait à honneur de remplir les engagements contractés vis-à-vis d'elle.

Vous avez beau faire le tour des élégantes palissades qui enserrent les chantiers de construction, leur clôture ne laisse point percer le secret de ces travaux d'exécution magique. Pour le connaître, il vous suffira de lire l'*Exposition de Paris*, et ses collaborateurs techniques vous diront les services rendus aux architectes et aux entrepreneurs par le tunnel qui relie les chantiers des bas-ports de la Seine et assure, par cette voie, l'évacuation des déblais et l'apport des matériaux de construction. Mon rôle se bornera à vous donner quelques indications historiques sur ce Cours-la-Reine, qui va devenir le véritable boulevard de l'Exposition de 1900.

connus sous le nom de Folie-Marbeuf, Colysée et Folie-Beaujon.

Le Cours-la-Reine, où Marie de Médicis se promenait dans un coche à forme ronde, vit circuler le premier carrosse fermé de glaces, dans lequel le comte de Bassompierre fit sensation. Je crois que la première voiture automobile n'obtint pas de nos jours un pareil succès. Plus tard, malgré la concurrence des Champs-Élysées, la vogue de l'ancienne promenade se maintient; puis Charles X concède le tout à la Ville de Paris, à charge par elle de procéder à des embellissements évalués fastueusement à 2 300 000 francs.

Cette prise de possession par la Ville de Paris marque une phase nouvelle. La viabilité des deux promenades va s'améliorer dans des proportions considérables, et le Cours-la-Reine sera le chemin par lequel la jeunesse dorée se rendra à l'allée des Veuves, devenu aujourd'hui avenue Montaigne, où s'élevaient le fameux bal Mabille et le Château des fleurs.

larité ne connut alors plus de bornes et nul homme ne fut plus souvent porté en triomphe que l'auteur du *Galop infernal*, à qui tous les moyens étaient bons pour provoquer, au point de vue musical et chorégraphique, la fantaisie la plus échevelée.

Philippe Musard abandonna la partie en 1855, lorsque les bals de l'Opéra devinrent une entreprise concédée par l'État. C'était l'époque de la première Exposition Universelle ; le Palais de l'Industrie venait d'être élevé, transformant encore une fois le Cours-la-Reine et les Champs-Élysées, peuplant ces derniers de théâtres, de cafés, de parterres, de jets d'eau. Alfred Musard succéda alors à son père. Ses bals du Jardin d'hiver firent même pendant cette première Exposition une sérieuse concurrence à ceux de l'Opéra, et de cette époque date la *Tulipe orageuse*, quadrille endiablé, digne pendant du galop paternel.

En 1859, après une tournée triomphale aux États-Unis, Alfred Musard répondit à l'appel de MM. Dartois et Besselièvre, qui reconstituèrent les concerts

Musard sur leur premier emplacement. Sous le nom de concerts Besselière, ils se perpétuèrent longtemps ensuite, avec des fortunes diverses, jusqu'au jour où ils cédèrent définitivement la place à M. Zidler et au Jardin de Paris. Mais l'histoire de ce dernier est trop récente pour qu'il soit nécessaire de la retracer.   A. COFFIGNON.

Explorations et Explorateurs
DU XIXᵉ SIÈCLE

OCÉANIE

Les grands voyages de circumnavigation, très nombreux à la fin du XVIIIᵉ siècle, ont continué au commencement du XIXᵉ et ont eu surtout pour résultat une exploration complète de l'Océan Pacifique. Après le grand voyage scientifique dirigé par l'amiral Baudin de 1800 à 1804, et celui de Freycinet (1817-1820) qu'accompagnaient les médecins Quoy et Gaimard, le botaniste Gaudichaud, le littérateur J. Arago, se place le voyage de Dumont d'Urville (1826-1829).

Le grand navigateur, ayant sous son commandement l'*Astrolabe* et la *Zélée*, explora la Nouvelle-Zélande et la Nouvelle-Guinée et retrouva à Vanikoro les traces du naufrage de la Pérouse. Il avait avec lui les naturalistes Quoy, Gaimard et Adolphe Lesson.

Dans un nouveau voyage, Dumont d'Urville, après avoir exploré les régions polaires du sud, visita une grande partie des grands archipels de l'Océanie, les îles de la Sonde, les Moluques, la Nouvelle-Zélande, la Nouvelle - Calédonie, les îles Loyalty.

Quelques autres explorations importantes ont, de 1830 à 1840, achevé de nous faire connaître, dans ses traits généraux, la configuration des terres océaniques. Celle de la *Bonite*, en 1836, a eu de nombreux résultats scientifiques.

Mais, avec la première moitié du siècle, se termine l'ère des grandes circumnavigations. Le monde était connu dans son ensemble ; les animaux et les végétaux les plus remarquables avaient été recueillis et décrits. Ce sont des voyages limités, des séjours prolongés, qui vont désormais fournir, à la géographie et aux sciences diverses, des notions nouvelles.

La grande île de Sumatra, dont le nord-est est agité, depuis au moins vingt-cinq ans, par les révoltes des Atchinois, a été traversée en 1874, de l'est à l'ouest, par une expédition organisée par la Société de Géographie d'Amsterdam.

Les diverses îles de l'Insulinde ont été explorées notamment aussi par MM. Eeckhout, Ten Kate, Merburg, de Clercq, Yzerman, Jules Claine. M. Charnay a visité, en 1878, les anciens monuments de Bœroe-Bœdor à Java.

Le contour des côtes de Bornéo a été relevé, en 1875, par la corvette autrichienne le *Friedrich*, qui a corrigé de nombreuses erreurs des cartes. L'intérieur de l'île a été longtemps mal connu. Ce sont surtout les recherches géologiques de M. Posewitz en 1889, et les explorations de MM. Molengraaf et de Büttikofer, en 1893-1894, qui ont contribué à mieux faire connaître les grandes lignes de l'orographie, de l'hydrographie et de la constitution géologique du Bornéo.

Un Français, M. de la Gironnière, qui a séjourné aux îles Philippines de 1819 à 1838, a fait plusieurs excursions chez les indigènes de l'île de Luçon et

visité des peuplades sauvages et barbares. A une époque plus récente, de 1880 à 1882, M. Montano et M. Paul Rey ont étudié, à leur tour, les populations des Philippines. M. Montano a fait d'intéressantes excursions dans l'île de Mindanao, dont l'intérieur était inconnu. M. Marche a visité les Philippines à la même époque, et il y est retourné en 1883.

L'intérieur de l'île de Célèbes était encore peu connu en 1893, malgré les voyages de Martin (1883), de van Schelle, de Wichmann, de Kruijt. Deux voyageurs suisses, les frères Paul et Fritz Sarazin, ont fait, de 1893 à 1896, cinq grands voyages dans l'île de Célèbes. Un autre explorateur, le baron van Hœvell, a fait connaître quatre petits États de la baie de Tomini.

Les îles Carolines ont été explorées par les Russes Kotzebue (1817 et 1823), et Lutke (1828),

EXPLORATIONS ET EXPLORATEURS DU XIXᵉ SIÈCLE.
Groupe de Papous en costumes de fête.

puis par l'Allemand Knorr et par Mikloukho-Maclay ; enfin plus récemment, par le Dʳ Finsch et par M. Hernstein.

Depuis que Dumont d'Urville eut, en 1827, relevé la côte septentrionale de la Nouvelle-Guinée, plusieurs autres voyageurs en avaient suivi les côtes, mais aucun d'eux n'avait osé séjourner sur cette terre avant A. Russell Wallace, en 1850. En 1873 et 1874, le capitaine Moresby fit deux voyages en Nouvelle-Guinée. Un Russe, M. de Mikloukho-Maclay, séjourna six ans dans cette île, étudiant l'ethnographie et l'histoire naturelle ; un Italien, M. Beccari, y resta dix ans, et fut accompagné dans le second de ses voyages par M. d'Albertis.

Les autres explorateurs de l'île furent un Allemand, M. Meyer (1873), M. Raffray (1877), M. Ingham qui fut massacré à l'île Brooker (1878). Une expédition allemande, dirigée en 1895 par M. Otto Ehlers, éprouva un véritable désastre et son chef

périt dans une rivière. Une autre mission allemande, composée de Dʳˢ Lauterbach, Tappenbeck et Kersting a été plus heureuse, et a parcouru un itinéraire de 325 kilomètres en 1896. Le gouvernement des territoires britanniques de la Nouvelle-Guinée, sir W. Mac-Grégor a traversé, à la même époque, la presqu'île orientale de l'île. Un Français, M. le comte de Cacqueray de Lorme, a parcouru le bassin du fleuve Saint-Joseph, dans la partie anglaise, au sud est de l'île. Enfin c'est aussi la partie anglaise de la Nouvelle-Guinée qui a été explorée en 1896 et en 1897 par les missionnaires Jullien et Rycke.

Le gouverneur Mac-Grégor a fait, en 1895, la première traversée de l'île Fergusson ou Moratau, dans l'archipel d'Entrecasteaux.

Les îles Salomon, habitées par de farouches cannibales, sont encore inexplorées. En 1896, le géologue Foullon y a été massacré ainsi qu'un officier et des matelots d'un navire anglais.

L'Australie, la plus grande des terres de l'Océanie, est un véritable continent dont beaucoup de parties restent encore à connaître, bien que les explorations y aient été nombreuses.

En 1817, Oxley explora les rivières Macquarie et Lachlan. De 1828 à 1831, le capitaine Stuart découvrit le Murray et descendit jusqu'au lac Alexandrina ; de 1831 à 1836, Mitchell explora le Darling, découvert par Stuart. John Eyre voyagea de 1839 à 1840, et découvrit les lacs Torrens et Eyre. En 1844, le capitaine Stuart tenta de traverser le continent, mais il ne put dépasser le centre des terres. En 1861, Burke fit la première traversée presque complète, mais il succomba avec ses compagnons.

Mac Donall Stuart, qui, en 1860, avait fait un premier voyage jusqu'au centre de l'Australie, parvint, dans un nouveau voyage, de la côte sud, à la côte nord. Trois voyages ont surtout contribué ensuite aux découvertes faites de 1872 à 1882 : ceux de Giles, du major Warburton et des frères Forrest. Il faut citer ensuite les diverses explorations de M. David Lindsay, dans les régions du centre et de l'ouest, de 1883 à 1891. En 1894, M. W. A. Horne explora, scientifiquement, les monts Mac Donnell, dans l'Alexandra Land.

La découverte de gisements aurifères dans la partie occidentale de l'Australie a déterminé, dans cette région, un certain nombre de voyages d'exploration, notamment ceux de MM. Hubbe (1895-1896), Carr, Boyd et Woodhouse, James Robertson, Carnegie (1896-1897), A. Wells. Deux des membres de cette dernière expédition, MM. Fr. Well et J. W. Jones qui s'étaient séparés à un moment de leurs compagnons, n'ont pu être retrouvés.

La Nouvelle-Zélande renferme encore des régions presque inconnues. La première traversée des Alpes du sud de la Nouvelle-Zélande a été effectuée, en 1895, par un alpiniste anglais, M. Fitz-Gerald.

La Nouvelle-Calédonie, occupée par la France en 1853, a été depuis lors parcourue dans toutes ses parties.

Plus au nord, le Dʳ Irmer, gouverneur allemand des îles Marshall, a visité, en 1896, les îles Medjit et Gaspar-Rico et le groupe Brown, ainsi que les îles Ponapé et Koussaie, qui font partie de l'archipel espagnol des Carolines.

GUSTAVE REGELSPERGER.

L'EXPOSITION UNIVERSELLE DE 1900

Principes généraux de la composition
DU PLAN

L'extrait du rapport de M. Alfred Picard, que nous reproduisons plus bas, est le meilleur commentaire du plan général de l'Exposition, que représente notre planche hors texte. La forme conditionnelle qu'emploie le Commissaire général est comme une formule de politesse, car ce rapport était soumis à l'approbation ministérielle; cette approbation était implicitement accordée à l'avance; d'ailleurs, elle ne se fit pas attendre, et les travaux de l'Exposition de 1900 s'effectuent ponctuellement, comme l'indique le programme ci-dessous :

« L'entrée principale du public serait sur le sur des dimensions moindres, s'élèverait celui de l'Exposition rétrospective de l'Art français. Ces deux édifices seraient, avec le pont monumental, les seules constructions définitives de l'Exposition. Disposés en retrait par rapport à l'alignement des Champs-Élysées, de manière à ne point altérer le caractère de la grande avenue parisienne, ils affecteraient les formes appropriées aux besoins de la décoration et au maintien des grands arbres existants; leur distribution se prêterait, pour l'avenir, aux mêmes usages que celle du palais actuel de l'Industrie. Des portiques, des exèdres, des statues, des plantations nouvelles, des parterres de fleurs compléteraient ce bel ensemble.

« Après avoir traversé le quai de la Conférence, la nouvelle promenade franchirait la Seine sur un pont monumental, dont l'axe longitudinal coïnciderait avec celui de l'esplanade des Invalides. Cet

« La promenade se prolongerait au delà du pont, dans la partie antérieure de l'esplanade des Invalides, et aboutirait à une série de palais construits entre les deux lignes de quinconces. Ces bâtiments abriteraient les groupes touchant plus spécialement à l'Art décoratif : décoration et mobilier des édifices publics et des habitations; industries diverses (orfèvrerie, joaillerie et bijouterie; bronze, fonte et ferronnerie d'art, métaux repoussés, etc.).

« Ainsi, la région du palais de l'Industrie et l'esplanade des Invalides formeraient le domaine de l'Art. Le public trouverait au seuil de l'Exposition future les manifestations les plus brillantes du génie national.

« Le ministre des travaux publics se propose de régulariser les berges de la Seine, en aval du pont des Invalides, et d'y établir des bas-ports

EXPLORATIONS ET EXPLORATEURS DU XIXᵉ SIÈCLE. — Indigènes des Iles sous le Vent.

Cours-la-Reine et le quai de la Conférence, près de la place de la Concorde. Elle ferait face à une large avenue plantée, latérale au fleuve, laissée libre de toutes constructions et coupée presque perpendiculairement par la nouvelle promenade. Le quai des Tuileries fournirait un lieu de stationnement tout indiqué pour les voitures, qui n'encombreraient jamais la place de la Concorde.

« En pénétrant, les visiteurs rencontreraient, sur leur droite, le bâtiment de l'Administration, pourvu d'un autre accès extérieur, puis le pavillon de l'Éducation et de l'Enseignement, dont une pensée philosophique marquait la place au vestibule même de l'Exposition. A gauche, la Seine resterait entièrement dégagée; des jardins en terrasse borderaient la rive.

« La promenade nouvelle, ouverte entre les Champs-Élysées et le quai de la Conférence, commencerait par une entrée d'honneur. A droite, en regardant les Invalides, serait érigé le palais des Beaux-Arts; à gauche et en face de ce palais, mais

ouvrage, très légèrement biais, aurait une largeur de 60 mètres, égale à celle des Champs-Élysées entre les quinconces. Il comporterait une arche unique en acier moulé; on éviterait ainsi d'entraver la navigation, que gênent déjà la courbure du fleuve et le défaut de concordance entre les piles du pont de la Concorde et celles du pont des Invalides; l'effet d'un arc très surbaissé, de pareille ouverture, serait d'ailleurs nouveau et certainement grandiose. Des portiques extrêmement légers, dessinant une dentelle métallique à très larges mailles, pourraient couvrir une partie du pont.

« Nous croyons utile de rappeler, à cet égard, que l'insuffisance du pont de la Concorde avait conduit l'Administration à décider, depuis longtemps, une nouvelle traversée de la Seine, au droit de la rue de Constantine. Le service de la navigation de la Compagnie de l'Ouest, qui devaient établir cette traversée à frais communs, reporteront leurs crédits, à titre de concours, sur le pont monumental de l'Exposition.

à murs droits. Un concours financier serait apporté à cette opération par le budget de l'Exposition de 1900, ce qui permettrait de lui donner plus d'ampleur et d'en hâter la réalisation. Grâce aux surfaces gagnées sur les quais bas, nous pourrions élever en encorbellement, le long du fleuve, entre les lignes de grands arbres et la nappe d'eau, des constructions isolées et variées de forme, se mêlant à la verdure, reflétant leurs façades pittoresques dans la Seine et y projetant, le soir, leur lumière éblouissante. Des promenoirs superposés, du côté de la rivière, recevraient les visiteurs, dont l'œil embrasserait les deux rives et qui jouiraient d'un spectacle charmant. Il y aurait là un cadre superbe pour des fêtes vénitiennes.

« Sur la rive droite, du pont des Invalides au pont de l'Alma, prendraient place le palais de la Ville de Paris, la grande serre de l'Horticulture, le palais de l'Économie sociale et des Congrès. Ce dernier palais serait facilement accessible par la place de l'Alma, vers laquelle convergent de nombreuses avenues. L'exposition horticole se répandrait aux alentours, fleurissant les abords des établissements de spectacle et des reconstitutions historiques, archéologiques ou artistiques, dont elle formerait le centre.

« Sur la rive gauche, du pont des Invalides au Champ-de-Mars, s'échelonneraient les palais et pavillons des nations étrangères, puis ceux des Armées de terre et de mer, de la Marine marchande, des Forêts, de la Chasse, de la Pêche et des Cueillettes.

« Au Trocadéro, l'Algérie, la Tunisie, les autres colonies ou pays de protectorat étageraient leurs constructions multicolores en un joyeux amphithéâtre et détacheraient les silhouettes caractéristiques de leur architecture sur un fond de végétation luxuriante.

zontales à gradins, est, tout à la fois, de dégager la vue et d'éviter les accidents auxquels donnent lieu les escaliers. Chacun des palais recevrait, du côté extérieur, le matériel de production, et, du côté intérieur, les produits fabriqués ; les musées centennaux pourraient se placer dans les galeries transversales séparatives des groupes. Sur tout le pourtour du jardin se développeraient des terrasses de circulation, au rez-de-chaussée et au premier étage. Du haut de cet étage, l'œil embrasserait le panorama du Champ-de-Mars et du Trocadéro, qu'agrémenteraient pendant la nuit les effets combinés d'eau et de lumière. Le palais de l'Électricité serait un palais de verre resplendissant, le soir, comme un phare gigantesque.

« On conserverait la galerie des machines de 1889 ; mais on en modifierait la forme et l'usage.

féeries ; c'est à nos grossières constructions, de pierres et de moellons, de s'asseoir lourdement sur le sol. Eh bien ! ce songe de fumeur d'opium, cette immatérialité du rêve, M. Ponsin les réalisera, en 1900, sur le terrain de l'Exposition, à quelques pas de la Tour Eiffel, ce triomphe de la matérialité brutale.

Et ce palais de fée ne sera pas un modèle, une réduction, un jouet ; il aura trente mètres de haut, quatre-vingts de tour, et pourra contenir des foules de visiteurs. La concession a été obtenue, aussitôt demandée, d'ailleurs ; les maquettes et les modèles sont achevés, et les travaux commencés sur place.

M. Ponsin est un artiste peintre qui a poussé l'étude du verre, jusqu'à des limites insoupçonnées de ceux mêmes, qui pensent connaître à fond les

« Ce serait l'une des parties les plus attractives de l'Exposition.

« Enfin, on distribuerait au Champ-de-Mars la grande industrie et la production agricole (matériel et procédés généraux de la mécanique ; mines et métallurgie ; industrie chimique ; fils, tissus et vêtements ; génie civil ; moyens de transports ; aliments ; agriculture ; électricité ; etc).

« Deux suites de palais, maintenus dans une même donnée générale, mais caractérisant néanmoins les divers groupes, s'échelonneraient le long des avenues de Suffren et de La Bourdonnais, pour aboutir à un immense château d'eau avec cascades superposées et au palais de l'Électricité.

« Ces bâtiments seraient disposés en redans, de façon à augmenter, par un effet de perspective, la profondeur apparente du parc qu'ils envelopperaient et qui s'élèverait, par une pente continue, du quai d'Orsay vers l'École militaire.

« Notre but, en supprimant les terrasses hori-

Au centre, serait installée la grande salle des Fêtes, dont le palais de l'Électricité constituerait le brillant vestibule. Les deux ailes abriteraient le groupe de l'Agriculture. »

ALFRED PICARD.

LES GRANDES ATTRACTIONS

LE PALAIS LUMINEUX PONSIN

Qu'on s'imagine un fumeur d'opium s'endormant sur une lecture des *Mille et une Nuits*, l'esprit hanté des palais merveilleux qu'évoqua le génie des conteurs orientaux ; bientôt ses songes édifieront des visions capricieuses, de mystérieuses constructions bâties de gemmes translucides qui se dresseront, planant dans l'espace, car les lois de la pesanteur n'existent pas pour les palais de

ultimes ressources de cette matière. Le verre a pour lui l'éclat, la dureté ; il est plus transparent que l'air le plus fluide et plus opaque qu'un métal ; il s'imprègne de tous les tons, et les couleurs qu'il revêt ont, à la fois, la douceur, la souplesse, la solidité et la profondeur : le verre se taille, se file, se tisse ; il est laiteux, opalin ; il s'irrise, il se nacre et se métallise ; il se moule, se coule, se souffle : c'est le Protée de la fable. M. Ponsin, le *vitrarius*, comme on le nomme, a voulu, en un édifice sans précédent, et sans égal, représenter le verre sous toutes ses formes et sous tous ses aspects, en usant de toutes les ressources qu'il peut fournir.

Le palais lumineux se dressera sur un bloc de rochers granitiques, qu'animera une cascade s'épanchant dans un lac, juste dans l'axe de la Tour Eiffel, sur la gauche, quand on regarde l'École militaire.

Des rampes monumentales, capricieusement

Le palais lumineux Ponsin. — *Vue d'ensemble.*

LA PEINTURE FRANÇAISE PENDANT LE COURS DU SIÈCLE. — *Le couronnement de Napoléon, tableau de David.*

contournées amènent en un vaste salon, un grand hall, recouvert d'une coupole, et qui s'ouvre sur l'extérieur par de larges baies, drapées de lourdes portières. Un divan circulaire, dont le motif central est surmonté d'une statue, occupe le milieu de l'espace, tandis qu'un tapis de Smyrne, aux colorations éclatantes, décore le sol. Cinq panoramas, ménagés dans le pourtour du hall, représentent les cinq parties du monde. Le dôme qui couvre le grand hall, porte sur seize colonnes de rubis, avec chapiteaux dorés. Tout autour, à l'extérieur, règne une galerie abritée par une toiture aux courbes onduleuses, qui s'appuie sur des colonnes torses. Le toit est surmonté d'un lanternon à jour, qui porte une statue d'*Electryone*, fille du Soleil, posée sur un globe qui tourne dans l'espace, sans support apparent, grâce à un truc ingénieux.

Tout cela : statues, colonnes, parois, tapis, portières ; tout cela est en glace et verre, teintés, coloriés de tous les tons possibles, modelés et soufflés sous toutes les formes imaginables, et chose plus étonnante, tout cela tient sans armature, visible. On pensera peut-être que ces cloisons, que ces motifs, sont sertis dans des montures métalliques ; c'est une erreur. Le fer intervient, c'est évident, mais à l'intérieur, derrière les plaques de verre opalisées, et par conséquent, translucides et non transparentes ; c'est-à-dire que les supports sont dissimulés parfaitement. Le cloisonnement est double ; il est constitué par des panneaux de glace de trois centimètres d'épaisseur, et les deux cloisons sont éloignées de vingt centimètres environ, c'est entre ces deux parois, que montent les âmes métalliques, qui retiennent les cloisons par des pattes de soutien. Dômes et toitures sont doubles et translucides ; le tapis est formé de même, par des dalles du plus beau cristal, a joints dressés et posés à vif ; les sutures échappent au regard. Quant aux portières, elles sont en verre filé et tissé ; c'est à Venise qu'on les fabrique actuellement : elles représentent une étoffe damassée par d'énormes fleurs de soleil (hélianthe), dont les anthères et les pétales seront en jais brun et cristal taillé, doublé de platine. Les portières ont 9 mètres de haut.

Les franges de ces portières ont une hauteur de 1 m. 40 ; elles rappellent ces franges dont les peintres de théâtre enrichissent les rideaux d'avant-scène, et dont la somptuosité n'aura jamais été réalisée en nature, si ce n'est dans le palais Ponsin. Ces franges sont formées de masses de perles enfilées ; elles sont reliées, par des guirlandes de grosses perles et de cabochons taillés, selon des dimensions décroissantes ; ces perles taillées viennent de Bohême, mais la portion la plus importante de l'œuvre provient des cristalleries de Saint-Gobain.

Les plaques de cristal, dont le poids représente des milliers de tonnes, sont modelées pour la plupart. C'est ainsi que le tapis de Smyrne porte des étoiles dorées ; ces étoiles sont moulées en creux, et revêtues de feuilles d'or, mais sur la face inférieure. Le divan circulaire sera recouvert également d'une étoffe en verre tissé ; en verre également les colonnes et leurs chapiteaux, et les statues qui de toutes parts ornent la construction.

On peut s'imaginer déjà quel effet produira ce gigantesque joyau, sous les rayons du soleil ; ce sera, démesurément agrandi, l'effet des grandes verrières de nos cathédrales ; mais la nuit, avec le contraste de l'obscurité avoisinante, ce sera une féerie vertigineuse, car le palais, de la base au sommet, s'allumera d'un ruissellement de feux. Les armatures intérieures portent, très rapprochées, des lampes à incandescence, au nombre de plusieurs milliers, et qui s'allumeront instantanément. Les rampes d'accès, construites sur le même principe, deviendront lumineuses, et comme les rochers de granit, sur quoi elles portent, demeureront obscurs, le palais tout entier semblera reposer dans l'air, comme une apparition fantastique.

On ne peut s'imaginer l'extraordinaire impression que subira le visiteur de cette féerie ; un sentiment d'inquiétude se mêlera certainement à la stupéfaction ; la promenade sur ces sols aux tons de pierres précieuses, brillant d'une incandescence chatoyante, inspirera comme une certaine appréhension, à laquelle on se fera vite, d'ailleurs, car les yeux seront sollicités de toutes parts par des merveilles. On comprend pourquoi M. Ponsin a tenu à édifier son palais sur les bords d'une pièce d'eau : c'est un miroir qui doublera l'effet de son palais incandescent.

La place qui nous est mesurée nous interdit de nous étendre sur toutes les surprises que le *vitrarius* réserve à ses visiteurs : cependant, il nous faut citer ces oiseaux et ces fleurs, qui la nuit venue, s'allumeront dans les arbres entourant le palais ; fleurs et oiseaux sont construits sur le même principe ; une armature intérieure habillée de verre opalisé, éclairé par des lampes à incandescence, qu'un fil spécial et invisible relie au circuit général.

La statue d'Electryone, beaucoup plus grande que nature, qui couronne le palais, semblera, disions-nous, planer dans les airs, loin de tout support. Le globe sur lequel ses pieds sont placés est porté sur un dôme de glace transparente, d'une pureté parfaite, qui, la nuit venue, sera complètement invisible. Il nous faudrait parler de toutes les figures décoratives, des motifs ornementaux, des guirlandes de fleurs, des animaux fantastiques, qui animent et mouvementent l'ensemble. Nous aurions aussi à décrire les deux grandes grottes, ornant le soubassement rocheux des parties est et ouest, d'une autre grotte souterraine accessible aux visiteurs, disposée sous le grand hall, et décorée de stalactites de glaçons parsemées de paillettes d'or. Le sol de cette grotte sera formé de plaques de glace, laissant transparaître dans leur profondeur les formes de poissons fantastiques et de monstres inspirés des animaux de l'époque antédiluvienne.

M. Ponsin s'est adjoint, pour les questions techniques, M. Latapy, architecte ; le peintre des cinq dioramas exécutés sur verre est M. Castellani. Les statuaires, chargés de modeler les statues, sont M. Beer et Falguière.

Voilà donc, bien décolorée et bien incomplète, une description de cette hallucinante entreprise, dont M. Ponsin, lui-même, ne se dissimule pas les difficultés. Mais le *vitrarius* a la foi, et le travail qu'il a déjà accompli est effrayant : pas un de ces innombrables détails qu'il n'ait, de sa main, peint et dessiné, grandeur d'exécution. Il compte bien être prêt à l'heure de l'ouverture, en dépit du hasard des fours et des coulées. Bonne chance à M. Ponsin et à son palais lumineux !

G. MOYNET.

LA PEINTURE FRANÇAISE
PENDANT LE COURS DU SIÈCLE

Greuze survit jusqu'en 1805 à son petit peuple d'ingénus sensuels. Fragonard meurt, oublié, en 1806. La féerie qu'il évoquait, frémissante d'apparences prestes, de chairs fouettées, s'est écoulée dans un frisson nouveau. Après la Terreur et la folie du Directoire, l'Empire déchaîne la guerre sur le monde. Le vol des amours s'abrite dans la paix mélancolique du rêve d'un solitaire, Prudhon (1758-1823). C'est le crépuscule de la volupté ; c'est l'élégie antique ravivée ; c'est la grâce moderne fondue dans l'éclat des lumières nuancées, surgie des vapeurs de l'ombre. C'est le charme amoureux du XVIIIe siècle et c'est déjà toute la tristesse du nôtre. De l'un à l'autre, Prudhon tend le trait d'union de son génie.

« Aux sources sacrées de l'antique tout cru » où David croyait s'abreuver, Prudhon, quand il s'y penche, ne puise pas l'oubli de la nature. Corrège, le Vinci l'en eussent défendu si déjà son génie n'avait averti le jeune pensionnaire des États de Dijon qu'il ne pouvait « voir par les yeux des autres », car c'est en lui-même que flottaient ces visions profondes et touchantes dont quelques peintures, des dessins lumineux, des estampes, des vignettes et des en-têtes de papiers administratifs gardaient les confidences incomprises. La misère, les soucis d'un ménage malheureux, puis la mort tragique de la plus tendre et plus intelligente amie, Mlle Meyer, déchirent ce cœur sans lui arracher, avant un dernier cri de détresse, le *Christ en Croix* (1821), le moindre anathème aux tendresses du Beau. Dès 1779, un tableau allégorique, *la Sagesse et la Vérité descendent sur la terre*, puis des travaux décoratifs lui gagnent la faveur impériale. De 1808 à 1814, il s'atteste le maître du jeune siècle par la jeunesse de quatre chefs-d'œuvre : *la Justice et la Vengeance divine poursuivant le crime*, *l'Enlèvement de Psyché par les Amours*, *Vénus et Adonis*, *le Zéphir qui se balance*. L'allégorie, il la pénètre de pathétique ; à la fable surannée, il rend la pudeur souriante de l'aube antique. « Le rayon, voilà sa ligne. » Seul le temps, désagrégeant la mixture malhabile des couleurs, a pu voiler d'ombre ces formes pleines, enveloppées et si pures. A la suavité du modelé portraitiste, il ne sacrifie ni la fermeté du dessin, ni le souci de l'individualité. Le portrait d'*Un Jeune Homme*, ceux du *Baron Denon*, de l'*Impératrice Joséphine* dans sa langueur nonchalante et fraîche, sont des exemples, entre tant d'autres, par où il se montre ému de la vie contemporaine.

« Reproduire scrupuleusement la nature », tel est le dogme qui, transmis par Diderot à Vien et par Vien, impuissant, à David, doit réformer les arts plastiques. Du passé, rien ne semble devoir être retenu. Le stoïcisme républicain se met à l'École de Rome. Winckelmann, Mengs découvrent les monuments antiques : de quelle utilité, de quel danger fut ce secours ? l'œuvre contradictoire de David, celle de ses élèves en témoignent. C'est une méthode que la technique amollie doit apprendre des statuaires des grandes époques ; c'est une convention qu'elle emprunte aux maîtres de la décadence. Le culte de la vérité dégénère, à peine révélé, en pénibles imitations d'une vérité périmée. La simplicité, l'énergie aboutissent à la raideur et à l'emphase. Mais quelle que soit la rigueur de ses principes, l'autorité de sa « régence », David ne peut mentir à son génie. L'histoire de l'art pendant la Révolution oppose le contraste heureux des *Horaces*, de la *Mort de Socrate*, du *Brutus*, où la théorie triomphe, avec la pompe funèbre de *Lepelletier de Saint-Fargeau*, l'esquisse même du *Serment du Jeu de Paume*, où sa passion s'échauffe jusqu'à atteindre les belles franchises du *Marat*. De même, dans la période qui seule nous occupe ici, après *les Sabines* (1799), où sa manière romaine prétend, s'hellénisant, atteindre à une élévation sans seconde, et où l'attitude des personnages isolés et nus se substitue si malencontreusement à l'action, du *Couronnement* il tire, presque malgré lui, la matière du meilleur tableau historique dont puisse s'enorgueillir l'École française.

Il interdisait à l'accidentel de rompre l'unité de caractère des formes ; le type du beau, il l'abstrayait de la nature collective. Et voilà que pour immortaliser l'accidentel, pour caractériser l'individu, et jusque dans le faire des accessoires et le parti de lumière, ses facultés de réaliste s'affranchissent de la tyrannie du style ! Par la « peinture-portrait », comme il disait, il passe de l'idéal au réel, — comme cet âge qui croit réaliser la Révolution par l'Empire. La *nature individuelle*, mieux que dans l'œuvre de Trinquesse, de Ducreux, de Danloux, de Laneuville, même de Pagnest, prend sa revanche dans les portraits de *Michel Gérard*, de la *Marquise d'Orvilliers*, de *Mme Récamier*, du *Père Puzelier*, du pape *Pie VII*, dans l'impitoyable *Barrère*, dans l'ardente esquisse du *Bonaparte*. Et s'il

LA PEINTURE FRANÇAISE PENDANT LE COURS DU SIÈCLE. — *Madame Récamier.*
Fragment du tableau de David.

retourne au *Léonidas*, à cette grande toile maintes fois abandonnée et qui porte le poids de toutes ses manières, de toutes ses contradictions, plus systématique à mesure que le par dedans moral, les grandes idées de patrie, de liberté, de devoir s'évanouissent, il semble que le vieillard en exil se surprenne, un jour, à écouter la leçon des maîtres flamands devant les *Trois inconnues*.

La fidélité sectaire de ses disciples défendra mal l'Académie qu'il a rééditifiée sur les ruines dont il était l'auteur. Déjà, parmi eux, si Lethière maintient avec énergie la doctrine classique, si Grasset s'émancipe en des recherches de clair-obscur, que de symptômes d'impatience ! Au concours décennal de 1810, une *Scène du Déluge* de Girodet-Trioson l'emporta sur *les Sabines* ; peinture laborieuse dont on loue cette inspiration dramatique qui, d'*Ossian* à Chateaubriand (*les Funérailles d'Atala*), se fatigue en pénibles efforts. Des ateliers de Vincent et de Regnault, qui se partagent l'enseignement de la jeunesse, nul salut. Guérin, élève de Regnault, qui s'entête à ordonner pompeusement des parodies de tragédie (*Marius Sextius, Andromaque, Énée, Clytemnestre*), aura pour disciples révoltés Géricault, Champmartin, Delacroix, Scheffer. A peindre des portraits d'apparat où la noblesse impériale et l'ancienne aristocratie se guindent sous une élégance officielle, Gérard, « le roi des peintres, le peintre des rois », affadit sa grâce ingénieuse dont la séduction pénétrait les images du peintre *Isabey*, de *Mme Récamier*, de *Mme Regnault de Saint-Angely*. Mais après d'insignifiantes allégories, son ambition se hausse à vouloir représenter — sans grand succès d'ailleurs — des sujets modernes : *Corinne au Cap Misène*, l'*Entrée de Henri IV*, *Louis XIV déclarant son petit-fils roi d'Espagne*. Napoléon déjà avait mis Charlemagne à la mode. Déjà quelques artistes désertaient le Louvre pour le Musée des monuments français, aux Petits-Augustins.

Louis le Gros, Saint-Louis, Philippe le Bel font cortège au droit divin de Louis XVIII octroyant la Charte. Guizot enseigne « notre histoire depuis des siècles, la chevalerie ». C'est le temps où Cartelier propose le goût des scènes romanesques à Blondel, à Mauzaisse, à Steuben, à Vafflard, à Menjaud. L'héroïsme empanaché surprend la vieillesse de cette société qui se mire dans la peinture exacte et lisse de Boilly, dans les scènes de Carle Vernet, de Debucourt, et qui avait aimé en Drolling le peintre intime de ses intérieurs. Surtout de 1799 à 1815, le Consulat, l'Empire reposent sur une institution fondamentale qui n'est point inscrite dans les constitutions, mais dont l'assise est essentielle : la gloire. De Marengo à Waterloo, par toute l'Europe, quel spectacle pour un artiste passionné de beauté vivante ! Tel était Gros, élève de David, qui devait recevoir en Italie l'empreinte double des gé-

nies de Napoléon et de Rubens. Inspecteur aux beaux-arts. En 1804, l'admiration que soulèvent ses *Pestiférés de Jaffa* est si vive que de jeunes artistes fixent une couronne au cadre du tableau. On s'étonne de tant de puissance d'émotion, de la robustesse du métier, de l'éclat pittoresque du décor, du réalisme énergique des agonies, de la vigueur simple des attitudes, de la lumière, de la couleur.

Le jour intense de l'Orient éclaire encore la *Bataille d'Aboukir*. Mais dans la *Bataille d'Eylau*, Gros a voulu plus d'unité dans le drame, toute la tristesse qui tombe du ciel pesant et s'épand au long

LES TRAVAILLEURS DE L'EXPOSITION.
Bardeurs amenant une pierre de taille, sous la grande grue.

des plaines de neige, la mort et le deuil. Des portraits de Napoléon, de Lassalle, de Masséna, de Fournière-Sarlovèze, il dégage et projette le caractère essentiel. David, malheureusement, l'incite à abandonner ces « sujets de circonstance » pour « de beaux tableaux d'histoire ancienne ». « Feuilletez votre Plutarque », dit-il à l'élève trop docile et qui ne croit pas à son génie. Gros s'incline, respectueux. On put suivre sa décadence de la *Bataille des Pyramides* à la *Coupole du Panthéon* et à l'*Hercule et Diomède*. La critique intempérante des jeunes romantiques oublie tant d'œuvres fortes, et jusqu'à la *Sortie du roi des Tuileries* par où « l'homme mort » était le vrai maître du siècle. Désespéré, Gros se coucha sous quatre pieds d'eau dans un

bras mort de la Seine, à Meudon. De sa postérité, qui de Charlet, de Raffet, de Bellangé, d'Horace Vernet, s'étend jusqu'à Pils, Yvon, Meissonier, de Neuville, Detaille, le premier disciple était tombé déjà : Géricault.   *A suivre.*   JULES RAIS.

Bardeurs et Scieurs de pierre

Le mot « bardeur » vient, paraît-il, d'un verbe du vieil allemand qui signifie « porter ». Ce même verbe a laissé dans la langue française un autre mot, « débardeur », qui désigne plus particulièrement les déchargeurs de bateau. Quoi qu'il en soit, les bardeurs, aux chantiers, reçoivent la pierre taillée, et la transportent jusqu'au point où elle doit être employée. Suivant la pierre à remuer, ils agissent par équipe ou « bretellée » de deux, quatre ou six hommes, menés par un chef que l'on nomme le pinceur. Le pinceur est toujours armé d'une pince, dont il se sert avec une précautionneuse attention. Un faux coup de pince, et voilà une arête brisée, *épaufrée*, de là une grosse perte pour l'entrepreneur, et souvent un arrêt dans le travail. Le pinceur a donc bien soin de veiller à ce qu'un de ses hommes place, entre la pince et le bloc, un de ces étroits et épais paillassons, qui font partie du matériel des bardeurs.

Il est bien simple le matériel des bardeurs : un chariot à bricoles, que l'on nomme bard, ou diable, des rouleaux de bois dur, et c'est tout. Ils s'en vont, lentement, patiemment, poussant le bloc, dont la pierre et les parements nets et les arêtes vives ne doivent recevoir aucune atteinte : ils le mènent d'abord à l'appareil de montage, comme dans notre gravure ci-contre, et le placent dans les solides brassières de cordages qui l'embrassent. Ils veillent à ce que le chanvre ne porte pas sur l'arête sans l'intervention d'une fourrure. Puis, la pierre montée, ils la guident sur le plancher de l'échafaudage, avançant pas à pas, déplaçant et replaçant leurs rouleaux, et se gardant surtout d'aventurer leurs doigts sous la pierre.

Quant au scieur de pierre, c'est un philosophe ; la scie diamantée le menace de bien près, mais l'installation de cet appareil est coûteuse ; elle n'a de raison d'être que dans les chantiers importants, comme ceux du Grand Palais ; le scieur de pierre a encore bien des années devant lui, à promener mélancoliquement sa lame dentée dans la pierre tendre, et sa lame lisse dans la pierre dure. Il est souvent bien résistant le calcaire ; alors on voit le scieur saisir sa cuiller à long manche, arroser le trait d'entame d'un bon jet d'eau mêlée de grès, et reprendre son éternel mouvement de va-et-vient.

PAUL JORDE.

LES TRAVAILLEURS DE L'EXPOSITION. — *Les scieurs de pierre, au chantier du Petit Palais.*

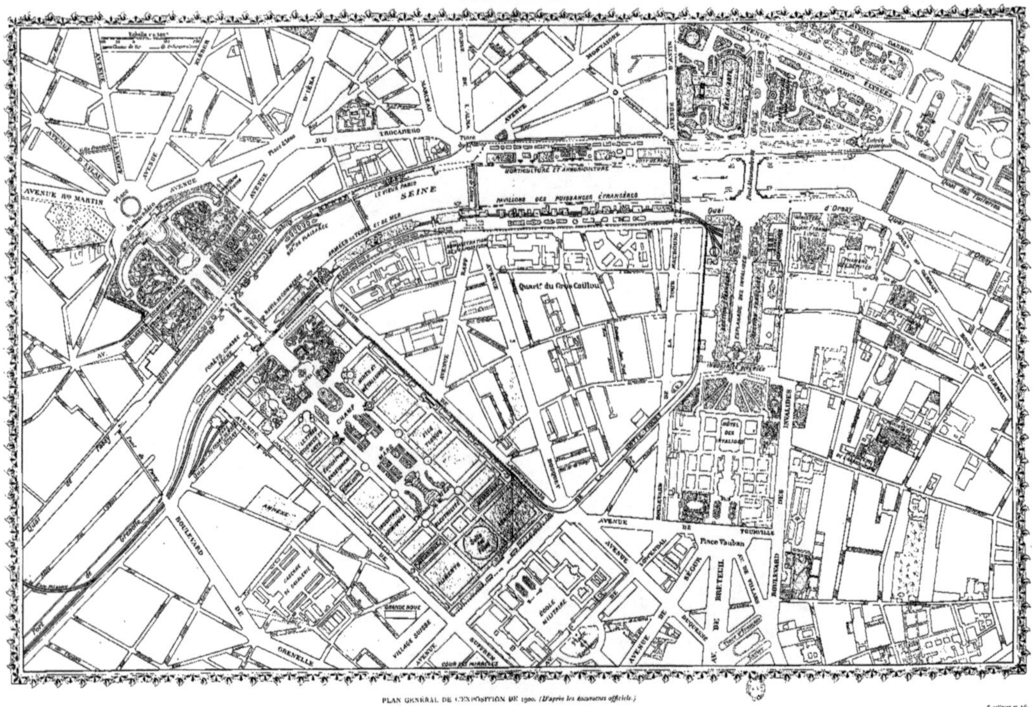

PLAN GÉNÉRAL DE L'EXPOSITION DE 1900. (D'après les documents officiels.)

EFFONDREMENT
de la Galerie de 30 mètres

Aux gares anglaises, on lit cette inscription en quelque sorte nationale, dont les insulaires d'outre-Manche ne songent pas le moins du monde à se formaliser, mais qu'ils considèrent, au contraire, avec une sorte d'orgueil tout spécial, en affirmant la supériorité des filous britanniques sur ceux du reste de la terre : *Beware of pick-pocket.*

On écrira bientôt sur les murs et les palissades de l'Exposition . *Prenez garde à la presse.* Les visiteurs seront libres de croire qu'il s'agit d'éviter les encombrements, mais en réalité c'est des journalistes qu'il conviendra de se méfier à l'avenir. Et pourquoi cette méfiance subite, je vous le demande ? Tout simplement parce que le vendredi 9 décembre 1898, à dix heures et demie de relevée, la galerie de Trente mètres s'est tout à coup effondrée. Et en quoi la presse est-elle responsable de cet effondrement ? Ah voilà, c'est ici que gît le lièvre.

C'était un jour de visite officielle ; on expliquait à je ne sais quel ministre, peut-être même au Président, à moins que ce ne fût encore au prince de Galles, ou aux grands-ducs Wladimir et Alexis, bref on expliquait à un personnage officiel que la fameuse galerie de Trente mètres serait démontée, pièce à pièce, et reconstruite parallèlement à la galerie des Machines, pour former une des ailes du palais de l'Électricité. Son Excellence opinait de la tête, approuvant cette économie bien placée, lorsqu'un journaliste s'avisa d'émettre son opinion et de lâcher le fameux lièvre dont je parlais tout à l'heure.

« Démonter la galerie de Trente mètres !... La reconstruire 100 mètres plus loin !... En voilà des idées arriérées ! Il n'y avait qu'à lui faire faire demi-tour !... Par le flanc droit, en avant... arche !... Ah ! si c'était en Amérique ! »

Et toute la presse de répéter en chœur quelques jours plus tard :

Exp.

« Ah ! si c'était en Amérique ! »

Nos ingénieurs se piquèrent d'amour-propre. M. Hénard, l'architecte-ingénieur du palais de l'Électricité, n'hésita pas devant cette sorte de mise en demeure faite au regard de l'opinion publique. Il releva le gant et l'on prit les dispositions nécessaires pour faire évoluer la galerie vers son emplacement nouveau. Je n'ai pas à vous parler de

AU CHAMP-DE-MARS. — *Déplacement des arbres pour l'ouverture des nouveaux chantiers.*

cette opération en elle-même, qui fit le plus grand honneur aux ingénieurs qui la dirigèrent.

On sait que la galerie fut coupée en trois tronçons formés d'une travée chacun. Les deux premiers

AU CHAMP-DE-MARS. — *Effondrement de la galerie de 30 mètres.*

accomplirent le trajet sans encombre. La masse était bien branlante dans son ensemble, mais on allait s'occuper de l'étayer solidement, dès que le troisième tronçon aurait rejoint ses chefs de file. Hélas ! trois fois hélas ! les ingénieurs n'avaient pu prévoir que, sur cet immense emplacement alors

dénudé du Champ-de-Mars, le vent allait faire rage dans la nuit du 8 au 9 décembre.

Brusquement, dans la matinée du vendredi, l'un des étais en charpente qui soutenaient les deux tronçons de la galerie vint à fléchir et se brisa net. Aussitôt on vit l'immense masse de fer osciller et pencher vers la Galerie des Machines, puis s'écrouler avec un énorme fracas, qui s'entendit à 2 kilomètres à la ronde, à ce qu'assurent les habitants des quartiers avoisinant l'École militaire.

Dire la stupeur qui régna à cette minute sur les chantiers de l'Exposition est réellement impossible. On se demandait, avec angoisse, combien de victimes il faudrait enregistrer, et l'impression que cette catastrophe allait produire sur la population parisienne.

Par bonheur, MM. Hénard et Bourdon, les ingénieurs, venaient de quitter la galerie. Un entrepreneur, M. Veuillié, était en train de mesurer un pilier avec le conducteur des travaux de l'administration, mais tous deux réussissaient à s'échapper à temps. Un grand nombre d'ouvriers, voyant la galerie osciller purent se garer à temps ; mais il n'en était pas de même sur les chantiers voisins, et notamment dans la grande tranchée creusée parallèlement à la galerie de Trente mètres, pour l'installation d'un égout.

Cette tranchée, étayée par des solives et très profonde, contenait une dizaine d'ouvriers, qui ne purent se rendre compte de la catastrophe que par le fracas de l'écroulement, alors qu'il était trop tard pour fuir. Un montant de la galerie, énorme masse de fer du poids de 15 à 20 000 kilos, vint balayer littéralement la tranchée, broyant les boisages, arrachant un fragment de la tôle d'une benne et passant entre les ouvriers terrifiés, mais sans les atteindre.

On raconte même que l'un d'eux, qui tenait sa pelle à la main, n'avait plus, après le passage de cette masse, qu'un fragment du manche coupé à ras de ses mains. En vérité, ce fut un miracle de n'avoir aucun accident à déplorer dans un pareil désastre matériel. Et le lendemain de cet accident, la presse oublieuse écrivait allégrement avec la même unanimité touchante :

AU CHAMP-DE-MARS. — *Mise en marche de la troisième travée de la galerie de 30 mètres.*

« Quelle idée aussi de déplacer une charpente aussi peu homogène ! En Amérique, on déplace bien les maisons, mais ce sont des cubes massifs et résistants !

Et voilà comment on écrit l'histoire, donnant une fois de plus raison à la sagesse des nations, qui affirme que les conseilleurs ne sont pas les payeurs....

Tandis que les fermes disloquées gisent piteusement sur le sol, la troisième travée, indemne, poursuit son chemin, afin de gagner la place qui lui fut désignée, et qu'elle occupera, si les bourrasques futures le veulent bien permettre !   A. COFFIGNON.

LA PEINTURE FRANÇAISE

PENDANT LE COURS DU SIÈCLE

(SUITE) (1)

Ce n'était point encore un révolté que Géricault, cet artiste qui, aux leçons de Guérin, joignait passionnément celles de Michel-Ange et de Franconi : car il avait pour les chevaux un goût très vif qui éclata dans la belle ardeur de l'*Officier à cheval*, du *Cuirassier blessé*, dans maintes esquisses pour la *Course de chevaux libres* qu'il n'eut pas le temps d'exécuter. Mais, exposant au Salon de 1819 *le Radeau de la Méduse*, où pour la première fois le drame moderne atteignait une ampleur aussi pathétique, il proposait à l'avenir, après Gros, par un exemple définitif, la réconciliation de la nature et de la poésie, du dessin et de la couleur.

L'École alors appelle à son secours un artiste quadragénaire : J.-D. Ingres; et de l'adversaire qu'elle contestait naguère et qu'on lui oppose, elle fait le héros de la résistance. Tient-il des *barbus*, des *penseurs*, ses condisciples de l'atelier David, tient-il de Quay, demi-dieu stérile, de Lucile Franque, cette inquiétude de purisme et de simplicité qui, des Romains, le rejette vers les Grecs ? La sincérité involontaire de son maître déchaîne-t-elle cette ardeur de précision qui déjà éclate en ses portraits de *M.* et de *Mme Rivière*, de la *Famille Forestié*, dans la *Belle Zélie* et le *Napoléon Empereur* (an XII-1806)? Par-dessus tout le jeune Montalbanais est spontanément passionné de vérité naïve; dès l'Italie atteinte,

il « s'agenouille » devant les primitifs. L'hérésie est grande d'ériger ce culte nouveau de maîtres des XVᵉ et XVIᵉ siècles, d'entrer dans leur sentiment, de leur emprunter jusqu'à leur *enluminure* pour ressusciter *Ossian, Don Pedro,* l'*Arétin, Raphaël, Paolo* et *Francesca* par ces « miniatures historiques » qui semblent insulter au style. Ni l'*Œdipe*, ni le *Jupiter et Thétis*, ni le *Romulus vainqueur* ne suffisaient à lui concilier l'Académie : aussi bien sont-ils pénétrés de cette austérité païenne, de cette rigueur voluptueuse qui trahissent sa sensibilité. Puis voici la *Baigneuse*, l'*Odalisque.* On croit qu'il « donne des gages » aux romantiques ; il en donne à la nature : ces admirables dessins à la mine de plomb par où il s'excuse de « faire commerce » et qui, par l'acuité de l'observation, la maîtrise soudaine assurent le meilleur de sa gloire. Ingres avait au moins deux violons : et s'il suivait son penchant en protestant contre les coloristes, ne comprenant lui-même que les formes abstraites, n'empruntant à la couleur qu'il appliquait, triste ou crue, dans l'intérieur du dessin, que « le minimum indispensable pour accentuer les plus subtiles modulations »; si les déformations lyriques irritaient son tempérament de réaliste — c'est à promulguer le beau révélé, le style héroïque, qu'il commet et provoque la plus extraordinaire méprise. La tyrannie qu'il exerce, il la subit lui-même ; il en est la première victime en ses tableaux-programmes, le *Vœu de Louis XIII*, le *Martyre de saint Symphorien* : classique *progressiste*, dit-on ; maître isolé plutôt, sans devanciers immédiats, sans disciples, que cet artiste dont la vieillesse refleurit dans « l'âme végétale » de la *Source*, ce peintre de toute la bourgeoisie dans le *Portrait de Bertin*, qui, ayant déifié la tradition (*Apothéose d'Homère*, 1827), quand toute tradition s'écroule, glorifie l'ordre (*Apothéose de Napoléon*, 1853) après deux révolutions et un coup

d'État, après Delacroix et Corot, après Hugo, Michelet, Baudelaire, après Berlioz et Wagner.

« Le but de l'artiste est de retrouver l'homme en soi, » disait David. « La laideur est un accident et non pas un des traits de la nature », corrigeait Ingres. Delacroix riposte : « Le laid souverain, ce sont vos conventions et vos arrangements mesquins;... le laid, ce sont vos têtes *embellies*, vos plis *embellis*, l'art et la nature corrigés... » Plutôt qu'un dogme nouveau, voilà la négation d'un dogme ancien. Mais l'affirmation sur quoi elle repose est celle de la personnalité de l'artiste, de son droit de penser.

Derrière le paravent de la monarchie constitutionnelle, la Révolution s'est organisée. Nul groupe où s'élabore une volonté collective ; l'individu affranchi, maître de toutes les ambitions, l'âme déployée et qui s'offre, tout entière, à la douleur. Individualistes, les littératures septentrionales, révélées par Mme de Staël (l'*Allemagne*, 1814), par les traductions de l'anglais, déterminent mieux encore l'effort des romantiques français. Que les événements politiques aient proposé les spectacles de l'histoire du moyen âge et de l'Orient aux artistes cela n'est pas douteux; mais ce qui est antérieur au choix qu'ils en firent, c'est leur lassitude des Romains et des Grecs, leur impatience de règles illusoires. Avec Gœthe, avec Kant, avec Shakespeare, avec Byron, Walter Scott, Hugo (*Préface de Cromwel*, 1827), à la distinction des genres ils opposent leur confusion, à la « réalisation de la beauté » l'expression du caractère, le lyrisme individuel. — « Que je voudrais être poète ! soupire Delacroix. Mais au moins procédons en peintre. »

Ingres assurait à l'art contemporain la « probité » du dessin. Delacroix l'exalte par l'héroisme de la couleur. Chez Guérin, son professeur, il a rencontré Géricault, un ami, presque son maître; et quand, errant dans les galeries du Salon de 1822, il aperçoit, stupéfait, à sa *Barque du Dante* le beau cadre dont un membre du jury, Gros, lui a fait la généreuse fête ; c'est devant plus qu'un bienfaiteur, c'est devant un précurseur qu'il s'incline. Mais autant qu'à Michel-Ange, à Rubens, à Rembrandt, à Titien, à Véronèse, à Tiepolo, à Lawrence, Gainsborough, Constable, Bonnington, c'est aux poètes qu'il doit cette imagination sentimentale par où sa sensibilité enfiévrée ravive les fables et les âges. Le *Massacre de Scio* (1824) se ra-

LA PEINTURE FRANÇAISE PENDANT LE COURS DU SIÈCLE. — *La barque du Dante, tableau d'Eugène Delacroix.*

(1) Voir page 127.

sent encore de l'influence des *Pestiférés de Jaffa* ; mais l'analogie échappe à Gros lui-même, qui s'écrie : « C'est le massacre de la peinture ! » Géricault vient de mourir.

A Delacroix, désormais, le drame véhément des chairs abondantes, douloureuses, convulsées, du doute à l'ironie, de la tristesse à la folie, de l'homme à la bête, sous les touches larges, ondoyantes, le supplice tumultueux des muscles, et, en décor, le secouement des mondes complices, la magie radieuse des cieux profonds, l'attroupement des nuages et des ombres, tout le pathétique de la légende des siècles, que chantait cet autre visionnaire, Hugo, dont il a la splendeur fougueuse. Tableaux de batailles, de religion, scènes de mœurs, portraits, paysages, marines, animaux, fleurs ; il n'est rien qui ne tente son activité prodigieuse. Tour à tour, voici *le Christ au Jardin des Oliviers, Justinien, la Grèce, Marino Faliero, Sardanapale, l'Évêque de Liège* ; puis au retour du Maroc, entre tant d'œuvres, les *Exercices des Marocains*, le *Choc de cavalerie arabe*, le *Giaour et le Pacha*, la *Bataille de Nancy*, les *Femmes d'Alger*, *Taillebourg*, *Hamlet*, l'*Entrée des Croisés à Constantinople*, le *Naufrage de don Juan*, *Roméo et Juliette*, la *Pieta*, le *Christ en croix*, la *Résurrection de Lazare*, les *Disciples d'Emmaüs*, la *Lutte de Jacob*, *Héliodore*, la *Chasse aux lions*, les *Deux Foscari*, pour ne citer que les plus célèbres de ses chefs-d'œuvre. Une fois seulement, d'un spectacle récent, ce peintre du surnaturel tente une image réelle ; et sur *la Barricade de 1830*, parmi les cadavres, par-dessus le « grouillement » du peuple, il projette l'allégorie vivante de la Liberté, sous l'harmonie brusque du drapeau. Un seul éclair de joie : la *Noce juive*. Puis toutes ces frénésies s'apaisent dans les peintures décoratives de la Chambre des députés. Le morcellement des surfaces n'empêche pas que se déroulent, ainsi qu'au Luxembourg et à l'Hôtel de Ville, les apothéoses lumineuses, plaintives, tragiques et sereines, « comme des tapisseries riches et moelleuses » disait Gautier. Chargé de peindre au plafond de la galerie d'Apollon du Louvre, *la Victoire d'Apollon*, il ne perdait rien, parmi les compositions de Lebrun, auxquelles il devait l'accorder, de sa puissante liberté…

On sait l'anecdote du cabriolet qui lui montre les ombres violettes auprès des jaunes et lui révèle les lois que Chevreul formule : la loi du *contraste simultané* (c'est-à-dire l'exaltation des couleurs primitives irréductibles — *jaune, rouge, bleu* — par le voisinage des couleurs *binaires*, mélangées deux à deux, qui leur correspondent : *orange, vert, violet*) ; la loi de la *modulation des couleurs* (c'est-à-dire le miroitement obtenu par leur application en tons sur ton) ; la loi du *mélange optique* (qui donne une résultante prévue de deux couleurs juxtaposées ou superposées dans certaines proportions, et perçue à distance sans que le peintre l'ait effectivement réalisée sur la toile). Parce que, loin d'être immobile, son dessin éclate sous la forme en action,

parce que c'est à la lumière qu'il réserve de modeler les apparences, parce que c'est à l'harmonie des couleurs réalisée ou suscitée aux yeux qu'il commande d'exprimer l'harmonie morale, il restait toujours cet artiste double, peintre et poète, qu'il avait souhaité d'être à ses débuts.

L'Exposition de 1855 confondit ses adversaires — dont étaient la plupart des membres de l'Institut — qui déploraient avec fracas les coups de son *balai ivre*. Mais de toute l'école romantique il y triomphait seul. A peine s'y souvenait-on de la *Naissance de Henri IV* (1827), par où Eugène Devéria, plus que le peintre des *Croisés*, avait un moment ému les fervents du pittoresque : illustration grandiloquente et surannée, — du *Mazeppa*, du *Triomphe de Pétrarque* (1828-1836), où l'impressionnable Boulanger ne s'abdiquait pas encore tout entier devant ses admirations. Tandis que les élèves d'Ingres, soumis au principe d'autorité, restaient fidèles à un enseignement qui du moins leur assurait quelque savoir faire, — et c'étaient : Heim, le plus vigoureux, Abel de Pujol qui diluait la convention en grisaille, Lehmann, Amaury Duval, Flandrin qui, dans les peintures décoratives de Saint-Germain des Prés, assouplissait enfin ses figures correctes et les pénétrait de grâce élégante et chaste — les novateurs s'embarrassaient d'esthétique confuse, de littérature, vouaient à l'anecdote, au décor, à l'accessoire, leurs vaines curiosités. Admirait-on les hardiesses faciles d'un portraitiste franc. Champmartin, on ne pouvait oublier l'insuffisance de son dessin. La pieuse mélancolie d'Ary Scheffer se voilait d'inquiétude mystique ; de Delacroix à Gœtho, des *Femmes souliotes* aux *Marguerite* et à *Mignon*, son rêve pensif, alangui, fuyait la réalisation picturale, dégénérant en cet « humanitarisme métaphysique » que balbutiait le *Christ consolateur*. La mort brusquement frappait Chassériau quand, son originalité s'étant manifestée dès la *Suzanne au bain* et la *Vénus Anadyomène*, on pouvait voir déjà s'affermir dans la *Toilette d'Esther*, dans les peintures de l'église Saint-Merri et la *Cour des comptes*, par ses inspirations ardentes, étranges et voluptueuses, un équilibre éphémère entre l'esprit et la technique, entre l'individualisme et la tradition.

L'éclectisme contentait alors les « aspirations

de l'âme » et le goût de l'abstrait ; le « juste milieu » constitutionnel offrait au libéralisme satisfait l'illusion de paisibles conciliations. Comment l'art eût-il échappé au danger des vérités moyennes ? Ces sacrifices dont la nature et le sentiment, le dessin et la couleur, se font mutuellement la grâce, Horace Vernet les improvise, Delaroche les médite. L'aisance spirituelle du dernier des Vernet anime une multitude d'œuvres de toutes sortes ; étant de mode, complaisants aux regrets de l'opposition démocratique, pour qui la gloire impériale restait comme une protestation posthume de la France révolutionnaire, les tableaux militaires furent les plus nombreux. La verve n'y est nulle part contenue ; le panorama se scande en scènes de genre ; l'observation, nette, se perd en détails ; rapide, la peinture s'y dessèche. Et de même le labeur pénible de Delaroche échoue en drames superficiels, en restitutions minutieuses, en images inertes. La *Mort d'Élisabeth*, l'*Hémicycle*

LA PEINTURE FRANÇAISE PENDANT LE COURS DU SIÈCLE. — *Le radeau de la Méduse, tableau de Géricault.*

de l'*École des Beaux-Arts* sont comme les termes extrêmes de ce compromis que Cogniet (1794-1880) devait renouveler, non sans vigueur parfois, en ses portraits, et dont l'antinomie embarrassa les libertés de Jean Gigoux et de Robert Fleury. Aux *Enfants d'Edouard*, à *Cromwell devant le cercueil de Charles I*[er], aux *Girondins*, à la *Mort du duc de Guise* où l'ingéniosité de Delaroche triomphait, mieux vaut opposer pour sa gloire quatre petits tableaux émus, l'*Ensevelissement du Christ, la Vierge chez les Saintes Femmes, le Retour du Golgotha, la Vierge en contemplation*, peu célèbres auprès de cette « peinture à base sentimentale ou dramatique » qui, aux environs de 1830, prenait la place du genre historique. Bouchot, toutefois, s'y montrait digne élève de Lethière. Mais l'héritage de Gros eût été à jamais dispersé dans les mille projets de Couture et par le style aveuli des *Romains de la décadence*, si Charlet, Raffet surtout, n'avaient, sans guère y prendre garde, réalisé l'épopée que Vernet tentait en vain d'évoquer au Musée de Versailles que Louis-Philippe venait de consacrer « à toutes les gloires de la France ».

(*A suivre.*)   JULES RAIS

Montage du pont Alexandre III

La plus grande activité règne au chantier de construction du pont Alexandre. Les préparatifs de montage terminés, on a procédé, sans retard, à l'établissement des grands arcs. Chacun d'eux est doué de trois articulations : l'une à la partie médiane, les deux autres aux deux sabots de rives. La distance exacte entre les axes des articulations extrêmes est de 107^m,50.

Le profil en travers des deux arceaux externes n'est pas le même que celui des arcs intermédiaires. La section droite des voussoirs de ceux-ci constitue un profil à double T ; des nervures longitudinales et transversales renforcent la solidité de la pièce ; la même coupe d'un voussoir d'arc externe révèle aussi un profil à double T, dont l'âme est gracieusement infléchie vers le dehors, de manière à offrir, par cette incurvation légère, une sorte de parement. Les voussoirs ont, en moyenne, 3^m,60 de longueur ; ils diffèrent quelque peu, en hauteur, selon leurs positions respectives dans la composition de l'arc. Les poids également varient d'après les conditions de stabilité et les efforts à supporter par chaque élément constitutif dans le groupement.

Chaque arc comporte 32 voussoirs et deux sabots d'articulation de culée, au total 34 tronçons. Le poids total d'un arc externe est d'environ 167 tonnes, celui d'un arc intermédiaire est moindre, il ne pèse que 144 tonnes. Le pont devant comporter 15 grands arcs, le poids total de cette partie de la construction atteindra donc environ 2 200 tonnes. L'arche du pont sera formée de tous ces arcs venant s'arc-bouter aux culées dans des logements pratiqués dans le granit où seront scellés les sabots. L'opération délicate du réglage portera sur les deux voussoirs contigus à l'articulation centrale, après le scellement préalable des sabots de culée. Les tassements produits au moment du décintrage, ainsi que les circonstances de température, exigent que ce travail soit effectué avec le plus grand soin. L'introduction de l'axe d'articulation termine l'œuvre de réglage et l'on n'a plus à y revenir.

La méthode de construction du nouveau pont diffère essentiellement de toutes celles qui ont été employées, jusqu'à présent, dans les travaux publics. Au lieu d'entreprendre le montage par le bas, des raisons diverses ont conduit à l'adoption du procédé qui consiste à descendre les pièces du cintre, absolument comme pour planter un décor de théâtre. C'est dans ce but qu'a été construite la passerelle métallique dont nous avons, antérieurement, exposé les opérations de lancement.

Cette passerelle repose sur deux chevalets métalliques, établis sur l'une et l'autre rive du fleuve. Le chevalet est une structure entièrement réalisée en fers profilés, assemblés par rivets, ayant la figure géométrique d'une pyramide. Le châssis de base est très large pour assurer à l'ensemble une grande stabilité. Il est muni de cinq paires de galets roulant sur deux rails parallèles, fixés sur des robustes longrines installées sur la berge. L'énorme poutre est encore supportée en deux points intermédiaires, au sommet de deux paires de pylônes, avec interposition d'équipages de dilatation. Suivant la progression des travaux de montage ; elle se déplacera dans le sens du cours du fleuve, sa largeur est suffisante pour permettre la pose des voussoirs de deux arcs rapprochés.

Aux deux extrémités se trouve la puissance motrice des ponts roulants, protégée sous une sorte d'appentis. Chaque unité motrice comprend une chaudière verticale, système Field, fournissant la vapeur à une petite machine à vapeur actionnant un treuil double, dont les tambours commandent les mouvements de levage et de translation de la charge. Chaque appareil est muni d'un embrayage et d'un frein à lame et à pédale, pour assurer la sécurité des manœuvres. Côte à côte, régnant sur toute la longueur de la passerelle, posés à une distance correspondant à l'écartement des axes des arcs, sont établis deux chemins de roulement, composés chacun d'une paire de rails parallèles. C'est sur eux que cheminent les chariots porteurs de la charge. Ces chariots transbordeurs consistent en un petit châssis porté sur quatre galets. Les deux extrémités d'une chaîne viennent s'y rattacher constituant un système sans fin, animé d'un mouvement alternatif de translation dépendant du sens d'action du treuil ; sur le tambour s'enroule la chaîne convenablement guidonnée et déviée dans son parcours.

Pour obtenir le mouvement de levage du fardeau, un câble en acier embrasse un des tambours du treuil, se dirige dans la direction de la voie de roulement jusqu'à la rencontre du chariot ; là, il est dévié verticalement par une poulie, puis il s'enroule sur une deuxième poulie dont la chape libre porte le système qui saisit la charge, passe enfin sur une troisième poulie située au même niveau que la première sur le chariot, pour venir enfin s'attacher en un point fixe. L'appareil de prise des pièces est tout simplement un châssis portant quatre crampons, entre lesquels sont pincées et serrées par écrous les ailes supérieures des voussoirs. Pour, à la mise en place, donner à ces derniers l'inclinaison qui convient à leur rang de succession dans l'arc, on manœuvre une vis sans fin sur l'hélice de laquelle se déplace un écrou relié par deux petites bielles à la chape de la poulie porteuse. Les têtes d'assemblage des voussoirs sont dressées, elles se rapportent exactement avant leur réunion par boulons. Pour les deux ponts roulants, il y a quatre chariots transbordeurs, parce que les opérations du montage se font par moitié d'arc ; en d'autres termes, une machine motrice d'un bout de la passerelle actionne le chariot depuis la naissance de l'arc jusqu'à son milieu, la machine de l'autre bout effectue le même travail pour l'autre moitié.

Le chef d'équipe, qui préside à l'assemblage des voussoirs, transmet au mécanicien du treuil les manœuvres à exécuter à l'aide d'un sifflet très sonore. Les voussoirs, amenés à pied d'œuvre sur petite voie ferrée, sont saisis par les appareils des ponts roulants et successivement déposés approximativement à l'emplacement qu'ils occuperont ultérieurement dans la composition effective des arcs. Ils sont juxtaposés sur un plancher, dont la convexité épouse précisément la courbure intérieure de l'arc. Cette passerelle incurvée comporte, dans sa construction, trois tronçons : deux parties de rive, une troisième qui surplombe la passe laissée ouverte à la navigation. Les deux premières sont installées sur pilotis, l'autre est suspendue à la structure de la passerelle métallique qui la domine.

Ces trois tronçons seront mobilisés parallèlement à eux-mêmes au fur et à mesure du degré d'avancement des travaux. La travée de bord constitue une manière de portion de cintre formée d'une charpente très robuste, recouverte d'un plancher composé de madriers. Les montants et l'encadrement, formant la base de cet échafaudage, reposent sur des poutres assemblées aux têtes des pilots. Au moment de la manœuvre d'avancement, des rouleaux seront introduits sous la base, et tout l'ensemble se déplacera dans le sens voulu.

La passerelle suspendue est solidaire de la passerelle métallique de montage, et suivra celle-ci dans son mouvement de translation latérale, entraînée par la marche en avant de ses chevalets. Elle est composée d'un grillage en fers à U maintenus par cornières et rivés. Elle est reliée à la base de la passerelle métallique du dessus au moyen de tirants droits et obliques à vis de rappel. De plus, suivant chaque ligne d'appui des voussoirs, saillissent deux poutrelles à double T. Le grillage est également garni d'un plancher de madriers.

Émile Dieudonné.

MONTAGE DU PONT ALEXANDRE III.
La passerelle sur le chevalet mobile et le cintre avant le commencement du montage.

MONTAGE DU PONT ALEXANDRE III. — *Vue générale de la passerelle et du cintre.*

L'Allemagne et l'Exposition de 1900

Parmi les nations officiellement représentées auprès du Gouvernement français en vue de l'Exposition de 1900, l'Allemagne est assurément une de celles qui comptent y prendre une part des plus brillantes. Elle s'y prépare dès maintenant avec le plus grand soin, comme à une bataille

L'ALLEMAGNE ET L'EXPOSITION DE 1900.
Dr Richter, commissaire impérial.

économique et industrielle, dont l'enjeu doit être la conquête de nouveaux débouchés pour ses produits dans le monde entier.

L'Allemagne a d'ailleurs une revanche à prendre à ce sujet. Sa participation à l'Exposition de Chicago lui a valu des mécomptes qui lui ont été fort sensibles et l'on a porté, à ce propos, sur les articles de la fabrication allemande, des jugements sévères, dont la concurrence anglaise et américaine n'a point manqué de faire son profit. On s'organise donc en Allemagne avec une grande activité en vue de 1900, et le commissaire général allemand, Dr Richter, ne cesse de se multiplier pour assurer à son pays les bénéfices qu'il compte retirer de l'Exposition française. On en a si bien fait une affaire nationale de l'autre côté du Rhin, que la plupart des objets exposés le seront par des groupes collectifs, synthétisant, en quelque sorte, ce qu'il y aura de meilleur dans la production allemande.

Il est donc assez piquant de rappeler aujourd'hui que si, huit années à l'avance, a été promulgué, sur la proposition de M. Jules Roche, alors ministre du commerce, le décret du 12 juillet 1892 fixant à l'année 1900 la date de la future Exposition de Paris, c'est en grande partie à l'agitation qui se manifesta alors dans les centres commerciaux et industriels de l'Allemagne, que nous dûmes la précipitation avec laquelle durent agir nos gouvernants de l'époque.

Bien d'autres Expositions ont eu lieu, auxquelles nous avons tenu à honneur d'assister dans les deux hémisphères et qui ne nous ont pas émus. Mais cette date de 1900 était nôtre, en quelque sorte. Il était de tradition que, toutes les onze années, nous tenions les grandes assises pacifiques du Progrès et du Travail. Douze années s'écoulèrent bien de l'Exposition de 1855 à celle de 1867, mais c'est en réalité de cette dernière qu'il faut faire partir l'ère des grandes Expositions universelles et internationales. Or celle de 1878 est venue onze ans après celle de 1867, et 1889, qui concordait si bien avec le centenaire de la Révolution française, venait onze ans aussi après 1878. En restant dans la tradition, nous étions amenés à fêter le siècle nouveau, sans parti pris d'ostentation que l'étranger pût interpréter contre nous.

Il n'en est pas moins vrai qu'à la suite de la réussite brillante de l'Exposition du centenaire et après la publication des articles de la presse française réclamant dès 1890 la préparation immédiate d'une Exposition du « Nouveau Siècle », on

réva en Allemagne de nous devancer et de prendre position le plus vite possible, en vue d'une manifestation analogue. Deux Expositions à la même date, dans deux villes comme Paris et Berlin, c'eût probablement été désastreux ; les abstentions eussent été nombreuses à l'une et à l'autre, et il fallait envisager la possibilité d'un échec pour l'une ou pour l'autre.

En dépit de cette dualité probable, au cours de l'année 1892, le conseil municipal de Berlin vota le principe d'un crédit de 20 millions de marks en vue de l'organisation d'une Exposition universelle. Au printemps de 1892, une commission composée de négociants et industriels berlinois fut chargée d'étudier la question, avec mission de faire connaître ses résolutions à l'automne.

Ce fut à ce moment que le chancelier de l'Empire, alors M. de Caprivi, fut informé des projets du Gouvernement français d'organiser une Exposition à Paris pour 1900. Le chancelier en avisa aussitôt le bourgmestre de Berlin et les membres de la Commission, les priant le 9 juillet de formuler, sans autre délai, l'opinion qui leur avait été demandée.

Le 12 juillet, paraissait au *Journal Officiel* le décret que précédait un rapport de M. Jules Roche, dans lequel le ministre définissait l'Exposition de 1900 comme « la fin d'un siècle de prodigieux effort scientifique et économique » et aussi comme le « seuil d'une ère, dont les savants et les philosophes prophétisent la grandeur, et dont les réalités dépasseront sans doute les rêves de nos imaginations ».

Le 13 juillet, M. de Caprivi était en possession des avis adressés par les États confédérés de l'Allemagne au sujet de la manifestion industrielle projetée à Berlin. Un certain nombre étaient favorables ; d'autres proposaient de devancer la date de 1900. Lorsque fut connue la décision du gouvernement français, la majorité opina pour l'année 1899. L'Empereur d'Allemagne étant alors en voyage, M. de Caprivi ne voulut point prendre sur lui de trancher une question aussi capitale, et décida de consulter cette fois toutes les chambres de commerce de l'Allemagne.

Des réponses qui parvinrent à la Chancellerie de l'Empire, celle-ci put dégager trois opinions :

EXPLORATIONS ET EXPLORATEURS.
M. J. de Brettes.

il y avait d'abord les acceptations du principe d'une Exposition avec divergence d'opinions sur la date : les unes tenant pour 1900, les autres approuvant le choix de 1899 ; d'autres enfin, telles que les chambres de commerce du grand-duché de Bade et de la Saxe, s'élevaient contre tout projet de ce genre, déclarant que c'était aller au-devant d'un échec, et que sur le terrain des Expositions Berlin ne serait jamais en état de lutter contre Paris.

A la fin de juillet, l'Empereur rentra en Allemagne. M. de Caprivi alla à sa rencontre à Span-

dau et le mit au courant de la situation. Prétextant que toutes les chambres de commerce n'avaient pas encore répondu, le souverain aprouva sa décision et résolut d'attendre que l'opinion publique se fût prononcée en Allemagne. On pourrait même dire plus exactement que, se rendant très bien compte des difficultés de l'entreprise projetée à Berlin, l'Empereur voulut préparer l'opinion alle-

EXPLORATIONS ET EXPLORATEURS.
M. Henri Coudreau.

mande à sa décision de rejeter le projet qui lui était soumis.

Toujours est-il que ce fut un feu de peloton dans la presse allemande. On y sortit tous les arguments qui pouvaient militer contre cette idée d'Exposition et, bien rares, furent les défenseurs de la municipalité berlinoise et de son projet. L'officieuse *Gazette de Cologne* écrivit notamment :

« A Paris, les conditions de réussite d'une Exposition universelle sont particulièrement favorables. Depuis de longues années, cette ville est le lieu de réunion de tous ceux qui ne voient dans la vie d'autre tâche que la recherche de la sensualité et du plaisir, de l'existence facile et de la frivolité.

« ... Nous sommes fatigués, ajoutait-elle, de toutes les Expositions auxquelles nous avons été conviés dans ces derniers temps, et les lauriers que la France pourra recueillir en 1900 ne nous inquiètent nullement. Au premier instant nous avons ressenti une légère irritation à la pensée qu'un nouveau siècle serait inauguré à l'ombre de la Tour Eiffel ; maintenant, ce mouvement d'humeur étant passé, on peut dire que le Gouvernement de l'Empire et les divers États auxquels on a demandé leur avis, rencontreront l'approbation générale s'ils annoncent officiellement qu'ils ne sont pas favorables à l'entreprise. »

Le projet fut ainsi enlevé au regard de l'opinion publique, et c'est à son rejet que conclut le rapport définitif de M. de Caprivi. Ce rapport, publié le 13 août 1892, dans le *Moniteur de l'Empire*, indiquait que sur 58 États confédérés, 40 étaient défavorables au projet, 7 seulement l'approuvaient et 11 formulaient des réserves. L'Empereur sanctionna ce rejet, et lorsque, quelque temps après, un journal allemand, le *Tageblatt*, crut devoir faire une dernière tentative pour provoquer soit un revirement d'opinion, soit une déclaration catégorique, le Chancelier, fit savoir, *urbi et orbi*, qu'il était disposé à prendre d'énergiques mesures pour enrayer toute campagne de presse faite en faveur de l'Exposition berlinoise ; ayant presque l'air d'insinuer qu'il y verrait un cas de haute trahison ou de lèse majesté.

En présence d'une attitude aussi nette et aussi énergique, la presse allemande, se rendant compte, au surplus, que personne en Allemagne n'était disposé à faire les frais d'une Exposition universelle à Berlin, se le tint pour dit. A l'heure actuelle cependant, cette date de 1900 hypnotise tout le haut commerce et la grande industrie d'outre-

Rhin ; tout le monde projette de faire le voyage de Paris, non seulement pour y soutenir les produits nationaux, mais aussi pour recueillir les fruits de cette belle leçon de choses que promet d'être l'Exposition de 1900.   A. Coffignon.

Explorations et Explorateurs
DU XIXᵉ SIÈCLE

AMÉRIQUE

L'exploration sérieuse des contrées américaines ne date que du commencement du siècle. Dans l'Amérique du Nord, des progrès considérables ont été réalisés ; si l'on en excepte les contrées glacées du nord du Canada et de l'Archipel polaire, il n'est presque plus de régions totalement inexplorées et

A l'extrémité nord-ouest de l'Amérique du Nord, la presqu'île d'Alaska commença à être explorée après la fondation par Paul Iᵉʳ, en 1799, de la Compagnie russo-américaine. Kotzebue et Wrangel ont fait des reconnaissances dans ce pays au commencement du siècle, puis Frédéric Whymper explora à son tour, de 1864 à 1867, l'intérieur de l'Alaska.

Les voyages se sont surtout multipliés dans ce pays depuis qu'il a été cédé aux États-Unis, en 1867. En 1869, le capitaine Raymond a parcouru le bassin du Youkon ; en 1871, M. Pinart étudia l'Alaska et les îles Aléoutiennes. Puis se place, en 1889-1891, la mission américaine de Mac Grath Turnex.

La Colombie britannique a été explorée en 1803 par David Thomson, tandis que Kruesnstern s'engageait dans le labyrinthe des fjords du Pacifique. En 1806, Fraser a descendu le fleuve qui a reçu son

Vinrent ensuite les explorations de Hunt, en 1811, à l'embouchure de la Columbia, de Robert Stewart, en 1812. qui traversèrent les États-Unis d'une mer à l'autre, du major Long et du docteur James, en 1819, du général Cass en 1820. La vraie source du Mississipi a été reconnue en 1832, par le docteur Schoolcraft.

La Californie et la Sierra Nevada ont été explorées, en 1841, par un Français, le capitaine Sutter, et en 1842, par le colonel Frémont.

Un géologue français, Marcou, a fait, de 1848 à 1850, de 1853 à 1854, puis en 1860 et en 1871, toute une série de remarquables explorations scientifiques dans l'Amérique du Nord. D'autres recherches scientifiques, celles du docteur Hayden, en 1854 et en 1865, amenèrent la découverte des nombreux geysers du Wyoming, et de cette merveilleuse région qui est devenue le « Parc National ».

EXPLORATIONS ET EXPLORATEURS. — Le lac de Chucuito ou Titicaca.

inconnues. Il n'en est pas de même de l'Amérique du Sud. Les expéditions scientifiques y ont été assez nombreuses dans la première moitié du siècle, mais elles ont été plus rares dans la seconde partie, et les blancs occupent encore une place énorme sur la carte de cette partie de la terre.

Tout au nord, la carte du littoral continental fut établie par de grandes explorations polaires dont nous reparlerons plus tard. De 1819 à 1825, John Franklin, accompagné de Hood et de Richardson, explora une portion de la rivière Mackenzie ; de 1833 à 1835, Georges Back parcourut aussi les derniers confins du continent et découvrit le cours d'eau qui a pris son nom et que l'on appelait la rivière du Grand-Poisson. Après un grand voyage dans l'ouest, Dease et Simpson relevèrent, en 1838 et 1839, l'étendue de côtes comprise entre Coppermine-River et le golfe Back, où la rivière du Grand-Poisson se termine. Le docteur Rae, de 1846 à 1854, a exploré les mêmes parages et complété l'œuvre de ses prédécesseurs.

nom. La découverte de l'or dans la Colombie, en 1856, a attiré dans cette région un grand nombre d'explorateurs et aujourd'hui les émigrants se portent en masse vers le territoire de Klondyke.

L'établissement définitif des États-Unis succédant aux colonies anglaises de la Nouvelle-Angleterre et de la Virginie, avait imprimé une nouvelle impulsion aux découvertes dès les dernières années du XVIIIᵉ siècle.

Lorsque la Louisiane eut été cédée par la France aux États-Unis en 1803, le gouvernement de Washington résolut d'en faire faire une reconnaissance générale. Le capitaine Lewis, secondé par le capitaine Clark, eut la conduite de l'expédition. Les deux voyageurs remontèrent le Missouri jusqu'à ses sources, franchirent les montagnes Rocheuses et descendirent la Columbia jusqu'à l'océan Pacifique. De 1805 à 1807, le major Montgomery Pike fit connaître tout le pays compris entre les sources du Mississipi et la rivière Platte, l'Arkansas et la rivière Rouge.

La grande enquête commencée dès 1850, pour la construction d'un chemin de fer transcontinental, a fait mieux connaître encore le pays dans toute sa largeur. En outre, une exploration géologique générale des États-Unis, commencée en 1867 dans l'état de Nébraska, s'est continuée depuis et a permis la confection d'admirables cartes topographiques et géologiques.

Le Mexique et l'Amérique centrale ont été étudiés au commencement du siècle par Alexandre de Humboldt (1799-1803), et les Antilles par Mac Kinneir (1803). Un certain nombre de voyageurs et d'archéologues ont étudié, depuis, les ruines qui subsistent des anciennes civilisations de l'Amérique centrale.

Dans l'Amérique du Sud, les savantes études d'Alexandre de Humboldt avaient donné l'élan, et les voyages scientifiques ont été nombreux au début du siècle. En même temps que le botaniste Bonpland parcourait le Paraguay, où il eut tant d'épreuves à subir, les docteurs allemands Spix et de Martius avaient été envoyés au Brésil, dont ils nous ont fait connaître la magnifique végétation (1817-1820). En 1816, Ferdinand Denis a visité les Guyanes et le Brésil. La Colombie a été explorée en 1822-1823 par Mollien, en 1823-1824 par Sir Ch. Stuart Cochrane. Un voyage au Pérou a été fait en 1823-1824 par Proctor.

De 1826 à 1833, le naturaliste Alcide d'Orbigny a fait une étude approfondie de l'intérieur de l'Amérique méridionale ; il a parcouru une étendue de pays de 800 lieues du nord au sud, et de 900 lieues de l'est à l'ouest, presque toujours au milieu des peuplades indigènes, vivant de leur vie, obligé quelquefois de combattre dans leurs rangs. Il a traversé le Parana, le Grand-Chaco, et s'est avancé jusqu'aux confins de la Patagonie.

Un autre savant français, Claude Gay, a fait, de 1828 à 1842, deux voyages au Chili et au Pérou ; un Italien, Augustin Codazzi, a fait, entre 1828 et 1838, un levé d'une partie de la Nouvelle-Grenade et du Venezuela, et un Français, Aimé Pissis, a dressé, à partir de 1848, une carte du Chili. Le comte de Castelnau a fait, de 1843 à 1847, un important voyage aux sources du Paraguay, au Pérou et sur l'Amazone. Les Français ont pris, on le voit, une large part aux découvertes géographiques dans le sud de l'Amérique ; ils ont d'ailleurs continué depuis.

Élisée Reclus a étudié, en 1855, la Sierra Nevada de Sainte-Marthe ; le docteur Saffray, en 1869, puis M. André, ont visité la Nouvelle-Grenade. Plus récemment, M. Chaffanjon a fait, de 1884 à 1889, plusieurs explorations dans les régions septentrionales de l'Amérique du Sud ; il a pu, non sans peine, atteindre jusqu'aux sources de l'Orénoque.

Le Pérou a été visité, en 1857, par MM. Ernest et Alfred Grandidier, puis par Paz-Soldan, qui a fait une carte de ce pays, publiée à Paris, en 1863.

De nombreuses explorations seraient à mentionner pour le Brésil, et cependant, il y a encore, dans les provinces de Matto Grosso et d'Amazonas, des espaces aussi vastes que la France, à peu près inexplorés. Notons, en passant, le voyage qu'y fit Agassiz, en 1868.

En ce qui concerne, en particulier, le bassin de l'Amazone, il faut citer, après la reconnaissance générale qu'ont faite Herndon et Gibbon, de 1851 à 1852, les explorations de M. Wiener (1881), la découverte, par le docteur Crevaux, de plusieurs affluents du grand fleuve, et plus récemment encore, les voyages de M. Henri Coudreau, qui a remonté le Rio Xingu.

Le bassin de La Plata a été sillonné en tous sens, par les itinéraires du docteur Martin de Moussy,

et par ceux du docteur Burmeister. Un Argentin, M. Moreno, a fait de très importants voyages jusque dans la Patagonie.

Le désert du Grand Chaco a été visité par le comte Marazzi, en 1877 ; par Crevaux qui, en 1882, a été assassiné sur le Pilcomayo ; par M. Thouar, de 1885 à 1887 ; par M. de Brettes, de 1887 à 1888.

Une importante mission scientifique française a été envoyée au cap Horn, en 1882-1883, sur la *Romanche*. Nous avons enfin à citer les explorations de MM. Rousson et Willems à la Terre de Feu, en 1890-1891. GUSTAVE REGELSPERGER.

LES PREMIÈRES FERMES
du Palais du Génie civil

Le long de l'avenue Suffren, en partant de la Tour de 300 mètres, s'aligneront trois palais, dont les façades principales seront en bordure du grand parc intérieur qui aboutit au château d'eau. Le premier de ces palais est celui qui est consacré à l'éducation, à l'enseignement, aux instruments et procédés généraux des lettres, sciences et arts ; le second est celui du Génie civil et des moyens de transport ; le troisième, qui s'arrête à l'aile droite du Palais de l'Électricité, abritera les industries chimiques.

Le montage, en cette partie du Champ-de-Mars, a commencé par les fermes du Palais du Génie civil. Nos photographies reproduisent l'état des travaux vers la fin de décembre dernier. Ainsi qu'on le voit, les parties métalliques dressées forment comme une galerie, recoupée d'un plancher, accostée, à droite et à gauche, de longues antennes ajourées. Ces antennes sont des demi-fermes qui doivent recouvrir les nefs adjacentes. Le Palais est composé intérieurement de deux galeries formant les séparations de trois nefs. Ces fermes sont construites en bascule, selon le système du *cantilever* inauguré dans le célèbre pont du Forth. Ce sont les immenses fléaux d'une balance, mais comme le point d'appui est large, il n'y a pas d'oscillation. Tous les efforts sont reportés sur les points d'appui. Bientôt d'autres systèmes de galeries et de demi-fermes viendront se placer parallèlement à celui qui est en place, et l'ossature de la construction se complétera.

L'aspect très élégant de ces fers, aux courbes harmonieuses, est un exemple de l'esthétique particulière qui s'affirme, peu à peu, par suite de l'emploi des matériaux métalliques. Notre œil habitué depuis si longtemps à la masse puissante des constructions de pierres et de briques, n'est cependant pas sans inquiétude devant ces audacieux encorbellements. PAUL JORDE.

PRUD'HON. — MINERVE CONDUISANT LE GÉNIE DES ARTS A L'IMMORTALITÉ.

COROT. — DANTE ET VIRGILE.

GUSTAVE MOREAU. — ORPHÉE.

PAUL DELAROCHE. — FRAGMENT DE L'HÉMICYCLE DE L'ÉCOLE DES BEAUX-ARTS.

LA PEINTURE FRANÇAISE PENDANT LE SIÈCLE

LES SALLES DU GRAND PALAIS

Quand il fut question de jeter à bas le Palais de l'Industrie, il y eut réellement un moment de stupeur dans toutes les classes de la population parisienne. Sans doute, celle-ci compte dans son sein des esprits novateurs, ayant l'amour du changement, épris de l'inconnu ! On peut cependant affirmer hautement, non seulement qu'ils s'y trouvent en minorité, mais encore que, pour des raisons diverses, atavisme ou climatologie, ce ne sont point des Parisiens avérés. La marque distinctive de ces derniers, qui, depuis un peu plus d'un siècle, ont fait trois révolutions, sans parler des événements de 1871, est d'être essentiellement conservateurs. Dès qu'il s'agit de changer quelque chose à l'aspect habituel de leurs rues et de leurs promenades, on n'en peut venir à bout que par surprise ou au moyen d'un véritable coup d'État.

Les organisateurs de l'Exposition de 1900, en arrêtant la construction du pont Alexandre III, en créant la perspective des Invalides, en décidant la construction des deux palais qui se sont élevés, comme par enchantement, aux Champs-Élysées, n'ont pas procédé autrement. La nouvelle fut présentée, non pas comme sujette à enquête, *de commodo et incommodo*, mais comme un fait acquis. Alors les récriminations s'élevèrent en tempête.

— Mais où donc irons-nous accrocher nos toiles? exclamèrent les peintres, brandissant leurs pinceaux d'un geste effaré. Où donc giteront nos statues? ajoutèrent les sculpteurs.

— Comment, vous laissez démolir le Palais de l'Industrie? fit-on dans les cercles à ceux

— Mon cher député, écrivaient les notables agriculteurs de la province, on parle de la disparition du Palais de l'Industrie. Qu'on n'aille pas au moins nous reléguer au marché de la Villette, après avoir eu tant de peine à conquérir les Champs-Élysées ! Nous comptons bien...

Et M. Tout le Monde de renchérir :

Un palais qui était si commode ! Assurément, on concédait qu'il n'était point joli. Cette grande façade terne, plate, n'avait pas un caractère archi-

de la cohue la plus savamment organisée.

Mais la nef! On passait condamnation sur tout, en faveur de la nef. — L'avait-on assez mise à toutes les sauces, cette excellente nef! En avait-on organisé des fêtes et des expositions dans cet immense vaisseau tour à tour transformé en serre, avec de délicieux parterres ornés de statues, en hippodrome, en salle de distribution de prix, comme il advint après les Expositions de 1878 et de 1889, en arche de Noé pour les concours agri-

Les salles du Grand Palais. — 1. Vue intérieure du hall central. — 2. La salle de concerts.

de nos hommes politiques, qui, dans tous les partis, savent allier leurs devoirs de législateurs à ceux d'hommes du monde. Vous n'interpellez pas? Jamais vous ne retrouverez une pareille occasion de renverser le ministère! Songez donc que vous aurez l'opinion publique avec vous. Avez-vous réfléchi au Concours hippique? Pensez-vous que nous puissions transporter comme cela, du jour au lendemain, aux quatre coins de Paris, à Vincennes ou à Grenelle, les tribunes du Comité et la Butte-aux-Lapins?

tectural très merveilleux. Il ne péchait point que par ce côté d'ailleurs. La distribution de ses salles laissait fortement à désirer. Quand il s'agissait de parcourir, au premier étage, les Expositions de peinture ou encore de passer la revue des chasselas de Fontainebleau, des volailles grasses et des produits de l'industrie fromagère, on était bien forcé de s'en apercevoir, dans l'impossibilité où l'on se trouvait de fuir la symphonie des couleurs ou des odeurs, sans être obligé de parcourir un bon kilomètre de galeries, au milieu

coles, en champ de foire avec les multiples exhibitions qu'on y installa. On y avait vu se dérouler les péripéties d'une course de taureaux, les farandoles des *fêtes du soleil*, comme aussi les représentations et les reconstitutions de l'Exposition du théâtre et de la musique. La Cuisine, l'Hygiène, les Arts décoratifs, le Cyclisme, les Industries diverses, les Colonies l'avaient tour à tour disputé aux Beaux-Arts, aux Animaux gras, à l'Hippique, auxquels il revenait de droit.

La grande habileté des organisateurs de l'Exposition fut de prendre la population parisienne par les sentiments, ce qui réussit mieux généralement que de vouloir la convaincre par le raisonnement. Au lieu de lui dire : « Nous démolissons le Palais de l'Industrie parce qu'il faut faire du nouveau, parce qu'il est laid et encombrant. En ses lieu et place, nous doterons Paris de monuments réellement dignes de ce nom de Palais et nous compléterons l'avenue joignant ces Palais à l'Esplanade des Invalides, par un pont colossal sur la Seine ».

Ceci fut remplacé par le langage suivant :

« En témoignage de l'alliance franco-russe, nous voulons ériger un monument à Paris en l'honneur de son promoteur, le tsar Alexandre III. Comme l'érection d'un monument n'irait pas sans quelques difficultés, nous allons consacrer à sa mémoire un pont, mais un beau pont, tout ce qu'il y a de mieux en fait de pont. Puisque ce pont sera très beau et que nous faisons une Exposition universelle entre le pont de la Concorde et le pont d'Iéna, c'est à cet endroit de la Seine qu'il faut le placer ; or, en cherchant bien, il n'y a que l'Esplanade des Invalides qui se prête tout à fait à la circonstance , et c'est d'autant plus heureux que la Compagnie de l'Ouest y installe une grande gare, à laquelle on ne saurait donner trop de moyens d'accès. L'Esplanade est desservie par le pont des Invalides et le pont de la Concorde, mais en réalité on ne peut faire fonds sur ce dernier, généralement obstrué par les fiacres parlementaires ou interdit à toute circulation, à de nombreux jours de l'année, pour cause de manifestations populaires ou d'obsèques nationales.

« Le pont Alexandre III s'impose donc, c'est hors de toute discussion, mais s'il mène à l'Esplanade sur la rive gauche, il n'aboutit à rien sur la rive droite. Or l'empereur Napoléon 1er, qui, s'il ne créa point les Champs-Élysées, sut tout au moins leur donner, par le couronnement de l'Arc-de-Triomphe, le caractère merveilleux qu'ils ont, avait conçu un autre projet. Il affectionnait tout particulièrement le jardin de l'Élysée et rêvait de lui donner, pour perspective, une promenade magnifique dont le dôme des Invalides eût été, en quelque sorte, le point terminus. C'est ce que nous réaliserons.

« Quant à la nef du Palais de l'Industrie, n'en déplorez pas la disparition ; nous allons vous construire sur la droite de l'avenue Nicolas II, aboutissant naturellement au pont Alexandre III, un Grand Palais qui tiendra lieu de Palais de l'Industrie et ne laissera aucune place aux regrets. Ce Grand Palais, naturellement, aura une grande nef dont les dimensions ne seront pas sensiblement différentes de celle qui est condamnée à disparaître. Au lieu de la banalité de la cage de verre actuelle, nous vous édifierons dans cette partie du monument un vrai palais de cristal, n'ayant plus cette monotonie fatigante des constructions de verre habituelles. Dans cette grande nef, nous vous disposerons une piste où vous ferez tout ce

que vous voudrez : fêtes, concours hippiques, expositions artistiques, horticoles, vinicoles, agricoles, sans grands frais d'aménagements, car, tout autour de la piste, viendra courir une galerie découverte, surélevée d'un peu moins de 2 mètres et ayant jusqu'à 10 mètres de largeur. Ce sera là un promenoir merveilleux, que l'on aura toutes facilités pour convertir en tribunes, et qui, au besoin, découpé par des cloisons en petites salles, servira à des expositions spéciales.

« Aux extrémités de cette nef, partiront deux escaliers monumentaux, ne rappelant en rien le légendaire escalier du Palais de l'Industrie, si disgracieux et si incommode. A la hauteur du premier étage, seconde galerie desservant les salles situées à cet étage du Palais et formant balcon sur la nef. En face de l'entrée principale, la monotonie de la nef se trouvera rompue par une énorme baie, où les regards plongeront dans la galerie réunissant cette partie du Grand Palais à celle en façade sur l'avenue d'Antin, pour s'arrêter sur une grande verrière, qui formera un fond de décor magnifique à toutes les installations qu'on y improvisera.

« Nous estimons même que cette grande nef est insuffisante dans un Palais-Protée comme celui-là. Il y a des fêtes de bienfaisance, des réunions de Sociétés philanthropiques ou d'Associations qui ne comportent, pour une seule après-midi, ni installations coûteuses, ni locations onéreuses. Elles ont à l'heure actuelle la ressource de la salle des fêtes du Trocadéro, qui, pendant la bonne saison, n'arrive point à suffire aux demandes adressées par les intéressés à l'administration des Beaux-Arts. D'ailleurs, le Trocadéro, est-ce que ses jours ne sont pas comptés ? Et alors ? La salle des concerts, qui, sur l'avenue d'Antin, où seront centralisés les services administratifs, viendra compléter la grande nef en façade sur l'avenue Nicolas II, rendra assurément à la population parisienne des services signalés. Le Palais de l'Industrie fermait ses portes au public à des intervalles encore assez longs, tandis que ce sera, autour du Grand Palais, le bourdonnement incessant, actif et joyeux d'un essaim d'abeilles autour d'une ruche, et ceci grâce aux salles et aux emplacements dont nous pourrons lui assurer la libre disposition et qui se prêteront mieux encore, que le Palais de l'Industrie, à

toutes les transformations exigées par les circonstances. »

Ainsi parlèrent les organisateurs et les architectes de l'Exposition de 1900. La population parisienne, ébranlée par cette perspective d'un pont monumental franco-russe, fit trève à ses récriminations. Elle sut gré à l'administration de lui masquer, derrière d'agréables palissades, la vue des trous béants qui allaient s'ouvrir pour les fondations du Palais, et, maintenant que les constructions s'élèvent, que dis-je ! qu'elles sont élevées, elle est unanime à se demander quand donc on débarrassera le ciel parisien des affreux débris du Palais de l'Industrie, utilisés encore à l'heure actuelle par les architectes de l'Exposition pour les besoins des services administratifs.

A. COFFIGNON.

LA PEINTURE FRANÇAISE
PENDANT LE COURS DU SIÈCLE
(SUITE) (1)

Faite de demi-principes et de demi-réaction, une école menue suivait Couture. D'Ingres elle tenait le souci du dessin, mais ne l'imposait qu'à des formes partielles ; des romantiques, un scrupule de couleur dont quelques objets portaient la trace prudente ; de Gleyre, le peintre austère des *Illusions perdues*, le goût de la moralité allégorique ; de Delaroche, la curiosité des mises en scène : et c'était là l'essentiel de ces compositions mièvres, lascives parfois, et parfois ironiques par où MM. Gérôme, Hamon, Picou, prétendaient au genre *néogrec*.

« Évidemment la peinture est morte », songeait Chenavard quand les hasards d'un voyage en Italie lui firent rencontrer les peintres allemands, Overbeck et Cornélius. Il conçut alors le projet de représenter l'humanité à toutes les époques, et de réaliser l'œuvre peinte sans le secours de la couleur, au moyen seulement du contour linéaire, du modelé par les ombres et de la mise en scène des personnages. La Révolution de 1848 venait d'éclater. Chenavard obtint la commande de ses cartons pour décorer le Panthéon. Mais bientôt l'Église reconquérait le temple de sainte-Geneviève : c'en était fait du culte nouveau que Chenavard avait résolu d'y instaurer. La confuse et blafarde *Divina tragœdia* permet de deviner ce qu'eût été cette palingénésie. Mais il n'était déjà plus seul à protester contre un art « matérialiste, vague, dissolvant », et si la mission religieuse et philosophique qu'il assignait aux peintres semblait trop ambitieuse, déjà la nécessité d'un art social ou, tout au moins, profondément humain était proclamée. Le Panthéon, à nouveau désaffecté, devait s'ouvrir à Millet : l'offre fut trop tardive et revint à M. Puvis de Chavannes.

Il s'en faut évidemment que les écoles se distinguent avec la rigueur que les nécessités d'une exposition logique commandent ici. Quelques dates montreront suffisamment leur confusion. Au salon de 1817, paraissent le *Radeau de la Méduse* et l'*Odalisque* ; en 1824, le *Massacre de Scio* et des paysages de Constable ; en 1827, l'*Apothéose d'Homère*, *Sardanapale*, et le premier envoi de Corot (*Vue de Marni*) ; en 1831, la *Liberté* de Delacroix, quatre paysages de Corot, un paysage inaperçu de Rousseau ; en 1834, le *Martyre de saint Symphorien*, la *Bataille de Nancy*, une *Lisière de bois* de Rousseau ; en 1848, des *Lions* de Delacroix, le *Vanneur* de Millet, des portraits de Courbet. L'école classique, après avoir régénéré la peinture française, s'abandonne aux incertitudes de l'éclectisme. L'école romantique ne semble plus avoir affranchi l'artiste que pour lui offrir la recette commode du pittoresque et du bric-à-brac. Peu à peu se dégagent alors les principes de l'école naturaliste : quand ils seront arrêtés, elle affirmera que l'art est l'expression de la vie, que son unique but est

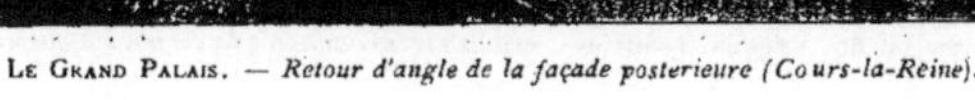

Le Grand Palais. — *Retour d'angle de la façade postérieure (Cours-la-Reine).*

(1) Voir page 130.

de reproduire la nature ; elle voudra replacer l'artiste dans la société, réconcilier la ligne et la couleur dans la représentation fidèle des spectacles contemporains : ce qu'exprime Courbet dans son manifeste (1861), où il énonce que l'art est essentiellement individuel, qu'il est contemporain, que le beau est dans la Nature, qu'il est relatif au temps et à l'individu. Et Castagnary écrivait : « La peinture telle que l'idéalisme français l'a conçue jusqu'à ce jour a été, comme dit Proudhon, une force *hors série*. Il s'agit de la faire rentrer dans e faisceau, d'en faire ce qu'elle aurait dû toujours être : un agent social ».

Quelles sont les origines de ce mouvement ? On a mainte fois montré le sentiment de la nature naissant en Rousseau, se développer en Bernardin de Saint-Pierre, s'élargir par Chateaubriand ; on a découvert les influences immédiates de Georges Sand, de Balzac, de Flaubert (la *Mare au Diable*, *Jeanne*, *les Paysans*, Mme *Bovary*), celles de Constable et de Bonnigton. Mais comme le romantisme, le naturalisme est un phénomène plus large et plus complexe : il se manifeste ailleurs par la lassitude de l'individualisme, par l'avènement de sentiments démocratiques, solidaires, socialistes, dira-t-on bientôt. Et c'est la conséquence fatale de ce souci de vie sociale, que de mener à l'observation de la nature et des hommes.

Dessein obscur, longtemps inconscient. Le paysage fut lent à s'émanciper de la tutelle des architectures, des fictions de l'histoire. A peine est-il besoin de citer les études de David, les marines de Joseph Vernet, les paysages d'Hubert Robert, les compositions de Valenciennes qui imagine de faire parler la Nature à l'âme « par une action sentimentale », les essais de Victor Bertin, de Xavier Bidault et de ces prétendus *gothiques*, Alligny, Desgoffe, Paul Flandrin, Benouville. N'observe-t-on pas alors les mêmes incertitudes chez Tassaert qui, des tableaux religieux, passe allègrement aux peintures érotiques, et dans l'*Aveugle de Bagnolet* déjà, plus tard dans la *Mort de la grand'mère*, dans la *Mort de la jeune fille*, dans le *Suicide*, risque l'anecdote vulgaire ? N'est-ce point un symptôme de voir Messonnier s'appliquer, dès 1834, à peindre des bourgeois hollandais avec tant de curiosité ? Et si bientôt il se laisse aller aux séductions de la couleur locale en ces scènes minuscules, en ces panoramas microscopiques ; si dans l'acharnement de sa précision volontaire, parfois la souplesse s'ankylose, si les plans se confondent, s'il oublie l'heure, l'homme et l'idée — sauf l'aventure heureuse de la *Barricade* et des *Tuileries*, — ne voit-on pas, après ces espérances fanées, après les précurseurs de Marne, Michel, Paul Huet, la certitude d'un art nouveau, celui de Dupré, de Corot, de Rousseau, de Troyon, de Daubigny, celui de Courbet et de Millet.

Illustre déjà par de mauvais tableaux où s'était abîmée toute la franchise de ses études, Achille-Etna Michallon, premier maître de Corot, lui laissait en mourant, à vingt-six ans, l'excellente recommandation de reproduire la nature naïvement, *avec le plus grand scrupule*. — « *Soyez émus et communiquez votre émotion* », dira plus tard Corot à ses disciples : on entend bien que dans l'intervalle qui sépare ces conseils une importante évolution s'est produite.

(*A suivre.*) Jules Rais.

LA GARE DES INVALIDES

La gare de l'Esplanade des Invalides, chacun le sait, doit servir de terminus à la ligne des Moulineaux qui est prolongée jusqu'à ce point. Elle a été déclarée d'utilité publique par décret du 5 juillet 1893. Le prononcé de cette déclaration n'a pas nécessité de loi spéciale, attendu que la Compagnie de l'Ouest était déjà concessionnaire de la ligne des Moulineaux, remontant le cours de la Seine jusqu'au Champ-de-Mars, en vertu de la loi du 31 décembre 1875. En 1878, la gare ouverte au Champ-de-Mars desservit l'Exposition universelle de cette époque, mais la ligne concédée pénétrait jusqu'au pont de l'Alma et le décret, que nous venons de rappeler, n'a visé que le prolongement jusqu'à l'Esplanade des Invalides, distance qui comporte un peu plus d'un kilomètre. Dans les conditions imposées par l'État à la Compagnie concessionnaire, nous voyons inscrite l'obligation de supprimer les passages à niveau existant sur la ligne primitivement établie. Il en résulte que le concessionnaire a eu à construire une ligne entièrement transformée, depuis le Point du Jour jusqu'à l'Esplanade des Invalides.

Le report de la gare de Sceaux, près du musée de Cluny, et de la gare d'Orléans au quai d'Orsay, à l'emplacement anciennement occupé par la Cour des Comptes, fait espérer le raccordement de chacune de ces gares avec celle de l'Esplanade des Invalides. Le projet de déviation du collecteur de Bièvre, par le boulevard Saint-Germain, qu'occasionne le prolongement des voies du chemin de fer d'Orléans jusqu'au quai d'Orsay, a été rédigé précisément en vue de permettre éventuellement la connexion de la ligne des Moulineaux à la ligne de Sceaux, par une route qui suivrait l'orientation du grand boulevard de la rive gauche, venant vers le pont de la Concorde. D'un autre côté, si on considère la somme des besoins de plus en plus impérieux qu'éprouve le grand organisme, qu'est la ville de Paris, de posséder des moyens de transport en commun, commodes et accélérés, provoqués par l'intensité croissante de son activité commerciale, industrielle et sociale, il y a toute probabilité que la jonction des gares des Invalides et du quai d'Orsay s'accomplira à très bref délai. Quoi qu'on soit, et pour nous en tenir seulement aux exécutions actuelles, le doublement des lignes de la gare Saint-Lazare à Passy, avec bifurcation vers le Champ-de-Mars facilitera, dans des proportions inappréciables, l'accès des visiteurs à l'Exposition de 1900, vu que le tracé de la ligne aboutissant aux Invalides pénètre dans l'enceinte même des terrains affectés à l'Exposition et qu'il prévoit l'existence de deux grandes gares : l'ancienne gare du Champ-de-Mars, la nouvelle gare des Invalides, et, en outre, deux stations intermédiaires situées, l'une à l'avenue de La Bourdonnais, l'autre au pont de l'Alma.

La nouvelle gare des Invalides est située à un niveau inférieur à celui de l'Esplanade du même nom, dans le rectangle compris entre le quai d'Orsay, la rue Fabert, les rues de Constantine et de l'Université. La raison principale de cette situation en excavation était de ne pas altérer, par des bâtiments en saillie, la perspective des Invalides vers les Champs-Élysées, puisque ce sera une des surprises réservées aux Parisiens et aux visiteurs de l'Exposition de 1900. A ce propos, rappelons qu'il existait jadis, à l'emplacement du pont Alexandre actuellement en construction dans l'axe de l'Esplanade, un pont suspendu dont les projets avaient été dressés par Navier, mais qui fut démoli en 1828, à cause du fâcheux effet qu'il produisait.

Les premiers projets de construction de la gare établis par la Compagnie de l'Ouest ont été profon-

LA PEINTURE FRANÇAISE PENDANT LE COURS DU SIÈCLE. — *Enfants à la fontaine ; tableau de Decamps.*

dément remaniés, parce qu'il a fallu concilier les exigences de la construction et l'exploitation d'une station de cette importance, avec les projets de l'Exposition de 1900 et, en particulier, avec la création du pont Alexandre III.

Elle occupe, y compris les murs d'enceinte, une superficie de 26 340 mètres carrés ainsi répartis :

Pour les bâtiments....   2140 mètres carrés.
Pour les voies de la gare
   proprement dite.....   20 600   —
Pour les voies dans la
   tranchée couverte..   3600   —

                  Total. 26 340 mètres carrés.

La partie architecturale de la gare est située en

vation ont été transportées sur wagonnets, dont on faisait culbuter le contenu dans des gabares, accostées au mur du quai de la Seine, qui les transportèrent dans l'île Séguin, près du Bas-Meudon, où elles étaient reprises et déchargées au moyen d'une drague mécanique. Il n'est pas commun, dans les grands travaux publics, de rencontrer des conditions d'évacuation des déblais aussi avantageuses. Nous ne connaissons pas le chiffre exact du prix du mètre cube de déblai, mais on peut affirmer, sans redouter aucune contradiction, qu'il a dû être modique.

La surface supérieure du radier susmentionné est à la cote 27^m,43, c'est-à-dire à 0^m,35 au-dessus du niveau normal du plan d'eau de la Seine. On conçoit que cette vaste cuvette serait très aisément

dant le temps nécessaire, y puisent les eaux et les refoulent à la Seine par une conduite qui passe en dessous du quai d'Orsay. Au premier plan de notre illustration, on aperçoit les regards du réservoir souterrain.

Outre la surcharge mobile, le radier supporte le poids des bâtiments et des murs d'enceinte, ainsi que celui de la partie qui sera couverte par l'intermédiaire des colonnes. Cette table en béton a été considérée comme un monolithe, dont le poids total résiste à l'effort de soulèvement qui correspond, en temps de crues, à une hauteur d'eau d'environ 5 mètres sur la surface inférieure du béton. Les voies sont posées sur une épaisseur de ballast de 0^m,40; avec les quais d'embarquement elles reposent sur l'infrastructure du radier. La

façade de la rue de Constantine. Notre illustration montre ce bâtiment en cours de construction. Sa longueur règne sur toute la largeur du front des lignes; une partie de celles-ci s'arrêtent, du côté du quai d'Orsay, au droit d'un mur; elles seront ultérieurement prolongées pour aller se relier à celles du musée de Cluny.

Le niveau normal de la Seine, correspondant à la retenue du barrage de Suresne est, à l'endroit de l'Esplanade des Invalides, à l'altitude de 27^m,10. Le niveau des rails a été fixé à la cote 28. Toute la gare est établie sur un radier général en béton de caillou et mortier de ciment, d'une épaisseur variant de 1^m,20 à 1^m,50, suivant la proportion plus ou moins grande d'argile contenue dans le sable du sous-sol.

Les murs d'enceinte, formant soutènement, ont une épaisseur de 2 mètres environ ; ils sont maçonnés sur le radier général ; leur blocage est en moellons de Saint-Maximin (Seine-et-Oise), les parements sont en moellon de Souppes (Seine-et-Marne).

Les terres provenant de cette gigantesque exca-

soumise à des inondations, si le radier et les murs d'enceinte, hourdés en mortier de ciment, ne mettaient obstacle à l'afflux des eaux en temps de crue.

Malgré ces précautions, il faut redouter toujours les eaux d'infiltration; de plus, il est nécessaire d'évacuer les eaux de pluie. Un système d'assainissement a été prévu, pour se débarrasser de la présence possible de toutes ces eaux d'origines différentes.

Des rigoles d'écoulement, ménagées dans le radier en béton, se greffent sur un dalot transversal qui dirige les eaux vers un réservoir voûté, situé sous un des quais d'embarquement. Des barbacanes alimentent ces rigoles par l'intermédiaire de drains en pierres sèches. Dans ce même réservoir se déversent également les eaux provenant des fosses des plaques tournantes et des fosses à piquer le feu, ainsi que celles d'un dalot central. Ce réservoir est mis en communication avec un puisard placé au-dessous du quai d'Orsay. Deux pompes centrifuges, actionnées électriquement, et fonctionnant au moment opportun, pen-

gare sera couverte par un tablier métallique, supporté par 231 colonnes en fonte qui, sont établies sur des dés en granit, avec interposition d'une feuille de plomb. La couverture complète pèsera environ 4 630 tonnes; dans ce poids, le tablier intervient pour 3 510 tonnes et les colonnes pour 1 120 tonnes. Cet ouvrage a été calculé pour résister à une surcharge de 6 000 kilogrammes par mètre de superficie.

Les extrémités de la gare resteront à ciel ouvert pour assurer l'éclairage et la ventilation. Les voûtes supportant la voie publique qui passe au dessus seront garnies, à l'intérieur, de briques émaillées blanches. Au-dessus du tablier métallique, la viabilité sera rétablie complètement. L'allée centrale de 20 mètres de largeur continuera la chaussée du pont Alexandre III.

De chaque côté de cette large route, un dallage en verre avec un certain nombre de prises d'air, dissimulées au milieu de petits jardins, compléteront le dispositif d'aération et d'éclairage pendant le jour.

                              ÉMILE DIEUDONNÉ.

Les bonshommes Guillaume. — *Entrée et façade principale du théâtre sur le Cours-la-Reine.*

LES BONSHOMMES GUILLAUME

« Il faut qu'une exposition universelle soit souriante, il faut qu'elle plaise aux femmes », répétait M. Alphand, expert en la question. La joie et le sourire, on les rencontrera rarement dans les palais pompeux où l'industrie s'apprête à nous étaler ses miracles, et sans médire nullement des spectacles instructifs et de haut intérêt qu'on nous ménage, nous sommes en droit de nous inquiéter si la gaieté et la fantaisie ont été appelées à mêler l'agréable à l'utile, ainsi que l'exprimait en latin, il y a déjà un bon bout de temps, un poète, qui, pour cela, n'avait pas prévu les expositions universelles.

M. A. Picard, digne émule de M. Alphand sur ce point, a reconnu l'impérieuse nécessité d'animer l'Exposition future, de l'égayer autant que possible, en veillant à ce que les bonnes mœurs ne fussent en rien choquées ; aussi a-t-on réservé à ce qu'on a nommé les projets d'initiative individuelle, des emplacements bien en vue, où les visiteurs de 1900, quand ils seront rassasiés des merveilles présentées à leur admiration par l'Exposition proprement dite, pourront se délasser l'esprit dans des spectacles plus fantaisistes. La commission, chargée d'examiner et de classer les projets dus à l'initiative privée, a repoussé tous ceux qui ne présentaient aucune originalité. Il était inutile d'encombrer le sol, déjà si restreint, d'établissements qu'on rencontre à tous les coins de rue. On a exigé du neuf et de l'imprévu, et, l'imagination inépuisable des chercheurs y aidant, les attractions — à côté — de l'Exposition ne constitueront pas le moindre charme de cette entreprise.

Parmi ces attractions, le futur théâtre des bonshommes Guillaume ne comptera pas parmi les moindres. Chacun sait quel charmant dessinateur est Albert Guillaume ; il a l'humour, l'ironie, la finesse aiguë et dédaigne ce grossissement brutal qu'on nomme la charge ; il s'est érigé en portraitiste admirablement renseigné d'un coin de notre monde moderne, et c'est surtout dans la nombreuse famille des snobs qu'il va chercher ses modèles.

La pensée toute naturelle lui est venue d'animer les myriades de bonshommes que son crayon évoque depuis si longtemps, et de leur faire débiter les spirituelles légendes dont il souligne leurs faits et gestes. Un théâtre alors, avec ses acteurs, ses actrices ? Oui, un théâtre, mais orné d'une scène réduite, et de personnages minuscules. Des marionnettes ? Des marionnettes, fort bien, et pourquoi pas ?

Un auteur, qui fut un érudit de premier ordre, et de l'Institut, par-dessus le marché, M. Ch. Magnin, n'a pas dédaigné d'écrire une « Histoire des Marionnettes » ; dans l'épître préliminaire de ce volume, il a placé cette phrase : « Qu'importe l'exi-

guïté du cadre, si, entre ce châssis de six pieds carrés, sur le plancher de ce théâtre nain, il se dépense, bon an, mal an, autant et peut-être plus d'esprit, de malice et de franc comique que derrière la rampe de beaucoup de théâtres, à vaste enceinte et à prétentions gigantesques ? » Si le théâtre des bonshommes Guillaume avait besoin d'épigraphe, il n'en pourrait choisir de meilleure.

Observons qu'il y a marionnettes et marionnettes ; fantoches et pupazzi. Les fantoches sont animés par une série de fils, que l'on dirige d'un niveau supérieur ; les pupazzi sont les personnages du Guignol classique ; chacun connaît la manœuvre de leur jeu ; trois doigts suffisent à leur donner la vie. L'index se loge dans la tête creuse de la poupée ; le pouce et le médium occupent chacun des bras, et, de la différence de longueur des doigts, de l'angle formé par l'indicateur qui se renverse en arrière, résultent cette allure cocasse, d'une drôlerie irrésistible, que dégage le moindre pupazzi.

Comment on manœuvre les marionnettes.

Les bonshommes de M. Guillaume ne sont ni des fantoches, ni des pupazzi, mais une adroite combinaison des deux principes. Entrons d'abord dans le théâtre, qui s'érigera sur le Cours-la-Reine, en cet endroit où, sous le nom de rue de Paris, on doit rassembler les fantaisies caractéristiques empreintes au plus haut point de cet extrait de parisine, dont parlait Roqueplan.

La façade est d'un Louis XV bien modernisé, avec ses agaçantes cariatides, et ses masques en belle humeur, qui, la nuit, s'éclaireront de transparences lumineuses, car ils sont modelés en pâte de verre. Tout le long de la façade, court une frise, peinte par Albert Guillaume ; c'est un avant-goût du spectacle que nous allons voir. La salle, particulièrement coquette, ainsi qu'il convient, contient cent soixante-huit fauteuils ; le cadre de scène a 3 mètres d'ouverture, et comme les personnages sont un peu plus petits que le tiers de nature, le théâtre, à l'échelle humaine, correspond à un théâtre de la grandeur du Vaudeville.

Le spectacle préparé pour l'ouverture de l'Exposition comporte quatre décors. Le premier repré-

sente un salon des plus opulents, et le rideau se lève sur un bal en action, avec ses valseurs, et son orchestre, celui-ci composé de tsiganes. Puis, une partie de concert fait intermède, et nous voyons s'avancer à la rampe une cantatrice qui exécute un grand morceau, avec ses roulades obligées ; les yeux se tournent, la bouche s'ouvre, la poitrine se soulève, accompagnant les gestes ; la chanteuse est vêtue de soie et de satin, constellée de diamants. Les dames qui constituent l'opulente assistance sont costumées avec un luxe analogue, et les brillants cavaliers qui s'empressent autour de leurs épaules poudrerizées sont enveloppés d'habits noirs ou de couleurs, signés de tailleurs en renom. Le rideau baisse, et se relève presque aussitôt ; pas d'entr'acte, car la représentation n'est pas longue : une demi-heure, trois quarts d'heure au plus ; aussi le changement prend une minute, à peine, grâce à une installation spéciale. Il faut ajouter que ces décors ne sont pas de simples toiles peintes ; ils ont la saillie et le relief de la nature. Le salon, que nous avons vu, est nature, avec ses meubles, ses tableaux, ses lustres, ses girandoles éclairés à l'électricité, et le paysage qui lui succède a ses premiers plans « nature », également : c'est un décor de campagne, avec les bâtiments d'une ferme en second plan, et l'horizon se perdant dans les vapeurs de l'aube. On entend les chants des coqs, puis le soleil se dégage, et là-bas, sur la colline, des clairons sonnent : c'est le régiment qui passe au loin, qui réapparaît dans la plaine, et qui finit par déboucher en scène, avec sa musique, son état-major à cheval, et ses interminables files de petits troupiers.

Le troisième tableau nous ramène à Paris, devant l'Opéra ; c'est le soir d'une représentation de gala ; on attend le président de la République qui doit accompagner un hôte de distinction. La foule circule, les groupes se forment, les conversations s'échangent ; puis les sergents de ville les officiers de paix accourent affairés :

Circulez, circulez ! Une nuée de sergents de ville s'aligne en haie, tandis qu'apparaît le piqueur Montjarret, suivi du landau présidentiel, et des voitures de la suite.

Le quatrième tableau reconstituera une des fêtes des Quatre z'arts, que censura jadis si vertement une pudeur prompte à s'effaroucher. Le goût et la discrétion de M. Guillaume lui ont permis de se tirer de la difficulté. Personne ne se scandalisera. Ce quatrième tableau sera l'apothéose du spectacle ; le dernier terme de la progression, une orgie de luxe, de couleurs et de lumières.

Mais parlons un peu des moyens matériels employés pour réaliser ce spectacle. D'abord, les décors : le système adopté pour les changements est celui du plateau tournant, inauguré par C. Lautenschlager de Munich, et repris, depuis, par M. Samuel, aux Variétés. Un quart de tour, et voilà le décor métamorphosé.

Quant aux pupazzi, ce sont de simples merveilles. Toutes les têtes ont été sculptées, en bois, sur les dessins de M. Guillaume ; les perruques, les barbes les ont été posées par des perruquiers de théâtre :

mains, admirablement modelées, sont gantées de
gants véritables. Les robes, les costumes sont des
merveilles de coupe, et les étoffes les plus somp-
tueuses n'ont pas été épargnées.

Les personnages de premier plan sont articulés
avec un soin particulier; par quel procédé? C'est
un secret, mais, somme toute, comme il s'agit de
marionnettes, c'est un peu le secret de Polichinelle;
aussi, nous allons nous permettre une indiscrétion.
Lorsque M. Bouchor donna, à la galerie Vivienne,
son spectacle de marionnettes, dont le succès fut
si vif, les marionnettes étaient mues par une série
de tiges verticales, correspondant à un socle mobile sur lequel posait le personnage. Ces tiges s'ac-
tionnaient au moyen de leviers, et fournissaient
ainsi les mouvements verticaux; les hori-
zontaux s'opéraient par des fils de rappel,
rattachés aux tiges; c'est très simple, et le
croquis ci-joint permettra de suppléer à
l'insuffisance de la description.

Ces tiges verticales se dissimulaient dans
les vêtements amples et étoffés des personnages de M. Bouchor, mais les bonshommes Guillaume sont modernes; ils
sont (les masculins tout au moins) vêtus
du costume étriqué de nos jours; des tiges
verticales eussent apparu, et produit l'effet
malheureux des fils de fantoches. Il n'y
avait donc qu'à emprisonner tiges et fils
de rappel dans un seul tube creux, qui se
dissimule d'autant plus aisément que les
personnages de premier plan ne seront
vus qu'à mi-corps. Les fils de rappel courent
le long des bras, provoquant les gestes
par des leviers différentiels cachés dans
les épaules; ils circulent dans la tête et
animent les yeux et la bouche. Pour les
belles dames, largement décolletées, dont
nous voyons la poitrine se soulever et
s'abaisser au rythme de la respiration,
s'est un simple soufflet en caoutchouc. Fils et
tiges sont actionnés par une série de touches métalliques, placées en bas de la tige creuse, et qui

coulissent en des rainures. Les personnages de
second plan sont plus simples de mécanismes;
ceux de dernier plan sont des silhouettes mécani-
sées et peintes, ce qui permettra, dans ce minime
espace, de donner l'illusion d'une mise en scène
comme jamais théâtre de féerie ou d'opéra n'en a
montré.   G. MOYNET.

**Les Palais des Champs-Élysées en décembre
1898.** — Notre gravure hors texte reproduit l'aspect
qu'offrent les chantiers, vers la fin de l'année dernière. Le point de vue est pris de la toiture de la
partie subsistante de l'ancien palais de l'Industrie.
C'est un endroit assez incommode, où les visiteurs
ne sont pas admis à circuler à leur guise, car l'es-

M. Boucher, président général.

calade est plutôt dangereuse, surtout par les temps
de bourrasques qui ont signalé la fin de décembre.
C'est ce poste néanmoins, qu'a dû gagner notre
dessinateur pour reproduire
cette vaste perspective, qui
vient se terminer sur la
façade des Invalides.

On peut se faire une idée
de l'impression majestueuse
que produira la largeur peu
ordinaire de l'avenue Nicolas, bordée par les hautes
façades des deux palais. Cette
perspective s'allongera encore par l'effet de fuite des
constructions qui doivent
être élevées sur l'Esplanade
et qui sont représentées
actuellement par de mai-
gres ossatures en fer, se
perdant dans le vide am-
biant.

Malgré la hâte apportée
aux bâtiments des Champs-
Élysées on n'a pu se mettre
hors d'eau, avant les intempéries et ce retard est d'autant regrettable que la saison, après de passagères
gelées, a tourné aux tempêtes
et à l'humidité. Les façades
sont néanmoins montées
jusqu'à la partie supérieure
de la corniche, et les dernières assises sont posées.
La pose des combles du
Petit Palais, se poursuit;
celui-là sera bientôt à l'abri des pluies.

Nous donnons, en dernière page, une photographie représentant la jonction des arceaux et des
sabots de culée du pont Alexandre III. Nos lecteurs
pourront se rapporter à l'article « Montage du
Pont Alexandre III » de notre collaborateur,
M. Émile Dieudonné, pour plus ample explication.

Président de la section de géographie.

Les Congrès de l'Exposition de 1900

En 1889, les congrès ont été déjà très nombreux,
et ont contribué, pour une part sérieuse, au succès
très réel de l'exposition. C'est ce qui a donné au Commissaire général l'idée de les développer d'une façon
systématique, de manière à en faire la partie active
et vivante de cette grande manifestation séculaire.

Il est certain que l'on n'a pas encore découvert
de moyen plus efficace pour mettre les personnes
désireuses de s'instruire au courant, d'une façon
rapide, de ce qui se dit, se fait, se prépare et se pense à propos de chaque spécialité qui peut les intéresser. Les inventeurs et les hommes d'initiative n'ont pas
de procédé plus énergique, pour faire connaître leurs projets au public susceptible
de les comprendre et de les aider. D'autre
part, les membres d'une de ces associations
temporaires ont toutes les facultés désirables pour visiter fructueusement les
galeries. En effet, les vitrines les plus
fermées s'ouvrent devant les visites officielles du congrès, les exposants donnent
les explications qu'on leur demande et ne
s'en tiennent point aux explications nécessairement banales de leurs prospectus, ou
aux boniments débités par leurs employés.

En 1889, on s'est donné beaucoup de
mal pour organiser une quarantaine de
conférences, qui ont été recueillies dans
deux gros in-quarto, imprimés avec luxe,
que personne ne lit plus. Ces conférences
auraient eu un attrait beaucoup plus grand
et une valeur bien supérieure, si elles
avaient été prononcées à l'occasion des congrès et par des orateurs que les congrès auraient désignés à l'occasion de leur science.

Les congrès eux-mêmes auraient été beaucoup
plus utiles si les présidents avaient tous imité
l'exemple de M. Janssen, qui, en prenant possession

M. MÉLINE.
Président de la section agronomique.

du fauteuil de l'aéronautique, a prononcé un discours sur l'état actuel de cette science trop négligée.
Nous sommes certain, que ces réformes si simples
seront adoptées par les commissions d'organisation.

Par une disposition fort sage, on ne nommera
de commission que pour les congrès qui ne se sont

pas, en quelque sorte, perpétrés. La commission générale acceptera toutes celles qui sont encore en fonction, à l'état de chrysalide, et n'attendent que l'année 1900 pour arriver à l'état d'insecte parfait.

Les commissions d'organisation ont été partagées en douze classes, comprenant les différentes spécialités. Elles sont administrées par une commission de douze membres, formée des douze présidents nommés par les membres des douze commissions. Cette commission est composée par un bureau, formé d'un président nommé par l'administration et assisté d'un vice-président, d'un secrétaire général et d'un rapporteur.

Le président général est M. Boucher, ancien ministre de l'Industrie et du Commerce, qui a organisé lui-même les congrès. C'est un honneur mérité que son successeur a tenu à lui rendre, en lui prenant en quelque sorte son portefeuille. En effet, cette nomination a été le premier acte de M. Marvejouls.

Les choix des présidents de section ont été fort heureux pour la plupart. Nous citerons M. Méline qui a été nommé à l'unanimité par les groupes agricoles; M. Joseph Bertrand, le spirituel secrétaire de l'Académie des sciences, pour la division mathématique ; M. Bouquet de la Grye, autre membre de l'Institut, dont le nom est populaire par ses travaux relatifs à la création d'un port de mer à Paris ; le prince Roland Bonaparte, le patron des géographes et des explorateurs, etc. etc...

Les opérations électorales ont été exécutées dans les salles de commission, établies au rez-de-chaussée de la partie orientale des anciennes écuries de l'Empereur. C'est une vaste construction, d'aspect peu monumental, qui s'étend le

brants qu'utiles. Malgré cela nous ferons du volume, d'autant plus que nous augmentons insensiblement. Il paraît que le nouveau ministère a trouvé

Les congrès de l'Exposition de 1900. — M. J. Bertrand
(de l'Institut), président de la section des sciences mathématiques.

que l'on avait omis une centaine de personnages, dont les comités d'organisation du congrès avaient le plus grand besoin pour s'acquitter de leur mission. Pour peu que les crises ministérielles se

ong de l'interminable quai d'Orsay, en aval du pont de l'Alma, sur une longueur d'une centaine de mètres. La moitié occidentale ayant été absorbée par le bureau central de météorologie, il est douteux que les salles mises à la disposition des commissions de l'exposition soient suffisantes. En effet, nous sommes beaucoup plus attelés au Char du Progrès, que Napoléon III n'avait certainement de chevaux dans ses écuries. Avant la nomination des commissions des congrès, nous étions déjà 3 à 4000 membres des comités d'admissions, l'effectif d'un régiment, à nous réunir dans les anciennes écuries. Les

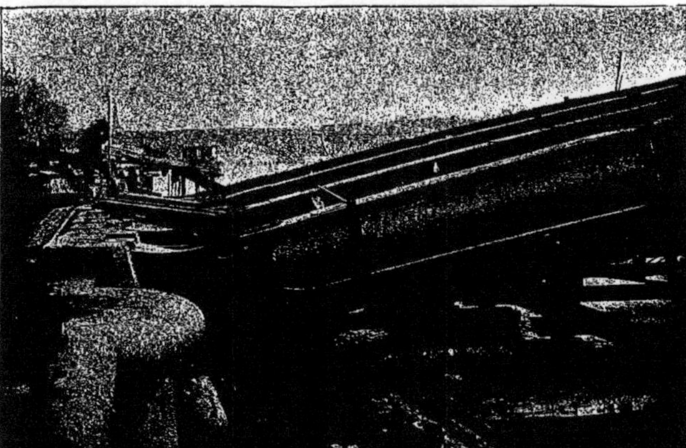

Le pont Alexandre III. — Jonction des arceaux et des sabots de culées (rive droite).

commissions du congrès ne comprennent pas moins de 840 membres, un bataillon, recruté généralement dans l'effectif des commissions d'organisation, où l'on trouvera également les membres des comités d'installation et les jurés nommés par l'administration. C'est en général le même personnel qui figurera sous divers titres, comme les acteurs dans les défilés de troupe, au théâtre du Châtelet ou de l'Opéra, mais nous n'en serons pas moins aussi encom-

succèdent, il faudra certainement demander à la Guerre des tentes-abris qu'on dressera le long du quai, et où les commissions non frileuses pourront délibérer en paix.

Quoique le nombre des congrès soit très considérable, le commissaire général fait appel à l'initiative privée pour signaler ceux dont la convocation paraîtrait désirable.

Nous profiterons donc de cette occasion pour signaler une lacune qui nous paraît fort regrettable.

Il nous semble que la convocation d'un congrès de gastronomes s'impose, et qu'elle devrait être précédée, dès 1899, par celle d'un congrès spécial de cuisiniers français; ceux-ci s'efforceraient de trouver les moyens pratiques de permettre, aux gastronomes, de faire des expériences sur la qualité des denrées qui leur seraient offertes et sur le mérite des officiers de cuisine qui auraient préparé les aliments.

Comme les congrès se passent tous dans l'intérieur de l'Exposition et se composent de deux séances coupées par un déjeuner, les cuisiniers français auraient à se préoccuper d'augmenter l'attrait de ces congrès, en offrant aux membres des repas exceptionnels par la qualité et le bon marché. Ils auraient aussi à se préoccuper de l'organisation des banquets, qui couronneraient obligatoirement ces réunions et les résumeraient, en quelque sorte, dans une manifestation suprême.

A quoi servirait l'excessive importance que l'on veut donner au congrès agricole, si on ne se préoccupait du but de l'agriculture, qui est l'alimentation?

Que de raisons capitales nous pourrions invoquer en faveur d'une création si utile, à une époque où tant de gens s'efforcent d'allumer le feu des bûchers, celui de la guerre civile, celui de la guerre étrangère? Est-ce que le seul moyen de les éteindre tous à la fois, ces feux si tristes et si lugubres, n'est point d'attiser sur une échelle immense, inconnue, inespérée, le feu des fourneaux!

Les excellentes propositions de l'Empereur de Russie ont soulevé tant d'objections et de réclamations, qu'il est indispensable de venir à son aide, avec la plus puissante de toutes les diplomaties, celle qui s'adresse à l'estomac, en employant le secours des deux sens actifs de l'homme, le goût et l'odorat! Ce ne serait pas la première fois que les chefs français auront rendu des services signalés à la Patrie. Que de sacrifices nous ont épargnés les victoires du cuisinier de Talleyrand. Est-ce que la puissance de Louis XIV n'a pas commencé à décliner, dès que le grand Vatel se fut percé de l'épée qu'il portait avec tant de distinction! Orphée a, dit-on, obtenu des succès merveilleux avec sa lyre, qui calmait la fureur des bêtes sauvages. On en obtiendrait de bien plus sérieux, non pas seulement sur les fauves, mais sur les hommes eux-mêmes, en employant la broche de Vatel, maniée par Marguery.

Et, pour demeurer dans le mouvement de marche du Progrès, rien n'empêche que ce congrès initial de cuisiniers ne soit muni du foyer idéal, par excellence, de ce foyer qui permet les nuances les plus délicates, les plus infinitésimales de cuisson, et que la fée Électricité met, avec son obligeance ordinaire, à la disposition des intéressés.

W. DE FONVIELLE.

VUE GÉNÉRALE DES CHANTIERS DES PALAIS, DU PONT ALEXANDRE III ET DE L'ESPLANADE DES INVALIDES. (Décembre 1898.)

TRAVAUX D'EMBELLISSEMENT ET D'APPROPRIATION

LES EMBARRAS DE PARIS

Le printemps de 1899 demeurera vraisemblablement comme une ère de félicité, jusque-là inconnue, pour la multitude des badauds parisiens.

Que demandent en réalité ces derniers ? À avoir un prétexte quelconque pour s'arrêter : un embarras de voiture, un cheval qui tombe, deux cochers qui... s'empoignent, un camelot qui bonimente, trois sergents de ville qui stationnent devant une porte, il n'en faut pas plus pour qu'un rassemblement se forme, que des discussions s'engagent, que des colloques s'entre-croisent, que des lazzis fusent.

Le badaud parisien n'est d'ailleurs pas ce qu'un vain peuple pense ; c'est un personnage dont il serait imprudent de méconnaître l'importance ; il s'est attribué une fonction, il exerce un sacerdoce. Ce factotum ordinaire de S. M. le Public est, pour le quart d'heure, le Grand Inquisiteur des Travaux et des Embarras de Paris, devant qui architectes, ingénieurs, entrepreneurs et agents voyers n'ont qu'à se bien tenir, car le badaud parisien qui est partout, qui sait tout, qui voit tout, ne se fait point faute de juger, d'apprécier, de critiquer et d'adresser ses doléances à la Presse, sa servante très humble et très obéissante, dès qu'il ne trouve pas la raison pour laquelle on a déplacé le banc sur lequel il bâillait à son ordinaire.

Non content d'être ubiquiste, le badaud parisien est protéiforme. Il change d'aspect, du nord au sud et de l'est à l'ouest de Paris. Échappant ainsi à l'uniformité, il est prodigieusement amusant, et c'est avec le plus grand profit qu'on peut s'aventurer à sa suite. Il ne conviendrait point, pourtant, de prendre toujours au pied de la lettre les renseignements qu'il donne et les aphorismes qu'il profère ; il lui arrive

assez souvent de prendre le Pirée pour un nom d'homme, mais cela tient simplement à ce que le badaud parisien professe la plus complète indifférence pour tout ce qui se passe hors de l'enceinte des fortifications ; elle seule et c'est assez.

Nous sommes au Pont-Royal ; de coquettes palissades vertes encadrent les chantiers de la Compagnie d'Orléans vierges de toute publicité, ce qui leur donne un faux air d'annexe de l'Exposition. Accoudés au parapet du pont, les badauds échangent leurs impressions, en suivant avec intérêt le charroi des déblais du terrassement. Il vient d'y avoir comme une prise de bec entre un petit vieux correctement rasé, qui semble un fidèle

nouvelle ligne de l'Esplanade des Invalides soulèvent aussi des tempêtes contradictoires. C'est surtout le boulevard Péreire qui est le rendez-vous des vieux messieurs décorés, ayant généralement une allure extrêmement militaire, lorsque ce sont de simples chefs de bureau retraités, mais pouvant, par réciprocité, être pris pour de bons bourgeois des Batignolles, quand ce sont d'authentiques guerriers à qui l'on a fendu l'oreille. On a beau leur répéter, sur tous les tons, que le boulevard Péreire sera plus large que jamais, après l'exécution des travaux, qu'on y plantera une double rangée d'arbres de la plus belle venue, aucun d'eux ne veut rien savoir ; les chefs de bureau roulent des yeux terribles au passage des trains de ceinture, et les militaires éplorés poussent des soupirs en voyant ouvrir tant de tranchées, qui n'ont rien

LES EMBARRAS DE PARIS. — 1. *Puits d'amorce pour les travaux du Métropolitain, aux Champs-Élysées, devant l'ancien Palais de l'Industrie.* — 2. *Déviation des grands égouts, boulevard Saint-Germain.* — 3. *La démolition de la prison de Mazas.*

serviteur du faubourg Saint-Germain, aujourd'hui retraité dans une loge de concierge de la rue du Bac, et un grand escogriffe, dont la haute taille de « municipal » est assurément bien faite pour dominer la situation et écraser la discussion.

« Mais enfin, monsieur, vous êtes étonnant, conclue-t-il d'une voix péremptoire ; je dois bien le savoir, puisque mon oncle est le cousin de l'huissier du Préfet », riposte triomphale qui clôt le débat, tandis que le neveu de l'oncle du cousin de l'huissier préfectoral s'éloigne au milieu d'un murmure d'admirative approbation.

De Courcelles au Trocadéro les travaux de la

à voir avec la défense nationale.

Mais la Compagnie de l'Ouest et celle d'Orléans n'ont point le monopole de la badauderie parisienne. Les travaux de la gare de l'Est ont leurs amateurs, dont le régal a été de voir tomber les avalanches de plâtras des vieilles maisons en bordure de la rue de Metz et du faubourg Saint-Martin.

Mazas, aussi, a eu ses fidèles avant de disparaître : les Terreurs, les Rouquins et tous les « aminches » n'ont pas manqué d'aller en pèlerinage voir crouler ses murs sinistres ; curiosité sans regret, au surplus.

Ce simple coup d'œil jeté aux quatre coins de Paris n'est cependant qu'une indication bien sommaire des plaisirs réservés aux badauds parisiens ; les réfections d'égout, le pavage en bois, le Métropolitain, ne sont pas non plus à négliger, et nous ferons le tableau de Paris tel qu'il nous apparaît dès aujourd'hui pour le printemps prochain.

A. COFFIGNON.

Le service médical de l'Exposition

Un des premiers soins de la Direction de l'Exposition, avant même que le premier coup de pioche fût donné pour l'entreprise des travaux de terrassement, pour la démolition du Palais de l'Industrie, des Palais du Champ-de-Mars et pour les affouillements préliminaires des assises du pont Alexandre III, fut de constituer le service médical de l'Exposition. Une commission fut tout d'abord nommée, qui examina sur quelles bases un semblable service devait être constitué pour répondre à son double but : celui de remédier aux accidents inévitables pouvant survenir en cours des travaux, et celui de parer à toutes éventualités pendant la durée même de l'Exposition.

Un de ses premiers soins fut, d'abord, d'examiner et de repousser une idée qui lui était soumise par un certain nombre de praticiens, qui désiraient voir installer, dans l'enceinte même, un hôpital de prompt secours, dont l'organisation modèle eût pu servir en même temps de type au point de vue de l'assistance médicale publique, et être offerte, comme modèle du genre, aux savants rassemblés à Paris en 1900, pour les congrès médicaux, qui sont en voie d'organisation. Cette pensée, très louable en elle-même, sembla toutefois être tant soit peu réfrigérante à l'égard du gros des visiteurs ordinaires et la proposition fut écartée.

La commission estima que, pour assurer « le prompt secours », des postes médicaux étaient suffisants et que l'évacuation des blessés vers les hôpitaux ordinaires de la Ville de Paris était assurée, d'une façon très satisfaisante, par le service des ambulances urbaines. On décida de créer, pour la durée des travaux, trois postes de secours au Champ-de-Mars, aux Invalides et au Palais de l'Industrie. C'est à ce dernier qu'est établi le siège du service central dans l'aile ouest du Palais qui a été conservée et fait face au Palais de Glace.

Dans chaque poste se trouve en permanence, depuis l'ouverture jusqu'à la fermeture des chantiers, un interne et une infirmière. Au Palais de l'Industrie, mais dans ce poste seulement, se tient un des médecins actuellement en fonctions. En outre, le conseil municipal y a créé une station pour une voiture d'ambulance urbaine, qui se tient prête à partir sur le théâtre de tout accident, aussitôt que la nouvelle en est transmise à l'un des postes.

Ces postes médicaux sont reliés par le téléphone à de nombreux avertisseurs disséminés un peu partout sur le chantiers. On sait que ces derniers sont sous la garde de surveillants spéciaux, chargés du service des postes, des rondes, etc. C'est à eux qu'incombe le soin d'avertir les internes et médecins de service, dès que leur présence est nécessaire.

Le service médical de l'Exposition se trouve placé sous la haute direction d'un médecin en chef, le docteur Gilles de la Tourette, l'ancien chef de clinique du docteur

Les embarras de Paris. — *Démolition et recul du mur de soutènement sur le quai Saint-Michel, pour le passage de la voie ferrée de l'Orléans.*

Charcot, à l'hôpital de la Salpêtrière. Les huit médecins en exercice sont les docteurs Donbre, Reymond, Crizimann, Bourges, Emory, Goubert, Laborde et Dandieu, qui assurent le service du poste du Palais de l'Industrie. Les docteurs Deschamps et Gaillard sont en outre chargés de visiter les malades évacués sur les hôpitaux ou traités à domicile.

Nous en arrivons ici à une des parties les plus intéressantes de ce service qui montre toute la sollicitude, que la direction de l'Exposition a témoignée à l'égard des travailleurs appelés à coopérer à la grande œuvre de 1900. Elle s'est dit que ce n'était pas le tout d'assurer aux blessés les soins immédiats nécessités par leur état, mais qu'il fallait aussi songer aux malades, à ceux qui se trouvaient, tout à coup, terrassés par une pneumonie, une pleurésie venant à la suite d'un refroidissement, etc., et elle a créé le service de l'assistance à domicile, tel qu'il fonctionne de la façon la plus parfaite, dans les plus grandes industries de France. Moyennant une retenue très faible sur son salaire, si faible même qu'elle passe à peu près inaperçue sur l'ensemble de sa paie, tout ouvrier attaché aux chantiers de l'Exposition est assuré d'être assisté en cours de maladie, de recevoir les médicaments nécessaires, et de pouvoir attendre la guérison pour reprendre sa place au milieu des camarades.

Les ouvriers ont été très sensibles à toutes ces marques de véritable solidarité sociale. Aussi l'Exposition de 1900 leur apparaît-elle comme étant, dans une certaine mesure, une œuvre à eux aussi ; jamais on ne mit tant de cœur à la besogne, jamais on ne vit, sur un chantier de construction, un plus bel entrain. Constatons avec satisfaction, que les accidents graves ont été jusqu'à ce jour assez rares ; il y en a eu cependant.

Les médecins du poste du Palais de l'Industrie furent en outre chargés d'examiner, d'une façon toute particulière, les ouvriers appelés à travailler au milieu de l'air comprimé, dans les caissons du pont Alexandre III. On évinça, soigneusement, tous ceux chez lesquels une auscultation minutieuse révélait des tendances à une maladie du cœur. On n'a donc eu à enregistrer que des malaises, ou des cas de surdité subite ne résistant pas cependant à quelques jours de traitement.

En réalité, le service de garde du poste du Palais de l'Industrie est plus fréquemment appelé à donner ses soins aux victimes d'accidents dans les Champs-Élysées, qu'au personnel même du chantier des Palais. Il ne se passe guère de jours sans que la victime de quelque collision ou de quelque écrasement n'y soit amenée. Est-il aussi nécessaire de rappeler les services qu'il fut appelé à rendre, dans les premiers jours du mois de mai 1897, lorsque se produisit la catastrophe de la rue Jean-Goujon, le jour où éclata l'incendie du Bazar de la Charité, était M. Roussel, qui se multiplia avec le plus parfait dévouement pour prodiguer ses soins aux malheureuses victimes affreusement brûlées.

Une galerie du Palais de l'Industrie était encore attenante, à ce moment, au poste médical. Elle servait de refuge à quelques épaves des précédents salons, et l'on y voyait entre autres une statue de *Rouget de l'Isle chantant la Marseillaise*, échouée là on ne sait plus aujourd'hui pourquoi. C'est cette galerie qui servit de salle mortuaire et où l'on procéda à la reconnaissance des corps retirés des décombres.

Épouvantable vision, qui portait en elle-même un enseignement pour la direction de l'Exposition de 1900, si celle-ci ne se fût dès longtemps préoccupée d'éviter tout sinistre dans les diverses constructions qui s'élèvent, en multipliant les issues et en prodiguant les dégagements spacieux. Aussi bien, le service médical qui fonctionnera pendant

LE SERVICE MÉDICAL DE L'EXPOSITION.
Le Dr Gilles de la Tourette.

la durée de l'Exposition sera-t-il multiplié de façon à donner toute quiétude aux visiteurs. On ne comptera pas moins de vingt-quatre postes, répartis entre les palais, les galeries, les pavillons, où se tiendront en permanence un médecin, un interne et des infirmières. Des stations nouvelles d'ambulances urbaines seront en outre créées, à partir du mois d'avril 1900, et le seul souhait, que nous puissions formuler à ce sujet, c'est d'avoir le moins d'occasions possible de constater la promptitude et le dévouement avec lequel fonctionnera le service médical de l'Exposition.

Louis BERTIN.

LES GRANDES ATTRACTIONS

Le tour du monde à l'Exposition de 1900

I

Le plaisir du voyage ne consiste pas dans le déplacement. Ce qui en fait le charme, c'est l'attrait puissant de l'inconnu, le spectacle sans cesse renouvelé qu'il fait défiler sous les yeux, les vues pittoresques, les scènes et les mœurs nouvelles, les types et les costumes étrangers, les paysages variés.

C'est ce qui fait que, faute de pouvoir exécuter un voyage nous-mêmes, le simple récit de ce voyage, fait par un autre, nous passionne déjà, surtout s'il joint, à l'exactitude des détails et à la facilité du style, des dessins authentiques susceptibles de donner une idée du pays parcouru. Voyez aussi le succès des collections photographiques rapportées par les voyageurs, et comme la foule se porte aux expositions où il lui est permis d'en prendre connaissance.

Et puisque je parle d'expositions, avez-vous remarqué combien, aux divers salons de peinture, les toiles reproduisant des paysages et des scènes exotiques attirent les regards des visiteurs? Je n'oublierai jamais la vive impression que firent, sur les coloniaux, la série de tableaux exécutés par le jeune artiste-peintre Richard Paraire, après un séjour d'une année à la Côte d'Ivoire. Ce fut une véritable révélation, que les photographies les plus exactes n'avaient pu produire, le triomphe de la couleur et de l'art sur les froides photocopies. Ces tableaux faisaient réellement *voir* la Côte d'Ivoire.

Et pourtant, récits, dessins, photographies et même peinture, ainsi présentés, manquent de deux éléments de réalité des plus essentiels : l'impression du relief et le mouvement de la vie.

Ces deux éléments, nous les retrouvons,... au théâtre !

J'en appelle à tous ceux qui ont assisté aux représentations du *Tour du monde en 80 jours*, de Dennery et Jules Verne.

Ces tableaux rapides, notamment le *Canal de Suez*, la *Nécropole indoue*, l'*Escalier des Géants*, donnaient une vive illusion de la réalité.

Néanmoins, il leur manquait quelque chose, — plusieurs choses. Tout d'abord, obligés de se prêter aux nécessités de l'illusion scénique, de servir de cadre à une fiction, ces décors eux-mêmes étaient fictifs, « *faits de chic* », ne répondant à rien de réel. De plus, la fiction, dans l'esprit du spectateur, nuisait à la réalité du cadre, et lui aurait nui, même en admettant que le cadre, par exemple le *Canal de Suez*, eût été absolument vrai.

L'idéal d'un voyage autour du monde, effectué à Paris même, sans changer de place, et donnant l'illusion complète, absolue, de la réalité, comporterait donc les conditions suivantes.

Une série de tableaux, donnant, comme un décor de théâtre, la perspective et la sensation du relief, reproduisant d'une façon parfaite, vraie, avec la dimension, la forme, la couleur, des vues remarquables des principaux pays du monde. Pour exécuter ces « fonds », il faut absolument un artiste, un peintre de talent qui ait visité les pays qu'il veut faire revivre, qui y ait séjourné, qui s'y soit documenté non seulement sous le rapport des paysages, des formes, des couleurs, mais aussi, sous le rapport des mœurs.

Mais ce n'est pas tout. Ces cadres merveilleux, ces décors vrais, il faudra les animer, non par une fiction, mais par la réalité vivante qui les anime dans les pays mêmes qu'ils reproduisent. Dans chaque pays, nous verrons les habitants, les indigènes, aller et venir, agir et parler, comme ils parlent et agissent en temps ordinaire. Et ce ne devront pas être des personnages immobiles, de carton ou de cire, — pas plus que des figurants recrutés à Paris et costumés d'oripeaux exotiques. Il nous faudra de vrais Hindous dans l'Inde, de vrais Chinois en Chine, de vraies Japonaises au Japon, etc.

Cet idéal d'un paisible voyage autour du monde que je viens de décrire, et qui paraît être un rêve, nous le verrons réalisé à l'Exposition de 1900.

L'artiste capable d'en exécuter le véridique décor, c'est M. Dumoulin, qui a voyagé et séjourné à plusieurs reprises en Orient, en Égypte, dans l'Inde, en Chine, au Japon, etc., et qui a rapporté de ces voyages la plus riche collection de photographies exotiques que je connaisse à Paris, et qui ne comprend pas moins de quatre mille épreuves variées.

Ce projet du Tour du monde animé est un de ceux qui ont été retenus par la Commission chargée d'examiner les conceptions dues à l'initiative privée. Il a été approuvé, la concession a été donnée, et le projet est en voie d'exécution.

J'ai pu en admirer en détail les maquettes dans l'atelier de M. Dumoulin, et l'artiste lui-même, avec ce charme particulier qu'ont toujours ceux qui décrivent avec enthousiasme des choses qu'ils ont bien vues et bien senties, m'a donné un avant-

goût de ce que serait le Tour du monde à l'Exposition de 1900, — avant-goût que je vais à mon tour faire partager à nos lecteurs.

Tout a été prévu. Un dispositif particulier, dont je parlerai en son temps, donnera aux voyageurs l'illusion du départ. La Ciotat, Marseille, et ces détails des côtes que connaissent bien tous ceux qui se sont embarqués à Marseille, défileront lentement, comme dans la réalité, sous les yeux de ceux qui partent pour accomplir le Tour du monde. Mais il s'agit là, je le répète, d'un spectacle spécial, sur lequel nous reviendrons plus loin.

Occupons-nous du voyage proprement dit.

Nous sommes partis ! Comme nous devons aller très loin, nous brûlons les étapes et nous voilà en vue d'Athènes. C'est bien ainsi que nous l'avions rêvée. Sous le ciel transparent de l'Attique se dressent l'Acropole, le Parthénon, d'autres monuments grandioses, où reposent les gloires du passé. L'Athènes moderne apparaît à l'horizon, pâle héritière d'un grand nom qu'elle aurait de la peine à porter, si son aînée n'était là pour en porter encore alertement tout le poids. Pour conserver au paysage sa grandiose et morne sérénité, et pour rester dans la réalité, aucun personnage ne vient animer cette scène. La Grèce ancienne vit encore dans ses monuments, mais les Grecs sont tous morts.

Franchissons les Dardanelles ! Voici le Bosphore, Constantinople ! Pour en admirer le merveilleux panorama, gravissons les pentes de cet immense cimetière musulman, où les tombes s'éparpillent parmi les hauts cyprès séculaires. Des tombes nouvelles s'ajoutent indéfiniment aux tombes anciennes perpétuellement respectées, de sorte que les cimetières et les faubourgs finissent par se compénétrer mutuellement. Justement, voici un vieux Turc qui garde une chèvre. Il va pouvoir nous nommer tous ces monuments magnifiques, qui s'alignent sur les deux rives de la Corne d'Or et qui se perdent jusqu'au fond d'un lointain lumineux.

Nous traversons la Syrie. Voici les ruines grandioses de Balbek; l'ancienne Héliopolis, entre le Liban et l'Anti-Liban. Quels magnifiques monuments devaient s'élever en cet endroit, à en juger par les étonnantes traces qui en ont subsisté. Les colonnes encore debout ont plus de vingt-huit mètres de hauteur. Elles sont portées par des soubassements de dix mètres de hauteur, formés de blocs de pierre dont la grosseur effraye l'imagination. En voici un, resté inutilisé, qui a près de vingt et un mètres de long, sur huit mètres de large et plus de cinq mètres d'épaisseur, et qui donne l'échelle de l'ensemble.

Mais quel est ce bruit? Nous approchons de

LES EMBARRAS DE PARIS.

Transport de la meulière provenant de la prison de Mazas.

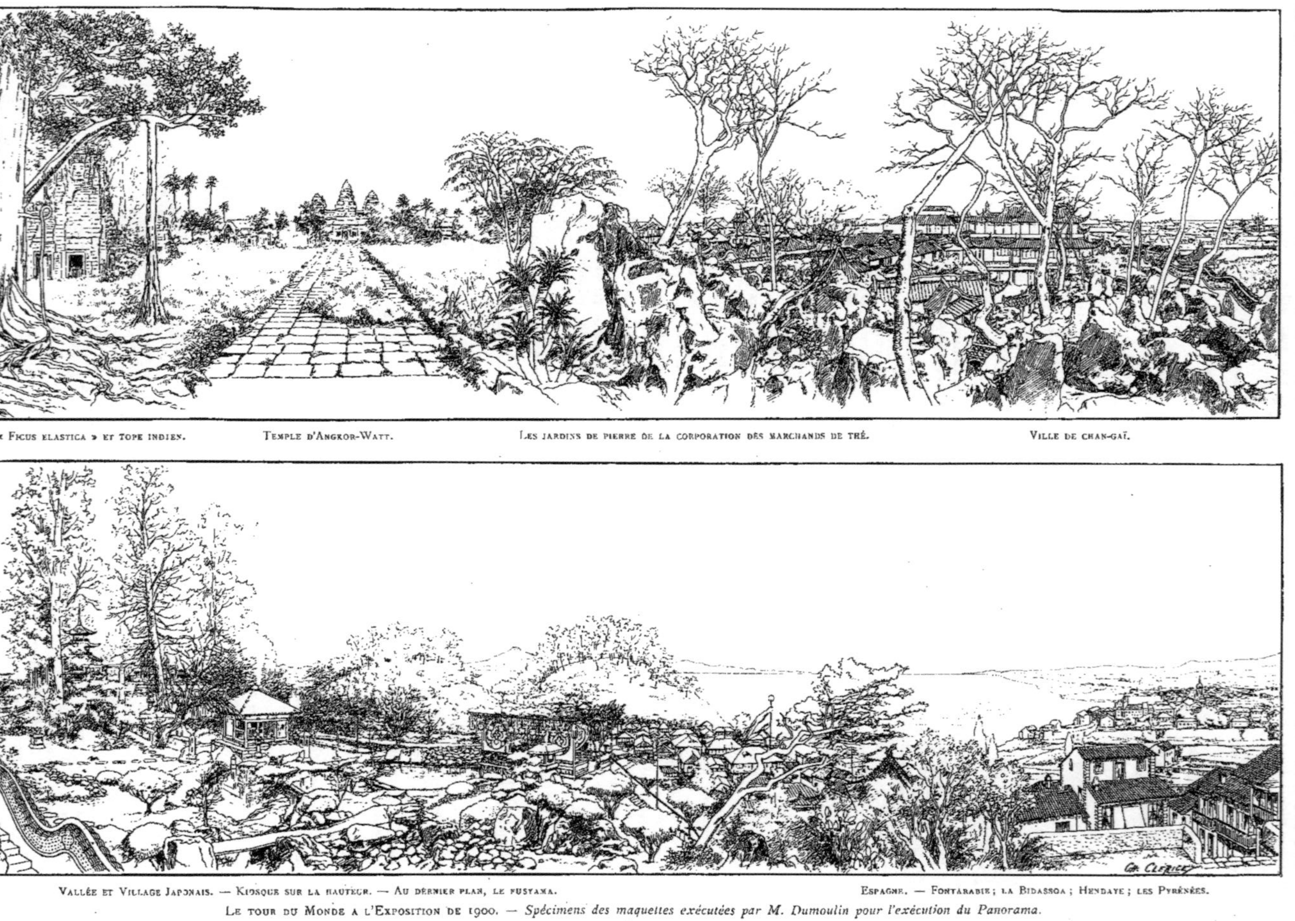

« FICUS ELASTICA » ET TOPE INDIEN.   TEMPLE D'ANGKOR-WATT.   LES JARDINS DE PIERRE DE LA CORPORATION DES MARCHANDS DE THÉ.   VILLE DE CHAN-GAÏ.

VALLÉE ET VILLAGE JAPONAIS. — KIOSQUE SUR LA HAUTEUR. — AU DERNIER PLAN, LE FUSIYAMA.   ESPAGNE. — FONTARABIE; LA BIDASSOA; HENDAYE; LES PYRÉNÉES.

LE TOUR DU MONDE A L'EXPOSITION DE 1900. — *Spécimens des maquettes exécutées par M. Dumoulin pour l'exécution du Panorama.*

l'Égypte. C'est un village de Fellahs, et, en effet, de cette hauteur nous apercevons l'entrée du canal de Suez, à Port-Saïd. Voilà le palais de la compagnie, reconnaissable à la laideur de son style ; plus

Danseuses cambodgiennes.

loin des dragues ; à l'horizon, le chemin de fer de Port-Saïd à Ismaïlia et au Caire.

Nous sommes distraits de ce spectacle par celui de la danse des almées. Ce n'est plus la vulgaire danse du ventre que l'on nous a tant de fois servie à Paris... On gagne à voyager : en Égypte, ce sont de vraies almées qui exécutent, sous nos yeux, des danses vraiment gracieuses et nouvelles pour nos regards.

Nous ne quitterons pas ce pays, sans jeter un regard, rapide, et de bien loin, sur la capitale de Ménélick, située bien plus au sud. L'illusion est complète ; c'est bien le vaste camp circulaire d'Addis-Abaha, au centre duquel s'élève, sur une colline, le *guébi* ou palais du négus. Saluons cet ami de la France et hâtons-nous de regagner notre navire qui cingle vers l'Inde.

Nous abordons à Ceylan ! Quelle merveilleuse végétation ! Le palmier aréquier balance dans les

Que dis-je ? Mais voici de vrais serpents ! Ils s'agitent en cadence au son de la flûte d'un charmeur indien. Ce sont des *cobras*. Les dames qui sont avec nous sentent des frissons leur courir par tout le corps et poussent de petits cris.

Rassurez-vous, mesdames ! Ces cobras sont dépourvus de crochets à venin, et d'ailleurs, nous avons, outre la musique, un moyen de les tenir en respect.... Voyez ce petit animal ! Il n'est pas plus gros qu'un chat. A son museau pointu, vous reconnaissez la *mangouste* ou *ichneumon*. Regardez ! La mangouste a vu le cobra ; le cobra de son côté a aperçu la mangouste : il tremble, cherche à se dérober... Trop tard. D'un bond, la mangouste est sur lui, le saisit à la nuque entre ses redoutables mâchoires et l'étrangle !... C'est fini !... Mais l'obligeant charmeur

Japonaises.

vous donnera, si vous le désirez, une nouvelle représentation de ce combat singulier, car il a un stock de deux cents cobras uniquement destinés à cette triste fin.

Mais voici d'autres Hindous qui ont aperçu des étrangers et qui accourent nous montrer leur savoir faire. Que nous veut ce vieux fakir ? Il nous montre un vase plein de terre ; il y sème une graine. Il ne se figure pas, sans doute, que nous allons attendre qu'elle ait poussé.... Mais si, nous pouvons attendre, car voilà déjà deux petites feuilles qui sortent de terre.... La plante pousse, pousse, à vue d'œil ; la voilà grande.... Ah ! le merveilleux prestidigitateur !

Quoi encore ! Une femme que l'on enferme dans un panier. Ouvrez le panier : il est vide.... Et pourtant, sous ce figuier banian où nous circulons, le terrain n'était « nullement préparé ».

Les tours de prestidigitation se succèdent sans interruption, variés, extraordinaires, ne ressemblant en rien à ce que nous avons vu jusqu'ici. Ces Hindous, si beaux, si bien faits, dont la peau a des tonalités d'un noir si intense, ont une souplesse, une grâce de mouvements et en même temps une dextérité qui nous captivent.

Nous ne songerions plus à quitter cette place, si

LE TOUR DU MONDE A L'EXPOSITION DE 1900. — *Photographies des personnages costumés qui animeront les premiers plans du panorama. — Acteurs annamites.*

airs son stipe élevé ; le figuier banian projette au loin ses branches que supportent de proche en proche de nouveaux troncs, si bien qu'un seul arbre finit par former une forêt. Ses racines traçantes courent sur le sol comme des serpents.

le navire en partance pour l'Indo-Chine ne nous attendait.

II

Poursuivons donc notre voyage.

Du sein de la merveilleuse végétation tropicale qui continue à nous entourer, nous voyons surgir les merveilleuses ruines de l'art Khmer en Indo-Chine. En face de nous, s'élève la bizarre et grandiose architecture du temple d'Angkor-Watt. Plus près, disparaissant à moitié sous un rideau de lianes, un fragment de ruine, montrant le détail de la construction, dans les assises de laquelle entrent de gigantesques figures humaines, sculptées avec un art vraiment remarquable.

Çà et là, quelques arbres nous étonnent par leur aspect hivernal, contrastant avec la fougueuse verdure de leurs voisins. Ce sont des arbres à feuilles caduques, entre autres des *flamboyants* qui, à l'approche de la floraison, se dépouillent de leur verdure en pleine chaleur estivale. Rien de tel, je le répète, que d'aller dans le pays même pour découvrir que bien des dessins des forêts de l'Inde ne sont que des poncifs. Mais voici de charmantes danseuses cambodgiennes, qui nous souhaitent la bienvenue par une gracieuse pantomime. Elles rappellent les Javanaises que nous vîmes à l'Exposition de 1889, mais leurs danses, leurs attitudes, sont encore plus captivantes et plus bizarres. C'est un véritable poème dont elles retracent les diverses phases par leurs pas cadencés. Leurs désarticulations de membres dépassent tout ce que nous avons vu jusqu'à ce jour de plus extraordinaire.   (*A suivre.*)   PAUL COMBES.

LA PEINTURE FRANÇAISE
PENDANT LE COURS DU SIÈCLE
(SUITE) (1)

L'éveil s'en peut lire dans ces ébauches secrètes où Corot, l'ancien commis de nouveautés, officiellement fidèle à l'enseignement de Victor Berin et aux modèles d'Aligny, mais épris déjà du Lorrain, avivait sa vision singulièrement délicate. Mais la sensibilité de Corot ne parut se dégager tout entière que vers 1845 : le peintre avait alors quarante-neuf ans. L'Italie, la Hollande, a Suisse, l'Auvergne, le Dauphiné, le Morvan, l'Artois, la Picardie, comme les rives de la Seine où il se laissait, à son aveu, « encotonner », lui proposèrent dès lors ces motifs dont il composa d'harmonieux et simples ensembles, paysages imaginaires où l'horizon, entre les arbres et les roches, prolonge sa fuite infinie; du ciel profond jusqu'aux langueurs limpides des eaux; frémissants, les reflets jaillissent et s'attardent; l'heure indécise rêve sous le charme flottant des ombres transparentes, des rayons voilés. Parfois, le modèle d'un personnage, ou la danse frôleuse des nymphes; nulle opposition violente; nul souci d'individualiser la plante ou l'être, mais des *souvenirs* mélancoliques et doux: un bruissement d'âmes et comme la matérialisation vaporeuse de l'harmonie réétablie. Sans doute l'occasion vient de déplorer la monotonie des brumes argentées, la hâte d'une exécution « sous-entendue » après des succès bien tardifs. Mais s'il appartenait à Corot de s'abandonner, loin des luttes où s'exaltait le naturalisme, à son génie contemplatif, il n'en avait pas moins, tout classique et virgilien qu'il fût, « ouvert les voies à l'impressionnisme, par son analyse inconsciente peut-être, mais extraordinairement subtile, de la vie de l'atmosphère et de ses relations avec tout ce qu'elle enveloppe ». Et c'est ainsi qu'il annonçait déjà Manet par delà le naturalisme romantique de Paul Huet, l'imitation patiente, naïve ou timide de de la Berge, de Cabat, de Flers, et la ferveur réaliste de Rousseau.

Initiateur de cette renaissance, plus que tout autre, Rousseau supporta l'hostilité des jurys; nul n'avait jamais pénétré plus profondément, par la divination du génie, par la puissance de la couleur, la sûreté vigoureuse du dessin, les terrains, les bois, les taillis, analysé la nature austère, l'horizon jusqu'en ses lointains reculs, ni mêlé à plus de force, une grâce plus pénétrante et fraîche, lorsque quittant l'ombre, les aspects mâles et le drame des ciels orageux, il « réhabilitait » le printemps. Son œuvre était accomplie; il avait dégagé le caractère

1 Voir page 138.

fondamental des choses; quand on s'avisa de rendre hommage à tant de puissance sereine, trop scrupuleuse, la conscience de l'artiste s'embarrassait déjà de détails pénibles et presque puérils. Une accentuation plus énergique et quelque peu laborieuse distinguait la sensibilité passionnée de Dupré. La grâce rêveuse de Daubigny s'amplifiait. A quitter la mythologie galante, molle et lourde, Diaz gagnait des souplesses chatoyantes; Troyon, Potter et Cuyp connus, poussait sous le ciel brumeux le pas pesant des bœufs, l'indolence obstinée des moutons, unissant mieux que n'avaient fait Brascassat et Rosa Bonheur, la nature et la bête, exprimée dans la vérité de son allure. Chintreuil oppo-

LA PEINTURE FRANÇAISE PENDANT LE COURS DU SIÈCLE. — *Le Réveil, d'après Raffet.*

sait les effets contrariés du soleil et de la pluie au long des plaines, et Français peignait des idylles avisées.

La forêt, le fleuve, l'étang, le chaume, la saison, l'heure, voilà les grandes harmonies *naturelles* révélées. Créer des harmonies sociales est le vœu de Saint-Simon, de Fourier; et Proudhon dicte à Courbet les lois d'une esthétique utilitaire. « Il « faut que le statuaire, le peintre... montre la « beauté tour à tour lumineuse et assombrie dans « toute l'étendue de l'échelle sociale.... Suivant la « leçon que l'artiste veut donner, toute figure, « belle ou laide, peut remplir le but de l'art. » A vrai dire, Courbet n'entendra pas moraliser, mais seulement « traduire des idées, l'aspect de son époque »: telle est du moins la prétention du manifeste où il formule son *réalisme*. Et comme, encore qu'il se proclame élève de la nature, il a fort étudié la pratique des maîtres espagnols et hollandais, des Bolonais et des derniers Vénitiens; comme, à défaut d'enthousiasme, il a de la valeur de son effort une certitude assurée, on le voit dans ses portraits atteindre une vigueur de modelé, une solidité peu communes; dans ses grandes toiles — l'*Après-dînée à Ornans*, *Un enterrement à Ornans*, les *Casseurs de pierres*, les *Demoiselles du village*, les *Lutteurs*, les *Baigneuses*, et cette déplorable « allégorie réelle » de l'*Atelier du peintre* — étonnent par l'audace du choix des personnages, la vérité ironique ou brutale des types, la robustesse d'un nu, la consistance des pâtes, autant que par le désordre et l'inertie des compositions, la lour-

deur de maints morceaux, un goût souvent douteux et des insistances parfois grossières. L'exécution matérielle de ses marines et de ses paysages, — bois touffus, clairières, entre les roches humides, au bord des ruisseaux, les combats et les bondissements des chevreuils, ne fut pas sans influencer la peinture moderne; mais son action se révèle mieux encore par un titre et par une œuvre: *Tableau historique de l'Enterrement d'Ornans*; c'en est fait désormais des aristocratiques dignités du pinceau; de la peinture d'histoire au tableau de mœurs, la même règle de vérité, de compréhension s'étend, ne faisant de la première qu'une sorte d' « élargissement » de la seconde.

L'ouvrier, le villageois, l'artiste entraient dans l'art. Raffet, Charlet, Daumier, Gavarni y introduisaient le soldat, le bourgeois, le politique, le mondain. L'année même où Courbet retournait à Ornans pour y noter les types de l'*Après-dînée* (1848), Millet quittait Paris, oubliait tout ce qu'il avait retenu de Delaroche, de Diaz, et recommençait à Barbizon le songe lent, douloureux et grave de sa race paysanne. Ces énergies ignorées, dont il s'inquiétait vaguement, s'éveillent en lui; elles n'arment pas le geste éternel pour des semailles, pour le labour et les moissons; elles peuplent son génie, marchent devant lui dans le sillon quand il s'y penche, s'arrêtent dans le redressement du repos, l'abandon de la rêverie, le recours de la prière: ce sont le *Semeur*, le *Paysan se reposant sur sa houe*, ses *Bergers*; voilà l'*Angélus* et voilà la misère, l'instinct déchaîné de vivre et d'arracher la vie: la marche pliée des trois glaneuses et comme appuyées sur leurs lourdes mains acharnées. Nulle part le *document*; aucune préoccupation du *morceau*: une interprétation simplifiée loin de la nature quand le spectacle s'est fondu dans l'harmonie du souvenir. Il s'en faut que le labeur surgisse toujours sous cet aspect farouche: le calme, le silence, le frisson des matins et la douceur des crépuscules sont les fêtes de cette nature où le modelé s'absorbe en silhouettes, où les plans s'amassent, où les attitudes se solennisent dans la vision héroïsée des forces. Mais il n'était pas réservé à la peinture de se glorifier des plus belles œuvres de Millet; trop souvent la lumière s'y voile, le pinceau s'alourdit en colorations monotones, les touches effacent l'âpreté, les larges rayonnements des dessins et des pastels.

L'Orient, qui ne devait inspirer à Decamp qu'une technique, — l'opposition vive des ombres et de la lumière, on la retrouve dans ses souvenirs de Turquie, dans sa *Défaite des Cimbres*, dans ses paysages bitumeux et sur la robe de ses animaux, — s'animait de poésie avec Marilhat, d'éclat avec Diaz; Fromentin révélait les solitudes grises du Sahara, du Sahel; Regnault s'enthousiasmait à

Grenade, et après les adresses de la *Salomé*, de l'*Exécution sans jugement*, trouvait au Maroc les accents alertes et amples de la *Sortie du Pacha*. Mais plutôt encore son portrait de *Juan Prim* arrête par tant de fougue altière et turbulente. C'est là le dernier frisson de la fièvre romantique qui pénètre dans les tendresses du modelé, les yeux et les lèvres des portraits de Ricard. Delaunay seul reste préoccupé de style à la fois et d'expression, de couleur et de fermeté. Chaplin s'attarde à des frivolités élégantes, Cabanel s'assure dans une froide correction. Baudry ravive les originalités classiques d'habileté patiente, délicate et fleurie : l'école farde des morts. Ce sera l'œuvre de Manet d'exiger devant la nature des notations spontanées, de rajeunir, de spiritualiser la sensation.

Il est un tableau de M. Fantin Latour qui repré-

tendre rencontrer ici la courtisane moderne, la fille : « Eh ! dites-leur donc tout haut, cher maître, que vous n'êtes point ce qu'ils pensent, qu'un tableau pour vous est un *simple prétexte à analyse !* » Peut-être ? Mais le caprice est la lente fleur de l'inconscient ; puis, s'abuserait-il, l'historien devrait encore insister sur le hasard qui jette à la foule du second Empire, à cette foule qui réclame la *Belle Hélène*, la *Grande Duchesse* et *Clodoche*, par le pinceau de Manet la chair indifférente d'Olympia (1866), par la plume de Zola, la chair splendide et morne de *Nana* (1880), et, cette analyse, encore faut-il qu'on l'entende appliquée seulement aux « réalités des objets et des créatures », aux « vérités de la lumière et de l'ombre », mais claire, incisive, imprévue, soudaine. Averti par les essais des premiers impressionnistes, Manet se consacre, sinon le seul,

théoses spacieuses de M. Puvis de Chavannes, au rêve inquiet, obscur et douloureux de M. Carrière.

Voilà de quoi nous avertir du danger des catégories. Parlera-t-on d'art traditionnel ? Mais les traditions sont diverses où se rattachent MM. Léon Bonnat, portraitiste officiel d'humeur solonnelle, énergique, rigoureuse et sèche, Jules Lefebvre, habile à parer sa peinture mince et consciencieuse de reflets de soies et de satins, J.-P. Laurens, qu'on vit un jour échapper au mélodrame historique, où s'absorbe son large talent, pour évoquer le décor sévère des labours du Lauraguais, Carolus Duran épris d'élégances souveraines et des splendeurs du ton local, Paul Dubois, le plus sûr portraitiste de l'école avec Delaunay, l'inimitable virtuose qu'est M. Aimé Morot, M. Hébert, épris de grâces mièvres et fiévreuses, MM. Roybet, Bouguereau, Cormon,

LA PEINTURE FRANÇAISE PENDANT LE COURS DU SIÈCLE. — *Les Glaneuses; tableau de J.-B. Millet.*

sente Édouard Manet dans son *Atelier des Batignolles* (musée du Luxembourg) : le peintre a trente-huit ans. On connaît déjà son *Buveur d'absinthe*, l'*Enfant aux cerises*, le *Guitarero*, le Portrait de M. et Mme Manet, l'*Enfant à l'épée* (1859-1861). Aux derniers souvenirs des leçons de Couture, on l'a vu mêler l'enseignement de Hals, de Velazquez, de Goya, dans une manière âpre et savoureuse. La *Chanteuse des rues*, *Lola de Valence*, le *Vieux musicien* ont été refusés aux salons, de même que ce *Déjeuner sur l'herbe* où la pudeur alarmée du jury ne sut pas admirer, selon l'apologie qu'en faisait alors M. Zola, « le paysage entier, avec ses vigueurs et ses finesses, avec ses premiers plans si larges, si solides, et ses fonds d'une délicatesse si légère, cette chair ferme modelée à grands pans de lumière... » et qui ameuta Paris devant *Olympia*. Inscrite dans le trait noir de l'école, elle détache son relief pâle du fond des tentures obscures, l'oppose encore aux rudesses sombres d'une négresse, d'un chat, et lasse, s'alourdit parmi les linges blancs, attristée de l'éclat rose d'un ruban, de la tache vivace des fleurs. S'égare-t-on à pré-

ni le premier, à révéler le *plein air* (*En Bateau*, le *Chemin de fer*, le *Jardin de M. Clapisson*, etc.), du moins avec l'autorité qu'il faut pour éveiller les yeux aux tons clairs, à la sensation exacte et fugace, et à la *modernité* qu'il traduit avec des délicatesses que Courbet ignorait : souci d'élégance qu'on trouve encore noté dans le portrait de M. Fantin Latour.

Mais l'*Atelier des Batignolles* ne trahit pas seulement l'intimité de Manet ; voici, groupés autour de lui, dans cette peinture harmonieuse, MM. Zola, Renoir, Claude Monet : c'est toute une époque de l'art français, de la sensibilité contemporaine, grave, songeuse, telle qu'on la peu encore définir aujourd'hui. Ne convient-il pas de s'arrêter encore devant la *Lecture*, *Autour du piano*, devant l'œuvre tout entière de M. Fantin, de cet artiste isolé qui n'est de la suite immédiate ni de Delacroix, ni de Manet, portraitiste expressif et subtil, évocateur d'accords profonds, austères, et merveilleux, de correspondances entre les vibrations sonores et lumineuses, et qui, des visions suscitées par Schumann, Wagner et Berlioz, compose un prélude au drame hermétique de Gustave Moreau, aux apo-

Detaille, Henry Lévy, Maignan, Benjamin Constant, Luc-Olivier Merson, Duez, MM. Gervex, Vollon. C'est le Corrège qui inspire à M. Henner sa tendresse profonde pour les assoupissements crépusculaires, et les épanouissements blancs, ambrés, noirs et roux des chairs et des chevelures. N'a-t-on pas acclamé en Théodule Ribot le « petit-fils de Chardin et le descendant des Hollandais — et encore des Le Nain et Valentin — avant de redouter de le voir tomber dans les « noirceurs de Ribera ». Il importe peu que ce maître ait appris des anciens, ou tienne de ses longues veillées à la clarté de la lampe, les contrastes de la lumière et de la pénombre où se dissout le superflu des apparences. Des *marmitons* à ses dernières œuvres, c'est une vérité intense qu'il dégage, en apparitions blêmes, fouillant la pâte des visages rugueux, le relief des rides par de larges touches énergiques tour à tour et caressantes, forçant les secrets pitoyables de la vieillesse (*Femme aux lunettes*, la *Tricoteuse*, la *Mère Morieu*), les tortures de la chair (*Saint Sébastien*) et l'effroi (*le Calvaire*). Il lui suffisait de quelques modèles familiers pour éveiller son

« rêve misanthrope ». De même toute la vie de Gaillard présentera l'acharnement de l'esprit et de la main à comprendre et à exprimer : besogne quasi monacale, humble, recueillie, où toute sa ferveur artiste et religieuse s'applique à tracer ces inoubliables portraits de sa tante, de Mgr de Ségur, de dom Guéranger, de Pie IX, de Léon XIII.

(A suivre.)   JULES RAIS.

Les travaux de l'Esplanade des Invalides

Les palais consacrés à l'Exposition du mobilier et des industries diverses qui s'y rapportent, s'élèveront sur l'Esplanade des Invalides. Ils formeront les deux côtés d'une longue avenue, partant du pont Alexandre III, et débouchant dans l'axe de la façade des Invalides, sur laquelle sera ménagée une percée, pour la perspective. Au débouché du pont Alexandre, le visiteur rencontrera d'abord un vaste emplacement, couvert de parterres à la française, que borderont des portiques. Ces portiques se relient, sur le quai, à deux pavillons monumentaux, avec retour de façades décoratives, rejoignant à droite et à gauche, la rue de Constantine et la rue Fabert.

Parterres et portiques seront édifiés sur le tablier métallique qui doit recouvrir la gare en tranchée du chemin de fer de l'Ouest. La pose des colonnes de fonte qui soutiendront ce tablier est déjà fort avancée, et dès que les poutrelles du tablier seront en place, on pourra monter les portiques ; ceux-ci seront doublés de salles d'exposition où les manufactures nationales disposeront leurs œuvres. Portiques et salles d'exposition masqueront complètement, avec les retours sur les quais, les bâtiments de la gare et les voies souterraines, qui, pour les visiteurs de l'Exposition, seront comme si elles n'existaient pas. Les portiques, à l'extrémité sud de l'emplacement, se recourbent en quart de cercle,

LES CHANTIERS DES INVALIDES. — Commencement du montage des palais.

probative était d'autant justifiée que ces ormes sont d'une hauteur et d'une dimension assez rares, chez les arbres parisiens. Le gaz et la poussière ne permettent pas une grande longévité aux arbres des voies et boulevards ordinaires ; ceux de l'Esplanade doivent leur beauté à la solitude relative de ces parages.

L'espace qui subsiste entre les deux rangées extrêmes est d'environ 133 mètres. Les palais à édifier ont respectivement 50 mètres de large ; c'est-à-dire que l'avenue médiane comptera 33 mètres, sur 270 mètres de long environ. La direction des services d'architecture a pu craindre un moment que cette avenue ne semblât un peu étroite, au sortir de larges voies semblables à l'avenue Nicolas II et au Cours-la-Reine, mais comme les palais de l'Esplanade ne sont pas de hauteur exagérée, et que cette largeur de 33 mètres ne laisse pas d'être assez respectable, il est certain que cette impression d'étroitesse ne se produira pas. Il faut considérer, en outre, que cette avenue ne servira

qu'à la circulation des piétons, et que l'absence de voitures, de nos grands omnibus surtout, laissera toute leur valeur aux dimensions réelles. Les devis généraux ont prévu une dépense de 5 570 000 francs pour les palais de l'Esplanade.

Quant à l'architecture et à la décoration des façades, liberté entière a été laissée aux architectes.

Les palais des Champs-Elysées font partie d'un vaste ensemble qui comprend le Louvre, les palais de la place de la Concorde, et l'hôtel des Invalides ; on a cru devoir se garder contre un esprit d'innovation qui eût créé un groupe disparate, dans cet ensemble. Mais pour les palais des Invalides, comme pour ceux du Champ-de-Mars, qui auront l'existence éphémère de six mois de fête, on a convié, au contraire, les artistes, à faire assaut d'imagination, et cette invitation a été si bien écoutée, que M. Boucher, ministre du commerce, disait dans son rapport de juin dernier : « Les premières études me furent soumises au mois de décembre 1897. Toutes étaient intéressantes et faisaient grand honneur au sens décoratif de leurs auteurs. Cependant certaines retouches s'imposaient, ainsi que les artistes l'ont spontanément reconnu. Quelques-uns des projets péchaient par l'exagération même de leurs qualités et par une recherche excessive de l'originalité ».

L'infrastructure est aujourd'hui parachevée : c'est le travail des fondations que l'on aperçoit dans une de nos photographies prise avant l'apport des fers. On a fouillé le sol, jusqu'à la couche de sable incompressible, qui n'est pas située très profondément, mais, sur certains points, on a rencontré des remaniements et des remblais, dus à des travaux antérieurs. Dans les rigoles et dans les puits, on a coulé du béton, puis on a élevé des blocages en meulières ou en moellons durs, hourdés de mortier, jusqu'à hauteur des soubassements. Ces soubassements seront plus tard décorés, avec des appliques de faïence ou même des ravalements en plâtre. Sur certains points, apparaissent des masses plus importantes, car elles sont destinées à recevoir des poids plus considérables.

C'est là-dessus, qu'on est venu dresser des poteaux en fer, ramassés par des moises en fer, sur lesquels on voit se dessiner déjà les lignes du plancher d'un premier étage, car les palais de l'Esplanade, comme ceux du Champ-de-Mars, comprendront des salles en rez-de-chaussée surélevé, et des galeries de 1er étage.

PAUL JORDE.

LES CHANTIERS DES INVALIDES. — Rigoles et fondations.

et aboutissent ainsi au double palais du mobilier et à l'avenue centrale.

Les palais sont édifiés en dehors des lignes d'ormes en quinconce, qui, sur six rangs de chaque côté, bordent l'Esplanade. On se rappelle la clameur que souleva l'abatage d'un nombre considérable de ces arbres, lorsque la compagnie de l'Ouest commença ses travaux. Cette clameur ré-

F. ROYBET. — LA MAIN CHAUDE.

LA PEINTURE FRANÇAISE PENDANT LE SIÈCLE. — JULES BRETON. — LA RÉCOLTE DES POMMES DE TERRE.

Les Installations mécaniques

Les deux travées de la galerie de 30 mètres, qui se sont malencontreusement effondrées, sont venues obstruer de leurs débris l'emplacement où l'on commençait les travaux du service des installations mécaniques. Les tranchées de fondation s'ouvraient et le boisage des parois était amorcé, lorsqu'un coup de vent coucha sur le sol les fermes oscillantes, insuffisamment soutenues par leurs quatre points d'appui, auxquels on avait joint des béquilles de bois en trop petit nombre. On craignit même à un moment que les terrassiers et les charpentiers au travail n'eussent compté des victimes, mais le bonheur voulut qu'on en fût quitte pour des dégâts matériels. Le travail fut abandonné dans la moitié qui est du côté de l'avenue La Bourdonnais, mais il fut poussé avec une diligence plus rapide du côté de l'avenue Suffren. Là, trois équipes d'ouvriers de professions différentes travaillent simultanément.

Pendant que les terrassiers s'activent à creuser le sol et à charger les tombereaux, à côté d'eux, dans la fouille établie, des charpentiers apportent leurs bois et leurs madriers; ils étaient le sol de remblai, c'est-à-dire peu consistant, qui s'ébroulerait au premier ébranlement du sol et comblerait les excavations. Plus loin, à demi cachés sous les étais et les chevalements, des maçons spéciaux, employés exclusivement aux briquetages de fumisterie, construisent les carneaux de fumée, conduits gigantesques, présentant une section curviligne et qui sont destinés à l'évacuation des fumées provenant des foyers des générateurs.

Les machines au travail et l'éclairage élec-

de la galerie de 30 mètres, et la galerie des machines de 1889. Ces cours seront séparées par le palais de l'Électricité, en voie d'édification à l'heure actuelle. Chacune des cours a 117 mètres de longueur sur 40 mètres de largeur. Elles constituent deux usines spéciales: l'usine La Bourdonnais réservée aux constructeurs français, l'usine Suffren aux constructeurs étrangers. Les carneaux de fumée doi-

LES INSTALLATIONS MÉCANIQUES. — 1. Les fouilles de l'usine Suffren, pour l'installation des foyers. — 2. Construction des carneaux de fumée.

carneaux séparées par un terre-plein. En arrivant à la base de la cheminée, ces deux lignes s'épanouissent en formant une courbe qui rappelle l'anneau d'une clé. Les carneaux sont divisés en plusieurs tronçons, dont la dimension augmente à mesure qu'ils se rapprochent des cheminées. Au point de départ, les carneaux ont 1 m,70 de large sur 2 mètres de hauteur; ils finissent par mesurer

2 m,60 de large sur 4 m,70 de haut. Cette progression dans les dimensions est en proportion avec l'afflux des fumées. Les carneaux placés à la base des cheminées recueilleront la somme totale des fumées produites par l'ensemble des foyers.

Les carneaux reçoivent, cela va sans dire, le long de leur parcours, les conduits de chaque foyer. Sur le terre-plein, qui sépare les carneaux, circulera une voie ferrée amenant le combustible. Un passage de 6 mètres de large, qui circulera tout autour des chaufferies, permettra aux visiteurs d'apercevoir, au travers des parois vitrées, ces installations gigantesques. A Chicago, les organisateurs de l'Exposition avaient eu la coquetterie d'habiller les chauffeurs en blanc, et ceux-ci, en dépit de leur travail, conservaient leurs vêtements immaculés. Il faut dire que les foyers étaient chauffés au pétrole; la proximité des lieux de production rendait possible cette alimentation en combustible, qui serait quelque peu coûteuse en nos pays. Les 20 000 chevaux-vapeur de 1900 recevront leur ration en houille; à Chicago, le chiffre de cette écurie mécanique montait à 25 000; mais le terrain était si grand que, même avec cette force à dépenser, on n'arrivait pas à éclairer tous les points de l'immense *World's fair*.

Les cheminées, qui évacueront dans l'espace la fumée produite, auront de 70 à 80 mètres de haut, avec un diamètre intérieur au sommet de 4 m,50. Ce seront de véritables tours; et pour se faire une idée

trique de l'Exposition seront alimentés par une force de 20 000 chevaux-vapeur. Les chaudières, qui fourniront la vapeur sous pression aux moteurs, seront disposées dans deux cours placées entre les bas-côtés

vent aboutir à des cheminées monstres, situées respectivement sur l'avenue La Bourdonnais et l'avenue Suffren; chacun de ces groupes de conduits est double, c'est-à-dire qu'il y a deux lignes de de la hauteur atteinte, il est bon de se rappeler que le niveau supérieur des tours de Notre-Dame est à 66 mètres du sol Ces cheminées ont fait le sujet d'un concours entre constructeurs spéciaux. Leur aspect extérieur, traité d'une façon monumentale, sera en harmonie avec les édifices et le milieu artistique auprès desquels elles s'élèveront.

On a calculé que la quantité de vapeur dépensée par heure pour le service de la force motrice et de l'éclairage, sera de 200 000 kilogrammes environ ; la consommation de houille s'élèvera à 200 tonnes par jour ; la quantité d'eau nécessaire à la condensation représentera 1 200 litres à la seconde; cette eau servira, comme on le sait, à l'alimentation du Château d'Eau, et lorsqu'elle aura produit son effet décoratif, des prises ménagées dans les différents bassins l'enverront aux machines.

Indépendamment des carneaux, d'autres galeries souterraines sont ou seront établies pour les distributions d'eau et de vapeur, afin de desservir les machines installées un peu partout, puisque, autant que possible, à côté de l'objet fabriqué, on exposera l'outillage nécessaire pour fabriquer cet objet. Ces galeries sont disposées parallèlement aux avenues Suffren et La Bourdonnais; d'autres galeries, perpendiculaires à celles-ci, viennent s'y brancher, et se dirigent sous les palais. Ces galeries, qui sont établies selon trois types de dimension, selon l'importance des services qu'elles ont à remplir, représentent un développement d'une longueur de 1 500 mètres. A leurs points de croisement, sont construites des chambres de manœuvre facilement accessibles, où seront placés différents appareils, robinets-vannes, d'arrêt, de décharge, etc. Dans ces galeries, des tuyaux amèneront de l'eau froide et chaude, de source et de rivière, et, enfin, de la vapeur.

On a dû renoncer, autant pour écarter les dangers d'incendie que par des raisons de propreté, à autoriser des foyers de machines dans les galeries ; la solution des conduits de vapeur est certainement plus élégante, mais elle entraîne à des frais considérables, car cette canalisation souterraine, en galeries accessibles, est fort coûteuse. Ces galeries ont une forme ovoïde, qui se rapproche des types adoptés pour les égouts; elles sont constituées par une enveloppe en blocage de moulières, avec chappe extérieure en mortier et enduit intérieur en ciment; c'est-à-dire, que la construction est parfaitement étanche et qu'elle ne laissera pas transsuder les infiltrations extérieures ; qu'elle ne permettra pas aux fuites intérieures de s'échapper s'il s'en produisait. Le type le plus petit de ces galeries mesure 2 mètres de largeur sur 2m,60 de hauteur; le type moyen 2m,40 sur 2m,60; le grand type 2m,60 sur 2m,70.

Cette circulation invisible, que révélera seulement à l'attention du public quelques regards placés çà et là, n'en détermine pas moins un travail considérable. Ce sera comme les artères de cette immense organisation. Dans les expositions précédentes, le parti pris de grouper les machines en un seul local avait permis de se dispenser de cette circulation de vapeur; mais, le principe admis par M. Alfred Picard est infiniment préférable pour la clarté et la compréhension des procédés industriels. Le service des installations mécaniques relève du directeur général de l'exploitation, M. Delaunay-Belleville : c'est M. Ch. Bourdon, professeur à l'École centrale des Arts et Manufactures, qui est chargé de la conduite et de l'exécution des travaux.   G. MOYNET.

LA PEINTURE FRANÇAISE
PENDANT LE COURS DU SIÈCLE
(SUITE) (1)

Le titre d'une étude de M. Claude Monet, *Impression*, avait inspiré l'injure dont on salua ses compagnons: ils l'acceptèrent. La première manifestation de l'école *impressionniste* avait eu lieu

LA PEINTURE FRANÇAISE PENDANT LE COURS DU SIÈCLE.
Le docteur Faust. Tableau de J.-P. Laurens.

en 1874. Elle était née des contemplations de MM. Claude Monet et Pissarro devant les paysages de Türner à Londres (1871), puis de l'imitation de la technique de Jonqkind et de l'étude des estampes japonaises. Les disciples pouvaient se réclamer de maîtres mieux consacrés: de Delacroix et de Corot à M. Claude Monet, les marines de Boudin, les paysages émus de Lépine et de Boulard révèlent une transition. Les impressionnistes souhaitaient des vérités plus immédiates, une vision plus ingénue. A quel guide obéir dès lors, sinon à la sensation individuelle! La philosophie contemporaine s'arrêtait à une semblable conception du relatif et soumettait aux méthodes des sciences naturelles les phénomènes de la sensibilité. Du dessin, de la perspective, les impressionnistes renient les dogmes abstraits, pour figurer la nature dans la vérité éphémère de l'impression, dans la vérité éternelle de la lumière. Leur recours limité à quelques couleurs très éclatantes les contraint à cette peinture où le jeu des harmonies claires et vibrantes paraît en quelque sorte fragmenté. Ainsi rien d'illogique : les sens

(1) Voir page 150.

affinés exigent une langue pittoresque nouvelle; à la vision juste et analytique correspond une technique instinctive, rapide, infiniment subtile.

L'œil trop proche s'étonne d'un tumulte de taches. S'éloigne-t-on, les plans sommaires se haussent et dévalent; l'âme des brumes pénètre les rivières et les ciels; les rocs surgissent comme d'une brutale genèse, contre l'assaut des vagues accourues de l'horizon blême; voici les foules humaines, mornes, et la splendeur des foules florales, la campagne normande, la lande, les prés hollandais, les éclosions délicieuses d'Antibes, puis ce seul poème des saisons, des heures, reflétées sur les meules d'un champ, sur la façade d'une cathédrale : joyau monstrueux, architecture de rêve, surgie comme le portail d'un monde de frissons : partout M. Claude Monet recueille l'essentiel des forces, ou les complications de l'exquis. M. Renoir s'attache aux « paysages » des chairs blondes où tremble l'ombre verte des feuilles, aux gestes ondoyants à l'instinct jeune et sûr; il révèle la « poésie des villes » et le domaine de l'impressionnisme.

M. Pissarro caractérise la plante, le champ, le verger; se préoccupe de la vérité des types individuels, de la fusion des êtres et des choses, et faisait songer à un Millet *luminariste* et qui, dans sa recherche de l'arabesque et de clartés plus éblouissantes, se serait même arrêté à emprunter aux néo-impressionnistes (Seurat, M. Signac) des méthodes plus systématiques. Le pinceau de Mme Berthe Morizot se jouait en caresses maternelles. Il faut citer encore l'œuvre initiatrice de Cézanne, celle de Gauguin, celle de MM. Guillaumin, Sisley, Lepère, l'admirable graveur sur bois; puis, ayant groupé ces artistes unis dans un même effort d'affranchissement, différencier les apports, montrer comment, pourquoi l'art de Millet, de Courbet, de Daumier, de Manet devait aboutir à l'œuvre de M. Degas; comment, à la logique du procédé, allait s'accorder la logique de l'observation lente, volontaire, chez ce portraitiste « de l'éco des Clouet et de M. Ingres », chez ce « réformateur » qui se réclamait, dès 1866, du droit que les romanciers revendiquent en 1864, du droit de venir de la rue et de faire « la clinique de l'amour. » Il viole le secret des boutiques, étale l'horreur des cafés-concerts, les lamentables déformations des nus. Qu'on évoque encore ses jockeys simiesques, l'apothéose féroce de ses ballerines, ce jaillissement de corps maigres, de gestes fiévreux, cette floraison de fards et de chairs hâves, l'ironie sinistre du décor, « la sensation de l'étrange exact » et le style de l'ignoble. Suivant quel rythme nerveux ondule la grâce contemporaine, d'autres l'ont dit avec une candeur aiguë réjouissant l'amertume du siècle, comme avait fait Watteau parmi tant de mélancolies déjà : M. Jules Chéret, dans une féerie frénétique et tendre; M. Heller par des accents précis, quasi mystérieux; puis M. Blanche.

(A suivre.)   JULES RAIS.

L'AUBERGE DU MONDE

Il y a des grincheux irréductibles qui, habitant Paris, en sont encore à regretter qu'une exposition y ait lieu en 1900. « A quoi servent les expositions, disent-ils, sinon à faire augmenter le prix de toutes choses. En 1815, d'après les calculs de la Société de statistique, le prix du dîner était de 2 francs en moyenne, actuellement il monte à 2 fr. 50 ; celui du déjeuner était de 1 fr. 15, il est monté à 2 francs. Quant aux repas à la carte, dans les restaurants, les proportions sont les mêmes. Si le morceau de pain a toujours coûté 10 centimes, le bol de bouillon augmente, avec chaque exposition, de 5 centimes. Le plat de viande coté 45 centimes

La population de Paris vaut assurément mieux que sa réputation dans le monde. Mais pour en être bien convaincu, il faut venir à Paris, y séjourner, prendre contact avec les habitants, apprécier leur bonne grâce, leur ingéniosité, leur réelle supériorité dans toutes les industries d'art et de luxe.

Périodiquement surgissent en France des événements, politiques ou autres, provoquant une agitation toute de surface, qui donne à penser aux étrangers mal renseignés que Paris doit être pour le moins à feu et à sang et qu'il serait de la dernière imprudence de s'y risquer. Les voyageurs vont donc ailleurs, et ce n'est pas seulement leur présence qui manque à l'industrie parisienne, mais du même coup leurs commandes qui prennent la route de Vienne ou de Berlin.

L'affluence des étrangers à Berlin, de 268 000 en

nôtre. On dit bien que celle de 1900 sera la dernière, mais nous n'en croyons rien, et la population parisienne elle-même sera la première à en réclamer le retour périodique, si jamais elle commet la faute de vouloir en décréter la suppression au xxᵉ siècle.

Je n'irai pas vous aligner les statistiques de l'Octroi de Paris, ni celles du Commerce extérieur de la France pour vous faire toucher du doigt ce que gagne Paris à être l'Auberge du Monde. Je procéderai par comparaison. Il y a en Europe un pays qui vit de l'étranger en grande partie, c'est la Suisse, dont les montagnes, les lacs et les glaciers sont autant de mines d'or pour ses habitants. Or, on peut estimer que pendant la saison d'avril à octobre, il vient en Suisse environ 350 000 étrangers.

Nous allons voir, d'après un travail récent de

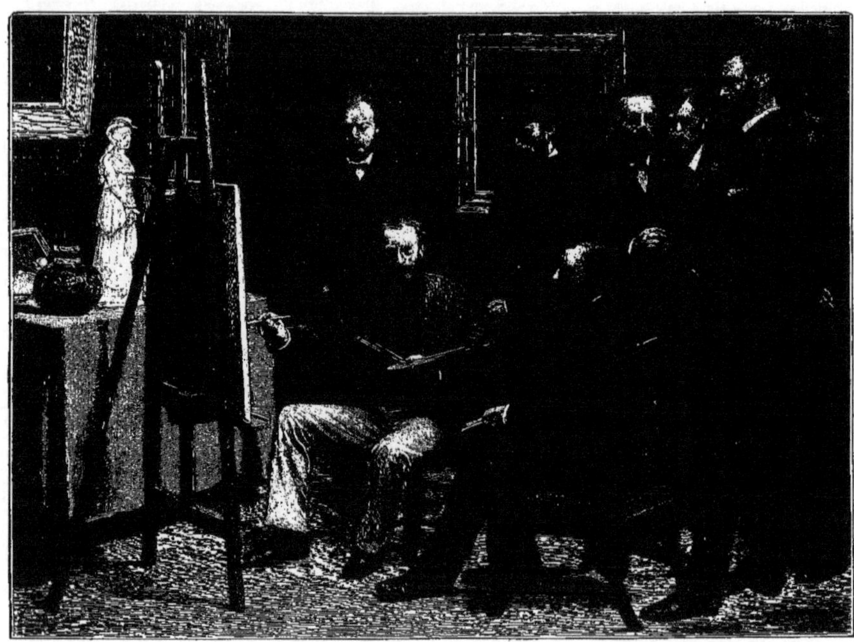

LA PEINTURE FRANÇAISE PENDANT LE COURS DU SIÈCLE. — L'atelier des Batignolles, tableau de Fantin Latour.

en 1871, monté à 50 centimes en 1880, est actuellement, depuis 1891, à 60 centimes. Enfin, les deux œufs à la coque, qui se payaient au début 30 centimes, sont, depuis 1891, à 40 centimes. Le voilà le bénéfice des expositions pour nous autres Parisiens ! »

Il serait facile de répondre à ce réquisitoire par des considérations générales touchant l'essor du commerce et de l'industrie en France, mais il est préférable de suivre ces grincheux sur leur propre terrain.

Il est hors de doute que si les prix des denrées s'élèvent au moment des expositions, on peut constater, d'autre part, une élévation de salaire correspondante pour toutes les branches du travail et aussi un bien-être général plus uniformément répandu. A quoi cela tient-il ! Très certainement à la clientèle étrangère qui, de près ou de loin, alimente le marché de la production parisienne.

1884, s'est accrue d'une façon constante et a atteint, en 1897, le chiffre de 507 000. Il y a eu, au cours des treize dernières années, augmentation d'environ 250 000, soit 92,4 p. 100. Dans le même laps de temps, la fréquentation des étrangers a augmenté de 210 000 à Paris et de 280 000 à Vienne.

En 1897, les chiffres respectifs sont : Paris 890 000 étrangers ; Berlin 517 000 ; Vienne 364 000 et pour les treize années considérées, chacune des capitales a reçu environ : Paris 8 500 000 visiteurs ; Berlin 4 500 000 ; Vienne 3 000 000. Paris reçoit donc à peu près deux fois autant d'étrangers que Berlin, qui, de son côté, en reçoit 42 p. 100 de plus que Vienne.

Et voilà à quoi servent les expositions universelles : à ramener à Paris le courant des étrangers que les agitations trop fréquentes pourraient en détourner, au profit des deux capitales à qui leur situation géographique permet de rivaliser avec la

M. Georges Michel, le mouvement formidable d'affaires auquel donne lieu l'exercice de l'industrie hospitalière, devenue véritablement nationale en ce pays.

On compte en Suisse environ deux mille hôtels, sur lesquels sept cents à peu près sont dits « de saison », et n'ouvrent que pendant une partie de l'année.

Ces deux mille établissements comportent en chiffres ronds 90 000 lits de maîtres. En 1894, année prise comme type, les hôtels suisses ont encaissé une recette brute de 115 000 000 de francs, chiffre qu'il est intéressant de rapprocher de celui du budget des recettes de la République fédérale, qui oscille entre 78 et 80 millions de francs. Leur service exigeait 24 000 employés, dont le salaire en argent, non compris les pourboires, atteignait 8 750 000 francs.

Les frais de ces hôtels, en dehors des salaires, se sont élevés à 74 millions, dont 40 pour la cuisine, 7 et demi pour les frais généraux, autant pour l'entretien, 5 et demi pour le chauffage et l'éclairage, et pour les impôts, les assurances et la publicité.

D'après leur statistique publiée par la Société des hôteliers, les dépenses de cuisine se répartissent ainsi : fromage, 350 000 fr. ; huiles de table, 358 000 fr. ; thé, 376 000 fr. ; sucre, 490 000 fr. ; café, 477 000 fr. ; fruits, 1 137 000 fr. ; œufs, 1 397 000 fr. ; conserves, légumes, 10 430 000 fr. ; lait, 1 677 000 fr. ; divers, 2 261 000 fr. ; beurre, 2 254 000 fr. ; pain 2 660 000 fr. ; poisson, 3 483 000 fr. ; volailles, 6 313 000 fr. ; viande et gibier, 14 086 000 francs.

En additionnant le chiffre des salaires et celui des autres dépenses, on arrive à un total de près de 83 millions et il en résulte que les bénéfices nets, pour l'année type 1894, s'élèvent à 32 millions environ.

Mais cela n'est pas tout ce que les voyageurs rapportent à la Suisse. Il faut d'abord observer que l'argent dépensé par les hôteliers demeure presque entièrement en Suisse ; puis il y a les industries annexes : locations de mulets, de voitures, de guides, etc.

Reportons-nous maintenant à Paris ; ce n'est plus quelques centaines de mille voyageurs qu'on y voit accourir en temps d'exposition, ce n'est même plus le million annuel de ses visiteurs ordinaires, mais ce sont des millions et des millions de touristes qui y affluent de toutes les parties du monde.

Combien exactement ? nous ne saurions le dire, toutes les statistiques étant insuffisantes, aussi bien celles des chemins de fer que celles des hôtels eux-mêmes ; mais on peut s'en faire une idée approximative, d'après les entrées aux diverses expositions. En 1867, il y en eut 10 765 000 ; en 1878 : 12 575 000 ; en 1889, le nombre doubla presque avec 21 584 000. Qu'est-ce que cela sera en 1900 ? C'est ce qu'il est bien difficile de savoir exactement ; mais d'ores et déjà les moins optimistes tablent sur 35 à 40 millions, à moins d'un cataclysme venant à désoler le monde. On peut admettre que la moitié des entrées est fournie par la population même de Paris, et que sur le total restant chaque voyageur venu à l'Exposition fournit trois entrées ; nous nous trouverons avoir, d'après ce calcul approximatif, de 5 à 6 millions de visiteurs en 1900.

On peut juger, d'après ce que nous avons dit plus haut, à quelle somme énorme atteignent les transactions auxquelles donne lieu cet afflux des hôtes de l'étranger.

Qu'on n'aille point prétendre surtout que cela n'intéresse que Paris seulement. Est-ce Paris, en effet, qui produit toutes ces victuailles, que nous énumérions tout à l'heure à propos de la Suisse ?

La capitale n'est ici que l'organe assurant le mouvement de flux et de reflux, jouant le rôle du cœur pour la circulation du sang à travers le corps humain, avec le sang veineux figuré par les apports en nature de la France entière et le sang artériel par les millions de numéraire qui vont s'épandre sur la province et la vivifier.

Celle-ci d'ailleurs s'en rend si bien compte, que de toutes parts on travaille, avec la plus grande émulation, au succès de l'Exposition de 1900, qui ne sera pas seulement universelle ou parisienne, mais avant tout nationale.

Jules Ally.

Le tour du monde à l'Exposition de 1900

(SUITE ET FIN) (1)

Passons en Chine. Nous voici à Chang-Haï. Hâtons-nous de traverser, sans nous y arrêter, la malpropre ville chinoise. Élevons-nous sur les hauteurs. Voici un point de vue ravissant, aussi pittoresque que singulier. C'est le *jardin de Pierres* ; le sol est constitué par des blocs de rochers amoncelés, d'où surgissent des arbres desséchés. Le mur de clôture est couronné, sur tout son pourtour, par la longue queue ondulée d'un énorme dragon. C'est d'un aspect original et saisissant. Le jardin

LE TOUR DU MONDE A L'EXPOSITION DE 1900.
M. Dumoulin, artiste peintre, auteur du Panorama.

est dominé par une très belle construction chinoise. Construction et jardin appartiennent à la Chambre des marchands de riz de Chang-Haï.

De là, nous apercevons les toitures noires à arêtes blanches des faubourgs et de la ville de Chang-Haï. Rien de ces bariolages auxquels nous ont habitués les paravents et les écrans chinois. L'aspect général est sobre et sévère. Il fallait absolument venir en Chine pour avoir cette impression toute nouvelle.

Mais notre présence est déjà signalée. Voici de petites Chinoises qui viennent en dansant nous offrir un spectacle que nous n'avons certes jamais vu. Leurs riches vêtements, leur allure gracieuse, leurs petites mines souriantes et fûtées excitent notre étonnement et notre joie.

A peine commençons-nous à nous habituer à ce tableau inattendu, que nous voici au Japon. Encore un jardin, un de ces jolis jardins minuscules où sont accumulées les merveilles d'un monde lilliputien, tels que des arbres centenaires de quel-

(1) Voir page 147.

ques pouces de hauteur. Plus loin, dans le feuillage des grands arbres, apparaissent, comme des pommes d'api, les montants laqués de rouge d'une gracieuse et légère habitation.

Voici une *tchaïa*, une maison de thé, où d'accortes Japonaises préparent l'odorante et savoureuse boisson, ne s'interrompant que pour exécuter devant nous leurs danses nationales que nous connaissons si peu ou si mal.

Le paysage est merveilleux. A l'horizon se dresse, dans le ciel pur, la silhouette inoubliable du fameux volcan de Fusi-Yama. Plus près, du sein de la mer, surgit l'île sacrée et pittoresque qui constitue aux yeux des Japonais ce qu'est pour nous le Mont Saint-Michel.

La mer, calme et sereine, nous invite au retour, et à travers ses ondes, par une rapide transition, nous apercevons de nouveau les rivages de l'Europe. Si la forme des constructions ne suffisait pas à nous l'indiquer, nous nous apercevrions à ces danses pleines de fougue et de volupté qui sont certainement le boléro, le fandango, etc. En effet, ces danseuses sont des Espagnoles et nous sommes à l'embouchure de la Bidassoa.

Depuis que nous avons vu l'Acropole d'Athènes, nous avons parcouru... cent vingt mètres !

On devine qu'il s'agit d'un vaste panorama circulaire ; mais on voit également, par le rapide exposé que nous venons de tracer, combien il diffère de tout ce que nous avions vu jusqu'à ce jour dans cet ordre d'idées.

Mais ce n'est pas tout ! Nous sommes encore loin d'avoir fait le tour du monde.

Après le premier voyage que nous venons d'effectuer, nous repartons, et de nouveaux tableaux vont s'offrir à nos yeux.

Voici les deux rives de la rivière de Saïgon : l'une boisée, couverte de palmiers, de paillottes, de constructions indigènes, ayant encore conservé l'aspect primitif qu'elle avait à l'époque de la conquête ; — l'autre déboisée, *civilisée*, c'est-à-dire peuplée de constructions à l'européenne, de docks, de bateaux, de ponts de fer, etc.

Plus loin, c'est un grand port anglais ou américain ; puis nous assistons successivement à des scènes qui se passent en Afrique, en Amérique, en Océanie, dans tous les pays que nous n'avons pas encore visités.

La place me manque pour en donner ici tout le détail ; mais il me suffira de signaler que ces nouveaux tableaux ne le cèdent en rien à ceux précédemment décrits pour l'intérêt, l'originalité, l'exactitude rigoureuse de ce qui est reproduit.

C'est la même impression que nous éprouverions en abordant les pays même, et lorsque nous avons tout vu, c'est bien réellement le tour du monde que nous avons accompli. Un voyage de plusieurs années ne saurait nous donner des images plus exactes, plus nettes, plus frappantes que celles que nous emportons au bout de quelques instants.

Je reviens maintenant sur le dispositif qui donne aux voyageurs l'impression du départ de Marseille, et les vues constamment changeantes du panorama du port et de la rade.

Le spectateur est immobile, dans l'obscurité, et c'est le panorama qui se déroule autour de lui qui lui donne l'illusion du mouvement. Sous ses yeux passent successivement : La Ciotat, La Joliette, les îles de Ratonneau, le château d'If, le phare du Planier, etc., exactement comme s'il était sur le pont d'un navire évoluant dans la rade et dans le

Le Tour du Monde a l'Exposition de 1900. — *Les bâtiments du Panorama : façade sur le Champ-de-Mars.*

port de Marseille. L'illusion est complète, un voyage réel ne donnerait rien de plus, et ferait, au contraire, perdre des détails que l'artiste a su mettre en relief.

Cette dernière remarque s'applique d'ailleurs à l'ensemble de l'œuvre de M. Dumoulin. Ce peintre a eu le talent de condenser, dans un espace réduit, les résultats de plusieurs années d'observation, et c'est ce qui permet au spectateur de profiter, en quelques minutes, de cette longue expérience.

Ayant moi-même beaucoup voyagé en Europe, en Afrique et en Amérique, je ne saurais être suspect en affirmant que le tour du monde de l'Exposition de 1900 donnera, à tous ceux qui l'effectueront, une notion absolument précise et ineffaçable des contrées parcourues.

Jamais la réalité n'avait été touchée d'aussi près.

Si telle est l'impression que j'ai éprouvée sur le vu de simples maquettes, animées, il est vrai, si j'ose m'exprimer ainsi, par la description colorée du peintre, qu'on juge de celle que donnera l'exécution définitive de ce superbe travail.

Nos dessins, exécutés d'après des photographies prises dans l'atelier de M. Dumoulin, grâce à l'obligeance de l'habile peintre, ne donneront certainement au lecteur qu'une idée très imparfaite de ce que sera l'œuvre finale. Mais tels qu'ils sont, ils constituent un document important, relatif à la phase actuelle de cette entreprise, que nous n'hésitons pas à considérer comme une des plus efficaces méthodes d'enseignement géographique qui aient jamais été expérimentées en France.

C'est, nous n'en doutons pas, ce caractère indéniable d'utilité qui a fait adopter ce projet par la commission d'examen.

Mais, outre l'utilité, il y aura, ce qui ne gâte rien, l'attrait puissant des choses exotiques, des spectacles animés, et la foule fera certainement un succès mérité au *tour du monde de l'Exposition de 1900.*

Une remarque générale s'impose, pour conclure. A cette même Exposition de 1900, les sections officielles elles-mêmes feront une large part à l'enseignement intuitif qui résulte des reproductions, fac-similés, dioramas, panoramas, etc., notamment pour tout ce qui touche aux colonies. Il y a là une indication qui montre un goût universel du public pour la documentation exacte, vraie, aussi vivante que possible. L'œuvre de M. Dumoulin répondra donc, à un besoin réel de voir et de s'instruire. L'édifice, dans lequel ce panorama doit être disposé, sera, de son côté, un résumé architectural des pays parcourus. Les angles sont accusés par des tours élevées affectant des formes diverses : mirador portugais, dôme ovoïde indou, pagode chinoise, aux toitures, étages, etc., que réunissent des boutiques recouvertes de tuiles émaillées, aux boiseries laquées des tons les plus brillants.

PAUL COMBES.

La Physique et les Physiciens
Transmission de l'énergie.
MUSÉE CENTENNAL (GROUPE V, CL. 27).

Le premier moteur en date et l'un des plus remarquables fut créé en Russie, en 1839, par l'illustre inventeur de la galvanoplastie, le physicien Jacobi, qui réussit à mettre en mouvement un bateau sur la Néva. Son appareil mécanique était alimenté par une pile de Grove. Le mécanisme se composait d'électro-aimants animés par le courant

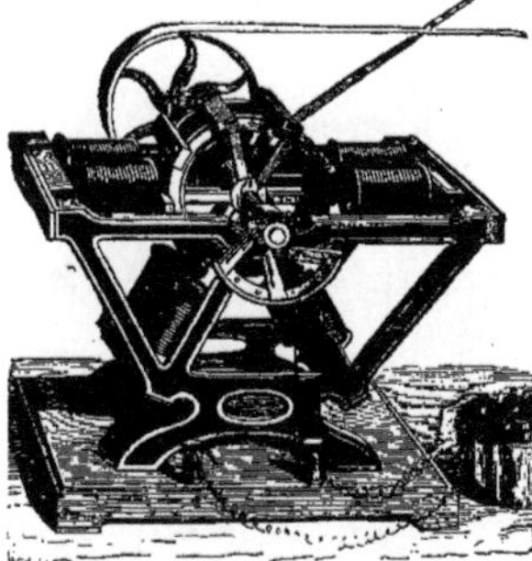

Deuxième moteur électrique à rotation directe de Gustave Froment.

de la pile. Plus tard, à partir de 1844, M. Froment construisit un électro-moteur, à manivelle, dans lequel la force attractive, communiquée à l'armature articulée sur l'électro-aimant lui-même, se trouvait transformée en mouvement circulaire, au moyen d'un double levier articulé agissant sur une bielle, et par suite sur une manivelle adaptée à l'arc d'un volant un peu lourd. Il en construisit différents modèles, mais on peut dire que tous les appareils fondés sur la simple attraction du fer par les aimants artificiels ou permanents ne donnèrent que des résultats insignifiants.

Ce fut M. Marcel Deprez qui, le premier, élucida les questions si complexes de transport de l'énergie à distance et de sa distribution. A l'Exposition

d'électricité de 1881, il réalisa un dispositif complet d'une machine génératrice dont le courant était distribué, sur une étendue d'environ 800 mètres, à une série de moteurs électriques actionnant individuellement des machines-outils. Il posa en fait que le *rendement* du système ne devait pas forcément s'abaisser avec l'accroissement de la distance; il formula ce principe, devenu célèbre par les chaudes discussions qu'il provoqua, que *le rendement est,* théoriquement, *indépendant de la distance.* Il montra quelles devaient être les dispositions nouvelles des machines dynamos pour donner, à coup sûr, une tension déterminée au courant.

L'année suivante, à l'Exposition de Munich, il accepta d'établir un transport d'énergie sur une distance de 57 kilomètres. Une machine Gramme fut placée à Miesbach, village situé à 57 kilomètres de Munich ; l'autre fut installée au Palais de Cristal dans cette capitale. Deux fils télégraphiques de 4 millimètres reliaient les deux machines. A un signal donné, la machine de Munich, qui actionnait une pompe alimentant une cascade, se mit en mouvement. Un grand enthousiasme éclata. Cet inventeur construisit un type nouveau de génératrices qui servirent dans les fameuses expériences exécutées au chemin de fer du Nord, devant une commission nommée par l'Académie des sciences.

Après cette épreuve décisive, les demandes d'applications commencèrent à arriver à M. Deprez. Il accepta celle qui était formulée par la ville de Grenoble, pays riche en forces naturelles, et résolut de réaliser là une expérience qui fût une véritable application pratique, c'est-à-dire dans laquelle, au lieu d'avoir, comme à Paris, les deux machines génératrice et réceptrice côte à côte, on se placerait dans les véritables conditions de la nature, à savoir : la force mécanique au loin et la transmission de cette force à une grande distance. La machine génératrice fut installée à Vizille au pied d'une chute d'eau; l'autre à Grenoble : distance 14 kilomètres. Les fils conducteurs n'avaient que 2 millimètres de diamètre. Le succès fut définitivement consacré.

Dans son système, M. Deprez n'employait qu'une machine génératrice unique, dans laquelle le courant était élevé à une haute tension. Mrs Potier et Mascart firent, pour le compte de la Compagnie électrique, des expériences fondées sur un tout autre procédé. Le générateur d'électricité était constitué par quatre machines couplées en tension, l'appareil récepteur était formé de trois machines Gramme également disposées en série et reliées entre elles par des manchons élastiques. L'ensemble de l'installation se composait donc de sept machines : quatre en série, au départ, pour produire le courant, et trois en série, à l'arrivée, pour fournir le travail utilisable.

Les installations de transmission de l'énergie mécanique à distance au moyen du courant continu sont maintenant nombreuses et le nombre s'en accroît chaque jour. Avant de nous engager

TRANSMISSION DE L'ÉNERGIE. — *Machine dynamo-électrique de M. Marcel Deprez.*

plus loin, rappelons une expérience superbe qui fut faite en 1879 par un industriel, M. Félix, dans sa ferme-sucrerie de Sermaize, en collaboration avec M. Chrétien. Il voulut essayer le labourage par l'électricité en transmettant de son usine l'énergie électrique jusqu'au champ à labourer. Sur deux treuils placés aux deux extrémités du sillon à ouvrir, s'enroulait d'un côté et se déroulait de l'autre, un câble d'acier qui entraînait une charrue à double renversement. Les chariots qui portaient des treuils, portaient en même temps deux machines dynamos chacune, qui tiraient à elles, par le courant venant de l'usine, une charrue Brabant double. Le procédé permettait de labourer 3 à 4 hectares dans une journée de dix heures.

L'application de l'électricité au labourage devait conduire à essayer la traction, par le même système, des convois de chemin de fer. C'est la gloire de Werner Siemens, de Berlin, d'avoir tenté cette innovation. Il avait préludé à la traction électrique sur les voies ferrées, par une autre invention plus modeste, celle du *chemin de fer électrique postal* réalisé, en 1880 à Berlin, d'après l'idée qu'avait émise, en 1879, Ch. Bontemps, employé des télégraphes français, pour faire le service du transport des lettres dans les villes avec plus d'avantages que ne le font les tubes pneumatiques. C'est à l'Exposition d'électricité de Berlin, en 1879, qu'apparut pour la première fois le système de transport électrique des véhicules sur les voies ferrées.

En réalité, c'est l'Écossais Robert Davidson, d'Aberdeen, qui, le premier, en 1838, fit circuler un locomoteur électrique sur un *railway ordinaire*. La source d'électricité était une pile placée sur un wagon avec un engin moteur à rotation.

Le problème de transport de l'énergie électrique se présente généralement de la façon suivante : De l'énergie électrique étant développée en un point

natifs. Enfin, la production des courants alternatifs polyphasés a déterminé une révolution profonde dans le mode de transmission de l'énergie à distance.

ÉMILE DIEUDONNÉ.

LES TRAVAUX DE PARIS
AU PRINTEMPS 1899

Dans je ne sais plus quel journal, le *Figaro*, je crois, l'échotier, en mal de nouvelles à la main, trouva un beau soir le quatrain suivant dans la boîte aux lettres :

LES TRAVAUX DE PARIS.
Les clôtures de l'Orléans, au pont Saint-Michel.

Pascal Groussel, cherchant pour dix-neuf cent un *clou*,
Proposait de percer un gigantesque trou.
Son idée, en tout cas, n'a pas été perdue,
Car on creuse des trous dans presque chaque rue.

Si, l'année dernière déjà, on travaillait ferme à Paris, nous allons être en plein coup de feu au printemps de 1899. Vous est-il arrivé de vous trouver

naires exclamations que l'on entend. Cependant, la besogne continue méthodiquement ; les fourneaux s'allument, la table se dresse, chaque chose trouve sa place, et bientôt l'ordre le plus complet règne à la salle à manger comme à la cuisine, et les convives n'ont plus qu'à arriver, tout étant prêt à l'heure dite. Eh bien, c'est exactement l'image de Paris au point où nous en sommes. Assurément, il y a de nombreux trous dans les rues, formés par ces puits d'accès qu'on y rencontre de place en place, mais s'il eût fallu faire le quart de la même besogne il y a seulement vingt-cinq ans, il n'y aurait plus eu une seule grande voie demeurée accessible. Où l'on se trompe, par exemple, c'est lorsque l'on impute à l'Exposition de 1900 tous les travaux qui se font dans Paris. C'est une grave erreur.

Les derniers emprunts municipaux ont été affectés aux grands travaux de Paris et ces travaux ont été, comme les emprunts eux-mêmes, échelonnés d'années en années : percements de rues, viabilité, construction d'égouts, réfection de pavage, etc. Pour chaque catégorie, on dresse, à la suite du budget municipal, un plan de campagne pour la saison.

Les percements de rue ont été une fois pour toutes classés d'après un ordre d'urgence auquel on se réfère. Les constructions d'égouts nouveaux sont arrêtées suivant la nécessité de mettre en pratique le tout à l'égout obligatoire. Pour le pavage en bois, une somme de vingt-cinq mille francs est mise chaque année sinon à la disposition, au moins à la désignation de chaque conseiller municipal de Paris pour son quartier. Les grandes voies, qui demandent les plus forts crédits, étant celles servant à la délimitation des quartiers et des arrondissements, les conseillers municipaux se mettent généralement d'accord pour se cotiser au moyen de leurs crédits réciproques pour la pose du pavage en bois sur leurs voies communes. C'est ainsi

La rue du Bac et le Pont-Royal.

Puits d'accès du Métropolitain, rue Saint-Honoré.

LES TRAVAUX DE PARIS.

déterminé, il s'agit de la distribuer entre différents appareils plus ou moins éloignés de la source, appareils dans lesquels on transforme suivant les besoins cette énergie électrique en lumière, énergie mécanique ou énergie chimique. Les méthodes de transmission par courant continu ont reçu les plus nombreuses applications. Mais les avantage des courants de haute tension ne tardèrent pas à être appréciés, tant sous le rapport de leur facilité de production, de la simplicité de construction des machines, que sous celui de la moindre perte sur les lignes de transmission.

M. Gaulard fut l'initiateur du système de transmission et de distribution d'énergie par l'emploi industriel des transformateurs à courants alter-

dans une maison où l'on allait célébrer, au milieu d'un grand concours de parents et d'amis, quelque joyeux événement : mariage, baptême, anniversaire, etc. La cuisinière familiale et la femme de chambre habituelle ne suffisant pas, on a fait appel au matériel et au personnel d'un Chevet ou d'un Potel et Chabot quelconque. Les cuisiniers et les marmitons se sont emparés de la cuisine, tandis que les maîtres d'hôtel campaient à l'office et dans la salle à manger comme en pays conquis.

Tout le personnel de la maison les a vus avec terreur commencer leurs préparatifs dès le grand matin : « Quel gâchis ! quel fouillis ! Jamais ils ne s'y reconnaîtront ! Jamais ils n'y arriveront ! Ah ! si madame m'avait écouté ! » Telles sont les ordi-

que la rue Turbigo nécessita, l'année dernière, l'entente de trois conseillers municipaux pour le crédit de 85 000 francs que nécessitait la réfection de son pavage. Cette répartition équitable des crédits entre tous les arrondissements fait que l'on rencontre aussi bien des puits d'accès et des rues encombrées dans le vingtième arrondissement que dans le premier. Il faut ajouter aux diverses catégories de travaux, ceux accomplis par les compagnies d'électricité, qui éventrent les trottoirs pour y établir leur canalisation, et dans quelques endroits même creusent de véritables galeries parallèles aux égouts.

Parlerons-nous des travaux de la ligne métropolitaine Vincennes-Porte-Maillot avec ses deux embranchements Étoile-Porte-Dauphine et Étoile-

Trocadéro ? N'est-ce pas un progrès admirable que de tels travaux puissent s'accomplir souterrainement, sauf les gares qui ne peuvent être exécutées qu'à ciel ouvert, mais en chantiers clos, ainsi que la courbe à l'entrée de la rue Saint-Antoine, qui ne comporte pas l'emploi de ces *boucliers*, dont le fonctionnement a commencé depuis le mois de

Les grands arbres de l'ancien Jardin de Paris.

janvier. Dans tout le centre de Paris, les transports de matériaux de ce Métropolitain, si attendu, et qui rendra de tels services à la population une fois terminé, se font souterrainement ; à la Bastille par le canal Saint-Martin ; à la rue Lobau, rue du Louvre, place de la Concorde, avenue d'Antin, par des galeries de décharge en Seine. Il n'y a que le Cours de Vincennes où les transports se fassent par tombereaux ; sur les fractions de ligne de l'Étoile à la Porte-Maillot, à la Porte-Dauphine et au Trocadéro, on a procédé au raccordement des puits d'extraction avec la ligne du tramway de Saint-Germain, de façon à utiliser, surtout la nuit, ce puissant moyen d'évacuation.

Nous ne reviendrons pas aujourd'hui sur les travaux des collecteurs de la rive gauche qu'il a fallu dériver pour le passage de la nouvelle ligne d'Orléans, ni sur celui de la rue de Rivoli qui a cédé la place à la ligne du Métropolitain. On ne peut pas dire que ce soient là des travaux d'Exposition. Je ne vois guère à

qualifier de la sorte que la remise en état des bois de Vincennes et de Boulogne, qui commencera au printemps. Il faut avouer que, par endroits, tous deux en ont joliment besoin.

En commençant par le bois de Boulogne, nous y verrons enfin rayonner l'électricité. Les ingénieurs de la ville ont divisé le bois en trois sections ; l'une allant de la Porte-Maillot à Longchamp ; la deuxième contournant les lacs ; la troisième s'étendant du côté du Jardin d'acclimatation aux voies fréquentées par les cyclistes et les automobiles.

En même temps, on empierrera un certain nombre de routes devenues un peu trop cahoteuses. Tous les lacs et les pièces d'eau seront l'objet d'un curage et l'on établira des canalisations d'eau supplémentaires.

Les mêmes curages et les mêmes améliorations seront effectués au bois de Vincennes, mais avec l'électricité en moins. D'ailleurs, tous les squares de Paris vont être l'objet de soins analogues, et les dépenses spéciales de jardinage, inscrites par le conseil municipal au budget de 1899, ne s'élèvent pas à moins d'un million. Plantations nouvelles, entourages des pelouses, répartition d'un grand nombre de bancs, voilà en quoi se résument ces travaux d'un ordre courant, mais pour lesquels on choisit toujours le prétexte d'une exposition afin de les reculer d'abord, puis pour en précipiter la réalisation.

Ce qui est plus intéressant, ce sont les restaurations de la fontaine du Palmier, sur la place du Châtelet, et de la fontaine des Nymphes au square des Innocents, que le conseil municipal s'est décidé à entreprendre.

Enfin de compte, nous voyons bien dans Paris une animation extraordinaire, l'indice de travaux énormes accomplis sur tous les points à la fois, mais en réalité, rien qui puisse permettre de dire que Paris devient inhabitable et que la circulation y est impossible. Il n'y a pas à nier que la circulation devient de plus en plus difficile à travers les rues de Paris et que c'est un devoir pour la

AUX CHAMPS-ÉLYSÉES

Les concours pour les travaux de l'Exposition avaient frappé le public par la quantité de dômes dont les concurrents avaient coiffé leurs monu-

Construction de l'un des dômes du Petit Palais.

ments. Il est des modes en architecture, comme en toutes choses de ce monde. Cette efflorescence, ou, si l'on veut, cette fructification de dômes n'a pas abouti : pour le Grand Palais, les coupoles sont si bien aplaties qu'on les verra à peine du sol. Pour les dômes qui silhouettent les combles du Petit Palais, ils sont de dimensions si réduites qu'ils n'éveilleront pas, dans les esprits critiques, les comparaisons connues du biscuit de Savoie ou du moule à pâtisserie. Au contraire, ils accusent franchement les angles : toute autre forme n'aurait pas produit un effet aussi heureux.

On voit, par nos gravures, que les arbres des chantiers ont été scrupuleusement respectés. Leur ensemble constituera, sur le front sud des palais, comme un bois touffu, le bois sacré cher aux Muses. Ce souvenir mythologique n'est pas déplacé en un endroit, où tous les arts doivent se donner rendez-vous. Les simples promeneurs n'apprécieront pas moins ces ouvrages, ce qui est également intéressant.

Préfecture de police de chercher toutes les mesures susceptibles de canaliser et d'écluser les grands courants de cette circulation, pour les voitures et pour les piétons.   A. COFFIGNON.

LE PANORAMA DU TOUR DU MONDE. (Façade principale.)

Meuble Moderne Style entièrement en Chêne ciré.
(Hauteur: 1m,10; largeur: 0m,65; profondeur: 0m,52.)

Ce meuble, construit sur un plan absolument nouveau, donné par la *Librairie des Connaissances Utiles*, est fabriqué d'une manière irréprochable et conditionné pour servir à tous les usages de la vie domestique.

Ses dimensions permettent de le placer soit entre deux fenêtres, soit dans un angle de pièce, soit au centre, comme meuble de milieu.

Il convient partout, il orne partout, il sert partout

Voici la multiplicité des services qu'il peut rendre :

1° Sa partie du bas est aménagée de telle sorte qu'on peut y placer soit les morceaux de musique, partitions, journaux de modes, livraisons et ouvrages illustrés qui se trouveront ainsi mis en place au fur et à mesure de leur arrivée, conservés intacts dans leur fraîcheur première. On peut former là, sans encombrement, la bibliothèque du ménage, où, livres de cuisine, manuels de savoir-vivre, clef des songes, prendront place avec le roman en cours, le supplément littéraire préféré ou le journal de modes habituel.

2° Au-dessus de cet emplacement, deux tiroirs munis d'une élégante poignée en cuivre, fonctionnant admirablement par suite de leur parfait ajustement, servent à renfermer tous les objets de travail de la maîtresse de maison ou de la jeune fille. Broderie, tapisserie, laine, fils, aiguilles, etc., etc., tout trouve sa place dans un ordre méthodique, pour votre plus grande satisfaction, chères lectrices, soucieuses avec raison des petits travaux de main que vous prenez tant de soin à confectionner.

3° Immédiatement au-dessus, se trouve la tablette à ouvrage, munie tout autour d'une élégante baguette dentelée formant rebords et empêchant les bobines de fil ou les pelottes de laine de rouler à terre pendant le travail. Corbeilles à ouvrages, modèles à suivre, patrons découpés de vos journaux, etc., etc., tout se trouve réuni dans le même emplacement, à la portée de la main.

4° Un troisième tiroir fixé à la partie supérieure, muni comme les autres d'une élégante poignée de cuivre, forme le véritable tiroir omnibus, où livres de dépenses journalières, agendas-buvards, papier à lettres, enveloppes, sous-mains, plumes, crayons, tous ces mille riens qui se perdent dans la maison, ont leur place bien assignée, pour le plus grand plaisir de la ménagère, et pour la réalisation d'économie certaine, le bon ordre empêchant le renouvellement fréquent de ces menus objets qui se salissent, s'abîment ou s'égarent lorsqu'ils n'ont pas leur place désignée.

Enfin, le dessus parfaitement uni, terminé au fond par une frise de style, est destiné à recevoir les choses charmantes, les souvenirs de famille, portraits, gravures, bibelots qui ornent un intérieur et que nos femmes françaises arrangent avec tant de goût, vases de fleurs, petites potiches, ustensiles de fumeur, etc., etc.

L'importance de l'occasion que nous offrons à tout le monde en vendant ce meuble le prix extrêmement bon marché de SOIXANTE Francs, alors que commercialement il vaut au moins 100 fr. n'échappera à personne.

Nous le livrons *immédiatement*, dans un délai de 8 jours environ après la réception de la demande et le premier versement n'est effectué qu'après en avoir pris livraison, fait la constatation qu'il est bien réellement tel que nous l'annonçons, irréprochable à tous les points de vue, incontestablement indispensable dans tous les ménages.

Aimables lectrices, ne laissez pas passer la période des étrennes sans demander à vos époux de vous offrir ce cadeau unique en son genre ; n'ayez aucune hésitation pour en faire l'acquisition dans les conditions où il vous est offert ; hésitez d'autant moins que ce meuble est absolument garanti et que nous prenons l'engagement de le reprendre si, après examen de votre part, il n'était pas reconnu tel que nous vous le décrivons, ou si même il ne vous plaisait pas, malgré tout le désir que nous avons eu de vous être agréable en le faisant construire.

Nous vous recommandons instamment de nous envoyer votre commande dans le plus bref délai possible, la période des jours de fêtes pouvant causer des retards dans les expéditions.

BULLETIN DE SOUSCRIPTION

M ———————————————

demeurant à ———————————————

déclare souscrire au Meuble Moderne Style, au prix de **SOIXANTE FRANCS**, *payable* à raison de **CINQ FRANCS** *par Mois.*

Signature :

Remplir et signer le Bulletin ci-dessus et l'adresser à la Maison KRIÉGER, 74, rue du Faubourg-Saint-Antoine, Paris.

Paris. — Imp. Paul Dupont (Cl.) 93.11.08.

Avis important

La publication de **L'EXPOSITION DE PARIS DE 1900** se fait sous trois formes :

Livraisons à 50 centimes;

Fascicules de quatre numéros à 2 francs;

et **Parties** à 10 francs

L'EXPOSITION DE PARIS DE 1900 sera complète en 120 livraisons, soit 30 fascicules ou 6 parties, comprenant 120 grandes planches hors texte, dont une quarantaine tirées en huit et dix couleurs.

Les acheteurs de cette partie peuvent donc compléter la publication en achetant les livraisons hebdomadaires à partir de la vingt et unième, ou les fascicules à 2 francs, en commençant au sixième, ou bien encore les parties successives qui seront mises en vente tous les quatre mois environ.

L'EXPOSITION DE PARIS DE 1900 est semblable, comme aspect et comme format à l'Exposition de Paris de 1878 et à l'Exposition de Paris de 1889, dont le succès a été si grand.

La publication de **L'EXPOSITION DE PARIS DE 1900** sera terminée fin octobre 1900; elle ne comportera pas moins de 2000 gravures dans le texte, 120 grandes planches hors texte dont TROIS GRANDS PANORAMAS tirés artistiquement en couleur et représentant :

1° La vue générale des Champs-Élysées et de l'Esplanade des Invalides;
2° La vue générale des Palais du Trocadéro et du Champ de Mars;
3° Vue générale des Rives de la Seine.

Une Table complète des Matiéres et des Illustrations terminera l'Ouvrage.

38879. — Imprimerie Lascar, rue de Fleurus, 9, à Paris.

9 782014 450620